KB273261

창조에서
홍수까지

말씀과 삶을 함께 나눈
쥬빌리채플 성도님들께 드립니다.

양승훈 교수의 아주 특별한 창세기 주해
창조에서 홍수까지

지은이_ 양승훈 | 만든이_ 김혜정 | 기획위원_ 김건주 | 마케팅_ 윤여근, 정은희
디자인_ 채이디자인 | 초판1쇄_ 2014년 7월 28일 | 초판2쇄_ 2016년 1월 28일

펴낸곳_ 도서출판 CUP | 등록번호_ 제2014-000035호(2001.06.21.)
(04374) 서울특별시 용산구 이촌로 2가길 5, A동 103호(이촌동, 한강르네상스빌)
T.(02)745-7231 F.(02)6455-3114 | www.cupbooks.com | cupmanse@gmail.com

ISBN 978-89-88042-66-3 03230   Printed in Korea
값 16,000원

창조에서 홍수까지

양승훈 교수의 아주 특별한 창세기 주해

From the Creation
to the Flood

양승훈 지음

CUP

추천사 1

해박하고 풍부한 과학 정보로 다시 읽는 창세기

한동구 | 평택대학교 구약학 교수, 한국구약학회 회장

1. 한국 교회의 창세기 읽기

유대 랍비 전통에 따르면, 모세오경은 "계시의 질적 등급"에서 가장 중요한 본문으로 취급되어 왔다. 이를 "정경 안의 정경"이라는 이유로 비판하기도 하지만, 오경은 구약성경에서 가장 중요한 책으로 읽혀 왔다.

그러나 한국 교회에서는 구약성경에서 모세오경의 비중이 상대적으로 그리 크지 않았다. 예배를 위해 일부의 시편, 예언서 가운데 메시아적 내용을 담은 본문, 그리고 현대인의 일상을 위해 윤리적 교훈을 주는 율법이나 잠언이 주로 사용되고, 그밖의 구약성경 본문들은 대부분 특별한 주의를 끌지 못했다.

한국 교회의 중요한 특징 중 하나는 "신앙을 성경적 토대 위에 세웠다"는 것이다. 신앙 고백과 신앙 행위의 근거를 성경에 두고 있다는 뜻이다. 따라서 한국의 목회자들은 성경연구를 통한 설교 준비에 최선을 다할 뿐 아니라, 성경 읽기와 연구를 모든 신앙 활동의 중심에 두고 있다.

이러한 바람직한 전통은 목회자와 신학생으로 하여금 성경 연구에 몰두하게 했으며, 한국 교회의 강단에서 강해 설교의 비중이 점차 늘어나면서 목회자들은 자신들이 설교한 강해 설교를 토대로 강해집을 출판하기 시작했다. 창세기와 출애굽기 및 신명기에 관한 강해집이 무수히 많이 출판되었다.[1]

---

1) 2006년도 조사에 의하면 창세기 강해집은 무려 300여 종류, 출애굽기는 60여 종류, 신명기는 80여 종류가 된다고 한다.

2. 과학자가 쓴 창세기 해설서

예전에 석사논문을 지도하면서 특이한 경험을 한 적이 있다. 어떤 학생이 수년 간 논문에 특별한 열정과 성취를 보이지 않다가, 갑자기 나타나 약 한 달만에 논문을 완성했다. 논문을 직접 검토하고 토론도 해본 결과 논문이 매우 창의적일 뿐 아니라, 질적으로도 아주 우수한 논문이라 판단했다. 어떻게 빨리 이렇게 좋은 논문을 쓸 수 있었느냐고 물었더니, 그 학생은 뜻밖에 "저는 지금은 교회에서 해임되어 임지가 없어 오갈 데 없는 처지입니다. 구약성경의 나그네들 처지가 제 처지와 같아 주제가 쉽게 와 닿았습니다"라고 답했다.

한 영역에 전문적인 지식이 있거나, 같은 경험을 한 경우 탁월한 능력을 발휘하는 경우가 흔히 있다. 본서를 저술한 양승훈 박사는 과학자에서 출발하여, 지금은 대학의 행정가이며, 신학자요, 목회자다. 양 박사는 과학적 정보에 대해 해박한 지식을 지니고 있다. 필자는 다양한 창세기 해석서를 읽어 보았지만, 이처럼 해박하고 풍부한 과학적 정보를 제공하는 책은 처음 접했다. "창세기, 특별히 창세기 1장과 6~9장의 경우, 과학 교과서가 아니다"라는 점을 지적하면서도 성경의 메시지를 과학적으로 분석하고 쉬운 말로 설명하여, 종래의 해설보다 훨씬 더 개연성 있고 설득력 있게 다가왔다.

> 하나님은 첫 사흘 동안 생명체를 만들기 위한 무대를 창조하셨다.
> 나머지 사흘 동안 이 무대를 채우시는 창조를 하셨다.
> 첫째 날 만든 빛과 어두움, 밤과 낮은 넷째 날 만든 일월성신을 위한 준비였다.
> 둘째 날 만든 물과 궁창은 다섯째 날에 만든 어류와 조류들을 위한 무대였다.
> 셋째 날 만든 식물은 여섯째 날 만든 육지동물과 사람을 위한 무대였다."140쪽

저자는 빛의 창조와 관련해 "왜 하나님은 질서, 즉 코스모스를 창조하심에서 빛을 가장 먼저 창조하셨을까?"라는 신학적 질문에 대해 과학적으로 답한다. 이 질

문과 관련해 종래의 신학자들은 하나님의 구속사의 관점, 즉 "하나님께서 광명의 역사를 여셨다"라는 신학적 답변을 해왔다. 저자도 이러한 관점을 부인하지는 않으나, 과학자가 아니면 얻을 수 없는 답변으로 접근한다.

> 첫째, 빛은 생명의 근본이요 원천이기 때문이다. 빛을 만들지 않으면 어떤 생명도 존재할 수 없다. 빛이 없으면 식물이 죽고, 꽃도 없다. 어거스틴은 "모든 생명은 빛과 함께 시작되며 빛에 의해 유지된다"고 했다."84쪽

이와같이 저자는 과학자로서, 종래의 신학자들이 볼 수 없었던 영역까지 볼 수 있다는 점은 이 책의 큰 장점이다. 고린도전서 12장 27~31절의 말씀처럼 각양 은사와 그릇에 따라 귀하게 사용되는 것이다.

"다 사도이겠느냐, 다 선지자이겠느냐, 다 교사이겠느냐, 다 능력을 행하는 자이겠느냐, 다 병 고치는 은사를 가진 자이겠느냐!"고전 12:29~30

3. 과학을 넘어, 신학적 해설로

성경에는 인간의 이성을 넘어서는 난제들도 포함되어 있다. 이 난제들을 해명하기 위해 그동안 다양한 과학적 학설이 제기되어 왔다. 먼저 하나님이 창조하신 세계창 1:1에 "어떻게 혼돈과 공허가 생겨났을까?"하는 질문과 관련해 저자는 다양한 학설을 소개한다. 제목설, 연계설, 재창조설, 간격이론 및 첫날 사역설 등이다. 이 중에서 "첫날 사역설"은 복음주의자들에게 널리 수용되기는 하나, 여전히 "혼돈과 공허"의 부정적 현상의 존재를 해명하지는 못한다. 오히려 이들 학설은 모두 과학적 이성으로는 수용하기 어려운 주장이라는 점을 확인시켜 줄 뿐이다.

하나님의 첫 번째 창조 사역은 빛의 창조이다. 여기에서도 "빛이 일월성신보다 먼저 창조된 것일까?"라는 과학적인 질문이 제기되었고, 이와 관련된 두 이론을 소개한다. 첫째, 첫째 날 창조된 빛은 태양광이 아니며, 동시에 광자로 이해한

다. 둘째는 빛의 창조 이전에 혹은 이와 동시에 일월성신도 창조되었다는 입장이다. 과학적으로는 후자가 더 자연스러운 설명으로 보지만, 성경은 "빛이 어디에서 왔는지, 어떻게 만들어졌는지를 과학적으로 설명하려 하지 않는다"는 점을 지적한다. 이 점에서 저자는 과학을 넘어, 신학적 해설로 넘어간다.

계속하여 궁창에 대한 설명과 관련해 고대인들의 "물보이론"을 소개한다. 이 이론은 고대 근동의 일반적인 이론이다. 현대에도 이 "물보이론"에 근거한 "수증기층 덮개 이론"을 주장하는 과학자가 있다. 또한, 일부 창조과학자들은 그 수증기층이 지구 대기권 상층이 아니라, 은하계 밖에 있는 물층이라는 주장을 하기도 한다. 저자는 이런 과학 이론들의 난점을 다음과 같이 지적한다. "대기권 상층의 수증기층이 노아 홍수를 일으켰을 만큼 두꺼웠다고 한다면 사람들이 노아 홍수로 멸망하기 전에 지나친 온실효과에 인해 삶겨 죽었을 것이다." 또한 "한국 교회에서도 이 이론을 특별한 저항 없이 수용했던 때가 있었다"고 지적한다. 이러한 오류에 직면하여, 저자는 솔직한 양심 고백을 한다.

"여기서 우리는 도대체 성경으로부터 이런 과학의 주장을 직접 끄집어낼 수 있는가, 다시 말해 성경을 과학 교과서로 취급하는 것이 바른가에 대한 질문을 다시 한 번 심각하게 던져야 한다. 결론을 말한다면 성경은 정확무오한 하나님의 말씀이지만 과학 교과서로 보아서는 안 된다. 성경은 과학 지식을 위한 책이 아니라 하나님의 구원 계획을 담고 있는 책이며 성경 기자들은 이 점을 거듭거듭 확인하고 있다."104쪽

4. 과학자의 뒷이야기를 넘어, 교회를 위한 신앙적 교훈을 목적으로 한다

이 저서는 총 21장으로 구성되어 있다. 장마다 흥미로운 과학적 정보로 성경의 진리를 설명하고 있으며, 여기에 머물지 않고 신앙상의 질문, 예를 들어 "하나님은 누구이신가?" "인간은 무엇인가?" 또한 "구원이란 무엇인가?"와 같은 근본적인

질문을 제시하고 답한다.

이러한 질문들은 교리적인 관심에서 출발하지 않는다. 언제나 성경 본문과 관련해, 창조주 하나님, 무로부터의 창조 등과 같이 본문과 연관된 근본적인 질문을 제기한다. 그리고 각 장마다 결론을 맺으면서 신앙적인 권면을 빠뜨리지 않는다. 저자가 전하는 메시지의 핵심은 "성경은 우리에게 과학 교과서나 과학 핸드북으로 주어진 것이 아니다. 성경은 우리에게 구속의 계시를 보여주는 책이다. … 성경은 지질학 교과서가 아니며 인간을 중심으로 한 구원의 역사와 영적인 일들에 주된 관심을 두고 기록된 책이다. 비록 초기 지구의 모습에 대한 과학적 시나리오를 만들어보긴 했지만, 성경은 본문을 통해 우리에게 더 중요한 영적 메시지를 준다"75쪽는 것이다.

저자는 12장에서 죄와 벌에 관하여 논하면서도 "죄악이 관영한 세상에서도 하나님은 자기 백성을 보존하심을 보여준다. 노아 홍수는 멸망과 심판의 의미보다 구원과 보존의 의미를 더 크게 부각시킨다"244쪽는 점을 역설한다. 결론적으로 마지막 장에서는 "허물을 덮어주는 신앙"에 대하여 논하면서, "예수가 세상에 오신 것은 우리의 죄, 벌거벗은 우리의 죄와 허물을 가려주시기 위해 오셨다. 율법은 우리의 죄를 드러내지만, 십자가의 보혈은 우리의 수치를 가려주고 덮어준다. … 우리 모두 남의 허물을 덮어주는 성도들이 되어 셈처럼, 야벳처럼 축복받는 삶을 살아가자"415쪽고 결론을 맺고 있다.

이런 측면에서 큰 유익이 있는 이 책을 적극적으로 추천한다. 본서는 목회자나 신학생들은 물론 일반 성도들에게도 풍부한 과학적 교양과 신앙적 확신을 가져다줄 권면할 만한 양서다.

참된 창조 영성을 만나는 기쁨

전성민 | 밴쿠버기독교세계관대학원 세계관 및 구약학 교수

성경은 하나님의 말씀이다 – 이것이 우리의 신앙 고백이다. 그리고 성경은 하나님이 말씀으로 온 세상을은 우주를 창조하셨다고 말한다. 그런데 TV를 켜거나 인터넷에 들어가 보면 우주는 빅뱅으로 시작되었고 그 빅뱅의 증거인 중력파가 검출되었다고 한다. 아무리 읽어도 성경에는 빅뱅의 ㅂ자도 보이지 않는다. 성경이 거짓말은 아닐 텐데, 과학자들이 하나님을 몰라서 그러는 것일까? 언젠가는 하나님이 말씀으로 우주를 창조하신 방법이 과학적으로 증명될까? 얼마 전 교회에서 열렸던 "창조과학" 특강에서 우주가 6천 년 되었다는 설명을 들었을 때는 명쾌했던 것 같았는데, 페이스북에서 친구를 맺은 한 크리스천 천문학자는 지구가 45억 년, 우주가 137억 년이 된 것은 지구가 태양을 도는 것만큼이나 분명한 사실이라고 한다. 다시 혼란스러워진다. 내 믿음이 부족해서 그런 것 같다.

만일 이것이 여러분의 이야기라면 이 책은 바로 여러분을 위한 것이다. 이 책은 과학에 관심 있는 사람이 창세기를 읽으며 가졌을 법한 질문들을 거의 모두 다루고 있다고 해도 과언이 아니다. 이 책은 여러분이 하나님과 그분의 말씀을 사랑하고 동시에 세상과 정직하게 소통하고자 하는 진솔한 마음을 실망시키지 않을 것이다. 성경을 과학 교과서로 읽지 않으면서도 신앙과 과학 그 어느 쪽도 버리지 않는 길이 있다는 희망을 줄 것이다. 물론 창조와 진화에 대한 저자의 입장이나 성경 해석에 대해 다른 의견이 있을 수 있다. 필자도 좀 더 질문하고 싶은 부분이 있다. 그러나 교조적인 선언이 아니라 차분하고 성실한 관찰과 면밀하고 진실된 저자의 태

도는 우리 모두에게 본이 된다. 그리고 이 모든 작업 밑에 깔려있는 성경과 교회, 그리고 하나님의 나라를 향한 저자의 깊은 애정을 느낄 때면 어떤 입장에 있든 우리가 모두 결국은 하나님 나라를 향해 한 걸음 더 나아가고자 하는 동역자들임을 다시금 확인할 수 있을 것이다.

신앙과 과학에 대한 논의뿐 아니라 이 책의 진가는 진정한 창조 영성이 무엇인지 직간접적으로 보여주는 데에 있다. 창조 영성은 무엇보다 겸손의 영성이다. 이 책에서 우리는 성경이 하나님의 말씀이라면 이러저러해야 한다며 우리의 기준으로 말씀을 왜곡하는 교만함이 아니라 성경 말씀을 그것의 원래 목적에 맞게 이해하려는 저자의 겸손함을 본다. 성경의 참된 권위가 어디에 있는지 차분히 설명하고 그 권위 아래 서려는 겸손함 말이다. 자기가 알고 있는 조그마한 사실조차도 부풀려 말하는 사람은 쉽게 볼 수 있지만, 이 책의 저자처럼 확실하지 않은 것은 확실하지 않다고 말할 수 있는 사람은 드물다. 겸손한 자는 내가 주인이 아니라 하나님이 주인이며, 내가 세상을 주관하고 통제하는 것이 아니라 하나님이 세상을 만드시고 다스리신다는 것을 삶으로 고백하는 자이다.

확신이라고 포장된 자만과 독선이 오늘날 우리 한국 교회를 파괴하고 있다고 해도 지나친 말이 아닐 것이다. 겸손한 자세로 면밀하게 살펴진 말씀이 아니라 목회자의 개인적 생각이 "설교는 선포다"라는 명분 아래 일방적으로 퍼부어질 때면 참으로 난감해진다. 하지만 이 책에 담긴 설교는 일방적 선언이 아니라, 성경 본문을 면밀하게 관찰하고 다른 의견들을 차분히 견주어 보면서 참된 의미를 향해 한 발자국씩 나아간다. 그리고 각 설교 마지막에 있는 권면은 이러한 겸손한 영성의 결정체이다. 저자는 높은 에너지를 가진 궤도에서 떨어져 빛을 방출하는 원자나 분자를 예로 들면서 "예수께서 낮아지심으로 인한 거룩한 빛이 온 세상 사람을 비춘 것처럼 우리도 겸손함으로 생명의 빛을 이웃에게, 세상에 비추자"고 권면한다97쪽. 그리고 이 권면을 스스로 실천한다. 겸손은 창조 영성의 핵심이다.

창조 영성은 또한 일상을 사는 영성이다. 하나님이 온 세상을 만드셨기 때문에 세상의 어떤 자리도 하나님의 자리이다. 하나님이 온 세상을 다스리시기 때문에 우리 삶의 어느 한구석도 그 다스리심에서 벗어나지 않는다. 그리고 하나님이 만드시고 기뻐하신 세상에는 우리가 발을 딛고 흙과 땀을 묻히며 일하는 육체적이고 물리적인 세상이 분명히 포함되어 있다. 저자는 하나님이 세상을 창조하신 이야기에서 이러한 일상을 사는 영성을 발견한다. 저자의 말을 미리 직접 들어 보자.

> "하나님이 물리적인 세상을 긍정하셨다는 것은 우리의 매일의 삶이나 직업적인 일도 긍정하심을 의미한다. 즉 하나님은 종교적인 냄새가 나는 일만 기뻐하시는 것이 아니다. 하나님이 지으신 모든 것이 아름답기에 종교적 냄새가 나지 않는 것도 좋은 것이다. 목회나 선교가 아름다운 것처럼 가정도, 자녀도, 학문도, 직업도 하나님의 질서 가운데 있을 때는 아름다운 것이다. 설교하고 성경 공부하는 것이 아름다운 것처럼 아름다운 곡을 연주하는 것이나 정교한 예술품을 만드는 것도, 아름다운 글을 쓰는 것도 하나님이 기뻐하시는 일이다. 하나님께서 반드시 찬송가나 복음성가, 성화나 성경을 소재로 한 문학작품만을 기뻐하시는 것이 아님을 알아야 한다. … 우리는 하나님이 기뻐하시는 일을 종교적인 냄새가 나는 좁은 영역에만 국한함으로 온 우주의 창조주 되시는 하나님을 제한해서는 안 된다." 87~88쪽

창세기를 읽으며 이러한 겸손의 영성, 일상을 사는 영성으로 드러나는 창조의 영성 속에서 자라는 것이야말로 그동안 우리가 "과학"의 이름으로 성경과 무관한 질문을 던져왔던 것보다 훨씬 더 성경의 목적과 의도에 부합한다. 이런 의미에서 이 책은 우리의 생생한 질문을 염두에 두고 하나님의 말씀을 신실하게 풀어가며 독자들이 하나님과 세상, 그리고 함께 살아가는 이웃을 더 잘 알고 사랑하며 살도록 도전한다.

마지막으로, 이 책은 바른 성경관이 무엇인지 잘 보여준다. 하나님이 6천 년 전 우주를 창조하셨다는 주장만이 복음주의적 성경관의 유일한 선택지가 아니라는

사실을, 아니 오히려 그런 주장이 성경의 원래 목적과 뜻을 왜곡시켜 왔다는 사실을 저자는 학자들의 공간을 너머 대중적이고 공적인 영역에도 드러낸다. 저자는 진정으로 바른 성경관이 무엇인지 역설하며 성경을 왜곡하고 기독교를 "지적 게토"와 조롱거리로 만드는 잘못된 성경관을 단호히 반대한다. 성경과 교회에 대한 저자의 사랑의 표출이지만, 이러한 설명에 어떤 독자들은 혼란스러워할지도 모르겠다. 하지만 저자의 입장이 복음주의 성경관에 철저히 부합한다는 것은 거부할 수 없는 사실이다.

저자가 이 책을 통해 하나님의 창조 사역이나 노아 홍수 등과 관련해 흔히 말하는 "창조론"에 관한 성도의 여러 질문을 다루는 것을 보면서, 이제야 한국 교회가 바른 복음주의 성경관, 과학관에 토대한 창세기의 질문들에 대해 진지한 답변을 하게 되었음을 본다.

끝으로 이 책의 발간은 우리가 성경과 자연이라는 하나님의 두 책을 어떻게 함께 읽어야 할지를 명쾌하게 제시하며 건강한 창조 영성을 고양한다는 점에서 매우 뜻있고 기쁜 일이다. 아무쪼록 이 책을 통해 독자들이 온 우주를 창조하시고 사람을 친히 빚어 만드신 하나님의 위엄과 친밀한 사랑을 더 깊게 경험해 가시기를 간구한다.

말씀의 바다에 빠져

1980년, 처음 창조과학 운동에 참여할 때, 창조론 운동에서 가장 중요한 것은 창조의 과학적 증거라고 생각했다. 필자 자신이 여러 해 동안 물리학자로 훈련받았기 때문에 창세기에 대한 과학적 측면에 관심이 많았던 것은 자연스러웠다고 할 수 있다. 그 후 시작된 한국창조과학회에서 정회원 자격을 이공계 분야의 석사학위자 이상으로 제한하는 것도 자연스럽다고 생각했다. 하지만 그 후 미국 위스콘신대학에서 과학사를 공부하면서, 위튼대학에서 신학적 훈련을 받으면서 창조론 운동에서 과학이 차지하는 비중이 생각보다 많지 않음을 알게 되었다. 아니 건강한 신학적 기초 위에 세워져 있지 않은 창조론 운동은 자칫 심각한 문제를 일으킬 수 있음을 알게 되었다. 신학적 반성이 부족한 채 창조론 운동을 과학자들의 손에만 맡겨둔다면 배가 오히려 산으로 갈 수도 있음을 알게 된 것이다.

그러나 귀국 후에는 물리학과 교수로서 가르치고 연구하는 일이 삶의 대부분을 차지했다. 창조론 운동에서 성경신학적 연구가 필수적임을 알면서도 성경에 대한 좀 더 진지한 공부를 할 수 있는 여건이 되지 않았다. 그러다가 14년간의 국립대 교수직을 내려놓고, 1997년 밴쿠버로 이주해서 밴쿠버기독교세계관대학원VIEW 프로그램을 시작한 후에는 그래도 창조론 공부를 위한 상황이 좋아졌다. 하지만 다른 나라에서 새로운 대학원 프로그램을 시작하는 것 역시 쉬운 일이 아니었다. 물론 그런 중에도 창조론에 관한 이런저런 글들을 쓰기는 했지만, 성경 본문 연구에 대한 아쉬움을 떨쳐버릴 수가 없었다.

그러던 중 2010년 8월, 몇몇 학생들주로 목사들과 더불어 VIEW 프로그램이 개설되고 있는 트리니티 웨스턴 대학 교정에서 쥬빌리채플을 시작하게 되었고, 자연스럽게 창세기를 강해할 기회가 생겼다.

본서는 지난 2011년 3월부터 11월까지 쥬빌리채플에서 강해한 필자의 원고에서 출발했다. 총 21장으로 처음 1~10장은 창세기 1장을 6일 창조의 순서에 따라 다루었는데, 10장에서는 창조를 마친 후 하나님의 안식을 기록한 창세기 2장 1~3절을, 11장에서는 창조에서 홍수에 이르는 창세기 2~5장을 간략히 다루었다. 그리고 12~21장까지 후반 10장은 창세기 6~9장까지의 노아 홍수를 다루었다.

본서는 목회자나 진지한 일반인을 위한 창세기 강해이며, 창세기 개론서라고 할 수 있다. 수많은 창세기 주해 혹은 설교집이 있지만, 본서의 특징은 과학적인 측면의 주해라는 것이다. 이것은 오랫동안 물리학자로서 창조의 과학적 변증인 창조론 운동에 참여해 왔기 때문에 자연스러운 결과라 하겠다.

창세기를 과학 교과서로 사용해서는 안 되지만, 창세기를 이해하는 데 과학이 도움을 줄 수 있다. 다시 말해 창세기로부터 출발해 새로운 과학을 구성하려는 시도는 자칫 독단적이고 터무니없는 삼류과학을 만들 수 있지만, 과학으로부터 출발해 창세기를 더 깊이 이해하려는 시도는 잠정성을 전제하는 한 유익을 줄 수 있다.

본서는 설교 원고에서 출발했기 때문에 학문성과 감동을 함께 담고 싶었다. 구약을 체계적으로 공부한 것은 아니기에 원어 실력이 부족한 필자에게 몇몇 문헌이나 자료들은 창세기 원문을 이해하는 데 큰 도움이 되었다. 몇몇 문헌들의 예를 들면 다음과 같다.

우선 미국 필라델피아 웨스트민스터 신학교Westminster Theological Seminary 교수였던 영Edward Joseph Young, 1907~1968의 〈창세기 1장 연구〉,[1] 미국 오하이오주 캐피탈대학 신대원 Capital University Seminary 교수였던 류폴드Herbert Carl Leupold, 1892~1972의 〈Exoposition of Genesis〉,[2] 총신대 유재원 교수의 〈창세기 강해 제1장〉,[3] 합동신학원 박윤선 박사1905~1988의 〈성경주석 창세기·출애굽기〉,[4] 영국 브리스톨의 트리니티 대학Trinity College 구약학 교수 웬함Gordon Wenham, 1943~의 〈Genesis 1~15〉,[5] 위튼대학Wheaton College의 구약학 교수 왈톤John Walton의 〈The Lost World of Genesis One: Ancient Cosmology and the Origins Debate〉,[6] 왈톤 등의 〈IVP 성경배경주석〉 등이다.[7] 이러한 서적들은 필자가 창세기 강해를 위한 신학적 방향을 잡는 데 큰 도움이 되었다.

이들 중 웬함의 창세기 주석은 필자가 그의 문서설 등 일부 견해에 동의하지 않음에도 큰 도움이 되었다. 특히 복음주의권에만 국한되지 않은 그의 방대한 참고문헌은 구약학계의 전체적인 흐름을 이해하는 데 도움이 되었다. 또한, 왈톤은 본서를 준비하는 동안 필자가 근무하고 있는 학교를 방문해 자신의 창세기 해석에 관한 견해를 자세히 소개해 주었다. 개인적으로 왈톤의 유신론적 진화론에는 동의하지 않지만, 그의 해석학적 접근법은 큰 도움이 되었다. 이 책들을 포함해 저술에 도움이 되었던 몇몇 책들은 본서 끝에 참고문헌으로 첨부했다.

또한, 책이나 논문의 형태는 아니지만 몇몇 분들의 창세기 강해 설교 역시 본서를 준비하는 데 도움이 되었다. 대표적으로 100주년기념교회 이재철 목사의 창세기 강해와 필자가 오랫동안 통역으로 섬겼던 밴쿠버 윌링돈교회 뉴펠드John Neufeld 목사의 창세기 강해도 본서 준비에 도움이 되었다. 그 외 몇몇 설교자들의 창세기 강해도 부분적이지만 본서를 준비하는 데 도움이 되었고, 이는 각주로 표시했다.

본서에는 의도적으로 그림이나 사진 등을 포함하려고 노력했다. 그림이나 사진 중에는 학문적인 의미가 큰 것도 있지만 딱딱한 내용의 글을 읽을 때 독자들에게 다소 쉬어갈 수 있는 여유를 주는 가벼운 것들도 많다. 대부분 그림은 판권의 문제가 없는 위키백과의 것을 사용했으며, 필자가 직접 찍은 사진이 아닌 경우에는 대부분 판권자의 허락을 받은 것을 사용했다. 판권을 고민하지 않고 사진과 그림들을 사용할 수 있도록 귀한 자료들을 제공하고 있는 위키백과 운영자들에게 감사드린다.

본서는 책의 성격상 원어, 그 중에서도 히브리어에 대한 전문적 훈련이 필요한데 필자의 부족한 히브리어를 보충해준 몇몇 자료가 있었다. 구약학자들이 애용하는 BDB Brown - Drive - Briggs Hebrew and English Lexicon 나 HALOT The Hebrew and Aramaic Lexicon of the Old Testament 같은 히브리어 사전을 사용함이 마땅하지만, 본서에서는 필자에게 익숙한 미션 소프트의 〈디럭스 바이블〉과 스트롱James Strong, 1822~1894의 〈스트롱 컨코든스〉Strong's Exhaustive Concordance of the Bible 등을 많이 사용했다.[8] 이들 두 자료에 대해서는 특별한 경우가 아니면 각주로 표시하지 않았지만 귀한 자료들을 제작하여 창세기를 공부하는 사람들에게 도움을 준 분들에게 감사드린다.

본서는 복음주의적인 성경관에 기초하고 있다. 하지만 성경에서 현대 과학적 의미를 찾으려고 하는 근본주의적 입장에는 단호히 반대한다. 성경이 말하는 구원의 원리는 시대와 역사, 문화를 초월하지만, 성경이 묘사하고 있는 세계상Weltbilt은 성경이 기록되던 시대 사람들의 상식을 반영하고 있다. 하나님은 그 시대 사람들의 물리학, 우주론, 천문학, 생리학, 지리학 등 상식을 사용해 구원의 도리를 말씀하셨다. 그러므로 성경의 특정 단어나 표현으로부터 과도하게 현대 과학적 의미를 찾으려고 하는 것은 성경을 왜곡하는 것이라고 본다.

그런 의미에서 필자는 1978년, "성경 무오에 관한 국제협의회"The International Council on Biblical Inerrancy의 후원으로 300여 명의 복음주의 학자들이 작성한 "성경무오에 관한 시카고 선언"The Chicago Statement on Biblical Inerrancy에 동의한다. 이 선언문 작성에는 보이스James Montgomery Boice, 가이슬러Norman Geisler, 쉐퍼Francis Schaeffer, 헨리Carl F. H. Henry, 패커J. I. Packer, 스프로울R. C. Sproul 등 당시의 권위 있는 복음주의 지도자들이 참여했으며, 필자는 이 선언문이 성경 무오에 관한 비교적 균형 잡힌 시각을 제시하고 있다고 본다. 이 선언문과 관련해서 좀 더 알기를 원하는 분들은 필자가 몇 해 전에 〈창조론오픈포럼〉에서 발표한 논문을 참고해 주기 바란다.[9]

정확성에서는 글보다 못하지만 그래도 본서의 중심 메시지를 음성으로 듣기를 원하는 분들은 필자가 담임 자원봉사하는 쥬빌리채플의 웹사이트www.jubileechapel.org를 방문해 주시기 바란다. 본서와 관련된 의견이나 설교와 관련된 후기를 웹사이트에 남겨 주셔도 좋다. 진지한 문의에 대해서는 형편이 되는대로 답글을 달 것을 약속드린다.

　　모든 책이 저자 한 사람의 수고만으로 이루어지는 것이 아니듯 본서 역시 출판되기까지 많은 분의 땀과 수고가 있었다. 우선 주일 예배 시간에 다소 학술적인 창세기 강해를 할 수 있도록 격려해 주신 쥬빌리채플 여러 성도님들께 감사드린다. 원고 교정에 참여해 준 김병호 선생님, 이영진 사모님, 황재훈 전도사님, 제자 박기모, 김인수 목사님, 색인 작성을 위해 수고한 제자 김재섭 목사님, 그림 목록 작성을 위해 수고한 VIEW의 유승훈 박사님에게 감사드린다.

　　본서의 교정과 원어 분석, 책의 내용에 대해 허심탄회한 조언과 더불어 추천사를 써주신 VIEW 동료 전성민 교수님께 감사드린다. 전 교수님의 탁월한 히브리어 실력과 창세기 본문 해석에 대한 날카로운 지적은 필자의 부족함을 보완해 준 너무나 귀중한 도움이었다. 또한, 분주한 가운데도 짧지 않은 본서의 원고를 샅샅이 살펴주시고 과분한 추천사를 써 주신 한국구약학회 회장 한동구 교수님^{평택대}께 감사드린다. 한 교수님은 창세기를 전공한 분답게 추천사에 더해 창세기 연구의 현황을 개괄해 주셨다. 또한, 본서의 기초가 되었던 창세기 강해 설교와 설교 원고를 책으로 다듬는 동안 신학적 논점에 관해 많은 토론과 조언을 아끼지 않았던 아내이자 학문적 동지인 박진경 자매께도 감사드린다. 이처럼 많은 분의 도움을 받았지만, 본서의 부족한 점은 말할 필요도 없이 필자의 천학비재淺學非才 때문이다. 부족한 부분들에 대해서는 독자 여러분들의 기탄없는 지적을 기대한다.

　　끝으로 인쇄 매체가 외면당하는 어려운 출판계의 현실에도 다소 학술적이고 얇지 않은 본서를 출간하기로 한 CUP 김혜정 대표께 감사드리며, 본서를 준비하면서 지난 3년 동안 창세기 말씀의 바다에 빠져 지낼 수 있는 축복을 주신 창조주 하나님께 영광과 찬양을 올려드린다. 아무쪼록 부족한 책이지만 본서를 통해 하나님의 창조섭리와 창조신앙이 더 많은 사람들에게 선포되기를 기대한다.

VIEW 명철의 집 서재에서

저자 양승훈

PART 1 천지 창조

PART 2 노아의 홍수

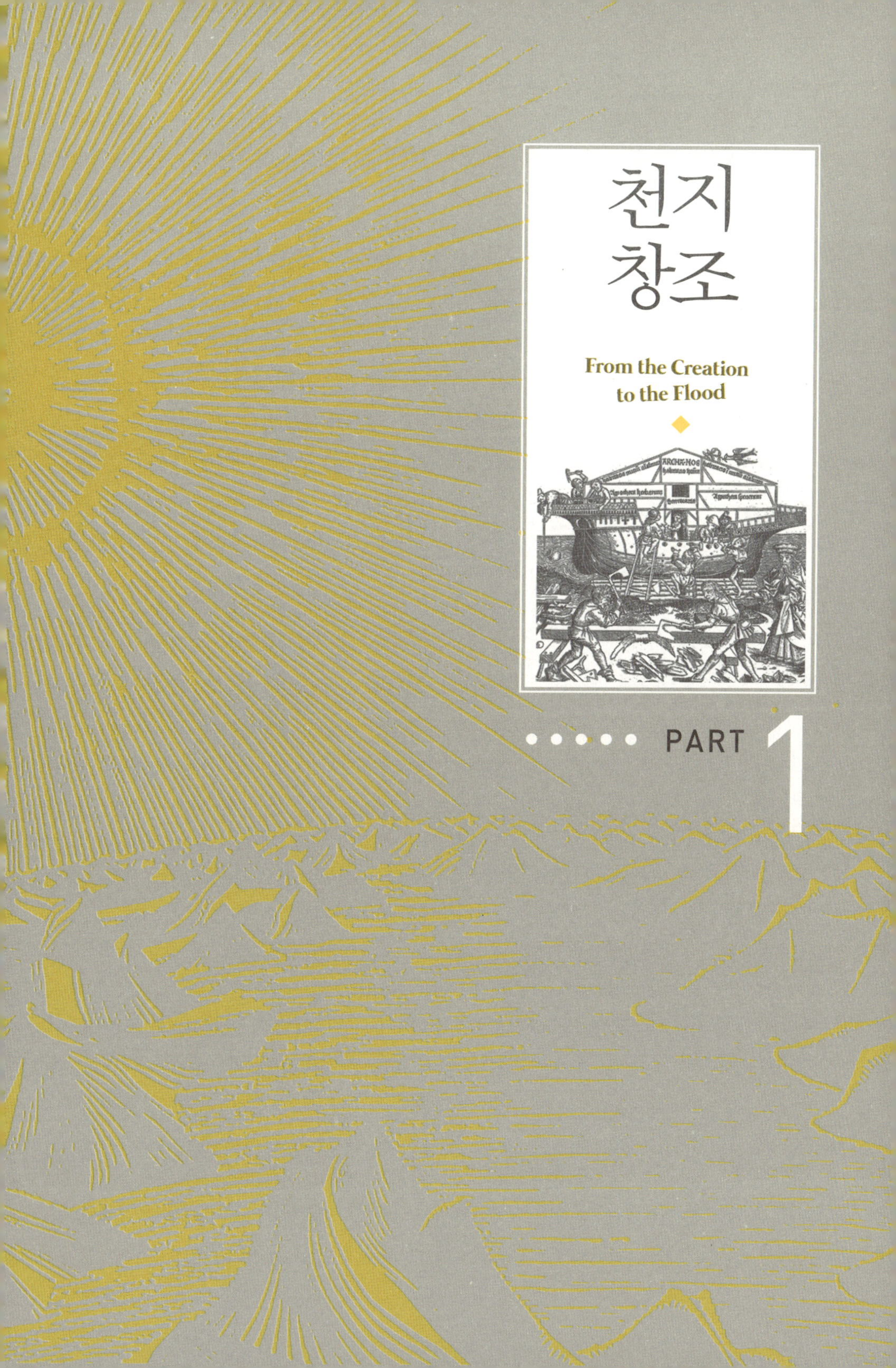

천지
창조

From the Creation
to the Flood

PART 1

창세기 서론

　　창조에 대한 지식과 믿음은 단지 만물의 기원에 대한 개인적 호기심을 만족하는 것으로 끝나지 않는다. 창조는 모든 존재와 인식의 기원에 관한 지식을 제공하기 때문에 기독교 신앙의 기초가 된다. 만물이 어디서, 어떻게 기원했는지를 알 때 비로소 만물의 존재 이유와 목적도 알 수 있다. 창조를 생각지 않는다면 그 후에 일어난 어떤 사건도 바르게 해석될 수 없다.[1] 그래서 성경은 첫머리에 "태초에 하나님이 천지를 창조하시니라"고 선언함으로써 하나님이 천지 만물과 그 가운데 인간을 지으셨음을 말하고 있다 창 1:1. 성경의 기본 진리를 가장 잘 압축했다고 할 수 있는 사도신경도 "나는 전능하신 아버지 하나님, 천지의 창조주를 믿습니다"로 시작되어 창조주 하나님에 대한 신앙고백이 먼저 나온다. 기독교 교리를 다루는 조직신학에서도 창조는 다른 모든 교리의 기초를 이룬다. 창조에 대해서 살펴보기 전에 먼저 창세기의 저자에 대해 살펴보자.

I. 창세기의 저자

창세기는 전통적으로 모세가 썼다는 견해가 지배적이다. 창세기에 대한 직접적인 인용은 아니지만, 예수가 모세를 언급하신다. 예수는 누가복음 24장 27절에서 "이에 모세와 모든 선지자의 글로 시작하여 모든 성경에 쓴 바 자기에 관한 것을 자세히 설명하시니라"라고 말씀하신다. 또 요한복음 7장 19절에서 "모세가 너희에게 율법을 주지 아니하였느냐 너희 중에 율법을 지키는 자가 없도다 너희가 어찌하여 나를 죽이려 하느냐"고 말씀하셨다.

이 외에도 신약성경은 "빌립이 나다나엘을 찾아 이르되 모세가 율법에 기록하였고 여러 선지자가 기록한 그이를 우리가 만났으니 요셉의 아들 나사렛 예수니라"요 1:45, 혹은 "모세를 믿었더라면 또 나를 믿었으리니 이는 그가 내게 대하여 기록하였음이라"요 5:45고 기록하고 있다. 이 구절은 비록 예수와 제자들이 직접 창세기를 모세의 글임을 언급하지는 않았지만, 모세오경Pentateuch의 저작자를 모세로 보는 당시 유대인들의 일반적인 견해를 수용하고 있었음을 볼 수 있다.[2] 전통적으로 모세오경은 모세의 죽음을 서술한 신명기 마지막 34장 일부와 필사한 사람들이 설명할 목적으로 가끔 삽입한 부분을 제외하고는 모세가 기록한 것으로 여긴다.

누가는 모세가 바로의 궁전에서 교육을 받았기 때문에 "모세가 애굽 사람의 모든 지혜를 배워 그의 말과 하는 일들이 능하더라"행 7:22고 기록하고 있다. 모세는 애굽의 학문을 다 배운 사람이었으므로 자신의 지식과 학문을 글 쓰는 데 사용했음을 시사하고 있다. 당연히 모세가 쓴 글 속에 창세기가 포함되었을 것임을 짐작할 수 있다. 모세가 하나님의 말씀을 기록하는 일에 게으르지 않았음은 모세오경의 다른 책들이나 모세의 후계자 여호수아의 글에서도 볼 수 있다.

"여호와께서 모세에게 이르시되 너는 이 말들을 기록하라 내가 이 말들의 뜻대로 너와 이스라엘과 언약을 세웠음이니라 하시니라"출 34:27. "이는 여호와의 종 모세가 이스라엘 자손에게 명령한 것과 모세의 율법책에 기록된 대로 쇠 연장으로 다듬지 아니한 새 돌로 만든 제단이라 … 여호수아가 거기서 모세가 기록한 율법을 이스라엘 자손의 목전에서 그 돌에 기록하매"수 8:31~32. 여호수아는 이미 모세가 율법을 기록한 것을 언급하고 있다. 그것이 구체적으로 오경의 어떤 부분인지는 분명하지 않지만, 모세에게 있어서 하나님의 말씀을 기록하는 것은 중요한 과업이었음을 보여준다.

II. 아브라함 시대에 문자가 있었을까?

여기서 한 가지 궁금한 점이 있다. 창세기는 요셉의 죽음으로 끝나게 되는데 이 시기는 모세가 태어나기 약 300여 년 전이다. 그런데 어떻게 모세가 창세기를 썼을까? 이를 위해 먼저 간략하게 창세기의 몇몇 중요한 연대를 살펴보면 다음과 같다.[3]

아담: BC 4004(?)
노아 홍수: BC 2348(?)
아브라함: BC 2000
요셉: BC 1804
모세: BC 1500
다윗: BC 1000

아마 모세는 조상으로부터 전해 내려온 역사적인 기록을 갖고 있었을 것이다. 모세 이전에 살았던 아브라함이나 노아, 에녹 등에 의해 전해진 문서를 모세가 전달받았을 것은 충분한 개연성이 있다. 일부 신학자들은 아브라함 시대에 문자가 없었다고 주장하지만, 여러 증거로 볼 때 글쓰기는 이미 아브라함 이전에도 보편화되어 있었다.[4] 팔레스타인 고고학의 권위자 알브라이트W.F. Albright 는 이미 1930년대에 "지금은 아주 무식한 사람 외에는 팔레스타인 지역에서 BC 2000년에 글자를 사용한 것을 알고 있다"고 했다.[5]

한 예로 함무라비 법전Code of Hammurabi, BC 1772 을 들 수 있다. 이 법전은 주전 18세기, 바벨론 왕 함무라비가 만들었다. 그는 아브라함보다 약간 후에, 그러나 같은 지역에 살았던 인물이다. 그런데 그는 법전을 만들어 나라를 다스리는 데 사용했다. 그가 만든 법전은 현대의 법전과는 비교할 수 없지만, 당시로써는 상당히 정교한 법조문으로 이루어져 있다. 과거 고고학자들은 그가 창세기 14장에서 아브라함이 롯을 구하려고 할 때 나오는 아므라벨Amraphel이 아닐까 추측하기도 했지만, 근래 연구자들을 이를 부정한다.[6]

[그림 1] 함무라비와 함무라비 법전이 새겨진 돌비[7]

함무라비라고 하면 우리는 함무라비 법전을 생각하게 된다. 그는 바벨론 법을 성문화해 이를 돌에 새기고 그 돌비를 중요한 성읍마다 세웠다. 그 중 바빌론에 세워졌던 것이 1902년 몰간M.J. Morgan이 이끄는 프랑스 발굴팀에 의해 수사Susa의 폐허에서 발굴되었다. 이 비석은 높이 2.7m, 폭 60cm, 두께 45cm이며, 원추형이며, 사면 가득히 셈족 바벨론어의 설형문자로 기록되어 있다. 여기에 기록된 글은 4,000줄에 달하며, 총 분량이 성경만큼이나 된다고 한다.[8]

고고학자들은 아브라함이 살았던 바벨론의 중심지 우르Ur에는 문법, 수학, 천문학, 지리학, 종교, 정치 등에 관한 많은 서적, 사전이나 백과사전 등을 비치한 도서관이 있었다는 증거를 발굴했다. 영국 고고학자로서 메소포타미아 지역을 발굴했던 울리Sir Charles Leonard Woolley, 1880~1960는 우르에서 아브라함 시대의 교실을 발굴했는데, 그는 여기서 150여 개의 연습용 토판, 수학, 천문학, 의학, 역사 교과서, 큰 토판에는 수메르어와 그와 같은 셈족 언어의 동사 활용표가 있었다.[9]

아브라함이 살았던 우르는 문화가 발달했고, 서적이 많았으며, 도서관이 있었던 사회였다. 그는 아마 노아 홍수를 경험한 셈과 더불어 살았으며, 셈으로부터 하나님의 창조, 인간의 타락, 노아 홍수 등에 관한 전설이나 기록물을 전해 받았으리라 생각된다.[10] 그리고 이스라엘 민족의 역사를 설형문자로 토판에 기록해 주의 깊게 후대에 전달했을 것이다.[11] 그리고 모세가 바로 그 기록을 물려받았을 것임은 자연스러운 추측이다.

이 외에도 1799년 7월, 나폴레옹이 이집트를 정복할 때 그를 수행했던 프랑스 공병장교 붓사M. Boussard는 로제타Rosetta라는 나일 강 서쪽 하구 마을 인근 포트 세인트 줄리언Fort St. Julien에서 로제타 스톤Rosetta Stone을 발견했다. 나폴레옹 군대가 이집트를 정복하고 요새

fortification를 만들기 위해 땅을 파다가 우연히 발견한 것이었다. 높이 1.5m, 폭 65cm, 두께 30cm의 검은 화강암으로 만들어진 로제타 스톤은 BC 195년 경에 만들어진 프톨레미 에피파네스Ptolemy Epiphanes를 기리기 위해 세워졌다.

흥미롭게도 로제타 스톤에 새겨진 문자는 하나가 아니었다. 같은 내용이 헬라어, 이집트 민용문자民用文字, demotic와 상형문자hieroglyph로 기록되어 있었는데 그 중 헬라어는 알려진 언어였기 때문에 이를 이용해 프랑스 학자 샹뽈리옹Jean-François Champollion, 1790~1832은 고대 이집트어를 이해하는 데 성공했다.13) 이로서 그때까지 발견된, 해독할 수 없었던 많은 상형문자 문헌을 이해할 수 있게 되었다.

성서고고학이 본격적으로 시작된 19세기부터 이집트, 팔레스타인, 메소포타미아 등에서 발굴되고 있는 여러 고고학적 발굴물은 점점 더 구약성경의 기록이 얼마나 정확한지를 증명하고 있다.

III. 창세기의 의미

창세기는 모든 성경의 출발점이요 근거가 되는 책이다. "창세기"란 말 그대로 "세상의 창조를 기록한 책"이다. 히브리어 원문에는 "태초에"를 의미하는 "쁘레쉬트"בְּרֵאשִׁית라고 기록되어 있고, 70인역LXX의 알렉산드리아 사본에는 "게네시스 퀴스무"Γένεσις Κύσμου라는 표제어를 갖고 있다. 원래 "창세"geneseos란 말은 그리스어로는 "기원origin, "근원," "탄생," "시작"이란 뜻인데 바로 이 70인역 표제어에서 유래한 말이다. 히브리어로는 책의 첫 단어를 책 이름으로 쓰는 고대의 관습에 따라 창세기를 "쁘레쉬트"라고 부른다.

창세기는 하나님을 제외한 모든 것의 시작을 설명한다. 우주와 세상의 기원창 1:1~25, 인류의 기원창 1:26~2장, 결혼의 기원창 2장, 죄와 죽음의 기원창 3:1~7, 구속의 기원창 3:8~24, 가정생활의 기원창 4:1~15, 문명의 기원창 4:16~9장, 언어의 기원창 11장, 국가의 기원창 10~11장, 히브리 민족의 기원창 12~50장이 바로 이 창세기에 들어있다.

하지만 창세기는 단순히 기원에 대한 설명만을 제시하는 책이 아니다. 매튜스는 그리스도인들이 말하는 소망도 바로 이 창세기의 세 가지 약속에 기초하고 있다고 말한다. 즉 (1) 하나님이 가정에게 생육하고 다스리라는 축복을 주셨다창 1:26~28. (2) 하나님은 인간의 원수를 이기실 것이다창 3:15. (3) 하나님은 아브라함의 후손인 예수 그리스도를 통해 이 두 가지를 이루실 것이다창 12:1~3.[14]

그러면 구체적으로 우리는 왜 창세기를 공부해야 하는가? 창세기는 여러 중요한 제도나 교리의 기원을 말해줄 뿐 아니라 우리를 둘러싸고 있는 자연계의 의미, 인생과 죽음의 의미, 문명과 국가의 의미를 알려준다. 창세기는 인간의 가장 근본적인 질문을 제기하고 여기에 답변한다. 특히 창세기 1~11장은 우리에게 다음과 같은 몇 가지 근원적인 질문과 답을 제시한다.

1. 하나님은 누구신가?

창세기 1장 1절은 하나님과 다른 모든 피조물은 근본적으로 다르다는 점을 말한다. 하나님은 그분이 만든 피조세계와는 근본적으로 다른 존재다. 그분은 피조세계 바깥에 계시는 분이다. 하나님은 창조주시지만, 다른 모든 존재는 피조물이다. 사람들은 태양이나 달, 별, 큰 강이나 산, 나무 등을 보고 절하며, 어떤 사람들은 자연의 영성을 발견하려고 노력한다. 그러나 그러한 것들은 하나님의 피조물일 뿐이지 하나님은 아니다. 마치 우리가 위대한 미술품을 보면서 그 미술품과 대화하기 위해 노력한다면 정신과에 가서 치료를 받아야 하는 것과 같다.

창세기는 하나님이 온 천지를 창조하셨지만, 하나님 자신은 초자연적인 분임을 말하고 있다. 하나님은 우리와 함께하시지만 피조세계의 일부가 아니며, 결코 피조물들과 동일시될 수 있는 분이 아니다. 하나님은 계시로서만 알 수 있는 분이며, 그분이 자신을 계시하시지 않으면 우리는 결코 그분을 알 수 없다.

2. 인간은 무엇인가?

창세기는 또한 우리에게 인간이란 무엇인지 말해 준다. 사람은 단지 단백질로 된 물질 덩어리일 뿐일까? 사람은 과연 원숭이나 다른 동물로부터 가장 진화한 척추 포유동물에 불과할까? 인간은 다른 동물과 달리 어떤 독특한 가치를 가질까? 창세기는 이 질문에 대해 대답한다.

1993년, 캐나다 사스카체완주에 사는 라티머Robert William "Bob" Latimer, 1953~라는 남자가 자신의 장애인 딸 트레이시Tracy를 죽이는 사건이 일어났다. 그는 곧 체포되었다. 그런데 잘못했다고 느끼는 기색이 없었다. 그러면서 그는 말하기를 사람들이 자기 딸이 얼마나 많은 고통을 당했는지 모른다고 했다. 만일 자기 딸의 고통을 안다면 자신이 자기 딸을 죽인 것이 "악한 행위"an act of villainy가 아니라 "선한 행위"an act of kindness였다고 생각할 것이라고 했다.

또한, 여러 해 전 수잔 로드리게스Susan Rodriquez라는 여자는 불치의 병multiple sclerosis을 앓고 있다가 한 친구의 도움과 국회의원 로빈슨Svend Robinson의 지지를 받아 자살했다.[15] 2013년 4월 25일에는 스위스 취리히에 있는 디그니타스Dignitas 병원에서 캐나다 매니토바 주민 수잔 그리피스즈Susan Griffiths라는 72세 난 할머니가 가족이 지켜보는 가운데 의사의 도움으로 안락사assisted-suicide했다. 캐나다 사람이 스위스까지 가서 안락사한 것은 캐나다에서는 안락사가 불법이기 때문이다. 수잔은 불치의 뇌 질환인 다중위축증multiple system atrophy 진단을 받고 투병 중이었다.[16]

이런 일이 발생할 때 우리는 인간이란 무엇이며, 생명이란 무엇인지에 대해 진지하게 생각하게 된다. 개를 죽인 사람, 자살한(안락사한) 사람, 자기 딸을 죽인 사람은 동일하게 살아있던 존재를 죽였다. 하지만 개를 죽인 사람은 아무도 잔인하다고 비난하지 않지만, 사람의 경우는 다르다. 그렇다면 사람이 동물과 다르다는 근거는 무엇인가? 창세기는 사람이 무엇이며, 왜 사람이 동물과 다른지 설명한다.

3. 성이란 무엇인가?

또한, 성경은 성性, sex의 의미에 대해 분명하게 말한다. 우리는 성으로 넘치는 시대와 사회에 살고 있지만, 정작 성이 무엇인지 물으면 잘 모른다. 성이 무엇인지, 그것의 축복과 저주가 무엇인지 모른다. 창세기 2장 22~25절은 짧지만, 우리에게 성에 대해서 가르치고 있다.

성은 남자와 여자를 창조한 목적과 연결되어 있고, 아이를 갖는 것과 연관되어 있다. 아이들은 성을 통해 우발적으로 생기는 존재가 아니다. 우리가 성을 새로운 생명을 만드는 행위라고 생각한다면 쾌락을 위한 일로만 생각할 수 없다. 새로운 생명은 한평생의 헌신이 있는 사랑의 관계 속에서 태어나야 하기 때문이다.

4. 인간은 어떤 상태에 있는가?

성경은 인간의 원래의 상태를 이렇게 말한다. "하나님이 이르시되 우리의 형상을 따라 우리의 모양대로 우리가 사람을 만들고 그들로 바다의 물고기와 하늘의 새와 가축과 온 땅과 땅에 기는 모든 것을 다스리게 하자 하시고 하나님이 자기 형상 곧 하나님의 형상대로 사람을 창조하시되 남자와 여자를 창조하시고 하나님이 그들에게 복을 주시며 하나님이 그들에게 이르시되 생육하고 번성하여 땅에 충만하라, 땅을 정복하라, 바다의 물고기와 하늘의 새와 땅에 움직이는 모든 생물을 다스리라 하시니라"창 1:26~27. 인간은 하나님의 형상으로 지음을 받았고, 생육하고 번성하며, 온 땅을 지배하라는 축복을 받은 존재였다.

그러나 인간은 창조주 하나님을 반역했다. 창세기는 이를 이렇게 설명한다. "여호와 하나님이 그 사람을 이끌어 에덴 동산에 두어 그것을 경작하며 지키게 하시고 여호와 하나님이 그 사람에게 명하여 이르시되 동산 각종 나무의 열매는 네가 임의로 먹되 선악을 알게 하는 나무의 열매는 먹지 말라 네가 먹는 날에는 반드시 죽으리라 하시니라"_{창 2:15~17}. 이러한 하나님의 명령에 대해 우리의 첫 조상은 생명을 선택하지 않고 죽음을 선택했다. 이 때문에 인간은 근본적으로 타락한 존재가 되었고, 부패하게 되었다. 이것은 오늘날 인간의 상태를 설명하는 성경의 출발점이다.

그렇다면 인간의 행위는 어떻게 설명할 수 있는가? 오늘날 심리학에서는 모든 행동 뒤에는 이유가 있다고 말한다. 그러나 그 이유가 무엇인지에 대해서는 사람마다 의견이 다르다. 프로이트주의자들은 인간의 잠재의식subconsciousness이라고 말한다. 인본주의자들은 자아실현self-actualization 욕구라고 말한다. 행동주의자들은 자발적 조건화operant conditioning라고 부르는 것에 기초한 학습된 반응learned responses이라고 말한다. 어떤 사람은 모든 반응은 유전적 기질genetic makeup에 기초하고 있다고 말한다.

하지만 인간의 행동은 그런 이론만으로는 다 설명할 수 없다. 어떤 기존의 이론도 인간의 죄악된 성품과 반역적 행동을 모두 설명할 수 없다. 하나님은 우리에게 자신을 경배하라고 말하지만, 인간은 피조물을 경배한다. 하나님은 우리의 삶을 지배하기를 원하시지만, 우리는 그분의 통치에 저항하는 삶을 산다. 하나님은 생명을 탄생시키기 위해 성을 주셨지만, 우리는 그것을 이기적이고 해로운 쾌락을 위해 사용한다. 우리는 전적으로 타락했다.

5. 역사란 무엇인가?

창세기는 우리에게 역사의 진정한 의미를 말해준다. 창세기에 의하면 인간은 진보하는 것이 아니다. 아담과 하와는 범죄했고 하나님의 형상은 훼손되었다. 살인과 시기와 질투가 사람을 지배하기 시작했다. 세상은 점점 더 피폐해지고 있고, 사람들은 전쟁과 자연적인 재해,

이기심으로 고통당하고 있다.

점점 더 좋은 세상이 되어가고 있다고 말하는 이들이 많다. 더 풍요로워지고, 더 의술이 발달하고, 교육의 기회가 더 많아지고, 더 많은 발명이 우리를 편리하게 한다고 말한다. 그러나 다른 한편으로 우리는 더 많은 빈곤과 폭력, 대량살상무기 등으로 고통당하고 있다. 전 인류의 20% 이상이 허기진 채 잠자리에 들고 있다. 인류 역사 이래 지금처럼 물질적으로 풍요한 시대도 없었지만, 또한 지금처럼 많은 사람이 빈곤과 굶주림으로 고통을 당한 적도 없었다. 또한, 우리는 기후가 변하고 있는 것을 피부로 느끼고 있다. 매년 엄청난 생물 종이 사라지고 있고, 따라서 생물 다양성이 급격히 감소하고 있다. 에덴동산이 점점 더 불모지가 되어가고 있다. 역사는 퇴락하고 있고, 진보하지 않는다.

6. 구원이란 무엇인가?

창세기는 구원에 대해서 말한다. 인간이 범죄함으로 타락했음에도 하나님은 언제나 은혜의 하나님이시다. 하나님은 인간에 대한 사랑을 거두지 않으셨다. 창세기 3장 15절은 타락한 인간을 향한 하나님의 사랑을 표현하고 있다. "내가 너로 여자와 원수가 되게 하고 네 후손도 여자의 후손과 원수가 되게 하리니 여자의 후손은 네 머리를 상하게 할 것이요 너는 그의 발꿈치를 상하게 할 것이니라 하시고".

하나님은 이미 창세기 초반에서 타락한 인간을 위해 구세주를 보내시겠다고 약속하셨다. 그분의 사랑으로 인간은 죄로 인한 질병으로부터 구출될 수 있는 소망이 생기게 되었다. 신약성경, 그중에서도 복음서는 바로 이 약속이 실현된 것을 기록하고 있다. 예수가 바로 뱀의 머리, 곧 사단의 머리를 상하게 하셨다. 구원의 이야기는 에덴동산에서 출발해 새예루살렘에서 끝난다. 그 사이에는 놀라운 이야기들이 있다. 그 이야기들은 다른 사람의 이야기가 아니라 바로 순례의 여정에 있는 우리의 이야기다.

IV. 창세기에 대한 도전

이처럼 창세기는 우리의 신앙생활의 중요한 기초를 이루고 있다. 그래서 사단은 창세기에 대한 신앙만 흔들면 다른 모든 성경에 대한, 나아가 신앙의 근본을 흔들 수 있다고 생각한다. 그래서 창세기를 중심으로 사단의 역사가 가장 강하게 나타나는 것이다. 창세기 기록 중에서도 창세기 1~11장, 그중에서도 창세기 1장은 사단의 역사가 가장 강력하게 나타나는 곳이다. 이제 지난 수천 년 동안 수많은 사람에게 영감을 불어넣고, 삶을 바꾸었던 창세기의 대문을 열어보자. 광대한 우주의 창조로부터 시작되는 이 장엄한 선언으로부터 창세기 공부를 시작하자.

창조주 하나님

"태초에 하나님이 천지를 창조하시니라"
– 창세기 1:1

　창세기 1장은 엿새 동안의 창조사역을 설명한다. 처음 사흘간은 무대를, 나중 사흘간은 그 무대에 내용을 채우는 역사를 기록하고 있다. 하나님은 창조주간 첫 사흘 동안에는 물리적 질서를 만드는 사역을 하셨다. 빛과 어둠을 나누시고, 궁창 위의 물과 궁창 아래의 물로 나누시고, 물과 육지를 나누셨다. 하나님은 후반부 사흘 동안에는 혼돈하고 공허한, 즉 비어있던 곳을 채워 넣는 사역을 하셨다.

　비록 오늘날의 과학적 용어로 기록되지는 않았지만, 창세기 1장은 하나님의 창조사역이 우연히 이루어진 것이 아니라 치밀한 의도와 계획 가운데 이루어진 것임을 보여준다. 하나님은 우주를 재미로, 우연히, 여가선용을 위해 만드신 것이 아니다. 그래서 날마다 만드신 모든 것을 보시고 보시기에 좋았더라고 하셨고, 마지막에는 보시기에 심히 좋았더라고 하셨다. 이 천지 만물은 전능하신 분이 보시기에도 좋았다고 할 정도로 완전했다.

I. 시간의 시작

창세기 1장 1절은 "태초에"라는 말로 시작된다. "태초에"를 의미하는 히브리어 "쁘레쉬트"בְּרֵאשִׁית에서 "쁘"בְּ는 "… 안에"in를 의미하는 전치사, "레쉬트"רֵאשִׁית는 "기원," 혹은 "시작"beginning을 의미하는 명사다. 이 말은 특정한 기간의 시작을 나타내기도 하지만신 11:12, 렘 26:1, 드물게 여기서와 같이 특정하지 않은 기간을 나타내기도 한다사 40:21, 41:4. 두 가지 해석에서 어느 쪽을 선택하는 것이 바른지는 문맥을 통해 알 수 있다.

영국의 구약학자 웬함Gordon Wenham, 1943~은 "쁘레쉬트"가 명백히 영원 속에서 특정한 기간이 아니라 시간 그 자체의 시작이라고 말한다고 했다.[1] 그렇다면 이 말은 "시간이 시작될 때에"라고도 표현할 수 있다. 영원이 시간과 만나는 시점, 즉 영원 속에 시간이라는 개념이 들어왔을 때가 태초였다는 의미다. 태초란 하나님이 천지를 창조하셨기에 존재하게 된 것이다.[2] 인간은 지구라는 장소에서 태어나 죽을 때까지 시간 안에 존재하지만, 하나님은 영원 속에 계시는 분, 공간과 시간 바깥에 계시는 분임을 의미한다.

비슷한 말이 요한복음 1장 1절에도 등장한다. "태초에 말씀이 계시니라." 여기서는 "태초에"를 그리스어 "엔 아르케"ἐν ἀρχῇ로 표시하고 있다. 네덜란드 구약학자 알더스Gerhard Charles Aalders, 1880~1960는 여기서 말하는 "태초"는 물리적인 시간이 존재하기 전, 즉 영원과 시간이 만나기 전을 의미한다고 주장한다. 즉 요한복음의 태초는 오직 유일하신 실재인 로고스 하나님만이 존재하던 상황을 말한다는 것이다. 그의 논리에 의하면 창세기 1장의 태초보다 요한복음 1장의 태초가 더 앞선다고 할 수 있다.[3]

하지만 유재원 교수는 이에 반대한다. 만일 창세기 1장 1절에서의 "태초"가 물질세계의 창조와 관련된 시간의 시작이고, 요한복음 1장 1절의 "태초"가 성자 예수와 관련된 시점이라면 두 번의 태초, 즉 시간의 시작 이전에 또 다른 시간의 시작이 존재한다는 것인데 이는 어색하다는 것이다. 그는 시간은 피조세계의 존재 형식에 불과하므로 창조 이전의 시간적인 "태초"란 의미가 없다고 주장한다.[4]

어느 주장이 옳은지 우리는 확실히 알 수 없다. 요한은 의도적으로 창세기 1장 1절을 염두에 두고 요한복음 1장 1절을 기록한 것이 분명해 보인다. 물질계의 태초보다 성자가 선재했음은 분명한 것으로 보인다. 즉 문장형식의 유사성으로 봐서는 요한복음과 창세기의 태초는 같은 것으로 보이지만, 성자의 선재성을 생각한다면 두 태초는 서로 다른 것으로 보는 것이 맞는 듯하다. 어느 주장이 옳은지는 분명하지 않으나 중요한 것은 영원 속에 계시던 하나님이 천지를 만드시면서 태초에 먼저 시간을 만드셨다는 사실이다.

그러면 "태초"라는 말이 왜 그렇게 중요한가? 이는 하나님만이 자존자이심을 의미하기 때문이다. 이 세상에 수많은 창조 신화나 전설이 있지만 어떤 종교에서도 시간을 만들었다는 말은 없다. 하나님은 시간을 벗어나 계시는 분이다. 그분은 늙지 않으신다. 2000년 전 우리 선조가 믿었던 하나님이나 2000년 후 우리의 후손이 믿을 하나님은 같은 분이다. "야곱의 집이여 이스라엘 집에 남은 모든 자여 내게 들을지어다. 배에서 태어남으로부터 내게 안겼고 태에서 남으로부터 내게 업힌 너희여 너희가 노년에 이르기까지 내가 그리하겠고 백발이 되기까지 내가 너희를 품을 것이라. 내가 지었은즉 내가 업을 것이요 내가 품고 구하여 내리라"사 46:3~4.

하나님이 자존자라는 사실은 초월자임을 의미한다. 이 우주의 어떤 존재도 자존자일 수 없다. 만일 자존자가 있다면 그는 이 우주를 초월하신 분일 수밖에 없다. 비록 정교한 표현은 아니지만, 시편 기자는 이를 이렇게 표현한다. "내가 주의 영을 떠나 어디로 가며 주의 앞에서 어디로 피하리이까 내가 하늘에 올라갈지라도 거기 계시며 스올에 내 자리를 펼지라도 거기 계시니이다. 내가 새벽 날개를 치며 바다 끝에 가서 거주할지라도 거기서도 주의 손이 나를 인도하시며 주의 오른손이 나를 붙드시리이다"시 139:7~10.

우리 인간은 시간 내적인 존재요, 시간에 의존적인 존재다. 이것은 본질적으로 우리의 생명은 곧 시간임을 의미한다. 그러므로 성경은 "세월을 아끼라 때가 악하니라"고 말한다 엡 5:16. 여기서 "아끼다"를 의미하는 "엑사고라조"ἐξαγοράζω는 원래 "구출하다," "구속하다," "건져 올리다"라는 말이다. 그러므로 시간을 아낀다는 말은 시간을 구속한다는 의미다. 이것은 곧 시간을 창조하신 하나님, 우리에게 그 창조하신 시간을 허락하신 하나님 앞에서 시간의 충성스러운 청지기로 살아간다는 의미이기도 하다.

II. 창조주 하나님

1절은 시간과 천지의 창조주가 바로 하나님이라고 선언한다. "태초에 하나님이 천지를 창조하시니라"는 선언은 하나님이 어떤 분인지 보여준다. 여기서 사용하는 창조주 하나님의 이름은 엘로힘אֱלֹהִים은 복수다. 엘로힘의 단수는 "힘 있는 자"라는 의미의 "엘로아"אֱלוֹהַּ인데 여기에 "임"을 붙여 복수가 된 것이다. 엄밀하게 말하면 엘로힘은 여호와, 엘샤다이, 마르둑, 그모스와 같은 개별 신의 이름이 아니라 어떤 신에게도 사용될 수 있는 호칭appellative이다. 본문의 문맥으로 보면 엘

로힘은 단지 이스라엘의 하나님만이 아닌, 온 우주를 창조하신 주권적인 창조주임이 분명하다.[5]

엘로힘이라는 이름과 관련해 흥미로운 것은 동사와의 불일치다. 이 이름은 남성 복수 명사인데 흥미롭게도 "창조하시니라"를 의미하는 동사 "바라"בָּרָא는 삼인칭 단수 동사다. 이것은 히브리어에서 말하는 소위 "위엄의 복수"pluralis majestatis, plural of majesty일 뿐 전혀 복수의 의미를 내포하지 않으며, 동시에 삼위일체 하나님을 나타내는 말이기도 하다.[6] 실제로 히브리어와 셈족 언어에서는 단수개념을 강화할 때 복수형으로 표시한다. 그러므로 엘로힘이라고 한다면 이것은 "수적인 복수가 아니라 높고 강하고 존귀한 하나님"을 뜻한다.[7]

삼위일체 교리는 가장 어려우면서도 가장 중요한 기독교의 교리다. 하나님은 한 분이라고 하면서도 세 분이라고 말하는 것은 말 내부의 모순처럼 보인다. 인간 사회에는 이 삼위일체를 표현할 수 있는 적절한 비유가 없다. 어떤 사람은 역할론으로 설명하지만, 곧 문제가 생긴다. 내가 목사로서 교회에 있을 때는 집에서 아버지가 될 수 없다. 하지만 하나님은 하늘에도, 동시에 땅에도 계실 수 있다. 역할론은 곧바로 단일신론으로 귀결된다.

삼위일체 교리에 의하면 하나님은 세 분이지만 동시에 한 분이다. 세 분만 강조하면 삼신론tri-theism이 된다. 초대교회 교부 터툴리안Tertullian, c.160~c.225은 삼위일체를 태양으로 설명했다. 하지만 태양은 태양성부, 빛성자, 열성령로 존재하는 것처럼 하나님도 그렇다고 말하는 것이나, 물이 액체, 기체, 고체 상태로 존재하는 것처럼 하나님도 그렇다고 말하면 양태론적 단일신론Modalistischer Monarchianismus 이단에 빠지게 된다.[8] 그리고 태양이나 물은 시공의 제약을 받지만, 하나님은 시공의 제약을 받지 않으신다. 어떻게 그럴 수 있을까? 하나님은 원래

[그림 1] 예술가들이 표현한 삼위일체. 좌로부터 4세기, 15세기, 18세기의 그림[9]

그런 분이기 때문이다. 소가 우리 주인은 왜 두 발로 걸을까를 고민하면 그만큼 고단한 삶을 살 수밖에 없다!

창조는 삼위일체 하나님의 사역이다. 요한복음은 성자 예수도 창조 사역에 동참했다고 말한다. "만물이 그로 말미암아 지은 바 되었으니 지은 것이 하나도 그가 없이는 된 것이 없느니라"요 1:3. 또한, 창세기 1장 2절에서 "하나님의 영은 수면에 운행하시니라"고 하신 것은 성령 하나님도 창조에 참여하신 것을 의미한다. 그러므로 창조는 삼위일체 하나님의 사역이다.

엘로힘이라는 이름은 하나님의 여러 이름 중 하나님의 전능성을 나타내는 이름이다. 하나님은 배우자도, 경쟁자도 없는 유일하신 분이다. 창세기 기자는 창조주가 하나님임을 증명하려고 애쓰지 않는다. 그냥 자존하시는 하나님을 선언할 뿐이다. 출애굽기 기자는 그 하나님을 "스스로 있는 자"출 3:14로 소개한다. 이사야 선지자는 하나님은 모든 신보다 먼저 계신 자라고 말한다. "… 나의 전에 지음을 받은 신이 없었느니라. 나의 후에도 없으리라."사 43:10고 말한다.

창조주 하나님은 우주의 필연성이나 어떤 제한에 묶여 있는 분이 아니다. 그분은 우주 속에 계시면서도 우주 그 자체가 아니며, 우주를 초월하시면서도 우주와 무관하신 분이 아니다. 성경의 하나님은 "내재하시면서 동시에 초월하시는 분"이다. 하나님의 내재성만을 강조하면 범신론으로 가게 되고 초월성만을 강조하면 이원론이나 이신론으로 흐를 위험이 있다. 기독교 신관에서 하나님은 만물의 창조주이므로 다른 어떤 피조물과도 대등한 관계에 있지 않다는 점에서 범신론이나 이원론을 부정한다. 하나님은 만물을 창조하셨을 뿐 아니라 지금도 살아 계셔서 역사하시는 인격적인 분이므로 이신론적 견해도 부정한다.

기독교 세계관은 만물 속에 하나님의 솜씨는 나타나 있지만, 자연 그 자체에는 어떠한 신적인 요소도 깃들여 있지 않다고 선언한다. 그리고 하나님은 역사를 통해 침묵하는 이교異敎의 신들과는 달리 "거기 계시며 말씀하시는 하나님"He Is There and He Is Not Silent이다. 그분은 하늘과 땅을 만드신 분이요, 역사의 주관자요, 살아 계시며 인격적인 분이어서 개인의 삶에도 친히 간섭하신다. 온 우주 만물 가운데 하나님 한 분만이 영원하고 자존적이며 나머지 가시적, 비가시적 대상들은 피조물로서 일시적temporary이고 의존적dependent이다.

또한, 하나님은 역사의 처음과 끝이 되신 분이다. 이사야 선지자는 이 점을 반복해서 말한다. "이 일을 누가 행하였느냐 누가 이루었느냐 누가 처음부터 만대를 불러내었느냐 나 여호와라 처음에도 나요 나중 있을 자에게도 내가 곧 그니라"사 41:4, "나는 처음이요 나는 마지막이라 나 외에 다른 신이 없느니라"사 44:6, "나는 처음이요 또 나는 마지막이라"사 48:12.

고대 그리스나 근동의 신들은 인간의 상상력으로 만들어진 존재다. 인간의 상상력에서 나온 것이므로 인간을 확대한 존재일 수밖에 없다. 인간들처럼 남신과 여신이 있고, 만나서 사랑하고 미워하며, 다른 신들을 낳기도 한다. 철학자의 신은 이성적 논리로 만들어진 존재다.

그런 신들을 두고 어떤 철학자는 "신이 사람을 만든 것이 아니라 사람이 신을 만든 것이다"라고 했다.

III. 무로부터의 창조

다음으로 우리가 살펴볼 말은 "창조했다"를 의미하는 "바라"בָּרָא다. 히브리어에는 "바라"와 비슷하게 사용할 수 있는 단어가 몇 개 있다.

첫째, "아싸"עָשָׂה라는 말이 있다. "아싸"는 이미 있는 재료로 무엇을 만들 때 사용되는 말이다. 예를 들면 "태초에 하나님이 천지를 창조하시니라"고 할 때 바라를, 창세기 1장 7절에서 "하나님이 궁창을 만드사", 1장 16절에서 "두 큰 광명을 만드사"라고 할 때는 "아싸"를 사용한다. 1절에서 천지를 창조하신 것은 하늘과 땅을 만드셨다는 의미이지만, 천지의 재료를 만들었다는 의미이기도 하다. 천지에서 천heavens은 복수 "솨마임"שָׁמַיִם을, 지earth는 단수 "에레쯔"אֶרֶץ를 사용하는데, 이것은 천과 지라는 양단 사이에 있는 모든 것을 칭하는 양단법merism으로 온 우주를 의미하는 것으로 보인다.

둘째, "야짜르"יָצַר라는 말이 있다. "주조하다," "모양을 만들다"라는 의미의 "야짜르"는 원래 무엇을 재료로 만들기는 했지만 만든 것의 섬세함을 강조할 때 이 단어를 사용한다. 예를 들어 창세기 2장 7절에서 "여호와 하나님이 땅의 흙으로 사람을 지으시고", 창세기 2장 19절에서 "여호와 하나님이 흙으로 각종 들짐승과 공중의 각종 새를 만드시고"에서 사용하는 말이 바로 "야짜르"다.

셋째, "바나"בָּנָה라는 말이 있다. "짓다," "수선하다"라는 의미의 "바나"는 재료로 만들지만, 전체 계획 속에서 순서대로 만들 때 사용하는 말이다. 창세기 2장 22절에서 "여호와 하나님이 … 갈빗대로 여자를 만드시고"에서 바로 이 단어를 사용했다.

이런 단어들에 비해 창세기 1장 1절에서 사용한 히브리어 동사 "바라"בָּרָא는 "찍어내다," "끊다," "낳다," "양육하다," "선택하다"는 등의 의미도 있지만, 이 단어가 "창조하다"라는 의미로 사용될 때는 주어가 반드시 하나님이다. 이 단어가 구약에서는 총 44번 사용되었는데 모두 하나님이 직접 만드실 때 사용되었다.[10] 흥미로운 것은 1장 27절에서 "하나님이 자기 형상 곧 하나님의 형상대로 사람을 창조하시되 남자와 여자를 창조하시고"라는 구절이다. 여기서도 만든 재료에 대한 언급이 없고 사람의 생명을 창조하는 것이기 때문에 "바라"라는 동사를 사용했다. 생명은 재료가 없기 때문이다.

1절에서 "창조하다"라는 "바라"는 "무無로부터의 창조"creatio ex nihilo를 나타내는 것으로 보인다.[11] 물론 "바라"가 무로부터의 창조만을 나타낼 때만 사용된 것은 아니다. 그 예로 웬함은 "나는 여호와 너희의 거룩한 이요 이스라엘의 창조자בּוֹרֵא יִשְׂרָאֵל요 너희의 왕이니라"사 43:15에서도 같은 동사가 사용된 것을 지적한다.[12] 하지만 보기에 따라 이스라엘을 창조한 것은 아래에서 지적한 것처럼 어떤 재료로부터의 창조라기보다 무로부터의 창조라고도 해석할 수 있다.

성경이 창세기의 창조가 '무로부터의 창조'임을 명쾌하게 논증하고 있지는 않지만, 창세기 1장 1절을 위시하여 다른 여러 성경 구절도 무에서부터의 창조를 암시하고 있다.[13] 예를 들면 "보이는 것은 나타난 것으로 말미암아 된 것이 아니니라"히 11:3, "이는 만물이 주에게서 나오고 주로 말미암고 주에게로 돌아감이라…"롬 11:36 등의 성경구절들도 다른 어떤 물질이나 존재와 무관하게 하나님께서 모든 것의 창조자임을 분명히 하고 있다.

성경은 원초적인 존재를 창조할 때 흔히 기존 재료를 사용해 만드는 것을 나타내는 "아싸"와 구별해 무無로부터의 창조를 나타내는 히브리어 동사 "바라"창 1:1, 2:3를 사용함으로써 성경의 창조는 무로부터의 창조임을 보여준다. 전 세계의 모든 창조 신화가 기존 재료로부터의 변형transform에 의한 창조를 말하고 있음을 생각할 때 구약성경의 무無로부터의 창조 사상은 놀라운 것이다.[14]

"바라"라는 동사는 창조주 하나님만이 사용하는 독점적이고도 배타적인 동사다. 이 동사에 대해서는 하나님만이 주어로 사용된다. "하나님의 노력을 들이지 않은, 완전히 자유롭고 구속받지 않는 창조, 그분의 주권성"God's effortless, totally free and unbound creating, his sovereignity을 드러낼 때 사용하는 말이다.[15] 예를 들어 "천지를 창조하다," "인간을 창조하다," "이스라엘 민족을 새롭게 하다," "새 마음과 새 영을 주다," 등이다. 성경 어디에도 인간이 주어가 되어 이 동사를 사용한 적이 없다. 그러므로 영문 번역 등에서 "바라"를 create가 아닌, make로 사용하는 것은 바르지 않다.

그러면 무로부터의 창조를 의미하는 "바라"가 중요한 이유는 무엇일까? 이는 첫째, "바라"는 하나님이 창조주이심을 드러내기 때문이다. 하나님은 창조주시기 때문에 "없음"에서 "있음"이 되게 하는 분이다. 이 단어가 갖는 의미는 내게 아무것이 없더라도 염려할 필요가 없음을 의미한다. 그분은 없는 것을 있게 하는 분이기 때문이다.

둘째, "바라"는 하나님이 전능자이심을 드러내기 때문이다. 하나님은 무엇이든 하실 수 있는 분이다. 우리의 죄악된 마음을 깨끗하게 하실 수 있는 분이다. 다윗이 밧세바와 간통한 후 시편 51편에서 "정한 마음을 창조하소서"라고 할 때 다윗은 "바라"를 사용하고 있다. 하나님은 끔찍한 살인과 간통을 한 다윗도 깨끗게 하실 수 있는 분이다. 하나님은 전능하신 분이기 때문에 죄에 찌든 사람을 새롭게 하실 수 있는 분이다. 하나님은 나를 "새로운 피조물"고후 5:17로 만드실 수 있는 분이다.

IV. 시간과 공간과 물질의 창조

"태초에 … 천지를 창조하시니라"라는 말에서 "태초"라는 것은 영원 전을 의미하는 것이 아니라 시간의 시작을, "천지"는 존재에 속한 모든 것을 의미한다. 이것은 우주의 삼대 구성요소인 시간과 공간과 물질의 창조, 즉 물리적 우주의 시작을 의미한다.

무로부터의 창조와 관련해 창조과학자 모리스Henry M. Morris, 1918~2006는 창조 이전에는 우주를 구성하는 3대 요소인 시간, 공간, 물질이 없었으며 바로 "태초에 하나님이 천지를 창조하시니라"가 이들의 기원을 설명한다고 한다.16) 즉 '태초에'bereshith, בְּרֵאשִׁית는 시간time의 시작을, '천'heavens, אֵת הַשָּׁמַיִם은 공간space의 창조를, '지'and the earth, וְאֵת הָאָרֶץ는 물질matter의 창조를 나타낸다고 본다.17)

20세기 현대 물리학이 탄생하기 전까지만 해도 사람들은 시간, 공간, 물질은 절대적이고 상호 독립적인 물리량이라고 생각했다. 물리학자들조차 시간-공간-물질이 어떻게 연결되어 있는지 알지 못했다. 그런데 1915년 11월, 독일 태생의 유대인 물리학자 아인슈타인Albert Einstein, 1879~1955은 프러시아 과학원Königlich-Preußische Akademie der Wissenschaften에서 시간과 공간으로 이루어진 4차원 공간에서 물질이 존재할 때 그 물질의 중력에 의해 공간이 어떻게 휘는지를 보여주는 유명한 아인슈타인 장방정식Einstein Field Equation을 발표함으로써 시간-공간-물질을 통합적으로 생각하는 새로운 길을 열었다.

아인슈타인의 제안이 나오기까지 사람들은 시간도 없고시계가 없었다는

^{의미가 아님}, 공간도 없고^{부피나 공기가 없었다는 의미가 아님}, 물질도 없는 절대 무의 상태를 상상하기가 어려웠다. 공간이 휘었다거나 3차원 이상의 공간, 시간 여행, 블랙홀 등의 개념도 장방정식에 기초한 일반상대성이론의 결과라고 할 수 있다. 이러한 현대 물리학의 성과들은 오늘 우리에게 시간, 공간, 물질이 독립적이고 영원한 존재가 아니라 하나의 피조된 가변적인 물리량일 가능성을 제시하고 있다. 물론 창세기 기자가 오늘날 현대 물리학적 시공의 개념을 가졌다고 볼 수는 없지만, 적어도 절대 무에서 시간, 공간, 물질을 포함한 무엇이 창조되었다는 주장은 인간의 이성에서 나온 것으로 보기 어렵다.

다시 본문으로 돌아가 보자. "천지"에서 "지"_{the earth}는 여성 단수명사, 즉 "그 땅"이지만, "천"은 남성 복수명사, 즉 "그 하늘들"이다. 왜 "천"을 복수형으로 표기했을까?[19] 이것은 오늘날 우리가 보는 우주 외에 또 다른 우주가 있음을 의미할까?[20] 이것은 하늘이 여러 층으로 되어 있다는 당시 사람들의 천문학적 상식을 나타내는 말이다. 모세로부터 1,500여 년 후에 살았던 사도 바울도 "셋째 하늘"이란 표현을 사용하고 있다. "내가 그리스도 안에 있는 한 사람을 아노니 그는 십사 년 전에 셋째 하늘에 이끌려 간 자라…"_{고후 12:2}. 하늘이 양파 껍질처럼 여러 겹으로 되어 있다는 것은 BC 4세기 아리스토텔레스나 AD

2세기 프톨레마이오스_{Klaudios Ptolemaios, c.83~c.168}를 거쳐 1600년경 케플러가 행성운동법칙을 발견하기 전까지, 그리고 뉴턴이 만유인력법칙을 발견하기 전까지 서양 사람들이 갖고 있었던 우주의 구조에 대한 일반적인 생각이었다.[21]

이러한 생각은 오늘날 과학적 상식과는 맞지 않지만, 하나님은 당시 사람들이 이해할 수 있는 말로 성경을 기록하셨다. 하나님은 당시 사람들의 천문학, 역학, 생리학, 지리학을 사용하셔서 메시지를 전달하셨다.[22] 이것은 하나님이 우리에게 성경을 주신 목적을 말해준다. 성경은 과학적 지식을 전달하기 위해 주어진 것이 아니라 하나님의 구속 메시지를 전달하기 위해 주신 것이다. 만일 창세기가 현대 과학의 양성자, 중성자, DNA, 미분방정식 등의 용어로 기록되었다면 당시 사람들은 물론 지금도 과학을 공부하지 않은 사람들은 이해할 수 없었을 것이고, 하나님을 발견할 수도 없었을 것이다.

V. 성경의 목적

이와 관련해 성경의 목적을 생각해 보자. 지난 한 세대 동안 한국의 일단의 그리스도인 과학자들은 "성경은 최고의 과학 교과서"라고 주장했다. 성경의 권위를 높이기 위한 주장이지만, 신학자들은 이것이 원래 의도와 달리 성경을 모욕하는 것일 수 있다고 한다. 왜 그런지를 설명하기 위해 좀 길지만, 윤동주의 "별 헤는 밤"이라는 시를 소개한다. 시인이 이 시를 통해 전달하려는 메시지가 무엇인지 곰곰이 생각해 보자.

별 헤는 밤

계절이 지나가는 하늘에는
가을로 가득 차 있습니다.

나는 아무 걱정도 없이
가을 속의 별들을 다 헬 듯합니다.

가슴 속에 하나 둘 새겨지는 별을
이제 다 못 헤는 것은
쉬이 아침이 오는 까닭이요.
내일 밤이 남은 까닭이요.
아직 나의 청춘이 다하지 않은 까닭입니다.
별 하나에 추억과
별 하나에 사랑과
별 하나에 쓸쓸함과
별 하나에 동경과
별 하나에 시와
별 하나에 어머니, 어머니

어머니, 나는 별 하나에 아름다운 말 한 마디씩 불러 봅니다.
소학교 때 책상을 같이했던 아이들의 이름과,
패, 경, 옥, 이런 이국 소녀들의 이름과,
벌써 아기 어머니가 된 계집애들의 이름과,
가난한 이웃 사람들의 이름과,

비둘기, 강아지, 토끼, 노새, 노루,
'프랑시스 잠', '라이너 마리아 릴케',
이런 시인의 이름을 불러봅니다.

이네들은 너무나 멀리 있습니다.
별이 아스라이 멀 듯이,

어머님,
그리고 당신은 멀리 북간도에 계십니다.

나는 무엇인지 그리워
이 많은 별빛이 내린 언덕 위에
내 이름자를 써 보고,
흙으로 덮어 버리었습니다.
딴은, 밤을 새워 우는 벌레는
부끄러운 이름을 슬퍼하는 까닭입니다.

그러나 겨울이 지나고 나의 별에도 봄이 오면,
무덤 위에 파란 잔디가 피어나듯이
내 이름자 묻힌 언덕 위에도,
자랑처럼 풀이 무성할 거외다.

윤동주 시인이 이 시를 통해 전달하려는 메시지는 무엇일까? 어느 가을 저녁별들을 바라보면서 어린 시절 그리운 얼굴들을 추억하는 것일까? 아니면 사랑하는 어머니를 그리워하는 것일까? 언뜻 보기에 그

렇게 보일지라도 놀랍게도 이 시는 시인이 식민지 시대 창씨개명創氏改
名을 소재로 다룬 유일한 작품이다. 윤동주는 일본 유학을 위해 평소
동주라는 일본식 이름으로 바꾸지 않을 수 없었다. 나름대로 뜻을 가
지고 동경유학을 결심하고 일본식 이름으로 바꿨지만, 강제로 이름을
바꾸지 않을 수 없었던 현실을 생각할 때 그 수치심과 모욕감은 말로
할 수 없었을 것이다. 일본식 이름으로 바꾸고 유학 서류를 접수한 다
음 윤동주는 자주 다니던 언덕에 올라 하늘의 별을 바라보면서 옛날
에는 저 별 아래 모든 것을 가지고 있었지만, 지금은 똑같은 별 아래서
모든 것, 특히 자기 존재의 상징과도 같은 이름자마저 빼앗기고 말았
다는 모욕감에 젖어 이 시를 썼다고 한다.

그런데 누군가 윤동주를 너무나 존경한 나머지 이 시로부터 천문
학의 원리를 찾겠다고 단어와 문장을 분석하고, 문맥을 맞추려고 노
력한다고 하자. 시인이 살아서 그 사람을 본다면 칭찬할까? 필자의
생각에는 화를 내거나 허탈해 할 말을 잊을 것이다. 이것은 김소월의
"진달래꽃"에서 원예학 원리를 찾으려는 사람과 같이, 워즈워드William
Wordsworth, 1770~1850의 "초원의 빛"이라는 시로부터 광학 원리를 찾으
려는 사람과 같이 어리석은 것이다. 마찬가지로 인간의 구원 계획을
위한 메시지로 준 성경에서 현대 과학적 의미를 찾으려고 집착하는
것은 그 열정은 높이 살 만하지만 성경을 조롱거리로 만든다는 사실
을 기억해야 한다.

VI. 결론과 권면

창세기 1장 1절은 우리가 살고 있는 지구의 시작, 인간의 시작을 의
미한다. 지금까지 살았던 모든 사람, 살고 있는 모든 사람, 앞으로 살

게 될 모든 사람의 뿌리도 결국 이 창조 스토리에 뿌리를 두고 있다. 이 창조 스토리는 모든 지식과 지혜의 근본이 된다.

창세기 1장은 "태초에 하나님이 천지를 창조하시니라"는 선언으로 시작된다. 이것은 인간의 유한한 언어로 표현했기 때문에 그 감동이 천만분의 일도 전달되지 않지만, 인류가 가진 어떤 책보다도 더 큰 스케일을 다루고 있다. 현재 천문학자들이 관측하고 있는 우주의 크기는 140억 광년에 이른다. 이것은 빛으로 140억 년을 가서야 비로소 도달할 수 있는 크기라는 의미다. 이것이 얼마나 굉장한 크기인지 몇 가지 예만 살펴보자.

지구로부터 1.5억Km 떨어져 있는 태양은 광속으로 500초, 즉 8분 20초가 걸리는 거리에 있다. 태양의 크기는 지구 직경의 109배, 지구 부피의 140만 배에 이른다. 태양계 외곽에 있는 명왕성까지는 빛으로 5시간 정도 소요된다. 그러나 태양으로부터 최인접 태양인 켄타우루스 알파성Alpha Centauri이나 프록시마성Proxima Centauri까지는 광속으로 4.2~4.3년 정도 걸린다. 이런 별들이 2,000억 개가 모여서 우리 은하계를 이루고 있다. 우리 은하계는 직경이 12만 광년이고 한 바퀴 자전하는데 2.25억 년이 소요된다. 우리 은하계와 같은 천체가 우주에는 약 1000억 개 정도 있다. 우리 은하계에서 가장 가까운 안드로메다은하에는 4,000억 개의 태양과 같은 별들이 모여 있다. 우리 은하의 두 배 정도 크기인 안드로메다은하는 240만 광년 떨어져 있지만, 너무 가까워서 서로 당기고 있다. 그래서 시속 120㎞ 내외의 속도로 접근하고 있다. 아마 20억 년 정도 지나면 우리 은하와 충돌하게 될 것이다.

그러면 반경 140억 광년의 우주가 전체일까? 혹 그 바깥에 또 다른 어떤 우주가 있을까? 우리는 알지 못한다. 현재 우리가 관측할 수 있는 범위가 그렇다는 말이다. 일단 우주로 나가게 되면 우리 인간의 지

[그림 4] NASA의 Hubble Ultra-Deep Field 사진. 극히 좁은 공간에 10000여 개의 은하들이 촬영되었다[23)

식은 지극히 빈약해진다. 첨단 장비라는 것도 너무나 초라하게 된다. 첨단 과학 장비를 동원하더라도 우리는 너무나 제한된 지식을 가질 수밖에 없다.

공간적인 스케일만이 아니라 시간적인 스케일도 상상할 수 없는 엄청난 기간을 다루고 있다. 140억 년이란 100년도 못사는 인간으로서는 상상도 할 수 없는 시간이다. 우리가 불과 120여 년 전, 대한제국 말기의 사회적 상황도 정확하게 알기가 어려운데 하물며 140억 년 전 상황은 알 수 없다. 다만 자연에 남아 있는 희미한 증거들을 근거로 추측할 뿐이다.

우주가 우연적인 과정으로 생겼다는 것은 맞지 않다. 이런 우주가 어떻게 아무런 원인도 없이 만들어졌을 수가 있을까? 우리가 보고 있는 우주가 허상이 아니라 실재라면 우주는 이를 만든 창조주가 있다고 믿는 것이 훨씬 더 자연스럽다. 성경이 하나님의 존재를 증명하려 애쓰지 않는 이유도 그것이 너무 자명하기 때문이다. 모세는 "산이 생기기 전, 땅과 세계도 주께서 조성하시기 전 곧 영원부터 영원까지 주는 하나님이시니이다"시 90:2라고 했다.

하나님의 창조와 관련해 인간의 지식이 얼마나 유한한지에 대해 욥기는 이렇게 말한다. "내가 땅의 기초를 놓을 때에 네가 어디 있었느냐 네가 깨달아 알았거든 말할지니라. 누가 그것의 도량법을 정하였는지, 누가 그 줄을 그것의 위에 띄웠는지 네가 아느냐 그것의 주추는 무엇 위에 세웠으며 그 모퉁잇돌을 누가 놓았느냐"욥 38:4~6. 우리는 결국 3차원의 세계에서 시공의 제한을 받는 존재들이다.

그러나 하나님은 시공을 초월하신 분이다. 하나님은 그분 자체로 완전하시므로 시공을 창조하셔야 하는 것은 아니다. 창조를 안 해도 그분은 완전하시다. 그런데 왜 우리를 창조하셨을까? 이는 그분이 우리를 사랑하셨기 때문이다. 왜 그분이 우리를 사랑했는지는 모르지만, 그분의 창조 동기는 사랑이었다. 그러므로 인간이 행복하기 위해서는 우리를 사랑하셔서 창조하신 분의 원리대로 살아가는 것이다. 그 원리대로 살아가지 않기 때문에 오늘날 모든 인류가 어려움에 직면하고 있다.

20세기 영국 성경주석학자 캠벨 몰간George Campbell Morgan, 1863~1945은 "하나님의 주권자 되심에 저항하는 자들은 다른 주인들의 압제를 자초한다"고 했다. 우리가 하나님을 주인으로 받아들이지 않는다고 해서 자유인이 되는 것이 아니다. 다른 악한 주인의 노예가 된다. 니코틴 중독, 알코올 중독, 포르노 중독도 결국 우리의 주인 노릇 하는 것들이다.

오히려 창조의 질서에 순종하면 더 풍성한 생명을 누릴 수 있다. 예수는 "… 내가 온 것은 양으로 생명을 얻게 하고 더 풍성히 얻게 하려는 것이라"고 했다요 10:10. 시편 기자는 "여호와는 나의 목자시니 내게 부족함이 없으리로다"라고 고백했다시 23:1. 우리도 창조주 하나님의 질서에 순종해 풍성한 삶을 누리지 않겠는가?

혼돈과 공허의 주관자

"땅이 혼돈하고 공허하며 흑암이 깊음 위에 있고 하나님의 영은 수면 위에 운행하시니라"
– 창세기 1장 2절

창세기는 믿음의 언어로 기록된 것이기에 믿음으로 창조를 받아들일 때 창세기의 축복을 누릴 수 있다. 창조주를 믿고 받아들인다는 것은 엄청난 영적 비밀이요 축복이다. 하나님은 이 창조의 비밀과 축복을 모든 사람이 누릴 수 있기를 바라신다. 아무리 부모가 좋은 것을 주고 싶어도 자녀가 부모를 믿지 못하고 그 풍성함을 받아들이지 않으면 부모의 풍성함을 누리지 못하는 것처럼 우리가 하나님을 믿지 않으면 하나님의 부요함을 가질 수도 누릴 수도 없다. 사도 바울은 이 영적인 비밀에 대해 이렇게 말한다.

"우리가 이것을 말하거니와 사람의 지혜가 가르친 말로 아니하고 오직 성령께서 가르치신 것으로 하니 영적인 일은 영적인 것으로 분별하느니라. 육에 속한 사람은 하나님의 성령의 일들을 받지 아니하나니 이는 그것들이 그에게는 어리석게 보임이요, 또 그는 그것들을 알 수도 없나니 그러한 일은 영적으로 분별되기 때문이라"고전 2:13~14.

하나님의 창조는 모든 사람에게 공개된 비밀이지만 동시에 소수의
사람만 받아들일 수 있는 비밀이다. 이 비밀을 받아들이는 자는 하나
님의 구원 계시는 물론 창조질서에 순종한다. 물리적인 법칙을 잘 알
면 인공위성을 쏘아 올릴 수 있듯이 하나님의 창조질서에 순종하면
우리는 영적인 비상을 할 수 있다. 우리가 살펴볼 창세기 1장 2절에도
영적 비상을 할 수 있는 놀라운 비밀이 숨겨져 있다.

I. 몇 가지 해석

창세기 1장 2절은 짧지만, 그 속에 담긴 의미가 많다. 하나님이 천
지를 창조하셨다는 사실은 궁극적으로 영적인 지식이지만 다른 한편
으로는 신학적, 과학적 측면도 있다. 신학적, 과학적 측면에서 창세기
1장 1~2절에 대한 해석은 몇 가지가 있다.

1. 제목설

많은 복음주의 신학자가 받아들이는 이 이론에 의하면 1, 2절을 창
세기 1장에 소개되고 있는 전체 창조에 대한 제목 또는 서론적 선포라
고 본다. 1, 2절에서 하나님께서 실제로 천지를 창조하신 것이 아니라
그 이하에 나오는 창조행위들에 대한 제목이라고 보는 것이다. 그리
고 실제 창조는 3절부터 시작되었다고 본다. 하지만 그렇게 해석하게
되면 두 가지 문제가 발생한다.[1)]

첫째, 1절이 제목이라면 2절에서 언급하는 땅이 무엇인지를 설명하
기 어렵다. 게다가 1절과 2절이 "그리고"라는 접속사 "웨"로 연결되
어 있어서 1절이 제목이라면 2절도 제목으로 봐야 하는데 창조되었다
는 언급이 없는 땅이 제목에서 두 번이나 언급된 것은 이해하기 어렵

게 된다.

둘째, 2절에 등장하는 땅이 이미 존재한다고 해석해야 하며, 땅이 언제 창조되었는지 설명할 수 없다는 문제가 생긴다. 1장에서 땅에 대한 언급은 1, 2절과 셋째 날인 9, 10절에 등장한다. 만일 1, 2절이 제목이라면 땅의 창조는 셋째 날 사역이 된다. 그렇다면 이미 물로 덮인 땅이 존재하고 있음을 가정하고 "천하의 물이 한 곳으로 모이고 뭍이 드러나라"고 명령하는 9절의 말씀을 이해하기 곤란하게 된다.

2. 연계설

이 이론에서는 1절과 2절을 연계해 해석한다. 즉 "하나님이 천지를 창조하시던 그 태초에 땅이 혼돈하고 공허하며…"라고 해석한다. 중세 유대인 성경학자 라쉬Rashi, 1040~1105,[2] 아브라함 이븐 에즈라Abraham ibn Ezra, 1089~1164[3] 등이 연계설을 주장했으며, 현대에는 NEBNew English Bible와 앵커 바이블The Anchor Bible이 이런 입장을 받아들이고 있다. 하지만 연계설도 땅의 존재를 전제하게 된다. 창조주간이 시작될 때에 이미 땅이 존재한다고 한다면 엄격한 의미에서 창조주간의 창조를 "무로부터의 창조"creatio ex nihilo라고 볼 수 없게 된다는 문제가 제기된다.[4]

3. 재창조설 Recapitulation Theory

중조설重造說이라고도 불리는 이 이론은 1절을 독립된 창조사역으로 보고 3절부터 하나님이 두 번째 창조를 시작했다고 본다. 이 이론에 의하면 하나님은 1절에서 천지를 만드셨으며, 이때 천사를 창조하셨다. 그런데 그 천사들이 하나님을 반역함으로써 타락했고, 하나님은 이를 심판하셨다. 이 심판의 모습이 바로 2절에 나오는 "땅이 혼돈하고 공허하며 흑암이 깊음 위에 있고"라는 것이다. 이 이론에 의하면 1절에서 창조한 천사들을 심판하신 후 하나님은 3절부터 새로운 창조를 시작하셨다. 그러므로 이 이론은 재창조설이라고도 부른다. 하지만 이 이론 역시 문제가 있다.

가장 큰 문제는 성경해석에 과도한 상상력을 동원하고 있다는 점이다. 이 재창조설이 등장한 배경에는 천사들과 사탄의 창조에 대한 기사가 성경 어디에도 없다. 천사는 분명히 피조물인데 어디에도 하나님이 천사들을 창조하셨다는 기록이 없다. 또한, 사탄의 기원에 관해서도 전통적인 신학에서는 이사야 14장의 말씀을 근거로 천사가 타락해 사탄이 되었다고 한다.

"너 아침의 아들 계명성Lucifer이여 어찌 그리 하늘에서 떨어졌으며 너 열국을 엎은 자여 어찌 그리 땅에 찍혔는고 네가 네 마음에 이르기를 내가 하늘에 올라 하나님의 뭇 별 위에 내 자리를 높이리라 내가 북극 집회의 산 위에 앉으리라 가장 높은 구름에 올라가 지극히 높은 이와 같아지리라 하는도다. 그러나 이제 네가 스올 곧 구덩이 맨 밑에 떨어짐을 당하리로다"사 14:12~15.

그런데 언제 계명성, 즉 루시퍼 천사가 타락해 사탄이 되었는지는 알 수 없다. 천사들의 타락과 사탄의 출현을 창세기 1장 1절과 2절 사이에 삽입할 수 있을까? 재창조설 지지자들은 창세기 1장 1절과 2절 사이에 그런 일이 일어났다고 본다. 하지만 성경은 천사의 창조와 천사가 사탄이 된 사건을 제시하지 않고 있다. 창세기 1장의 기록은 조금도 이러한 해석의 가능성을 열어두고 있지 않다. 이것은 순수한 해석자의 상상력이라고 할 수 있다.

4. 간격이론 Gap Theory

간격이론은 1절과 2절 사이에 긴 지질학적 시간이 있다고 보는 이론인데 재창조설은 지질학적으로 간격이론에 속한다. 이 이론은 하나님이 첫 창조에서 천사들을 창조하셨지만, 그들이 타락함으로 이들을 심판하셨다고 본다. 첫 창조와 첫 심판의 많은 일이 일어나기 위해서는 1절 2절 사이에 긴 시간이 지났다고 본다. 이 이론의 배경에는 우주와 지구의 연대가 이전에 생각했던 대로 6천 년 정도가 아니라 이보다 훨씬 더 오래되었다는 지질학적, 천문학적 증거들이 있었다.

창세기의 창조연대와 과학이 보여주는 지구의 연대를 처음으로 심각하게 생각한 사람은 19세기 스코틀랜드 수학자이자 스코틀랜드 자유교회 Free Church of Scotland 목사였던 챠머스 Thomas Chalmers, 1780~1847 였다. 그는 그때까지 많은 사람이 지구와 우주는 성경의 계보에서 계산할 수 있는 것처럼 6천 년 내외라고 믿고 있었다. 하지만 현대 지질학이 등장하면서 지구의 연대가 이보다 훨씬 더 오래되었다는 증거들이 속속 발견되기 시작했다. 그래서 그는 과학이 보여주는 오랜 연대와 창세기의 문자적 해석 사이에 거대한 간격이 있음을 발견하고 창세기 1장 1절과 2절 사이에 긴 시간적인 간격이 있다는 간격이론을 제창했다.

간격이론은 1814년 그가 퀴비에의 이론에 대한 해설을 쓰면서 널리 알려지게 되었으며, 그 후 반세기 동안 가장 널리 알려진 오랜 지구 이론이 되었다.[5] 1816년 이후 훗날 캔터베리 대주교가 된 섬너 John Bird Sumner 주교도 간격이론을 지지했으며,[6] 옥스퍼드 대학 교수이자 영국 국교회 고高 교회파 구약학자인 퍼시 E.B. Pusey 도 창세기 1장을 해석하는데 간격이론을 받아들였다.[7]

간격이론을 널리 퍼지게 한 것은 미국 미시간 출신의 성경학자 스코필드 Cyrus Ingerson Scofield, 1843~1921 였다. 그는 흠정역 Authorized Version 관주 성경의 하나인 〈스코필드 관주성경〉The Scofield Reference Bible에서 창세기 1장 1절을 "최초의 창조"The Original Creation로 보았다. 그리고 "이 최초의 창조행위는 오랜 시간 전에 이루어졌으며 모든 지질학적 시대를 위한 여지를 준다"고 했다.[8] 그에 의하면 하나님은 최초의 창조에서 천사들을 만드셨지만, 이들은 타락했고 결국 하나님은 이들을 심판하셨다.

스코필드는 2절에서 "땅이 혼돈하고 공허하며 흑암이 깊음 위에 있고"라는 표현은 바로 그 심판의 모습이라고 해석했다. 그는 이러한 해석의 근거로 예레미야 4장 23~26절, 이사야 24장 1절, 45장 18절을 제시하면서 지구가 하나님의 심판의 결과로 격변적인 변화를 겪었던 것을 분명히 보여준다고 했다. 그리고 지표면은 어디나 그런 격변의 흔적을 갖고 있다고 했다. 이러한 스코필드의 해석을 근거로 후대 사람들은 창세기 1절과 2절 사이에 엄청난 지질학적 시간 간격이 있었다는 소위 "간격이론"을 제시했다.[9]

재창조설이나 간격이론은 처음 출발 때부터 많은 비판을 받았다. 스코필드의 해석은 창조과정에서 언제 천사가 창조되었으며 사탄이 생겼는지 설명할 수 있지만, 다른 성경의 증거들과 과학의 증거들에 반한다는 문제가 있다. 그래서 오늘날 많은 복음주의 성경학자는 물론 지질학자들은 간격이론을 반대한다. 이 이론은 창세기 1장 2절을 천사들에 대한 하나님 심판의 모습이라고 해석하는데 이것은 과도한 해석이라고 비판받는다. 그러면서 재창조설에 반대하는 사람들은 2절의 모습은 하나님이 질서 있는 지구를 만들기 전, 무질서한 지구의 모습일 뿐이라고 해석한다. 또한, 2절 첫 단어인 "땅"이란 단어 앞에 접속사 "그리고"가 붙어있는 것으로 봐서 1절과 2절 사이에 특별히 긴 시간적 간격을 삽입하는 것은 부적절하다는 점도 간격이론에 반대하는 하나의 이유가 된다.[10]

5. 첫날 사역설

이 이론은 복음주의자들이 널리 받아들이고 있는 이론이다. 이 이론은 창세기 1장 1절을 첫 날 창조사역의 한 부분으로 본다. 이것은 앞에서 언급한 것과 같이 2절 첫 부분에 "그리고"를 의미하는 접속사가 있다는 사실로부터 더욱 분명해진다. 1절과 2절은 이어지는 사건으로 보는 것이 자연스럽다.

더구나 2절의 "땅이 혼돈하고"에서 "땅"이라는 말 앞에 정관사 "그"가 있다. 그러므로 2절 첫 부분을 풀어쓰면 "그리고 그 땅이 혼돈하고"가 된다. "그 땅"이란 말은 이미 앞에서 나온 땅임을 의미하며, 이는 1절에서 창조된 땅을 의미한다. 물론 1절에서 "천지를 창조하시니라"에 등장하는 하늘과 땅에도 정관사가 붙어 있기 때문에 2절에서 "땅이 혼돈하고"의 땅에 정관사가 붙어 있다고 해서 이것이 반드시 1절의 "지"를 의미한다고 할 수 있는가 하는 의문이 생길 수 있지만 우리로서는 1절에 등장하는 "지" 이전에 다른 땅이 있었다고는 생각하기 어려우므로 1절은 실제적인 천지 창조로 보아야 한다.

II. 신학적 해석

창세기 1장 1절을 천지 창조의 첫날 사역으로 보고, 이어지는 2절의 단어들을 하나씩 살펴보자.

1. "땅"

2절에서 처음 나오는 단어는 "땅" 즉 "에레쯔"이다. 여기서 땅은 무엇을 가리키는 말일까? 단순한 우주의 물질일까, 아니면 지구의 땅을 말하는 것일까? 에레쯔는 일반적으로 "지구," "대륙," "지방" 등 세

가지 의미로 사용된다. 하지만 위 문맥으로 봐서는 지구의 땅이라고 보는 것이 자연스럽다. 대륙은 셋째 날 창조되었고, 지방은 창조물이 아니기 때문이다.[11]

앞에서 언급한 것처럼 2절의 땅은 그냥 땅이 아니고 "그 땅" 즉 1절에서 창조하신 바로 그 땅임을 의미한다. 접속사 "웨" 까지 포함한다면 2절은 "그리고 그 땅이"란 말로 시작된다. 그리고 그 땅이 혼돈하고 공허하다고 하는 것을 보면 결국 그 땅은 1절에서 하나님이 만드신 지구의 땅이라고밖에 할 수 없다. 물과 마른 땅을 나누었던 둘째 날 사역에서 말하는 지구의 땅은 2절에서 말하는 땅과 본질적으로 다르지 않다.

여기서 우리는 창세기가 현대 우주론의 빅뱅이론을 기술하고 있지 않음을 볼 수 있다. 일부 그리스도인 천문학자들은 창세기 1장 3절에서 "빛이 있으라"는 말씀을 빅뱅 사건으로 해석한다. 그러나 그보다 앞서 이미 1절에서 "지"라고 말하는 에레쯔는 the earth, 즉 지구를 말한다. 2절에서 "땅이 혼돈하고" 할 때의 "땅" 역시 the earth, 즉 지구를 말한다. 앞에서 지적한 것처럼 1절을 독립된 창조사역으로 보는 것도 1절과 2절이 접속사로 연결된 것으로 미루어 볼 때 과도한 해석이다. 2절과 3절 역시 연결되는 문장으로 보는 것이 타당하다. 창세기 1장 3절에 "빛이 있으라"는 선언을 모든 물리적 우주를 창조한 빅뱅 사건으로 해석하는 것은 바르지 않다.[12]

그러면 성경은 빅뱅을 부정하는가! 그렇지 않다. 성경은 빅뱅에 관해 이야기하지 않는다. 이것은 성경이 빅뱅을 부정한다는 의미가 아니라 성경은 빅뱅에 관해 아무런 언급도 하지 않는다는 말이다. 주석가들의 말처럼 성경은 "과학 핸드북"A Handbook of Science이 아니다.[13] 성경은 하나님의 구속 메시지를 지구에 사는 사람들에게 전하기 위해 기록된 책이기에 이를 위해 필요한 내용이 아니면 포함하지 않았다. 빅뱅사건은 인간의 구속과 직접 관련된 일이 아니기에 사실 여부를 떠나 성경은 이를 기록하고 있지 않다. 성경이 DNA나 휴대폰이나 컴퓨터, 쿼크를 언급하고 있지 않은 것처럼, 외계인이나 외계 생명체 문제에 관해 침묵하고 있는 것처럼 성경은 이 지구에 사는 사람들의 구원과 직접 관련되지 않은 빅뱅이론에 관해 침묵하고 있다.

2. "혼돈하고 공허하며"

창세기 기자는 그 땅이 "혼돈하고 공허하며"הָיְתָה תֹהוּ וָבֹהוּ 흑암이 깊음 위에 있었다고 기록하고 있다. 여기서 혼돈을 의미하는 히브리어 "토후"תֹהוּ는 "틀, 형체, 형태가 없다"formlessness 는 의미다. 이사야 45장은 사람들이 거주할 수 있는 환경, 사람들이 하나님을 찾을 수 있는 질서 있는 세상에 대한 반대말로 "토후"를 사용하고 있다. "대저 여호와께서 이같이 말씀하시되 하늘을 창조하신 이 그는 하나님이시니 그가 땅을 지으시고 그것을 만드셨으며 그것을 견고하게 하시되 혼돈하게תֹהוּ 창조하지 아니하시고 사람이 거주하게 그것을 지으셨으니 나는 여호와라 나 외에 다른 이가 없느니라. 나는 감추어진 곳과 캄캄한 땅에서 말하지 아니하였으며 야곱 자손에게 너희가 나를 혼돈תֹהוּ 중에서 찾으라고 이르지 아니하였노라 나 여호와는 의를 말하고 정직한 것을 알리느니라"사 45:18~19.

공허emptiness는 어떤가? 공허를 의미하는 히브리어 "보후"בֹהוּ 는 "빈"empty, "공허한"void, "거주할 수 없는"inhabitable , "생명체가 없는"lifeless이란 의미를 담고 있다. 이 말은 흔히 "토후"와 더불어 짝을 이루어 사용된다.

"보라 내가 땅을 본즉 혼돈תֹהוּ하고 공허בֹהוּ하며 하늘에는 빛이 없으며 내가 산들을 본즉 다 진동하며 작은 산들도 요동하며 내가 본즉 사람이 없으며 공중의 새가 다 날아갔으며 보라 내가 본즉 좋은 땅이 황무지가 되었으며 그 모든 성읍이 여호와의 앞 그의 맹렬한 진노 앞에 무너졌으니"렘 4:23~26.

"당아새와 고슴도치가 그 땅을 차지하며 부엉이와 까마귀가 거기에 살 것이라 여호와께서 그 위에 혼란תֹהוּ의 줄the line of Tohu과 공허בֹהוּ의 추the plummet of Bohu를 드리우실 것인즉 그들이 국가를 이으려 하여 귀인들을 부르되 아무도 없겠고 그 모든 방백도 없게 될 것이요"사 34:11~12.

이러한 용례들을 볼 때 땅이 혼돈하고 공허하다는 말은 그 땅에서는 아직 아무런 창조의 역사도 일어나지 않은, 단장하지 않은, 거주민이나 서식생물이 없는 채 혼돈 속에서 질서와 생명을 만드시게 될 하나님의 역사를 기다리고 있는 지구의 모습을 말한다.

미국 구약학자 류폴드Herbert Carl Leupold, 1892~1972는 이 두 단어가 창조주간 동안 진행될 사역의 두 방향을 예시한다고 했다. 즉 첫 사흘 동안에는 혼돈한 세계에 질서를 부여하는 창조사역, 즉 빛과 어둠을 나누고, 궁창 위의 물과 궁창 아래의 물을 분리하고, 육지와 바다를 구분하는 사역이 진행될 것을 예시한다고 했다. 그리고 나머지 사흘 동안에서는 질서가 부여되기는 했지만, 여전히 아무것도 살지 않는 공허한 창조세계를 일월성신으로, 각종 동물로, 마지막에는 사람으로 채우는 창조사역이 진행될 것임을 예시한다고 했다.[14]

3. "흑암이 깊음 위에 있고"

"흑암이 깊음 위에 있고"에서 흑암은 히브리어로 "호쉐크"חֹשֶׁךְ, 깊음은 "테홈"תְּהוֹם이다. 여기서 깊음the deep이란 단순한 바다the sea를 가리키는 말이 아니다. 이것은 나누어지지 않은 원시 바다the primitive undivided waters, 엄청난 물the hugh watery mass, 깊은 물을 가리키며, 이 물은 혼돈과 공허, 즉 카오스 속에 있는 지구를 둘러싸고 있었다.[15] 여기서 말하는 흑암과 깊음을 두고 일부에서 잘못된 해석을 하는 경우가 있다.

첫째, 흑암과 관련된 재창조론자들의 해석이다. 그들은 "흑암"을 심판의 결과로 본다. 하나님은 본래 빛을 창조하셨으나 반역한 천사들을 심판하심으로 "흑암"이 들어오게 된 것이라고 한다. 하지만 이것은 영적인 어둠과 물리적 어둠을 혼동한 것이라고 할 수 있다. 성경은 어디에도 물리적 어둠 자체를 악이라고 말하지 않는다. 도리어 어둠도 하나님의 창조물이라고 말한다.[16]

시편 기자는 "주께서 흑암을 지어 밤이 되게 하시니 삼림의 모든 짐승이 기어나오나이다"시 104:20라고 말하면서 하나님은 야행성 동물들을 위해 어둠을 지으셨음을 말한다. 이사야서에서는 "나는 빛도 짓고 어둠도 창조하며…"사 45:7라고 하며, 어둠도 하나님의 피조물이라고 말한다.

물론 성경에는 영적인 어둠에 대한 구절이 훨씬 많다. 예를 들어 "그의 형제를 미워하는 자는 어둠에 있고 또 어둠에 행하며 갈 곳을 알지 못하나니 이는 그 어둠이 그의 눈을 멀게 하였음이라"요일 2:11, 혹은 "빛이 어둠에 비치되 어둠이 깨닫지 못하더라"요 1:5, "악인의 길은 어둠 같아서…"잠 4:19 등이다. 하지만 문맥을 보면 영적인 어둠과 물리적 어둠은 쉽게 구별된다. 본문에서 "흑암"을 말하는 "호쉐크"는 명백히 물리적 어둠을 가리키는 말이다.

둘째, 깊음과 관련된 바벨론 신화설이다. 일부 학자들은 창세기가 "바벨론의 창세기"Babylonian Genesis로 알려진 〈에누마 엘리쉬〉Enuma Elish에서 유래했다고 말한다.[17] 대표적으로 양식비평을 시작한 독일의 궁켈Hermann Gunkel, 1862~1932은 깊음을 의미하는 "테홈"תהום이란 말이 바벨론 창조신화에서 마르둑Marduk에게 살해된 여신 티아맛Tiamat과 발음이 비슷하다는 것으로부터 이 둘을 동일시한다. 하지만 앞뒤 문맥으로 볼 때 과도한 상상을 한 것으로 보인다.[18]

창세기는 바벨론 신화와는 몇 가지 점에서 구분된다. 첫째, 창세기의 창조기사는 단일신론인데 비해 바벨론 신화는 다신론적이다. 둘째, 창조주 하나님은 대적할 존재가 없지만, 바벨론 신들은 비슷한 능력을 갖추고 있으며, 바벨론의 주신인 마르둑Marduk이 티아맛을 이겨서 그 시체를 창조의 재료로 삼기는 했지만, 간신히 이겼다.[19] 성경에서는 그런 신화적 암시를 전혀 찾을 수 없다. 셋째, 창세기와 에누마 엘리쉬의 연관성을 주장하는 사람들이 제시하는 어의적 유사성의 근거가 희박하다.

흑암이 깊음의 표면 위에 있다는 말은 부글부글 끓으면서 한 치 앞도 내다볼 수 없는 상태를 말한다. 아직은 지구에 생명체가 살 수 없지만 이제 하나님은 생명체가 살 수 있는 지구를 만드시기 위해 부지런히 준비하고 계시는 것을 창세기 기자는 이렇게 표현한다.

4. "하나님의 신은 수면에 운행하시니라"

혼돈하고 공허하며 흑암이 깊은 물 위에 있는 지구는 물에 덮여 있었다. 여기서 말하는 수면, 즉 물에도 정관사ㄱ가 붙어 있다. 바로 그 수면, 즉 바로 그 물의 표면을 말한다. 그렇다면 그 물은 어떤 물인가? 이것을 알기 위해서는 바로 앞에 나오는 "깊음"이란 말에 유의해야 한다. 바로 그 깊음은 수면의 깊음을 의미한다. 그리고 그 물은 바로 1절에서 창조하신 천지의 구성 물질, 즉 지구의 구성 물질의 하나였다.

이제 하나님의 영, 히브리어로 "루아흐 엘로힘"רוּחַ אֱלֹהִים, 즉 성령이 그 수면 위에서 창조를 위해 분주하게 운행하고 계신다. "루아흐"רוּחַ

는 영이라는 의미도 있지만 바람, 혹은 호흡이란 의미도 있다. 그래서 독일의 폰라드G. von Rad, 1901~1971, 슈파이저E.A. Speiser, 1902~1965, 베스터만C. Westermann, 1909~2000 등은 이 구절을 다만 원시적인 혼돈의 상태를 묘사하고 있는 것으로 보고 강한 바람이 수면 위를 휩쓸었다고 해석한다.[20] 어떤 사람은 하나님의 바람이 지구를 둘러싸고 있는 물을 건조해서 창조사역을 준비하고 있는 것으로 해석하기도 한다.[21] 또한 리델보스Herman Nicolaas Ridderbos, 1909~2007, 스텍O.H. Steck은 "하나님의 호흡"the breath of God이라고 번역하지만 카수토Umberto Cassuto, 1883~1951, 키드너Derek Kidner, 기스펜Willem Hendrik Gispen, 궁켈, 프록쉬Otto Procksch, 류폴드 등은 루아흐가 엘로힘의 수식을 받아 엘로힘의 루아흐라고 표기한 점을 고려하여 하나님의 신 혹은 하나님의 영The Spirit of God이라고 번역하는 것이 바르다고 본다.[22]

"운행하다"는 말은 원어로 "라하프"רחף인데 이 말은 새가 날갯짓을 한다는 의미다. 그래서 영어 성경은 이 말을 hover, 즉 "호위하다", "배회하다", "선회하다"로 번역했고, 우리말에서는 "운행하다"고 번역했다. "라하프"는 또한 새가 가슴에 "알을 품다"는 의미도 있다. 그러므로 성령이 "수면 위에 운행하다"was brooding upon the face of the waters는 말은 마치 새가 둥지에서 알을 품고 있는 것과 같다like a bird upon its nest고 할 수 있다. 같은 단어가 신명기에 등장한다. "마치 독수리가 자기의 보금자리를 어지럽게 하며 자기의 새끼 위에 너풀거리며hovers of its young 그의 날개를 펴서 새끼를 받으며 그의 날개 위에 그것을 업는 것 같이"신 32:11. 이는 성령께서 창조의 준비를 하고 계심을 의미한다. 이제 전능하신 하나님의 능력이 말씀으로 선포되기만 하면 되는 상황이었다.[23]

여기서 "너풀거리며"가 곧 운행하다는 말이다. 이것은 단순히 하나님의 영이 수면 위를 왔다 갔다 하는 것이 아니라 수면 위에서, 마치 독수리가 새끼들을 돌보듯, 창조를 준비하고 계심을 의미한다. 하나님이 창조하신 지구가 지금은 혼돈과 공허, 칠흑 같은 흑암 가운데 있지만, 하나님의 영은 수면 위에 창조를 준비하고 계심을 의미한다. 즉 성령 하나님이 지구를 구성하는 물질, 아직도 질서가 나타나지 않은 혼돈과 공허 가운데 있는 물질을 고이 품고 있음을 의미한다. "하나님의 신은 수면 위에 운행하시니라."는 말씀은 성령도 창조사역에 동참하셨음을 의미한다. 창세기 기자가 하나님의 영이 수면 위에 운행하신다는 말을 사용할 때는 몇 가지 영적인 의미가 있다.

첫째, 하나님이 창조하신 지구는 물리적으로는 우주에 던져진 평범한 행성이지만 영적으로는 창조주 하나님의 특별한 관심 속에 있는 행성이라는 의미이다. 성령께서 그 구성 물질을 고이 품고 있는 소중한 지구다. 오늘날 많은 천문학자가 태양계 외에도 행성을 가진 별들을 많이 발견하고 있지만, 지구는 그 모든 행성 가운데서도 하나님의 특별한 관심 속에서 창조된 존재다. 바로 하나님의 형상대로 지음 받은 인간이 하나님의 "귀한 손님"honorable guest으로 살아갈 터전이다.[24] 그러므로 우리는 하나님께서 창조하신 이 지구를 소중히 여겨야 한다.

둘째, 하나님은 물, 즉 바다를 다스리시는 분임을 의미한다. 이 지구에서 물이 가장 많은 곳은 바로 바다다. 그래서 시편 기자는 바로 이 바다를 다스리는 분이 하나님이라고 말한다. "옷으로 덮음 같이 주께서 땅을 깊은 바다로 덮으시매 물이 산들 위로 솟아올랐으나 주께서 꾸짖으시니 물은 도망하며 주의 우렛소리로 말미암아 빨리 가며 주께서 그들을 위하여 정하여 주신 곳으로 흘러갔고 산은 오르고 골짜기는 내려갔나이다. 주께서 물의 경계를 정하여 넘치지 못하게 하시며

다시 돌아와 땅을 덮지 못하게 하셨나이다."시 104:6~9

창조 둘째 날 사역에서 하나님은 "궁창 위의 물과 궁창 아래의 물"로 나누셨다. 이 궁창은 시궁창이 아니라 대기권 공간을 의미한다! 하나님이 궁창 아래의 물과 위의 물로 나뉘었다는 것은 하나님이 물을 다스리시는 분임을 말하는 것이다. 예수가 풍랑 이는 갈릴리 바다를 잠잠케 하신 사건마 6:47~51은 바로 그가 천지를 주관하시는 하나님임을 의미한다.

셋째, 물은 생명과 직결된 요소다. 하나님이 물을 다스리시는 분이라는 것은 그분이 모든 생명체를 다스리는 분이라는 의미다. 과학자들이 다른 행성들에서 외계 생명체를 찾을 때 첫째 조건으로 내세우는 것이 바로 물의 존재다. 물이 존재하지 않는 행성에는 생명체를 찾을 가능성이 없다. 물은 곧 생명이기 때문이다.

III. 과학적 시나리오

다음에는 2절을 현대 지질학이나 천문학의 연구 결과들과 관련해 가능한 시나리오를 만들어 보자. 성경은 과학 교과서가 아니지만, 창세기 초반의 기록을 현대 과학적 입장에서 다음과 같이 재구성해 볼 수도 있지 않을까?[25]

지구가 막 창조되던 시절, 수많은 운석과 소행성, 혜성이 충돌하면서 지구는 연속적인 대격변을 겪었다. 지구는 이들의 충돌 에너지에 인해 1,500㎞ 깊이의 거대한 마그마 바다를 이루었다. 이때는 혜성 및 소행성 충돌이 이어지고 있었기에 지구에는 격심한 마그마 대류현상이 일어나고 있었고, 이를 통해 가벼운 암석 용융체들은 마그마 바다 위로 떠오르고, 무거운 금속 용융체들은 지구 중심으로 천천히 가라

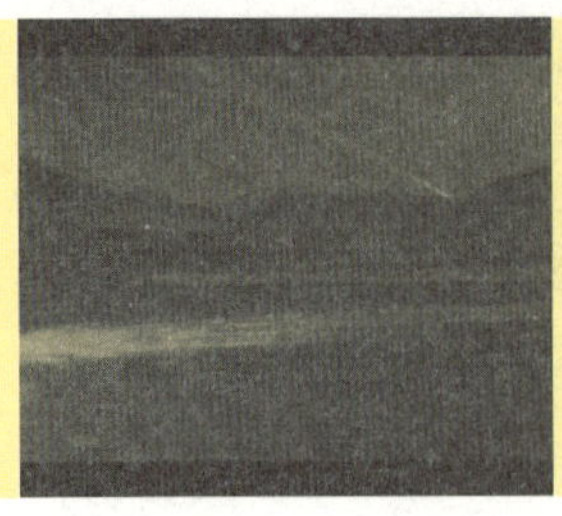

[그림 2] 무수히 많은 운석과 소행성, 혜성들이 충돌하는 지구

앉기 시작했다. 이러한 상태를 가리켜 창세기 기자는 "땅이 혼돈하고 공허하며"라고 표현하지 않았을까?

혜성이나 소행성 중에는 그 속에 물얼음을 가진 것도 있었는데 이들이 지구와 충돌하면서 물은 뜨거운 마그마에 인해 고온의 수증기 상태가 되어 지구 대기권을 채우고 있었다. 동시에 이들이 지구와 충돌하면서 발생한 엄청난 먼지도 대기권으로 솟아올랐다. 이제 지구 표면에는 깊이를 알 수 없는 마그마의 바다가 소용돌이치고 있고, 대기는 짙은 먼지와 수증기가 뒤엉긴 채 칠흑 같은 어두움이 이제 막 창조되는 지구를 감싸고 있었다. 이를 가리켜 창세기 기자는 "흑암이 깊음 위에 있고"라고 표현하지 않았을까?[26]

그리고 얼마나 오랜 세월이 지났을까? 이제 혜성과 소행성의 충돌도 줄어들고, 뜨거운 지구는 점차 식어가면서 대홍수 지지자들이 "창조 암석"creation rock이라고 부르는 선캄브리아기 암석이 만들어지기 시작했다. 어느 정도 식게 되자 대기 중에 고온의 포화 수증기로 존재하던 물들은 먼지들을 응결핵으로 하여 엄청난 강우를 일으켰다. 수천 년에 걸친 호우로 지구 표면은 급속히 식게 되고, 이윽고 마그마의 바다는 깊은 물의 바다로 변했다. 엄청난 호우, 강력한 지진과 산더미 같은 해일이 밀려오면서 온 지면은 물로 덮였다. 그리고 그 엄청난 무질서Chaos로부터 질서Cosmos를 창조하시기 위해 삼위일체 하나님은 부지

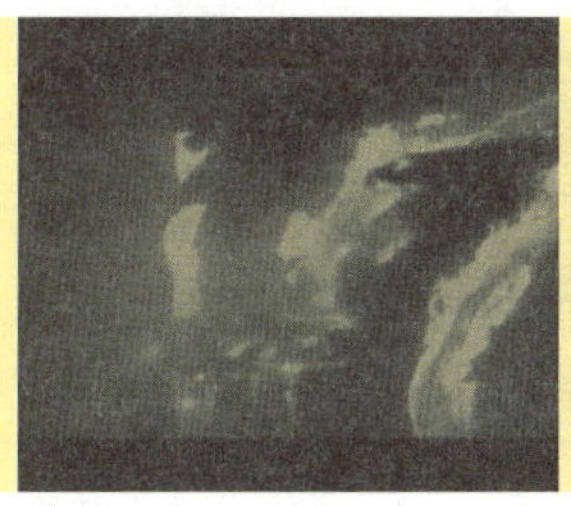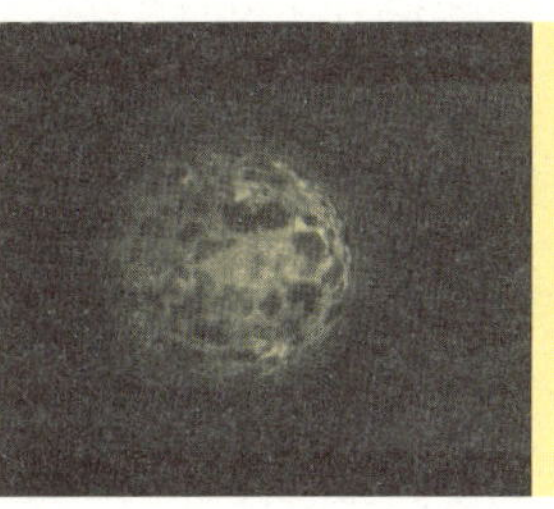

[그림 3] 운석, 소행성, 혜성 등의 충돌로 지구는 마그마의 바다가 됨

런히 일하고 계셨다. 이를 가리켜 창세기 기자는 "…하나님의 신은 수면 위에 운행하시니라"고 적는다.

짙은 수증기와 먼지가 사라진 태초의 지구 대기. 아무리 멀리 떨어진 작은 빛이라도 선명하게 보일 정도로 대기는 맑고 깨끗했다. 이제 그 혼돈과 공허, 그리고 칠흑 같은 어둠의 긴 시간은 지나고 창조의 새 날이 밝았다. 아무도 손대지 않은 처녀 지구가 생명과 질서를 만드실 창조주의 명령을 기다리고 있었다. 이윽고 창조주의 장엄한 음성이 온 우주를 울렸다. "빛이 있으라!" 창조주의 명령으로 빛은 지체 없이 존재하게 되었고, 이어 지구의 자전과 더불어 빛과 어두움이 나누어지고, 나아가 궁창 위의 물과 아래의 물이 나누어지는 질서가 창조되었다.

그 후 시간이 지나면서 땅은 점점 더 식어서 지각은 두꺼워졌고, 지구 표면에는 거대한 여러 개의 판들plates이 형성되었다. 하지만 땅속에는 여전히 뜨거운 마그마 바다가 소용돌이치고 있었고, 깊은 물 속

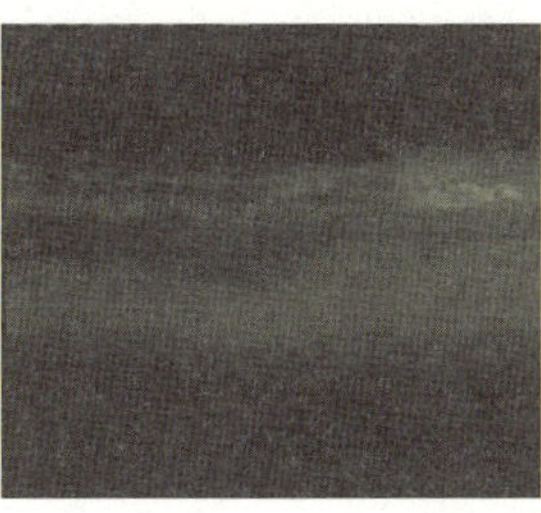

[그림 4] 시간이 지나면서 지구는 식게 되었고 마그마 바다는 물의 바다로 변함

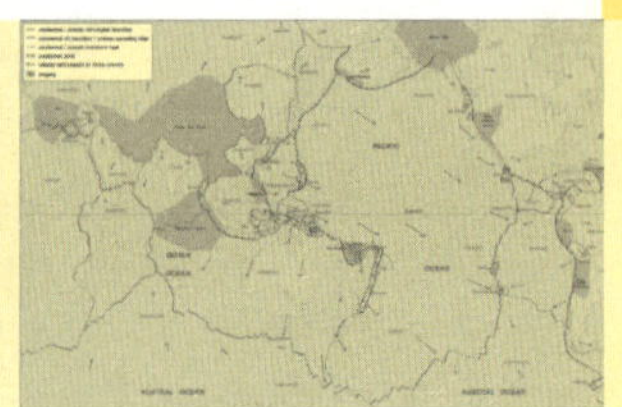

에 잠겨있던 지각의 판들은 창조주의 명령을 기다리고 있었다. "천하의 물이 한 곳으로 모이고 뭍이 드러나라!" 창조주의 명령이 떨어지자 온 지구에는 조산 운동과 조륙 운동이라는 엄청난 격변이 시작되었다. 지각을 구성하고 있던 거대한 판과 판이 부딪치면서 육지와 바다 깊은 곳에서 엄청난 지진과 화산활동이 이어졌다. 그리고 세월이 지나면서 어떤 곳은 더 깊은 바다가 되었고, 어떤 곳은 지각판이 깊은 물속을 뚫고 올라와 거대한 육지가 되었다. 그러자 "하나님은 뭍을 땅이라 칭하시고 모인 물을 바다라" 부르셨다. 원래의 설계대로 지구에 생명체가 서식할 수 있는 완벽한 환경이 만들어져 가는 것을 보시고 창조주는 정말 기뻐하셨다.

이 외에도 창조주간에는 여러 차례의 격변이 일어난 것으로 보인다. 오늘날 우리가 사용하는 수많은 광물질이나 화석연료라고 하는 석탄과 석유, 천연가스 등은 격변이 아니면 생성 과정을 설명하기가 어렵다. 이러한 지하자원들이 노아 홍수라는 단 한 차례의 대격변으로 형성된 것이 아님이 분명하다면 이들을 형성한 전 지구적 격변이 여러 차례 있었음이 분명하며, 이것은 창조주간에 일어났다고 보는 것이 자연스럽다. 창조주는 인류가 화석연료를 본격적으로 사용하기 오래전에 이미 화석연료의 시대가 올 것을 미리 아시고 준비하셨다!

IV. 결론과 권면

본문은 태초에 하나님이 천지를 창조하시던 한 부분을 보여주고 있다. 어쩌면 이 말씀은 오늘날 우리에게 어떤 형태의 현대 과학적 시사점을 제공할 수도 있을 것이다. 실제로 우리는 위에서 잠정적이지만 본문의 과학적 가능성도 살펴보았다. 하지만 거듭 말하거니와 성경은 과학 교과서나 과학 핸드북으로 주어진 것이 아니다. 성경은 구속의 계시를 보여주는 책이다. 그렇다면 본문이 우리에게 전해주는 메시지는 어떤 것인가?

첫째, 바른 성경관을 갖는 것이 필요함을 말해준다. 이미 앞에서 말했지만, 성경은 지질학 교과서가 아니며 인간을 중심으로 한 구원의 역사와 영적인 일에 주된 관심을 두고 기록된 책이므로 성경을 지질학적 자료집으로 사용할 수는 없다. 비록 초기 지구의 모습에 대한 과학적 시나리오를 만들어보긴 했지만, 성경은 본문을 통해 우리에게 더 중요한 영적 메시지를 준다.

오늘날 과학이 발달하면서 많은 사람이 창조와 창조주를 믿지 않고 이 세상이 저절로 존재하게 되었다고 주장한다. 하지만 이 세상을 바르게 이해하기 위해서는 반드시 이 세상을 만드신 분을 알아야 한다. 창조주를 알지 못하는 자는 천지에 대한 지식, 즉 과학도 제대로 알 수 없다. 노래를 못하는 사람을 음치라고 하듯 천지를 지으신 하나님을 모르는 자를 천치라고 말한다. 그런 사람들은 창조주 하나님이 신묘막측하게 지은 것을 "신묘망측하게" 곡해한다!

둘째, 하나님의 역사는 질서를 만든다는 사실이다. 이제 3절부터 하나님은 혼돈과 공허 가운데 있는 지구에 질서를 창조하시기 시작하신다. 하나님은 카오스Chaos로, 즉 혼돈으로부터 코스모스Cosmos, 즉 질서를 만들기 시작하신다. 그 첫 번째 사역으로 하나님은 빛을 창조하셨다. 하나님은 말씀으로 빛을 창조하셨다. 하나님의 말씀이 있는 곳에 빛이 있고, 그 빛이 있는 곳에 질서가 생기는 것이다.

이는 혼돈하고 공허한 인생이라도, 흑암이 깊음 위에 있더라도 혼돈과 공허의 주관자 되시는 성령께서 역사하시면 질서가 잡히고, 형태가 생기는 것을 말한다. 성령의 역사를 따라 사는 사람들은 하나님의 법을 지키면서 사는 사람들이다. 자동차를 운전할 때도 교통법규를 지켜야 안전운행을 할 수 있듯이 하나님의 법을 지켜야 인간은 안전하고 행복하게 살 수 있다. 사업할 때도, 부부생활이나 자녀양육에서도 수면 위에서 운행하시면서 카오스로부터 코스모스를 만들어내시던 성령님의 역사가 필요하다.

2절에서 말하는 "루아흐"로 표현한 성령은 "생기" 혹은 "생령"을 의미한다. 그 성령님은 혼돈과 공허를 질서로 바꾸시는 주관자시다. 그분을 의지하면서 사는 사람은 안전의 복, 건강의 복을 누릴 수가 있다. 얼마나 많은 사람이 혼돈과 공허 가운데 살다가 성령께서 역사하심으로 질서 있는 인생을 사는가?

이것은 물리적인 세계에서도 사실이다. 높은 곳에서 뛰어내리게 되면 하나님의 중력의 법칙에 따라 죽거나 다치게 된다. 과로하게 되면 하나님의 건강의 법칙에 따라 병이 나게 된다. 자연의 법칙도 하나님의 법칙이다. 어떤 사람들은 자연의 법은 하나님과 무관한 법, 심지어 하나님의 영적인 법에 배치되는 것처럼 생각하는 사람들이 있는데 이것은 잘못된 것이다.

셋째, 우리 인생의 "토후"와 "보후," 즉 혼돈과 공허를 해결하실 분은 하나님뿐이라는 사실이다. 우리의 삶의 혼돈과 공허의 영역, 우리의 삶에서 흑암이 깊음 위에 있는 영역은 없는가? 쓰나미가 지나간 일본 동해안처럼 피폐한 마음을 갖고 살아가는 분은 없는가?

사마리아 여인과 같이 텅 빈 가슴을 가지고 살아가는 분은 없는가? 권세를 섬기면서 "권 서방"과 더불어 살아가는 사람, 세상의 지식을 따라 "지 서방"을 모시고 사는 사람, 안락하게 살아가는 것을 인생의 목표로 생각하며 "안 서방"을 따라 사는 사람은 없는가? 마치 바닷물로는 갈증을 해소할 수 없는 것처럼 그런 세상의 "서방들"은 인생의 혼돈과 공허를 채울 수 없다.

인간의 텅 빈 가슴을 채울 수 있는 것이 세상에는 존재하지 않는다. 그때 필요한 것이 바로 성령의 역사요, 빛이 있으라고 말씀하시는 하나님의 음성이다. 우리 개개인의 인생에서 "토후"와 "보후"를 물리치기 위해서는 혼돈과 공허의 주관자 되시는 성령님의 운행이 필요하다. 이것은 비단 개인의 삶에만 국한된 문제가 아니다. 우리 사회의 혼돈과 공허도 성령께서 역사하실 때 무질서_{Chaos}가 질서_{Cosmos}로 바뀔 수 있다.

삶에서 혼돈과 공허의 주관자 되시는 성령님이 운행하시도록 자신을 비우는 것을 두고 바울 사도는 "나는 날마다 죽노라"고 표현한다. "형제들아 내가 그리스도 예수 우리 주 안에서 가진 바 너희에 대한 나의 자랑을 두고 단언하노니 나는 날마다 죽노라"_{고전 15:31}. 내가 죽으면 내 속에 있는 악과 병도 죽는다. 죽을 때는 몸에서 벼룩도, 이도 기어 나온다. 우리의 옛사람이 죽게 되면 우리의 죄 된 성품도, 이를 이용하여 우리를 괴롭히던 옛사람도 우리 속에 머물 수 없다. 사도 바울처럼 우리도 날마다 죽음으로 성령님이 온전히 운행하시는 삶을 살자.

빛을 창조하신 하나님

"하나님이 이르시되 빛이 있으라 하시니 빛이 있었고 빛이 하나님이 보시기에 좋았더라 하나님이 빛과 어둠을 나누사 하나님이 빛을 낮이라 부르시고 어둠을 밤이라 부르시니라 저녁이 되고 아침이 되니 이는 첫째 날이니라."
– 창세기 1장 3~5절

　3장에서는 하나님이 천지를 창조하셨지만, 아직도 땅은 카오스 상태에 있었다. 그래서 우리는 혼돈하고 공허하며, 깊은 물 위에 칠흑 같은 흑암이 드리워져 있는 지구를 살펴보았다. 아무런 희망도 찾아볼 수 없는, 완전한 혼돈의 지구인 듯이 보였다. 하지만 지구를 뒤덮고 있는 수면 위에 하나님의 영이 질서의 창조를 위해 분주하게 운행하고 계셨다.
　얼마의 시간이 지났을까? 드디어 혼돈과 공허로부터 질서를 세우시는 하나님의 장엄한 음성이 온 우주에 퍼졌다. 성경은 이 엄청난 우주적 사건을 단순히 "하나님이 이르시되 빛이 있으라 하시니 빛이 있었고 빛이 하나님이 보시기에 좋았더라"고 기술하고 있다. 이제 빛의 창조로부터 시작하여 질서를 세우시는 하나님의 첫날 사역을 살펴보자.

1. "하나님이 이르시되" | 창 1:3a

개역성경에는 없지만, 원어에는 3절 앞에 접속사 "그리고"가 있다.

"그리고 …이 이르시되"와요메르, רמֹאיּו는 앞에서 이야기한 것처럼 2절이 3절로 이어짐을 의미한다. 2절에 나오는 카오스의 지구에서 3절은 코스모스, 즉 질서가 시작됨을 선언한다. 하나님이 질서를 세우는 과정을 보면 그 패턴이 일정하다. 엿새 동안 내내 우주에는 "하나님이 이르시되"라는 말이 울려 퍼지고, 거기에 대한 응답은 "그대로 되니라"였다. 하나님의 말씀은 능력이 있어서 그분의 입에서 나간 말은 아무런 역사를 일으키지 않는 일이 없다.

창세기 1장에서 10회나 반복된 "이르시되"는 "보시기에 좋았더라," "그 종류대로"와 같이 가장 많이 반복되는 말이다. 이를 나타내는 히브리어 "아마르"רמֹא 는 그것이 표현하는 것이 존재하도록 하는 신적인 명령어이다. 이것은 온 우주가 하나님의 말씀으로 지어졌음을 보여주고 있다.[1]

하나님은 신실한 분이기에 거짓말하지 않으시고 약속하신 바를 지키신다. 그분의 말씀은 단순히 허공을 울리는 것으로 끝나지 않는다. 하나님을 친구처럼 가까이서 경험했던 모세는 하나님의 신실성을 이렇게 말한다. "하나님은 사람이 아니시니 거짓말을 하지 않으시고 인생이 아니시니 후회가 없으시도다. 어찌 그 말씀하신 바를 행하지 않으시며 하신 말씀을 실행하지 않으시랴"민 23:19.

하나님의 말씀은 진실하고, 실수가 없으시며, 실효성이 있기 때문에 하나님께서 빛에게 존재를 명하시자 빛이 존재함으로 하나님 말씀의 능력을 드러냈다. 본문은 이를 하나님이 "빛이 있으라." 명령하시니 "빛이 있었고"라고 표현한다. 이외에도 이러한 하나님 말씀의 실효성은 1장에서 여섯 차례나 더 반복된다.

하나님의 말씀은 이 세상을 창조하시는 데 실효성이 있을 뿐 아니라 우리의 마음과 생각을 판단하기도 한다. "하나님의 말씀은 살아 있고 활력이 있어 좌우에 날선 어떤 검보다도 예리하여 혼과 영과 및 관절과 골수를 찔러 쪼개기까지 하며 또 마음의 생각과 뜻을 판단하나니"히 4:12. 이는 하나님의 말씀은 물리적인 세계뿐 아니라 영적인 세계, 비가시적인 세계에서도 실효성이 있음을 보여준다. 빛은 은유적으로 생명과 구원, 율법, 하나님의 임재를 나타내기 위해 사용된다시 56:14, 사 9:1, 잠 6:23, 출 10:23.[2]

말씀의 능력은 하나님의 형상을 따라 지음 받은 사람에게도 실효성이 있다. 말의 능력은 예수를 믿지 않는 사람들조차 알고 있다. 지혜자 솔로몬은 일찍부터 이러한 말의 위력을 알고 있었다. 그는 사람의 생사가 말에 달렸음을 지적한다. "죽고 사는 것이 혀의 힘에 달렸나니 혀를 쓰기 좋아하는 자는 혀의 열매를 먹으리라"잠 18:21. "말을 아끼는 자는 지식이 있고 성품이 냉철한 자는 명철하니라"잠 17:27.

야고보 사도는 말을 마구하는 사람의 경건은 헛것이라고 말한다. "누구든지 스스로 경건하다 생각하며 자기 혀를 재갈 물리지 아니하고 자기 마음을 속이면 이 사람의 경건은 헛것이라"약 1:26.

그러므로 그리스도인들은 스스로 비하하거나, 남을 비난하거나 정죄하는 말을 해서는 안 된다. 죽겠다거나 안 되겠다는 등 부정적인 말보다는 긍정적이고 칭찬하는 말을 하는 것이 좋다. 우리 속담에도 말이 씨가 된다는 말이 있듯이 지나가면서 하는 말도 실효성이 있어서 열매를 맺음을 기억해야 한다.

II. "빛이 있으라 하시니 빛이 있었고" | 창 1:3b

본문은 하나님의 첫날 사역 중 빛의 창조를 소개하고 있다. "빛이 있으라"Let there be light는 말은 히브리어로 "예히 오르"יְהִי אוֹר이다. 이 말은 단순한 명령이 아니라 "내가 허락하니" 혹은 "내가 명하노니" 빛이 있으라는 의미다. 이것은 하나님의 권위와 능력으로 빛을 있게 하셨다는 의미다. 하나님은 창세기 1장 2절에서 말하는 혼돈과 공허, 흑암이 깊음 위에 있던 지구에 말씀으로, 빛에게 명령을 함으로 빛을 창조하셨다. 이로써 황무하고 버려진 듯이 보이는 지구에 하나님은 질서를 세우기 시작하셨다.

하나님의 창조의 제1과업은 빛의 존재를 명령하신 것이다. 이 "빛"אוֹר 오르은 일월성신보다 먼저 창조된 것일까? 여기에는 두 가지 서로 다른 이론이 있다.

첫째는 일월성신이 넷째 날 창조되었다고 보는 입장이다. 일월성신이 넷째 날 창조되었기에 첫째 날 창조된 빛은 태양광이 아닌 것으로 본다. 일반적으로 문자적으로 성경을 해석하는 사람들은 이 입장을 지지한다. 빛을 이루고 있는 광자photon를 소립자의 하나로 보는 현대 물리학에서는 광자가 반드시 광원을 전제해야 하는 것은 아니라고 본다. 그러므로 광원이 창조되기 전에 빛이 먼저 창조되었다는 이 입장은 어색하기는 하지만 불가능한 것은 아니라고 할 수 있다.[3]

현대 소립자 물리학에서는 광자를 경입자lepton의 하나로 분류한다. 특히 특수상대성이론의 결과인 에너지-물질 등가 원리$E=mc^2$에 의하면 빛도 물질이라고 할 수 있으며, 우주를 이루고 있는 물질도 에너지라고 할 수 있다. 그러므로 빛은 에너지이면서 동시에 질량 혹은 물질로 환원될 수도 있다. 오늘날 물리학자들은 우주를 이루고 있는 요소로 암흑물질dark matter, 암흑에너지dark energy, 물질, 에너지 등 네 가지를 제시하고 있다.[4] 이 중 우리 눈에 보이는 물질은 전체의 4%에 불과하고 나머지 우주를 이루는 암흑물질과 암흑에너지가 96%에 달한다.

둘째는 일월성신이 첫째 날 빛과 더불어 혹은 빛의 창조 이전에 이미 창조되었다고 보는 입장이다. 대표적으로 천문학자이자 "믿는 이유 선교회"Reasons to Believe 총재인 로스Hugh Ross 등이 지지하는 이 입장에 의하면 1장 1절에서 "태초에 하나님이 천지를 창조하시니라"는 말씀 속에 이미 일월성신이 포함되어 있었다고 본다.5) 그러므로 넷째 날 이전에도 이들에 인해 반복되는 저녁과 아침, 시간의 경과를 알 수 있었다고 본다.

그렇다면 첫째 날 "빛이 있으라" 혹은 넷째 날 "광명체들이 하늘의 궁창에 있어 땅을 비추라"는 말씀은 어떻게 설명할 수 있을까? 이것은 이미 창조되었지만, 아직 빛을 발하고 있지 않거나 빛을 발하더라도 불투명한 대기나 안개에 가려져 있던 일월성신의 빛을 지구에서 볼 수 있게 되었다고 본다. 3절에서 "빛이 있으라"라고 할 때의 빛과 15절에서 태양과 달을 가리키는 두 큰 광명들מאורת 메오로트로 하여금 "땅을 비추라"고 할 때의 용어는 둘 다 빛을 의미하는 같은 히브리어 "오르"אור 라는 단어를 사용한다.

신학자 중에서 이 견해를 밝히는 대표적인 학자는 〈할레이 성서핸드북〉1922으로 유명한 성경학자 할레이Henry Hampton Halley, 1874~1965다. 그들은 첫째 날 창조된 빛을 태양 빛으로 본다. 즉 1절에서 천지를 창조할 때 이미 태양도 창조되었다고 보고 빛을 내기 시작했다고 본다. 하지만 끓는 물로 뒤덮인 지표면이 식으면서 두꺼운 안개와 가스층을 형성하여 태양 빛을 차단했고, 그래서 2절의 표현대로 어둠이 깊은 물 위에 드리워져 있었다고 설명한다. 점점 지표면이 식으면서 안개가 걷히고 태양 빛이 지면에 도달하면서 밤낮이 생기게 되었다고 본다. 그리고 태양 빛이 지표면의 안개를 투과하여 밤낮을 만들기는 했지만 넷째 날이 되어서야 비로소 완전히 빛나는 태양이 보이게 되었다고 본다.6)

필자는 이 두 입장 중 후자의 입장이 자연스러운 설명이라고 보지만 과학적으로나 성경해석학적으로 어느 것이 바른 해석인지 판단하기는 쉽지 않다. 하지만 창세기 기자는 빛이 어디서부터 왔는지, 어떻게 만들어졌는지를 과학적으로 설명하려고 하지 않는다. 다만 빛은 하나님이 창조하셨다고 말한다. 성경은 빛의 창조 과정을 과학적으로 설명하지 않는데 이는 그런 것을 밝히는 것은 과학자들의 연구과제로 남겨두었음을 의미한다. 그러면 왜 하나님은 혼돈과 공허 즉 카오스에서 질서 즉 코스모스를 창조하심에서 빛을 가장 먼저 창조하셨을까?

첫째, 빛은 생명의 근본이요 원천이기 때문이다. 빛을 만들지 않으면 어떤 생명도 존재할 수 없다. 빛이 없으면 식물이 죽고, 꽃도 없다. 어거스틴은 "모든 생명은 빛과 함께 시작되며 빛에 의해 유지된다"고 했다. 이것은 비단 물리적, 생물학적 생명에만 국한된 것이 아니며, 영적인 생명도 마찬가지다. 사도 요한은 "그 안에 생명이 있었으니 이 생명은 사람들의 빛이라."라고 했다요 1:4. 시편 기자는 "진실로 생명의 원천이 주께 있사오니 주의 빛 안에서 우리가 빛을 보리이다."라고 했다시 36:9. 빛은 생명 유지에 필수적이면서 동시에 사람을 치료하기도 한다. "내 이름을 경외하는 너희에게는 공의로운 해가 떠올라서 치료하는 광선을 비추리니 너희가 나가서 외양간에서 나온 송아지 같이 뛰리라"말 4:2.

둘째, 빛은 진리이기 때문이다. 성경은 곳곳에서 예수를 빛이요 진리라고 말하면서 빛을 진리와 동의어로 사용하고 있다. 특히 사도요한은 진리와 예수 그리스도를 빛과 동일시한다. "그가 빛 가운데 계신 것 같이 우리도 빛 가운데 행하면 우리가 서로 사귐이 있고 그 아들 예수의 피가 우리를 모든 죄에서 깨끗하게 하실 것이요"요일 1:7 혹은 "빛 가운데 있다 하면서 그 형제를 미워하는 자는 지금까지 어둠에 있는 자요 그의 형제를 사랑하는 자는 빛 가운데 거하여 자기 속에 거리낌

이 없으나"요일 2:9~10라고 했다. 여기서 빛이라는 말 대신 진리라는 말을 넣어도 무방하다.

빛이 없으면 진리를 깨닫지 못한다는 점에서 빛은 진리를 드러나게 하는 역할을 하기도 하지만 빛 자체가 진리이기도 하다. 이때는 육신의 눈으로 깨닫는 빛보다 정신 혹은 영혼의 눈으로 보는 빛이 더 중요하다. 영어 표현에서 "I see"라는 표현은 알았다는 의미다. 보지 않고는 알 수 없고, 보기 위해서는 반드시 빛이 필요한 것이다.

셋째, 빛은 질서의 기초요, 시작이기 때문이다. 빛이 없으면 어떤 질서도 생길 수 없다. 나라에서 많은 전기를 소모하면서 가로등을 켜는 이유도 질서를 유지하기 위해서이다. 강도나 도둑은 어둠 속에서 활동하고, 뇌물도 사람들의 눈에 잘 띄지 않는 곳에서 주고받는다. 카바레나 나이트클럽에서는 일부러 얼굴을 잘 알아볼 수 없도록 어두컴컴하게 한다. 떳떳하고 칭찬할만한 일이면 왜 그렇게 할까! 그런 곳에서 춤을 추게 되면 하나님이 세우신 가정의 질서가 파괴된다. 캄캄한 곳에서는 집을 지을 수도, 일할 수도, 청소할 수도 없다.

예수는 우리 몸에서 빛을 감지하는 기관인 눈이 나쁘게 되면 온 몸이 어둡게 된다고 말씀하신다. "눈이 나쁘면 온 몸이 어두울 것이니 그러므로 네게 있는 빛이 어두우면 그 어둠이 얼마나 더하겠느냐"마 6:23. 이러한 곳에 말씀의 빛이 비치게 되면 질서가 세워진다. 어둠을 좋아하던 사람이 빛을 좋아하게 되면 개인의 삶과 가정, 교회와 지역 사회, 국가의 질서가 세워진다. 사도 바울은 다메섹 도상에서 해보다 더 밝은 하나님의 빛을 본 후 자신의 삶의 질서를 찾게 되었다. 시편 119편 105절에서 시편 기자는 주의 말씀은 내 발에 등이요 내 길에 빛이라고 했다. 빛은 생명을 있게 하고, 진리를 드러내며, 질서를 만들어간다.

넷째, 빛은 반드시 어둠을 이기기 때문이다. 빛의 특성 중 하나는 어둠이 절대로 이길 수 없다는 점이다. 사도 요한은 요한복음 첫 부분에서 "빛이 어둠에 비치되 어둠이 깨닫지 못하더라"요 1:5고 말하는데, 여기서 "깨닫지 못하더라"의 헬라어 "카타람바노"καταλαμβάνω는 원래 "이기지 못하다"는 의미다. 그래서 공동번역 성경은 "어둠이 빛을 이겨본 적이 없다."라고 번역했고, 새번역 성경도 "어둠이 그 빛을 이기지 못하였다."라고 번역했다. 어둠은 결코 빛을 이기지 못한다.

어둠이 빛을 이기지 못한다는 것은 다만 물리적인 빛에만 국한된 것이 아니다. 악이 선을, 불의가 정의를 이길 수 없다는 것은 하나님이 존재하고, 역사하신다는 증거다. "힘이 정의다"Might makes right는 것은 진화론적 윤리에서 나온 말이며, 성경은 "정의가 힘이다."Right makes might라고 가르친다.

다섯째, 빛은 소망이기 때문이다. 빛이 없게 되면 소망이 없어진다. 앞이 보이지 않을 때 우리는 절망하게 되고, 절망의 상황을 표현할 때 앞이 캄캄하다고 말한다. 그래서 모든 장애 중 시각 장애를 가장 큰 장애로 보는 것이다. 그리스도인들에게 있어서 가장 큰 축복은 바로 세상 사람이 볼 때에는 아무런 빛도 없을 것 같은 상황에서도 하나님이 함께하신다고 믿을 수 있다는 것이다. 히브리서 기자가 "믿음은 바라는 것들의 실상이요 보지 못하는 것들의 증거"히 11:1라고 한 것은 같은 캄캄한 상황에서도 신자와 불신자가 보는 빛이 다름을 의미한다.

진정한 절망, 진정한 소경은 단순히 물리적인 세계를 볼 수 없는 사람이 아니다. 온 세계에 가득 찬 유신론의 증거들을 보면서도 하나님을 보지 못하는 사람은 영적 장님이다. 미국의 우주 비행사 존 글렌John Herschel Glenn, Jr., 1921~은 외계에 나갔다가 돌아온 후 "지구는 하나님의 생명보자기에 싸인 신비한 생명체이다."라고 했다. 그리고 그는 시편 8편을 낭독했다. 영적인 빛에 눈을 뜬 사람만이 할 수 있는 고백이다.

III. "하나님이 보시기에 좋았더라" | 창 1:4a

하나님은 빛을 지으신 후 "빛이 하나님이 보시기에 좋았더라"고 했다. 이러한 표현은 창조주간 동안 거의 매일 반복된다1장 4, 10, 12, 18, 21, 25, 31절. 그리고 모든 창조를 마치신 후에는 그 만드신 만물들을 보시고 하나님은 보시기에 심히 좋았다고 말씀하셨다. "하나님이 지으신 그 모든 것을 보시니 보시기에 심히 좋았더라"창 1:31. "좋았더라"를 의미하는 "토브"טוב는 대상의 질quality와 목적에 대한 적합성fitness을 의미한다.[7] 구체적으로 이 말에는 창조사역과 관련해 세 가지의 의미가 있다. 첫째, 하나님의 창조 계획이 조금도 부족하지 않고 완전함을 의미한다.[8] 둘째, 하나님을 계시하는데 최적의 상태임을 의미한다.[9] 셋째, 물질세계도 하나님을 기쁘시게 하도록 창조되었으며 본질적으로 선함을 의미한다.[10]

하나님은 왜 매일의 창조물들을 보고 좋아하셨을까? 그것은 전능하시고 완전하신 하나님이 그들을 창조하셨기 때문이다. 거장일수록 완전한 작품을 만들듯 전능하신 하나님은 보시기에 심히 좋은 작품을 만드신 것이다. 그렇다면 오늘날 이 세상에 하나님에게서 오지 않은 것이 있는가? 사도 요한은 "만물이 그로 말미암아 지은 바 되었으니 지은 것이 하나도 그가 없이는 된 것이 없느니라"고 했다요 1:3. 이것은 하나님이 창조하신 모든 세계가 다 아름답다는 것을 의미한다. 모든 진리는 누가 어디서 발견하듯 하나님의 것인 것처럼 모든 아름다운 것은 다 하나님의 것이다.

하나님이 물리적인 세상을 긍정하셨다는 것은 우리의 매일의 삶이나 직업적인 일도 긍정하심을 의미한다. 즉 하나님은 종교적인 냄새가 나는 일만 기뻐하시는 것이 아니다. 하나님이 지으신 모든 것이 아름답기에 종교적인 냄새가 나지 않는 것도 좋은 것이다. 목회나 선교가 아름다운 것처럼 가정도, 자녀도, 학문도, 직업도 하나님의 질서 가운데 있을 때는 아름다운 것이다. 설교하고 성경 공부하는 것이 아름다운 것처럼 아름다운 곡을 연주하는 것이나 정교한 예술품을 만드는 것도, 아름다운 글을 쓰는 것도 하나님이 기뻐하시는 일이다. 하나님께서 반드시 찬송가나 복음성가, 성화나 성경을 소재로 한 문학작품만을 기뻐하시는 것이 아님을 알아야 한다.

사도 야고보는 모든 선한 것은 하나님에게서 왔다고 말한다. "온갖 좋은 은사와 온전한 선물이 다 위로부터 빛들의 아버지께로부터 내려오나니 그는 변함도 없으시고 회전하는 그림자도 없으시니라"약 1:17. 우리는 하나님이 기뻐하시는 일을 종교적인 냄새가 나는 좁은 영역에만 국한함으로 온 우주의 창조주 되시는 하나님을 제한해서는 안 된다.

IV. 질서를 세우시는 하나님 | 창세기 1:4b~5a

창세기 1장 3절에서 빛을 창조하신 하나님은 4절과 5절에서 이제 빛과 어두움을 나누시고, 빛을 낮이라 부르시고, 어두움을 밤이라 부르셨다. 나누다를 의미하는 히브리어 동사 "바달"בָּדַל 은 창세기 1장의 중심적 아이디어의 하나다. 하나님은 빛과 어두움을 나누셨고, 궁창 위의 물과 궁창 아래의 물을 나누셨으며, 밤과 낮을 나누셨다 6, 7, 14, 18절. 구약의 다른 곳에서는 나눈다는 것은 하나님의 선택과 동의어로 사용되었다레 20:24, 민 8:14, 신 4:41, 10:8, 왕상 8:53.[11] 나누다는 말에는 두 가지 중요한 의미가 있다.

첫째, 빛과 어두움을 나누셨다는 것은 더 높은 질서를 만들어 가심을 의미한다. 질서를 창조한다는 것은 물리학적 용어로 엔트로피를 감소시키는 것이다. 엔트로피가 높은 혼돈하고 공허한 상태로부터 이제 질서를 만드시는 하나님의 창조 능력이 더 구체적으로 나타나기 시작한다.[12]

여기서 한 가지 의문이 생긴다. 3절에서 하나님께서 빛을 창조하셨는데 왜 여기서 다시 빛과 어둠을 나누고 밤과 낮을 만드셨을까? 한 가지 해석은 3절에서 빛을 창조하셨을 때는 지구가 자전하지 않았던 것은 아닐까? 그렇다면 빛이 비취는 곳은 항상 낮이고, 그렇지 않은 곳은 항상 밤이었을 것이다. 아니면 지구는 자전하고 있었고 태양은 이미 빛을 내고 있었지만, 짙은 구름이나 먼지 등에 의해 지면에는 어둠이 계속되고 있었을 것이다. 그러다가 하나님이 "빛이 있으라"고 말씀하시자 구름이나 먼지 등이 걷히고 밤낮이 반복되기 시작했다고 해석할 수도 있다. 하여튼 지구에 생명체가 살기 위해서는 반드시 밤과 낮이 교대로 나타나야 하고, 이를 위해 지구의 자전과 태양의 발광 때문에 지표면에는 밤과 낮이 생기게 되었다.

둘째, 하나님이 빛과 어두움을 나누시고 이들의 이름을 지으셨다는 말은 하나님이 빛과 어두움의 창조주요 주인임을 의미한다. 부모가 자녀의 이름을 지을 수 있듯이, 물건을 만든 사람이 그 물건의 이름을 지을 수 있는 권위가 있듯이 하나님은 빛과 어두움을 만드셨기에 이들의 이름을 지으실 수 있었다. 하나님은 빛과 어두움의 절대적인 주관자임을 말한다. 하나님은 빛과 어두움의 이름뿐 아니라 다른 모든 것의 이름을 지으셨다. 이것은 온 우주가 하나님의 권위 아래 있음을 의미한다. 그래서 시편 24편 1절에서 시편 기자는 땅과 거기 충만한 것이 다 여호와의 것이라고 했다.

빛과 생명에 대해서 가장 잘 알고 있었던 사람은 바로 요한이었다. "예수께서 또 말씀하여 이르시되 나는 세상의 빛이니 나를 따르는 자는 어둠에 다니지 아니하고 생명의 빛을 얻으리라"요 8:12. 하나님께는 어둠이 조금도 없지만, 빛 가운데 살지 않는 사람은 일평생 어두움 가운데 사는 것이다요 12:46. "우리가 그에게서 듣고 너희에게 전하는 소식은 이것이니 곧 하나님은 빛이시라 그에게는 어둠이 조금도 없으시다는 것이니라"요일 1:5.

이 생명의 빛에 대한 말이 나오게 된 배경은 요한복음 7장에 나오는 초막절이다. 예수는 초막절 뒤에 이 말씀을 하셨다. 초막절은 1주일간 진행되는데 밤에 초막 앞에 등불을 달았다. 이것은 하나님이 우리를 빛으로 인도하셨다는 것을 상징한다. 광야생활을 하는 동안 하나님이 불기둥으로 이스라엘 백성을 인도하셨다는 의미다. 이는 오늘날에도 어두운 세상에서 인생의 곤한 길을 가면서 불기둥이 되시는 하나님을 바라보는 자만이 생명을 얻게 된다는 의미다.

생명의 빛을 깨달은 사람에게는 흑암도 빛이 될 수 있고, 저주도 축복, 죽음도 생명이 될 수 있다. 시편 기자는 "주에게서는 흑암이 숨기지 못하며 밤이 낮과 같이 비추이나니 주에게는 흑암과 빛이 같음이니이다"시 139:12. 또한, 잠언 기자는 "의인의 길은 돋는 햇살 같아서 크게 빛나 한낮의 광명에 이르거니와 악인의 길은 어둠 같아서 그가 걸려 넘어져도 그것이 무엇인지 깨닫지 못하느니라"고 했다잠 4:18~19.

V. "저녁이 되고 아침이 되니" | 창 1:5b

왜 창세기 기자는 "아침이 되고 저녁이 되니"가 아니라 "저녁이 되고 아침이 되니"라고 기록했을까? 이에 대해 김인수 목사는 이렇게 지적한다. "하루를 저녁부터 시작하는 유대인들의 전통은 창조의 첫째 날을 배경으로 한다고 볼 수 있다. 창조의 첫째 날은 아직 빛이 없었기 때문에 아침부터 시작되지 않은 것이 분명하다. 첫째 날은 흑암창 1:2으로 표현된 어두움에서 시작해서 빛의 창조창 1:3를 통해 빛낮과 어두움밤을 구분하는 것으로 하루가 끝난다창 1:4~5. 이렇게 창조의 첫째 날이 어두움에서 시작하여 빛을 창조하고 마무리되었기 때문에 여기서부터 유대인들의 하루 개념이 생겨났고, 이것이 유대인들의 전통적 하루 개념으로 정착된 것이라 할 수 있다."13) 우리는 아침이 와야 저녁이 온다고 생각하지만, 유대인들은 저녁이 와야 아침이 온다고 생각했다. 저녁이 없으면 아침이 없다고 생각하는 것이다.

이로부터 찾을 수 있는 영적 교훈은 무엇일까? 인생에서 열림이 먼저인가, 닫힘이 먼저인가? 히브리인들은 영광 이전에 고난이 먼저 있어야 한다고 생각했다. 영광스러운 것은 반드시 고통 후에 다가온다는 것을 받아들일 수 있는가? 우리는 하나님의 영광을 위하여 부름을 받았고, 그 영광을 누리도록 예정되었다. 하지만 그리스도인의 영광은 십자가의 고난 후에 찾아온다. 십자가가 먼저 오고 후에 영광이 온다. 좋은 것, 귀한 것, 영광스러운 것은 반드시 고난 후에 온다. 저녁이 먼저 오고 아침이 온다는 사실을 기억하자.

바울은 그의 제자 디모데에게 "복음과 함께 고난을 받으라"고 했다딤후 1:8. 예수는 제자들에게 "또 내 이름을 위하여 집이나 형제나 자매나 부모나 자식이나 전토를 버린 자마다 여러 배를 받고 또 영생을 상속하리라"마 19:29, cf. 막 10:29~30고 했다. 욥의 고난도 먼저 저녁이 되고 아침이 된 경우다.

저녁이 되고 아침이 된 대표적인 예가 바로 예수 자신이시다. "그는

근본 하나님의 본체시나 하나님과 동등됨을 취할 것으로 여기지 아니
하시고 오히려 자기를 비워 종의 형체를 가지사 사람들과 같이 되셨
고 사람의 모양으로 나타나사 자기를 낮추시고 죽기까지 복종하셨으
니 곧 십자가에 죽으심이라. 이러므로 하나님이 그를 지극히 높여 모
든 이름 위에 뛰어난 이름을 주사 하늘에 있는 자들과 땅에 있는 자들
과 땅 아래에 있는 자들로 모든 무릎을 예수의 이름에 꿇게 하시고 모
든 입으로 예수 그리스도를 주라 시인하여 하나님 아버지께 영광을
돌리게 하셨느니라"빌 2:6~11.

오늘날 우리 교회와 그리스도인들의 문제는 먼저 영광의 아침을 맞
으려고 한다는 것이다. 저녁을 경험한 후 아침을 기다리는 것이 성경
의 원리요 하나님의 원리다.

VI. "이는 첫째 날이니라" | 창 1:5c

이제 창세기 기자는 하나님의 첫 날 창조사역을 마무리 짓는다. 여
기서 첫째 날이라고 할 때 "날"은 창세기 1장에 여러 번 등장하는 히
브리어 "욤"이다. 천지 창조가 언제 일어났는지를 논의할 때 가장
중요한 단어는 바로 날을 의미하는 히브리어 명사 욤이다.[14] 이것을
24시간의 태양일로 보느냐, 아니면 어떤 불특정한 기간으로 보느냐,
아니면 하나님의 상징적인 날로 보느냐에 따라 창조연대, 즉 우주의
연대에 대한 입장이 전혀 달라진다.

어떤 사람은 "이는 엿새 동안에 나 여호와가 하늘과 땅과 바다와 그
가운데 모든 것을 만들고 일곱째 날에 쉬었음이라"출 20:11는 말씀을
근거로 창조주간의 하루는 24시간이라고 주장한다. 하지만 성경에서
수천 번 사용된 욤의 뜻은 한 날의 낮을 가리키는 것으로부터 긴 시대

에 이르기까지 다양하다.[15] 욤에 대한 해석을 두고 지난 몇 세기 동안 학자들 사이에 치열한 논쟁이 계속되었기에 아래에서는 대표적인 몇 가지 욤의 용법을 살펴보려고 한다.[16]

첫째, 태양일 하루로서의 욤이다. 즉 욤의 첫 번째 의미는 태양일, 즉 오늘날의 하루와 같은 24시간 하루의 역일曆日이다. 실제로 구약에서 욤을 명백하게 태양일 하루로 사용한 예는 다른 어떤 용례보다도 많다. 노아 홍수와 관련해 "곧 그 날에 노아와 그의 아들 셈, 함, 야벳과 노아의 아내와 세 며느리가 다 방주로 들어갔고"창 7:13, "일곱째 달 열흘날은 속죄일이니…"레 23:27; 25:9 등이다.

둘째, 욤은 밤에 대한 대칭적 의미로 낮을 나타낼 때도 사용된다. 즉 낮 12시간의 의미로 사용된다. 대표적인 예로는 "하나님이 두 큰 광명체를 만드사 큰 광명체로 낮을 주관하게 하시고 작은 광명체로 밤을 주관하게 하시며 또 별들을 만드시고 … 낮과 밤을 주관하게 하시고 빛과 어둠을 나뉘게 하시니 하나님이 보시기에 좋았더라"창 1:16~18를 들 수 있다. 낮에 대한 의미로 사용된 또 다른 예로는 시편에서 "날은 날에게 말하고 밤은 밤에게 지식을 전하니"시 19:2, 그리고 "낮의 해가 너를 상하게 하지 아니하며 밤의 달도 너를 해치지 아니하리로다"시 121:6. 등 밤과 낮을 구별하여야 할 필요가 있을 때 낮을 욤으로 표기하는 것은 흔히 있는 일이었다.

셋째, 날씨나 기후를 나타내는 형용사가 욤을 수식하는 경우도 있다. 이것은 날의 길이와 관련해서는 태양일의 경우와 크게 다르지 않겠지만, 욤이 사용된 문맥이 날의 길이보다는 날씨에 초점이 맞추어져 있다는 사실이다. 예를 들면 "그들이 그 날 바람이 불 때 동산에 거니시는 여호와 하나님의 소리를 듣고…"창 3:8, 혹은 "곧 어둡고 캄캄한 날이요 짙은 구름이 덮인 날이라…"욜 2:2 등을 들 수 있다.

넷째, 욤은 인간의 수명이나 인생의 한 때를 나타낼 때도 사용된다. 이 경우 욤은 태양일 하루가 아닌 인생의 길이를 나타내며 여러 곳에서 그 예를 찾아볼 수 있다. 예를 들면 "…살아 있는 동안 흙을 먹을지니라"창 3:14, "…내 나그네 길의 세월이 백삼십 년이니이다 내 나이가 얼마 못 되니 우리 조상의 나그네 길의 연조에 미치지 못하나 험악한 세월을 보내었나이다…"창 47:9에서는 "세월"로, "…평생에 지켜 행할 규례와 법도는 이러하니라"신 12:1에서는 "평생"으로 번역했다.

다섯째, 욤은 인생의 어떤 한때를 나타내기도 한다. 예를 들면 "세월이 지난 후에 가인은 땅의 소산으로 제물을 삼아 여호와께 드렸고"창 4:3에서는 욤을 세월로 번역했고, "형통한 날에는 기뻐하고 곤고한 날에는 되돌아 보아라…"전 7:14, "다시는 네 해가 지지 아니하며 네 달이 물러가지 아니할 것은 여호와가 네 영원한 빛이 되고 네 슬픔의 날이 끝날 것임이라"사 60:20, "…우리가 주께로 돌아가겠사오니 우리의 날들을 다시 새롭게 하사 옛적 같게 하옵소서"애 5:21 등에서는 욤이 분명히 인생의 어떤 시기나 때를 의미했다.

여섯째, 욤은 사건이나 재앙의 때를 나타내기도 한다. 예를 들면 "…여호와 하나님이 땅과 하늘을 만드시던 날에"창 2:4, "…그들의 날ᵈ, 그 벌 받는 때가 이르렀음이로다"렘 50:27 등이다. 또한 욤은 계절의 한 때나 기간을 나타내기도 한다. 예를 들면 "밀 거둘 때 르우벤이 나가서 들에서 합환채를 얻어…"창 30:14, "그 날에 일곱 여자가 한 남자를 붙잡고 말하기를 우리가 우리 떡을 먹으며 우리 옷을 입으리니 … 그 날ₐ future era에 여호와의 싹이 아름답고 영화로울 것이요…"사 4:1~2 등이다.

일곱째, 욤은 나라의 한 시대를 역사의 한 시대를 나타내는 데도 사용된다. 예를 들면 "유다 왕 웃시야와 요담과 아하스와 히스기야 시대에…”_{사 1:1}에서는 욤을 나라나 왕조의 한 시대로 사용했다. “당시에 땅에는 네피림이 있었고…”_{창 6:4}에서는 욤을 “당시”라고 번역했다. 또한 “…내가 옛적에_욤 내 종 이스라엘 선지자들을 통하여 말한 사람이 네가 아니냐 그들이 그때에_욤 여러 해 동안 예언하기를 내가 너를 이끌어다가 그들을 치게 하리라”_{겔 38:17}에서는 욤을 “옛적” 혹은 “때”로 번역했다. “… 너는 내 아들이라 오늘_욤 내가 너를 낳았도다”_{시 2:7} 등에서 욤은 부정기적인 영구한 시간을 나타내기도 한다.

여덟째, 욤은 연속적, 혹은 반복적 패턴을 나타낼 때도 사용된다. 예를 들면 “다만 그들이 항상 이 같은 마음을 품어 나를 경외하며…”_{신 5:29}, “그런즉 네 하나님 여호와를 사랑하여 그가 주신 책무와 법도와 규례와 명령을 항상 지키라”_{신 11:1}에서는 “항상”으로 번역되었다. 또한 “…너희가 매일 만드는 벽돌을 조금도 감하지 못하리라…”_{출 5:19}에서는 “매일”로, “이 사람이 매년 자기 성읍에서 나와서 실로에 올라가서 만군의 여호와께 예배하며 제사를 드렸는데…”_{삼상 1:3}에서는 “매년”으로 번역되었다.

아홉째, 때로 욤은 하나님의 날의 길이를 말하기도 한다. 창세기의 기자 모세가 쓴 시편에서는 “주의 목전에는 천 년이 지나간 어제_욤 같으며 밤의 한 순간 같을 뿐임이니이다”_{시 90:4}. 하나님의 시간과 인간의 시간이 근본적으로 다르다는 표현은 신약성경에도 있다. 베드로는 “사랑하는 자들아 주께는 하루μία ἡμέρα가 천 년 같고 천 년이 하루 ἡμέρα μία 같다는 이 한 가지를 잊지 말라”_{벧후 3:8}고 하면서 주의 재림을 조소하는 자들의 잘못을 정정하는 데 이 말을 쓰고 있다.

위 논의를 요약하면 구약성경에서 욤의 의미는 다양하게 사용되었다. 전체적인 사용 횟수를 따진다면 욤은 태양일 하루를 나타내는 경우가 가장 많았지만, 그 외에도 매우 다양한 의미로 사용되었다. 흠정

역KJV에서는 욤을 "시간"으로 65회 번역했고 1,200여 회 "날"로 번역
했다. 또한, 그 복수형인 "야밈"yamim은 거의 700여 회를 "날들"로 번
역했다. 그러므로 적어도 성경에서의 일반적인 용례로 보면 욤은 태
양일 하루로 사용된 경우가 가장 많았지만, 이와 더불어 시대를 비롯
한 다양한 의미로도 사용되었음을 분명히 볼 수 있다.

그런데 욤의 의미로부터 우주나 지구의 연대, 혹은 생물이나 인류
의 연대를 계산할 수 있을까? 이 문제 대해서는 웬함의 단호한 지적
을 기억해야 한다. "하지만 그러한 본문에 호소함으로서 과학적 이론
과 성경적 계시를 관련지으려는 것은 위험천만한perilous 일이다. 도리
어 창세기 1장의 문학적 성격과 연대기적 순서와 과학적 설명이 화자
의 관심인지를 좀 더 자세히 조사하는 것이 필요하다."17)

VII. 권면

본문을 생각하면서 두 가지 권면을 나누고자 한다.

첫째, 빛 되신 하나님 안에서 살아가자. 본문은 혼돈과 공허와 흑암
으로부터 하나님이 빛을 만드셨다고 말한다. 빛이란 하나님의 본래적
속성이다. 빛은 진리와 생명을 상징하며, 질서의 기초가 된다. 이 빛은
물리적인 빛이면서 동시에 우리의 삶이나 가정, 교회, 사업을 비추는
빛이기도 하다. 예수는 자신을 가리켜 "나는 세상의 빛이니…."요 8:12
라고 말씀하셨다. "빛이 있으라"는 말은 "잘 되라"는 말과 같다. 햇빛
이 비친다는 말은 질서가 세워지는 것을 의미한다. 바울 역시 하나님
을 질서의 하나님이라고 말한다. "하나님은 어지러움의 하나님이 아
니요 질서의 하나님이시다"고전 14:33.

질서는 자기 자리에서 자기 역할을 감당하는 것이다. 물고기는 물

에 있고, 나무는 육지에 있고, 태양과 달은 각기 자기 궤도를 돌고 있다. 천지 만물 중에서 자기의 위치를 떠난 피조물은 인간과 루시퍼뿐이었다. 이들은 자기 위치를 이탈해 하나님의 심판을 자초했다. 아담과 하와가 에덴동산에서 자기 자리를 지켰더라면 오늘 우리 인간의 불행도 없었을 것이다. 기차가 궤도를 이탈하면 대형 참사가 생기는 것처럼, 인간이 하나님이 정해주신 법도의 궤도를 이탈하게 되면 큰 불행을 겪게 된다. 축구에서 골키퍼가 자기 자리를 지킬 때 이길 수 있는 것처럼, 우리는 하나님의 형상을 닮은 피조물로서 그분의 명령에 순종하고, 그분이 정해준 위치에 머물 때 행복하게 살 수 있다.

둘째, 빛의 물리적 원리로부터 겸손에 대한 원리를 찾아보자. 빛은 높은 에너지 준위에 있는 원자나 분자가 더 낮은 에너지 준위로 떨어질 때 그 차이에 해당하는 에너지가 방출되는 현상이다. 아주 높은 에너지에 있다가 떨어지게 되면, 다시 말해 에너지 준위들 간의 간격이 클수록 광자의 에너지가 큰 X-레이와 같은 빛이 나온다. 반면 떨어지는 에너지 준위의 간격이 작으면 에너지가 작은 적외선이 방출된다.

마찬가지로 높은 자리에 있는 사람이 겸손한 자리에 내려올 때 사람들을 감동하게 하는 빛이 나온다. 전 우주 역사에서 가장 높은 곳에 계시다가 가장 낮은 곳으로 내려오신 분은 바로 예수 그리스도이시다. 이를 흔히 예수의 성육신이라고 부르는데 이는 어떤 인간의 겸손보다도 더 큰 겸손이었다. 그분은 삼위의 한 분이었지만 "… 하나님과 동등 됨을 취할 것으로 여기지 아니하시고 오히려 자기를 비워 종의 형체를 가지사 사람들과 같이 되셨고 사람의 모양으로 나타나사 자기를 낮추시고 죽기까지 복종하"셨다빌 2:6~8. 예수께서 낮아지심으로 인한 거룩한 빛이 온 세상 사람을 비춘 것처럼 우리도 겸손함으로 생명의 빛을 이웃에게, 세상에 비추자.

질서의 창조와 생명의 준비

"하나님이 이르시되 물 가운데에 궁창이 있어 물과 물로 나뉘라 하시고 하나님이 궁창을 만드사 궁창 아래의 물과 궁창 위의 물로 나뉘게 하시니 그대로 되니라. 하나님이 궁창을 하늘이라 부르시니라 저녁이 되고 아침이 되니 이는 둘째 날이니라. 하나님이 이르시되 천하의 물이 한 곳으로 모이고 뭍이 드러나라 하시니 그대로 되니라. 하나님이 뭍을 땅이라 부르시고 모인 물을 바다라 부르시니 하나님이 보시기에 좋았더라."
– 창세기 1장 6~10절

지금까지 천지 창조로부터 빛의 창조까지를 살펴보았다. 창세기 1장의 첫 부분을 읽으면서 하나님이 어떤 의중을 갖고 창조 사역을 진행하고 계시는지를 파악하는 것이 중요하다. 이것은 바로 하나님이 생명의 창조를 위해 "준비하고 계신다"는 것이다. 혼돈하고 공허한 지구가 창조하신 생명체가 서식하기에 적절한 환경이 되도록 하려고 하나님은 하나씩 질서를 창조해 가신다. 질서 없이는 생명체가 존재할 수 없기 때문이다. 이를 위해 본문을 살펴보기 전에 창세기 1장 1절에서 5절까지의 말씀을 간단히 복습해 보자.

I. 창조와 질서

창세기 1장 1절은 "태초에 하나님이 천지를 창조하시니라"고 말한다. 하나님이 절대 무의 상태로부터 시간과 공간과 물질을 창조하셨다. 하지만 1장 2절의 말씀처럼 처음 창조된 세상은 혼돈과 공허 그 자체였다. 아직 아무런 질서도 나타나지 않은 완전한 카오스의 상태였다. 이것은 마치 큰 건물을 짓기 위해 큰 트럭으로 벽돌과 자갈, 모래 등 온갖 건축 자재들을 산더미처럼 쏟아부어 놓은 것과 같았다.[1]

그러면 태초에 생명이 서식할 수 있는 지구를 만들기 위해 하나님은 어떤 "건축 재료"를 준비하셨을까? 현대 지질학을 기초로 가상적 시나리오를 구성해 보면 다음과 같다. 태초의 지구 표면에는 무수히 많은 크고 작은 운석과 소행성이 충돌했다. 이 때 충돌에너지가 열에너지로 바뀌면서, 그리고 방사능 원소의 붕괴로부터 생기는 열로 인해 지구는 1,500㎞ 깊이의 마그마가 들끓는, 끝없는 혼돈과 공허 가운데 있었다. 지구는 마그마 바다_{magma ocean}로 덮여 있었다. 현대 지질학은 지구의 모든 암석이 마그마로부터 시작되었음을 보여주고 있다.[2]

이제 세월이 지나면서 뜨거웠던 마그마 지구가 냉각되기 시작했다. 대기 중에 포함된 수증기들이 비가 되어 쏟아지기 시작했고, 이로 인해 지표면은 깊은 물로 덮이게 되었다. 여기서 물은 오늘 우리가 보는 물이라기보다 물을 비롯하여 지구를 구성하는 모든 물질을 포함하는 액체 상태의 물질이라고 볼 수 있다. 이제 마그마 바다가 물의 바다로 바뀌면서 수면 위에는 흑암이 짙게 드리워져 있었다. 이 수면 위에 마치 새가 알을 품듯, 벌들이 윙윙거리면서 분주하게 날아다니는 것처럼 성령께서 성부 하나님의 창조명령을 준비하고 계셨다.[3]

이제 깊은 물에 잠겨있던 지구로부터 하나님은 질서를 만들기 시작하셨다. 질서를 만드는 것은 정보가 증가하는 것이며, 좀 어려운 말로 표현하면 엔트로피가 감소하는 과정이었다. 하나님은 혼돈과 공허, 즉 카오스_{χάος}로부터 질서, 즉 코스모스_{κόσμος}를 만들어 가시는 첫날 사역으로 빛을 창조하셨다. 빛이 없이는 카오스로부터 코스모스를 만들 수 없기 때문이었다. 아무리 아름다운 경치도 이를 볼 수 있는 빛이 없으면 아무런 소용이 없다.

또한, 빛이 없으면 어떤 생명체도 존재할 수 없다. 빛은 모든 질서의 기초임과 동시에 생명 창조의 출발이다. 지구의 모든 생물은 삶을 유지하기 위해 에너지가 필요하다. 박테리아의 번식을 비롯해 콩이 싹을 틔우고, 나무가 자라며, 우리가 태어나 숨을 거두는 순간까지의 모든 삶의 과정은 에너지에 직접 의존해 일어난다. 이 에너지의 가장 중요한 형태가 바로 빛 에너지다. 지구의 모든 식물은 빛을 이용해 화합물 형태로 에너지를 저장하는 화학 작용을 일으키는데 이를 광합성 光合成이라고 한다. 광합성은 생물계에서 볼 수 있는 가장 중요한 화학 작용이다.

또한, 빛을 창조하신 하나님은 빛을 어두움으로부터 분리해 질서를 세우셨다. 그리고 빛을 낮이라 부르시고, 어둠을 밤이라고 부르셨다. 빛이 있더라도 밤낮이 번갈아 반복되지 않으면 안 된다. 식물들은 낮에는 태양광을 받아서 광합성을 하고, 밤에는 쉰다. 마찬가지로 동물들도 낮에 활동하는 동물은 밤에 쉬고, 밤에 활동하는 동물은 낮에 쉰다. 동물이나 식물은 낮이나 밤 중 한 번은 쉬어야 한다.

II. 궁창 위의 물과 궁창 아래의 물로 나눔 | 창 1:6~8

창조 첫째 날 시간과 공간과 물질을 창조하시고, 빛과 어두움을 나누어 밤낮을 만드신 하나님은 질서를 창조하는 둘째 날 사역을 시작하신다. 궁창 위의 물과 궁창 아래의 물을 나누시는 것이었다. 흥미로운 것은 6절에는 물이라는 단어가 세 번 등장하는데 물 가운데에 궁창이 있어 물과 물로 나뉘라 이 중 첫 번 째 물 המים 이라는 단어 앞에는 정관사가 있다. 그러므로 "그 물" המים 이라고 할 수 있으며, 이는 2절에서 나온 물, 즉 수면에 나오는 물을 의미한다.

이제 하나님은 이 물을 두 개로 나누었는데 바로 궁창 아래의 물과 궁창 위의 물이다. 궁창 아래의 물은 지표면에 있는 바다나 호수, 강의 물이라고 하면 되겠는데 궁창 위의 물이 무엇인지에 대해서는 다양한 이론이 있다. 웬함은 이를 단순히 "하늘에 있는 물"water in the sky, 즉 구름이라고 해석하면서 특별한 의미를 부여하지 않는다.[4] 그리고 궁창은 지표면과 구름 사이의 공간 혹은 "지면 위를 덮고 있는 유리돔"glass dome ove the earth이라고 본다.[5]

하지만 일부에서는 이에 대해 다양한 의미를 부여한다. 미국 창조과학자 험프리스David Russell Humphreys, 1942~는 창세기 1장 16~17절을 근거로 궁창을 일월성신을 포함하는 우주 공간이라고 해석한다. "하나님이 두 큰 광명체를 만드사 큰 광명체로 낮을 주관하게 하시고 작은 광명체로 밤을 주관하게 하시며 또 별들을 만드시고 하나님이 그것들을 하늘의 궁창에 두어 땅을 비추게 하시며"창 1:16~17. 그리고 시편 148편 4절에서 "하늘 위에 있는 물들"이란 말을 근거로 우주 바깥에 물이 있다는 희한한 주장을 하기도 한다. "하늘의 하늘도 그를 찬양하며 하늘 위에 있는 물들도 그를 찬양할지어다"시 148:4.[6]

이처럼 다양한 이론이 있다는 것은 궁창 위의 물이 무엇인지 확실하지 않다는 의미다. 하지만 현대 과학적인 차원이 아니라 고대인들의 시각에서 우주의 구조를 생각한다면 좀 더 이해하기가 수월해진다. 우선, 고대인들은 하늘이 파랗기에 하늘에 물이 있다고 믿었다. 물 순환hydraulic cycle 을 몰랐던 고대인들은 하늘에서 비는 계속 오는데 올라가는 물이 있음을 볼 수 없었기에 하늘에 거대한 물 창고가 있고 이들이 파랗게 보인다고 믿었다. 그래서 그들은 소위 "물보이론"을 주장했다. 하늘에 큰 물보가 있어서 파랗게 보인다는 것이다.

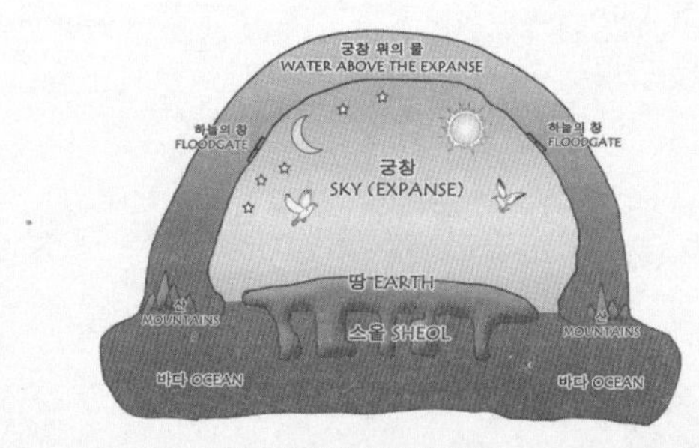

[그림 1] 물순환을 몰랐던 고대 히브리인들의 우주관과 현대의 물순환 모식도[7]

    이러한 우주관은 고대 근동의 일반적인 견해였다. 대표적으로 바벨론 사람들이나 이집트 사람들도 비슷한 우주관을 갖고 있었다. 위튼 대학 구약학 교수인 왈튼 John Walton 에 의하면 이집트 사람들의 무덤 벽화에서는 궁창 위의 바다를 항해하는 신들의 모습을 볼 수 있다.[8]

    노아 홍수가 났을 때 하늘의 창이 열렸다는 말이 있는 것을 보면 고대 이스라엘 사람들도 마치 하늘에 물을 저장하는 창고가 있다고 생각한 듯하다. 실제로 욥기서는 우박을 보관하는 창고를 언급하고 있다. "네가 눈 곳간에 들어갔었느냐 우박 창고를 보았느냐"욥 38:22. 하지만 현대 과학의 입장에서 보면 만일 하늘에 물보가 있었다면 이는 중력에 의해 떨어졌거나 태양열에 의해 다 증발했을 것이다. 그러므

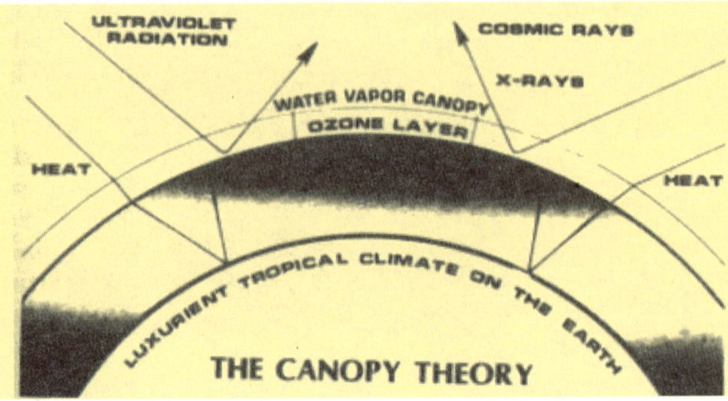

[그림 2] 창조과학자들이 말하는 수증기층 덮개 이론9)

로 현재로써는 궁창 위의 물이란 단순히 물순환을 의미한다고 보는 것이 무난한 것으로 보인다.

그런데 지금도 이 우스꽝스러운 고대인들의 주장을 제기하는 사람들이 있다. 소위 창조과학자들의 "수증기층 덮개 이론"water vapor canopy theory이다. 이 이론에 의하면 노아 홍수 이전에는 대기권 상층에 포화 수증기압 상태로 존재하는 두꺼운 수증기층이 있어서 지구를 마치 온실처럼 따뜻하게 유지했다는 것이다. 창조과학에서는 이 포화 수증기층은 노아 홍수를 일으켰을 뿐 아니라 나아가 인간의 노화를 촉진하는 모든 해로운 광선들을 차단해 노아 홍수 이전 사람들이 900세까지 살 수 있었다는 훨씬 더 솔깃한 설명까지 덧붙이고 있다. 수증기층 덮개 이론은 지난 30년간 한국교회가 아무런 비판 없이 아멘으로 받아들였다!

그런데 흥미롭게도 근래 호주의 창조과학 단체인 AiG Answers in Genesis는 노아 홍수를 일으킨 물이 "궁창위의 물", 즉 대기권 상층에 있는 포화수증기층이라는 "수증기층 덮개 이론"을 창조과학자들이 주장하지 말아야 할 대표적인 주장의 하나로 제시하고 있다.10) 이유는 간단하다. 대기권 상층의 수증기층이 노아 홍수를 일으켰을 만큼 두꺼웠다고 한다면 사람들이 노아 홍수로 멸망하기 전에 지나친 온실효과로 삶겨 죽는다는 사실이 밝혀졌기 때문이었다! "수증기층 덮개 이론"이 터무니없음이 밝혀지자 일부 창조과학자들은 그 수증기층이 지구 대기권 상층이 아니라 은하계 바깥에 있는 물층이라는 황당무계한 주장을 하기도 한다.[11]

여기서 우리는 도대체 성경으로부터 이런 과학의 주장을 직접 끄집어낼 수 있는가, 다시 말해 성경을 과학 교과서로 취급하는 것이 바른가에 대한 질문을 다시 한 번 심각하게 던져야 한다. 결론을 말한다면 성경은 정확무오한 하나님의 말씀이지만, 과학 교과서로 보아서는 안 된다. 성경은 과학 지식을 위한 책이 아니라 하나님의 구원 계획을 담고 있는 책이며 성경 기자들은 이 점을 거듭거듭 확인하고 있다.

사도 요한은 요한복음을 기록한 목적을 이렇게 말한다. "오직 이것을 기록함은 너희로 예수께서 하나님의 아들 그리스도이심을 믿게 하려 함이요 또 너희로 믿고 그 이름을 힘입어 생명을 얻게 하려 함이니라"요 20:31. 바울은 디모데에게 보낸 편지에서 성경의 기능을 이렇게 말한다. "모든 성경은 하나님의 감동으로 된 것으로 교훈과 책망과 바르게 함과 의로 교육하기에 유익하니 이는 하나님의 사람으로 온전하게 하며 모든 선한 일을 행할 능력을 갖추게 하려 함이라"딤후 3:16~17. 성경은 단순히 지식을 위한 책이 아니다. 하나님의 사람을 훈련하기 위한 교재로 주신 것이다.

이 구절들은 하나님께서 요한이나 바울, 디모데만을 위해 주신 말씀이 아니다. 이것은 모든 성경의 목적과 기능을 말하고 있다. 소설은 소설의 저작 목적이 있고, 시에는 시인이 전달하려는 내용이 있는 것이다. 소월의 시 "진달래꽃"을 두고 원예학적으로 오류가 있다고 주장할 수 없는 것처럼, 워즈워스의 시 "초원의 빛"으로부터 광학의 원리를 찾을 수 없는 것처럼 구원의 도리와 성도의 삶을 가르치는 책을 두고 과학적으로 오류가 있네, 없네 하는 논의 그 자체가 잘못된 것이다. 도리어 성경을 두고 과학적 정확성을 주장한다는 것은 성경을 다른 과학서적과 대등한 지위에 두거나 과학으로 성경을 판단하는 것으로서 성경의 권위를 훼손하는 것이다! 이는 과학의 잣대가 진리를 판단하는 최고의 권위를 가진 것처럼 생각하는 과학주의 오류를 범하는 것이다.

이제 하나님은 궁창과 궁창 위의 물, 궁창 아래의 물을 만드셨다. 첫째 날을 마무리하신 것처럼 "저녁이 되고 아침이 되니 이는 둘째 날이니라"고 말씀하시면서 둘째 날 사역을 마무리하셨다. 첫째 날 빛을 낮이라 부르시고 어두움을 밤이라 부르신 것처럼 하나님은 궁창을 하늘이라고 부르심으로 빛과 어두움은 물론 궁창에 대한 하나님의 주재권을 확인하셨다. 흥미롭게도 하나님은 둘째 날 사역을 마치신 후에는 "보시기에 좋았더라"는 말을 생략하고 있다. 왜 그랬을까? 성경의 기자는 아무런 의도도 없이 그냥 우연히 빠뜨린 것을 우리가 너무 심각하게 생각하는 것은 아닐까? 하지만 성경은 단 한 자도 아무런 의도 없이 쓴 것이 없으므로 여기에도 뭔가 하나님의 뜻이 있지 않을까 생각된다.

필자의 추측으로는 둘째 날 사역이 하나님이 보시기에 좋지 않아서가 아니라 셋째 날 사역과 연결되기 때문이 아닐까 생각한다. 둘째 날 창조하신 궁창과 이어 아래에서 살펴보는 셋째 날 창조하신 바다와 육지는 모든 생물의 서식처라는 공통점이 있다. 궁창은 새들이 나는 공간이요, 바다는 바다 생물들이, 육지는 육지 생물들이 서식하는 곳이었다. 생물들의 서식지를 창조하신 셋째 날을 마치시면서 하나님은 이들을 합쳐서 보시기에 좋았다고 말씀하시지 않았을까? 이제 창조 셋째 날 사역을 살펴보자.

III. 물과 육지를 나눔 | 창 1:9~10

궁창 위의 물과 아래의 물로 나누신 하나님은 창조주간 셋째 날을 맞아 물과 뭍을 나누신다. 그리고 뭍을 육지라 부르시고, 물을 바다라 부르셨다. 바다라는 말은 히브리어로 "얌밈"יַמִּים인데 이는 바다, 강, 호수를 통칭하는 "얌"יָם의 복수형이다. 그러므로 바다를 이루라는 말은 강, 호수, 바다 등 전체를 이루라는 말이다.

하나님은 이 바다를 이루는 물이 한 곳으로 "모이라"고 명령하셨다. 여기서 "모이라"는 말은 히브리어로 "카와"קָוָה라는 말인데 이는 "한 곳에 묶여있으라"는 말이다. 바닷물이 바다를 나와서 제 마음대로 돌아다니면 큰일이다. 그래서 하나님은 이 물이 한곳에 모여 있으라고 명령하셨다. 이를 두고 욥기 기자는 이렇게 말한다. "바다가 그 모태에서 터져 나올 때에 문으로 그것을 가둔 자가 누구냐. 그때에 내가 구름으로 그 옷을 만들고 흑암으로 그 강보를 만들고 한계를 정하여 문빗장을 지르고 이르기를 네가 여기까지 오고 더 넘어가지 못하리니 네 높은 파도가 여기서 그칠지니라 하였노라"욥 38:8~11

바다와 육지를 만드신 과정을 다시 한 번 현대 지질학의 용어로 살펴보자. 궁창 위의 물과 궁창 아래의 물로 나누신 후 하나님은 본격적으로 생명체가 살 수 있는 서식지를 준비하신다. 마그마로 펄펄 끓던 지구는 식어가면서 지각이 형성되기 시작했고, 시간이 지나면서 그 지각은 점점 두꺼워지기 시작했다. 두꺼워진 지각 아래에는 여전히 뜨거운 마그마가 순환하고 있었기 때문에 지각은 여러 거대한 판들plates로 갈라졌고, 나누어진 판들은 서로 부딪치기도 하고 멀어지기도 했다. 부딪치는 곳에서는 거대한 산맥이 형성되기 시작했고, 나누어지는 곳에서는 깊은 바다가 만들어졌다. 오늘날 지질학에서 말하는 대륙이동설 Continental Drift Theory과 판구조론 Plate Tectonics의 원리가 이때 나타나기 시작한 것이다.

성경은 이런 과정을 전혀 지질학적이지 않은 용어로 이렇게 기록한다. "하나님이 이르시되 천하의 물이 한 곳으로 모이고 뭍이 드러나라 하시니 그대로 되니라"9절. 이 과정을 좀 더 전문적인 용어로 표현하면 하나님은 조산운동造山運動과 조륙운동造陸運動이 시작되라고 명령하셨다. 지각이 두꺼워지면서 지각의 판들이 형성되고, 지각의 판들이 움직이는 조산운동과 조륙운동을 통해 물은 더 깊어지고 뭍이 드러났다. 하나님은 뭍을 땅이라 부르시고, 물을 바다라 부르셨다.

하나님의 주재권은 "하나님이 이르시되 … 그대로 되니라"는 말씀에서 드러남과 동시에 땅과 바다의 이름을 지으시는 것에서도 드러난다. "하나님이 뭍을 땅이라 부르시고 모인 물을 바다라 부르시니…"10절. 하나님이 명명하신 것이다. 이름을 붙인다는 것은 그 대상을 만드셨음을 의미한다.

우리가 자녀를 낳게 되면 아무리 가난하고 아는 것이 많지 않은 부모라도 부모이기에 아이의 이름을 지을 수가 있다. 때때로 할아버지나 이웃 사람이 이름을 짓기도 하지만 그것은 어디까지 부모가 위탁할 때만 가능하다. 특히 히브리인에게 이름을 짓는다는 것은 그 대상에 대한 주재권을 가짐을 의미한다. 이는 사람과 같이 인격을 가진 존재만이 아니라 모든 만물이 자신을 만든 창조주에게 순종해야 함을 의미한다.

빛과 어둠을 나누신 하나님께서 물과 육지를 나누신 것은 지구에 생명을 창조하기 위한 마지막 준비였다. 육지가 없으면 생태계 피라미드의 기초를 이루고 있는 식물이 자랄 수 없고, 이는 식물을 먹고 사는 어떤 동물도 존재할 수 없음을 의미한다.

창조주간 하루하루 사역의 특성을 생각한다면 구태여 24시간이라는 시간적 제한을 둘 필요가 없다. 지금도 지각의 판들이 천천히 움직이면서 산과 바다가 만들어지고 있는 것을 고려한다면 하나님이 환한 낮에만 창조하시기 위해 서두르실 필요도 전혀 없었다.

격변적 판구조론

일부 창조과학자들은 젊은 지구론을 주장하기 위해 지각의 판들이 급격히 움직였다는 주장을 하기도 한다. 한 예로 창조과학자들은 6천 년 지구 연대에 맞추기 위해 소위 격변적 판구조론 Catastrophic Plate Tectonics 이라는 것을 주장하고 있다. 그들은 지구의 판들이 급격히 이동했다는 격변적 판구조론이 전통적인 판구조론보다 지질학적 데이터를 오히려 더 잘 설명할 수 있다고 주장한다. 이들의 주장을 요약하면 다음과 같다.[12]

판구조론은 일어났지만, 급격히 일어났다. 해양판은 부서져서 느슨하게 되었고 대륙판 경계를 따라 섭입攝入, subduct되었다. 이 때문에 맨틀의 점성은 낮아졌고, 이 때문에 초속 수 미터로 움직이는 섭입이 일어났다. 지자기는 급속히 여러 차례 역전되었다. 수증기에 인해 전 지구적으로 비가 왔다. 홍수 현무암이 분출했다. 새로 만들어진 해저의 가벼운 맨틀 물질은 그들현무암을 융기시켜서 대양이 육지를 침범하게 했다. 이 홍수는 퇴적물들을 이동, 재배치했다. 이러한 과정은 오래된 해저가 대부분 섭입될 때 비로소 느려졌다. 이어 바다 분지들이 냉각되면서 그들은 오늘날과 같이 가라앉게 되었다.

하지만 주류 지질학계에서는 이는 젊은 지구론에 끼워 맞추기 위해 만들어진 이론일 뿐이라고 일소에 붙이고 있다. 그 이유로는 다음 몇 가지로 요약될 수 있다. 첫째, 격변적 판구조론과는 달리 하와이 열도는 지하 열점hot spot에서 분출되는 마그마에 인해 천천히 형성되고 있으며, 방사능 연대측정과 침식에 인한 연대 측정은 일관되게 하와이가 매우 오래된 열도임을 보여주고 있다. 둘째, 격변적 판구조론 주장자들은 모든 해저판이 같은 젊은 연대를 보여줄 것을 기대하지만 실제로 측정한 방사능 연대에 의하면 해저판들은 젊은 연대로부터 수천만 년에 이르기까지 다양한 연대를 보여주고 있다. 셋째, 해저 현무암의 냉각속도가 격변적 판구조론의 예측과는 다르다. 해저 현무암은 냉각되면서 점차 밀도가 높아지기 때문에 가라앉고, 해저 고도는 점차 높아진다. 그런데 현재 해저 현무암의 고도는 점진적인 해저 확장을 가정했을 때의 연대와 일치한다. 넷째, 격변적 판구조론자들은 해양판의 급격한 섭입을 주장하지만, 이는 인도판과 유라시아판과 같은 대륙의 충돌은 설명할 수 없다.[13] 그래서 비판자들은 "격변적 판구조론은 창조과학자의 쓰레기의 한 조각이다"Catastrophic plate tectonics is a bit of creationist junk… 혹은 "이 주장은 아무런 가치가 없다"This claim is utterly worthless고 비판한다.[14]

물론 과거에 일어난 많은 전 지구적 격변을 생각한다면 격변을 전후해서는 일시적으로 지금보다 지각의 판들이 빨리 움직였을 가능성이 있다. 그러나 아무리 빨리 움직인다고 해도 이 모든 과정이 수일, 혹은 몇 개월 동안 일어났다는 것은 하나님이 제정하신 자연의 법칙만으로는 설명할 수 없다. 하지만 중요한 것은 자연의 법칙으로 설명할 수 있는지가 아니라 지구를 만드신 분이 하나님이라는 것이다. 그리고 하나님이 만드신 세계는 보시기에 좋은 세계였다는 점이다.

첫날 창조사역 후에 말씀하신 것처럼 하나님은 셋째 날 땅과 바다를 만드신 후에도 "… 보시기에 좋았더라."고 말씀하셨다. 앞에서 언급한 것처럼 이것은 둘째 날 창조하신 궁창을 포함해 생물들의 서식지를 모두 보시기에 좋았더라고 하신 것으로 생각한다. 이것은 하나님의 의도대로 모든 창조가 완전하게 잘 이루어졌음을 의미한다.

IV. 성경과 과학

본문은 현대 과학, 18세기 후반 현대 지질학이 출현한 이후 끊임없이 과학적 해석이 시도되던 구절이다. 때로 성경과 과학은 충돌하는 것 같았고, 때로 조화를 이루는 듯했다. 과연 성경은 과학과 조화하는가? 아니 성경으로부터 과학적 사실을 끄집어내는 것이 마땅한가? 성경은 과학적으로 오류가 없는가?

성경은 원래 목적하는바 신앙적인 면에서는 오류가 없다. 성경은 우리의 신앙과 구원을 위해 기록되었으며, 하나님이 어떤 분인지를 말하고 있다. 하지만 성경의 문장이나 표현으로부터 구체적인 과학적 결론을 유추하려는 시도는 극히 조심해야 한다. 그 이유는 성경의 목적이 과학적인 내용을 전달하기 위함이 아니기 때문이다. 성경은 하나님의 구원계획을 드러내기 위해 주어진 것이다. 그리고 그런 구원계획을 드러내는 데 필요하다고 생각될 때 과학적인 듯이 보이는 표현이나 언급들이 동원되지만 어디까지나 그것은 부차적이다.

어떤 사람들은 성경의 과학적 정확성을 성경의 신적 권위나 영감성의 근거로 말하지만, 그것은 위험천만한 일이다. 하나님은 성경이 기록되던 당시 사람들의 물리학, 천문학, 생리학, 지리학 등의 상식을 무시하지 않으셨다. 그들의 과학이 옳다고 확정하지도 않으셨지만, 그것이 틀렸다고 지적하지도 않으셨다. 다만 그들의 과학을 자신의 메시지를 전달하는 방법과 통로로 사용하셨다.

물론 때로 성경이 현대 과학으로 봐도 놀랍게 생각되는 탁월한 언급을 할 때가 있다.[15] 하지만 과학적 정확성을 성경의 영감성이나 성경의 권위의 근거로 삼게 되면 다른 문제들이 생기게 된다. 그러한 시도 자체가 성경이 과학의 신뢰도 보다 못하다는 것을 인정하는 꼴이 된다. 또한, 시대에 따라 변하는 과학의 이론으로 성경을 해석했다가 후에 다른 이론이 나온다면 어떻게 할 것인가? 현대적 관점에서 성경을 과학 교과서라고 한다면 오늘날의 과학과 맞지 않는 듯이 보이는 성경의 언급은 어떻게 할 것인가? 모세는 당시 사람들이 이해하고 있었던 대로 지구가 아니라 태양이 움직이는 것으로 말했다. 성경은 60여 회 이상 태양이 움직이는 듯이 표현하고 있다. 성경 기자는 당시 사람들이 이해할 수 있는 언어로 성경을 기록했으며, 따라서 3,500여 년 전에 창세기를 기록했던 모세는 지동설을 운운할 필요가 없었다. 지동설을 알지도 못했겠지만…

성경은 때때로 과학적인 듯이 보이는 언급을 하지만, 현대적 의미에서 어떤 구체적인 과학적 이론이나 모델을 말해주지는 않는다. 설사 그렇게 보이는 경우가 있더라도 우리는 "혹 이 표현이 현대 과학적으로 이러이러한 의미가 아니었을까?"라고 조심스럽게, 잠정적인 태도를 가지고 상상해 볼 수는 있다. 하지만 성경의 기록을 액면 그대로 현대 과학에 끼워 맞추려고 시도하면 심각한 문제가 생길 수 있다.

성경의 기록을 현대 과학에 끼어 맞추려고 할 때 어떤 문제가 발생하는지를 보여주는 대표적인 사람은 미국 창조과학자 험프리스[D.R.]

Humphreys이다. 그는 성경이 현대적인 우주론을 제시한다고 말한다. "주께서 옷을 입음 같이 빛을 입으시며 하늘을 휘장 같이 치시니"시 104:2, "그가 하늘을 차일 같이 펴셨으며 거주할 천막 같이 치셨고"사 40:22, "그가 별들의 수효를 세시고 그것들을 다 이름대로 부르시는도다"시 147:4. 그는 이 표현들을 기초로 온갖 기발한 천문학적 "소설"을 썼다. 과연 이러한 표현들이 천문학적인, 우주론적인 어떤 이론을 제시하는 것일까?

물론 이러한 표현들로부터 말 그대로 우주론의 영감을 받을 수는 있다. 하지만 이 표현들이 우주론의 내용을 구체적으로 제시하는 것은 아니다. 이것은 마치 우리가 설교나 찬송 혹은 기도 중에 어떤 과학적 영감을 받는 것과 별로 다르지 않다. 성경으로부터 과학적 영감을 얻는 것은 귀한 일이고 하나님의 은혜라고 할 수 있다. 하지만 성경의 특정한 구절을 기초로 과학 이론을 만들어 내려고 하는 순간 성경을 왜곡하고, 성경의 원래 목적을 벗어날 가능성이 아주 높아진다.

17세기, 아일랜드 교회 대주교Archbishop of Armagh 였던 어셔James Ussher, 1581~1656는 성경에 나타난 계보를 근거로 하나님께서 주전 4004년 9월 17일 금요일 오전 9시에 아담을 창조하셨다고 주장했다. 같은 시대에 살면서 케임브리지대학 부총장을 역임했던 라잇풋John Lightfoot, 1602~1675 역시 비슷한 방법으로 계산해서 하나님의 창조가 주전 3929년 추분autumnal equinox 근처 어느 저녁 시간에 시작되었다고 주장했다. 과연 이들이 성경을 그런 목적으로 사용하는 것이 바른가? 우리는 저들의 잘못된 성경 사용으로 성경이 웃음거리가 되고, 교회가 세상으로부터 비난을 받으며, 그리스도인들이 지적으로 황폐해졌는지를 돌아봐야 한다.

창세기 1장을 읽으면서 지구의 나이가 6천 년인가, 46억 년인가를 두고 논쟁하는 것은 바람직하지 못하다. 그런 것들은 과학자들의 연구 과제로 남겨두어야 한다. 성경에서 태양이 없거나 보이지 않는 상태에서 낮과 밤을 만드셨다는 말은 창조주간의 첫 사흘은 태양과 무관한 날들일 수 있음을 의미한다. 하지만 우리는 하루의 길이가 얼마였는가를 두고 논쟁하기보다 성경을 읽으면서 천지를 만드시고 주관하시는 하나님을 알고, 그분께 순종하면서 우리의 인생과 삶을 바꾸는 게 더 중요하다. 하나님에게는 하루가 천 년 같고, 천 년이 하루 같다. 하나님은 시간 밖에, 시간을 초월하여 계시는 분이다.

또한, 성경을 과학 교과서라고 주장하는 것은 어떤가? 과연 그것이 성경의 권위를 세우는 일일까? 전혀 그렇지 않다. 성경은 곳곳에서 자연에 관한, 혹은 과학적인 듯한 언급들을 하고 있지만, 과학적 사실을 직접 기록하고 있는 과학 교과서가 아니라 인간의 구원에 대한 가이드라고 할 수 있다. 그러면 이것이 성경에 과학적 오류가 있음을 의미하는 것일까?

성경에는 다양한 장르의 글들이 있지만, 이 글들의 일관된 목표는 학문적 지식의 전달이 아니다. 사도 요한은 요한복음의 저술목적을 "오직 이것을 기록함은 너희로 예수께서 하나님의 아들 그리스도이심을 믿게 하려 함이요 또 너희로 믿고 그 이름을 힘입어 생명을 얻게 하려 함이니라"라고 했다요 20:31. 사실 이것은 요한복음의 저술목적이면서 동시에 성경 전체의 저술목적이라고도 할 수 있다.

바울은 디모데에게 보낸 편지에서 성경을 주신 목적을 이렇게 말했다. "또 어려서부터 성경을 알았나니 성경은 능히 너로 하여금 그리스도 예수 안에 있는 믿음으로 말미암아 구원에 이르는 지혜가 있게 하느니라. 모든 성경은 하나님의 감동으로 된 것으로 교훈과 책망과 바르게 함과 의로 교육하기에 유익하니 이는 하나님의 사람으로 온전하게 하며 모든 선한 일을 행할 능력을 갖추게 하려 함이라"딤후 3:15~17.
성경을 주신 일차적인 목적은 과학적으로 유식하게 하기 위해서가 아
니라 우리의 상한 마음을 고치시기 위함이라고 말한다. 우리의 삶을
하나님의 뜻에 합당하게 인도하려는 성경의 목적은 고대나 현대나 다
르지 않다.

성경에는 현대 과학과 비교할 때 맞지 않는 듯이 보이는 부분도 있
다. 하나님은 완전하신 분이지만 부족한 인간에게 맞추시기 위해 우
리의 수준으로 성경의 표현을 낮출 수밖에 없다. 마치 교수가 유치원
아이들에게 설교하려면 그 아이들의 수준과 경험에 맞춘 말을 해야
하듯 하나님은 우리의 눈높이에 맞도록 적응Accommodation하신 것이다.
하나님께서 인간의 부족함에 눈높이를 맞추신 것은 성육신의 정신이
다. 예수께서 인간의 몸으로 세상에 오신 것을 하나님의 성육신의 절
정이라고 한다면 성경을 인간이 이해할 수 있는 언어로 기록하신 것
도 무한하신 하나님이 자기 낮추심, 즉 성육신의 마음을 드러내는 것
이다!16)

V. 결론과 권면

창조 이틀째를 맞아 하나님은 온 지면을 덮고 있는 물을 궁창 위의
물과 궁창 아래의 물로 나누었고 궁창을 하늘이라고 부르셨다. 또한,
하나님은 뭍과 물을 나누시고 뭍을 육지라고 부르시고, 모인 물을 바
다라고 부르셨다. 이러한 하나님의 창조사역은 오늘 우리에게 중요한
몇 가지 메시지를 던지고 있다.

첫째, 육지와 바다의 주인이 하나님이심을 선포한다. 본문은 이스
라엘의 하나님은 유일하신 참 하나님, 말씀으로 천지를 창조하신 하

나님임을 선포한다. 하나님은 만물을 주관하시는 분, 바람과 바다를 다스리시는 분이다. 바다의 경계를 정하셔서 마음대로 넘쳐나지 못하게 주관하시는 분이 하나님이시다. "주께서 물의 경계를 정하여 넘치지 못하게 하시며 다시 돌아와 땅을 덮지 못하게 하셨나이다"시 104:9.

창세기의 기록은 이방의 여러 잡신과 하나님을 대비하고 있다. 고대인들은 바다를 다스리는 신이 있다고 믿었다. 고대 그리스인들은 포세이돈이, 로마인들은 넵튠이라는 신이 바다를 다스린다고 생각했다. 또 어떤 사람들은 바다에는 바다 괴물Sea Monster이 있어서 사람들이 제물을 바치지 않으면 심술을 부려서 풍랑을 일으킨다고 믿었다. 하지만 본문은 바다에 그런 신들이나 괴롭히는 괴물이 있는 것이 아니라 바로 우리를 사랑하시는 하나님께서 그 바다를 주관하시며 폭풍우를 다스리시는 분임을 말하고 있다.

사도 바울이 죄수의 몸으로 로마로 행선할 때 만났던 유라굴로행 27:14도 하나님이 다스리시는 것이다. 바울과 더불어 행선했던 276명의 생명도 하나님이 살려주신 것이다행 27:36~44. 요한 웨슬레John Wesley, 1703~1791가 미국으로 시몬주호를 타고 선교사로 갈 때 대서양 한가운데서 만났던 엄청난 폭풍우도 하나님이 다스리는 것이었다. 그래서 그 폭풍우가 계기가 되어 웨슬레는 회심하게 되었고 그를 통해 하나님은 위대한 18세기 기독교 부흥운동을 일으키셨다.

둘째, 하나님은 생명을 사랑하시는 분임을 보여준다. 첫 부분에서 언급한 것처럼 하나님의 모든 창조는 생명의 창조를 향해 가고 있고, 생명체가 서식할 수 있는 환경의 조성에 초점이 맞추어져 있다. 육지와 바다를 나누신 것은 육지와 물에 사는 생물들의 서식을 위함이었다. "하나님이 이르시되 물들은 생물을 번성하게 하라. 땅 위 하늘의 궁창에는 새가 날으라 하시고, 하나님이 큰 바다 짐승들과 물에서 번성하여 움직이는 모든 생물을 그 종류대로, 날개 있는 모든 새를 그 종류대로 창조하시니 하나님이 보시기에 좋았더라. 하나님이 그들에게 복을 주시며 이르시되 생육하고 번성하여 여러 바닷물에 충만하라 새들도 땅에 번성하라 하시니라"_{창 1:20~22}.

셋째, 만물은 창조주의 말씀에 순종해야 함을 보여준다. 하나님은 말씀으로 천지를 창조하셨기 때문에 천지가 없어질지라도 하나님의 말씀은 없어지지 않는다. 그래서 이사야 선지자는 "풀은 마르고 꽃은 시드나 우리 하나님의 말씀은 영원히 서리라"고 했다_{사 40:8}. 시편 기자는 천지를 말씀으로 지으신 하나님의 말씀을 가리켜 "그의 소리가 온 땅에 통하고 그의 말씀이 세상 끝까지 이르도다"고 했다_{시 19:4}.

신약성경에서도 천지의 창조자이시요 주재이신 하나님의 말씀은 여전히 역사하는 힘이 있다. 백부장은 예수께서 말씀만 하셔도 하인의 병이 나을 줄 믿었다. 그래서 "주여 내 집에 들어오심을 나는 감당하지 못하겠사오니 다만 말씀으로만 하옵소서. 그러면 내 하인이 낫겠사옵나이다."라고 대답했다_{마 8:8}. 예수는 십자가를 앞에 두시고 두려워하는 제자들에게 "너희가 내 안에 거하고 내 말이 너희 안에 거하면 무엇이든지 원하는 대로 구하라 그리하면 이루리라"고 약속하셨다_{요 15:7}.

넷째, 우리의 인생은 "하나님이 보시기에" 좋아야 한다. 하나님은 창조주간에 말씀에 순종하여 이루어진 창조사역을 보시고 "보시기에 좋았더라"고 하셨다. 사람이 보기에 좋은 것이 하나님이 보시기에도 좋은 경우가 있지만, 항상 그런 것은 아니다. 우리의 기준은 하나님이 보시기에 좋은 것이어야 한다. 때로 사람의 기준과 하나님의 기준이 충돌할 때는 당연히 하나님께 순종해야 한다.

초대 교회 때, 복음을 전하지 못하게 하는 사람들 앞에서 베드로와

요한은 담대하게 하나님이 보시기에 좋도록 행동했다. "베드로와 요한이 대답하여 이르되 하나님 앞에서 너희의 말을 듣는 것이 하나님의 말씀을 듣는 것보다 옳은가 판단하라. 우리는 보고 들은 것을 말하지 아니할 수 없다 하니"행 4:19~20.

이스라엘을 저주하라는 발락의 집요한 유혹과 회유, 협박에도 발람은 하나님이 보시기에 좋도록 예언했다. "발람이 발락에게 이르되 내가 오기는 하였으나 무엇을 말할 능력이 있으리이까 하나님이 내 입에 주시는 말씀 그것을 말할 뿐이니이다"민 22:38. "가령 발락이 그 집에 가득한 은금을 내게 줄지라도 나는 여호와의 말씀을 어기고 선악간에 내 마음대로 행하지 못하고 여호와께서 말씀하신 대로 말하리라 하지 아니하였나이까"민 24:13. 하나님이 보시기에 좋도록 살아갈 때 우리 인생에서는 새로운 창조가 일어나고 질서가 생긴다. 영적인 생명도 혼돈 가운데서는 자랄 수 없다.

다섯째, 하나님은 우리에게 분리된 삶을 요구하신다. 하나님은 창조 사역을 분리를 통해 시작하셨다. 어두움을 빛으로부터 분리하셨고, 궁창 위의 물과 궁창 아래의 물로 분리하셨고, 육지와 바다를 분리하셨다. 이것은 분리를 통해 우리들도 성도로서의 정체성을 갖게 됨을 상징한다. 우리가 불법으로부터, 어둠으로부터, 우상으로부터, 심지어 죄악된 자기로부터 분리될 때 성도로서의 모습을 갖게 된다.

"너희는 믿지 않는 자와 멍에를 함께 메지 말라 의와 불법이 어찌 함께 하며 빛과 어둠이 어찌 사귀며 그리스도와 벨리알이 어찌 조화되며 믿는 자와 믿지 않는 자가 어찌 상관하며 하나님의 성전과 우상이 어찌 일치가 되리요 우리는 살아 계신 하나님의 성전이라 … 그러므로 너희는 그들 중에서 나와서 따로 있고 부정한 것을 만지지 말라 내가 너희를 영접하여 너희에게 아버지가 되고 너희는 내게 자녀가 되리라 전능하신 주의 말씀이니라 하셨느니라"^{고후 6:14~18}.

하나님이 분리를 통해 창조의 질서를 만들어 가신 것처럼 우리도 세상과의 분리를 통해 성숙한 그리스도인으로 자라가자.

식물도
그 종류대로

"하나님이 이르시되 땅은 풀과 씨 맺는 채소와 각기 종류대로 씨 가진 열매 맺
는 나무를 내라 하시니 그대로 되어 땅이 풀과 각기 종류대로 씨 맺는 채소와
각기 종류대로 씨 가진 열매 맺는 나무를 내니 하나님이 보시기에 좋았더라.
저녁이 되고 아침이 되니 이는 셋째 날이니라."
– 창세기 1장 11–13절

　창세기 1장 1절에서 하나님은 태초에 천지를 창조하셨지만, 그 천지는 우리가 보는 생명체가 살 수 있는 세상이 아니었다. 다만 그런 세상을 만드는 데 필요한 재료들을 창조하신 것이었다. 큰 건물을 짓기 위해 건축 자재들을 준비해 놓은 상태라고나 할까! 이러한 태초의 지구를 가리켜 2절은 혼돈과 공허가 지배하는, 흑암이 깊음 위에 있었다고 기술한다.

　이러한 세상이 생명체가 살 수 있는 곳으로 바뀌기 위해서는 질서가 필요했다. 이를 위해 하나님은 3~5절에서 빛을 창조하시고, 빛과 어둠을 나누셨고, 6~8절에서는 궁창 위의 물과 궁창 아래의 물로 나누셨다. 그리고 9~10절에서는 물과 육지를 나누셨다. 물과 육지를 나누심으로 생명체가 살 수 있는 서식지가 마련되었다. 본문은 이렇게 마련된 서식지에 하나님께서 첫 생명체인 식물을 창조하시는 것을 기록하고 있다.

I. 말씀으로 창조 | 창 1:11~13

1. "하나님이 이르시되"

본문은 셋째 날의 창조도 하나님의 말씀으로 시작되었음을 말한다. 창조주이신 하나님은 삼위일체 하나님이시다. 창세기 1, 3~10절에서와같이 하나님은 "엘로힘" 즉 남성 명사 복수이지만 "이르시되"는 3인칭 남성 단수 동사다. 이는 삼위일체 하나님을 의미한다고 할 수 있다. 비록 성경 어디에서도 삼위일체라는 말은 등장하지 않지만, 성경 곳곳에 한 분이신 하나님이 삼위로 계신다는 증거가 있다. 그 첫 번째 증거가 바로 창세기 1장에 등장한다.

2. "땅은 풀과 씨 맺는 채소와 … 씨 가진 열매 맺는 나무"

10절에서 "하나님이 뭍을 땅이라 부르시고"라고 할 때 땅은 뭍의 이름이므로 정관사가 없고 대신 "뭍"에 정관사가 당연히 있어야 한다. 하지만 "땅은 풀과 씨 맺는 채소와"라고 할 때 "땅"이라는 말 앞에는 정관사ָ가 있다. 그래서 앞에서 물과 뭍을 나누었을 때 만드신 바로 "그 땅"הָאָרֶץ을 가리킨다고 할 수 있다.

11절과 12절은 하나님께서 풀vegetation을 의미하는 "데쉐"דֶּשֶׁא, 채소plant를 의미하는 "에쎄브"עֵשֶׂב, 나무tree를 의미하는 "에츠"עֵץ를 창조하셨다. 이 세 가지는 모든 식물을 가리킨다. 어떤 사람들은 이 세 가지를 가지고 식물을 분류하려고 하지만 성경은 분류학 교과서가 아님을 기억해야 한다. 데쉐"דֶּשֶׁא는 일반적으로 풀로 변역되지만 여기서는 채소나 나무를 포함하는 넓은 의미가 있는 것으로 보는 것이 자연스럽다.[1] 분류학은 후대 사람들이 식물을 연구하기에 편리하도록 고안한 체계일 뿐이다.

3. "땅은 … 내라"

땅은 생명체가 아닌데 그 땅으로 하여금 식물을 "내라"고 하는 것은 마치 무생명체로부터 생명체가 저절로 발생하는 것처럼 보일 수 있다. 이 구절은 문자 그대로 해석한다면 마치 생명의 자연발생설을 인정하는 듯이 보인다. 실제로 어떤 사람은 땅으로 하여금 생명체를 내라고 명령하는 것은 진화를 의미한다고 해석하기도 한다. 그래서 이것을 반박하기 위해 어떤 사람은 11절의 "씨 가진 열매 맺는 나무를 내라." 혹은 12절에서 "씨 가진 열매 맺는 나무를 내니"라는 말이 그런 뜻이 아님을 증명하기 위해 히브리어 원어의 의미를 알기 위해 애쓰기도 한다. 여기서 우리는 문자적 해석의 한계를 볼 수 있다.

성경은 바다 조류와 같은 눈에 보이지 않는 식물들의 창조는 기록하지 않고, 눈에 보이는, 그중에서도 사람들이나 동물들이 살아가는 데 직접 필요한 식물들에 대해서만 언급하고 있다. 모세의 기록을 읽었던 사람들에게 눈에 보이지도 않는 황세균이나 철세균, 철산화균 등의 세균식물이나 청각, 옥덩굴 등의 녹조식물, 바우케리아, 풍선말 등의 황록조류 등을 언급하는 것은 아무런 의미가 없는 것이었다. 11절의 말씀은 단순히 전능하신 창조주 하나님께서 그분의 창조적인 능력을 따라 모든 식물을 창조하셨다고 해석하면 된다.

4. "그 종류대로"

하나님은 식물을 창조하실 때 그 "종류"대로 만드셨다. 비슷한 표현이 창세기 1장은 물론 구약성경의 다른 곳에서도 사용되고 있다 예를 들면 창 1:21, 24~25, 6:20, 7:14, 레 11:14~29, 신 14:13~18 등. 여기서 종류를 의미하는 "민"מין을 사용한 것은 하나님의 무한한 창조력을 나타낸다. 하나님은 모든 식물뿐 아니라 모든 생물을 그 종류대로 무한히 다양하게 만드셨다. 그리고 그 동식물은 하나님의 무한한 창조력을 반영하도록 각자의 열매와 씨를 맺도록 창조되었다.

창조주간에 이루어진 하나님의 생명 창조의 핵심은 첫째 "그 종류대로"란 말로 요약할 수 있다. "그 종류대로"를 의미하는 "레미네후"לְמִינֵהוּ는 모든 생명체는 처음부터 따로따로 창조되었음을 나타낸다. 하나님은 어느 한 하등생물을 창조하신 후 세월이 지나면서 점진적으로 복잡한 생명체로 진화되도록 한 것이 아니라 처음부터 "그 종류대로" 따로따로 창조하셨다는 것이다.

여기서 "종류"kind 라는 말은 분류학적으로 어디에 해당할까? 200여 년 전 스웨덴 식물학자 린네Carl von Linné, 1707~1778는 생물을 계, 문, 강, 목, 과, 속, 종으로 분류했다.[2] 예를 들어 사람을 이 분류 체계를 따라 구분하면 다음과 같다.

[표1] 생물의 분류체계를 따른 사람의 분류

분류 단위	명칭
계界, kingdom	동물계 Animalia
문門, phylum	척색脊素 동물문 Chordata
강綱, class	포유류강 Mammalia
목目, order	영장목 Primates
과科, family	사람과 Hominidae
속屬, genus	사람속 Homo
종種, species	슬기사람 Homo sapiens

이 분류 체계에 의하면 "종류"는 "종"種 보다는 "과"科나 "속"屬에 속하지 않는가 생각된다. 성경은 생식적 격리, 다시 말해 서로 생식이 안 되는 종들은 서로 다른 종류에 속하는 것으로 본다. 하지만 성경 기자가 현대 생물학의 분류 체계를 염두에 두고 "그 종류대로"란 용어를

사용했다고 생각하는 것은 과도한 해석이다. 오히려 이 표현은 보시기에 좋도록 창조된 피조세계의 질서를 나타낸다고 할 수 있다.[3]

"그 종류대로"라는 표현은 하나님이 생물들을 서로 다르게, 구별되게 창조하셨고, 각자는 자신의 재생산 능력을 따라 생육하고 번성하라는 의미를 내포하고 있다. 성경이 직접 언급하지는 않았지만 이러한 것을 유추할 수 있는 몇몇 구절이 있다. "너희는 내 규례를 지킬지어다. 네 가축을 다른 종류와 교미시키지 말며 네 밭에 두 종자를 섞어 뿌리지 말며 두 재료로 직조한 옷을 입지 말지며"레 19:19, 혹은 "네 포도원에 두 종자를 섞어 뿌리지 말라. 그리하면 네가 뿌린 씨의 열매와 포도원의 소산을 다 빼앗길까 하노라. 너는 소와 나귀를 겨리하여 갈지 말며 양 털과 베 실로 섞어 짠 것을 입지 말지니라"신 22:9~11.[4]

5. "보시기에 좋았더라"

앞에서 언급한 것처럼 하나님의 생명 창조와 관련된 둘째 핵심은 "보시기에 좋았더라"란 말로 요약할 수 있다. "그 종류대로" 창조된 식물은 "보시기에 좋도록" 완전하게 창조되었다. 아직도 진화의 여지가 남아 있는 불완전한 식물종이 아니라 전능한 창조주가 보시기에도 완전하게 창조되었다는 것이다. 우거진 아마존의 열대우림으로부터 로키산맥의 수목한계선에 존재하는 나무들까지 오늘 우리가 보는 식물 세계는 서식지에 가장 적절하게 적응할 수 있는 최적의 상태로 창조된 것이다. 장대한 백향목도 아름답지만 한 포기 작은 제비꽃도 하나님께서 보시기에 좋도록 창조하셨다.

6. "저녁이 되고 아침이 되니 이는 셋째 날이니라"

식물 창조를 마친 후 13절은 창조 셋째 날을 이렇게 마감한다. "저녁이 되고 아침이 되니 이는 셋째 날이니라". 이 말을 풀어쓰면 첫째, 둘째 날과 같이 "그리고 저녁이 있었고, 그리고 아침이 있었는데 셋째 날이었다"고 기록하고 있다. 이 말은 매일의 창조 사역을 마친 후 노래의 후렴처럼 따라 붙는다. 아직 일월성신이 창조되기 전이기 때문에 여기서 말하는 저녁과 아침은 태양과 지구의 자전 때문에 생긴 것이 아님이 분명하다. "날"은 지금과 같은 24시간으로 이해할 필요는 없다. "날"이란 말이 "셋째"שְׁלִישִׁי라는 서수 형용사로 꾸밈을 받는다는 것은 다만 창조주간에 식물의 창조가 완성되었음을 의미할 뿐 날의 길이와는 무관하다.

지질학적으로 볼 때 식물은 가장 초기에 출현했다. 바다의 조류algae는 이미 선캄브리아기에 나타났고 고생대 후기에 와서는 육상식물들이 대거 출현했다. 우리는 구체적으로 어떻게 지구에 식물이 창조되었는지 그 과정을 과학적으로 다 설명할 수 없을지도 모른다. 그런데 그 과정을 우리가 아는 과학적 지식으로 설명할 수 있는 것보다 더 중요한 것은 식물의 창조가 하나님의 창조명령에 의한 것이라는 점이다. 하나님은 우리가 알고 있는 과학적 방법을 사용하셨을 수도 있고, 우리가 알지 못하는 초자연적 방법을 사용하셨을 수도 있다.

그렇다면 하나님께서 식물을 그 종류대로, 그리고 보시기에 좋도록 창조하셨다는 실제적인 증거는 무엇인가?

II. 중간 형태 화석 부재

식물이 그 종류대로, 처음부터 완전하게 보시기에 좋도록 창조되었다는 것의 가장 분명한 증거는 화석이다. 화석은 점진적이고 연속적인 진화를 보여주지 않는다. 점진적인 진화를 보여주는 중간형태 화석의 부재에 대해 가장 많은 언급을 한 사람으로는 하버드대학의 유대인 진화론자 스티븐 굴드Stephen Jay Gould, 1941~2002를 들 수 있다.[5]

화석기록에서 중간 형태가 극히 드물다는 것은 고생물학의 영업 비밀trade secret of paleontology로 존재한다. 우리 교과서를 아름답게 장식하는 진화 계통수들은 그 가지들의 끝 부분과 마디 부분에data only at the tips and nodes of their branches 대한 데이터만이 있을 뿐이다. 나머지는 합리적 유추이기는 하지만 화석들의 증거는 아니다.

옥스퍼드 대학 동물학과 교수 리들리Mark Ridley, 1956~ 역시 연속적인 진화를 보여주는 중간형태 화석이 없음을 지적하고 있다. "단일 진화론적 계보 내에서 진화론적 변화를 보여주는 화석 기록이란 매우 빈약하다. 진화가 진실이라면 종들은 조상 종의 변화를 통해 유래했을 것이며 사람들은 이것을 화석 기록에서 볼 수 있다고 기대할 것이다. (그러나) 사실 이것은 거의 나타나지 않았다. 1859년 다윈조차 단 하나의 예를 인용할 수 없었다."[6]

오래전, 글라스고 대학University of Glasgow의 지질학 교수였던 죠지Thomas Neville George, 1904~1980와 같은 진화론자들은 미국자연사박물관 고생물학자 엘드리지Niles Eldredge, 1943~와 하버드의 굴드가 위의 모델을 제시하기 훨씬 전에, 즉 출토된 화석이 훨씬 적을 때에 이미 화석 기록의 문제를 지적했다.[7]

더 이상 화석유물이 빈약하다고 변명할 필요는 없다. 어떤 면에서는 화석유물이 거의 다루기 힘들 정도로 너무 많아서 발견한 것들을 다 모을 수 없는 경우도 있다. … 그럼에도 화석 기록에는 간격

들이 존재한다.

죠지는 진화론자이지만 그는 화석은 찾으면 찾을수록 처음부터 "그 종류대로" 분리되어 나오며 불연속적인 분포를 보여준다는 것이다. 화석들이 갑자기, 중간형태 없이 나타난다는 것은 모든 생물이 처음부터 "그 종류대로", 완전하게 창조되었다는 창조론의 예측과 일치한다.[8]

몇 가지 실례를 들어보자. 진화론에 의하면 최초의 육상식물인 고사리류는 고생대의 실루리아기에, 현화식물顯花植物, flowering plant 과 현대 식물군은 중생대의 백악기에 나타났다고 한다. 그러나 백악기 지층에서 출토되는 버드나무, 종려나무, 포도나무, 목련 등 다수 식물의 나뭇잎 화석 모양은 오늘날 살아있는 식물과 같다. 이런 다양한 종류의 식물이 어떻게 유래되었는지 전혀 알 수 없다. 이들은 다른 식물로부터 전이형태가 없이 여러 종류가 갑자기 화석의 기록에 나타난다. 대표적으로 고사리는 가장 오래된 살아있는 식물화석의 하나이다. 현존하는 고사리는 고생대 지층에서 출현하는 고사리 화석과 다르지 않다. 다시 말해 고사리는 처음부터 그 종류대로, 보시기에 좋도록 완전하게 창조된 것으로 보인다.

케임브리지 대학University of Cambridge 의 식물학 교수였던 코너Edred John

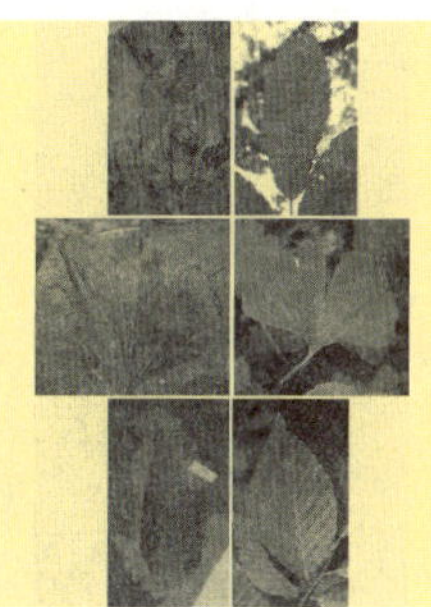

[그림 4] 식물의 화석. (위) 상수리 나뭇잎의 화석과 현재형, (가운데) 은행나뭇잎의 화석과 현재형, (아래) 너도밤나무 나뭇잎의 화석과 현재형. 과거 나뭇잎이나 현재 나뭇잎이나 차이가 없다.[10]

Henry Corner, 1906~1996는 편견을 갖지 않고 식물의 화석기록을 살펴보면 특수 창조의 역사가 있었다는 사실을 지지하지 않을 수 없다고 했다.[9]

III. 멘델의 유전법칙

하나님이 식물을 그 종류대로, 보시기에 좋도록 창조하셨다는 두 번째 증거는 유전법칙이다. 다윈이 자연선택에 의한 〈종의 기원〉을 출간하고, 자신의 이론을 증명하기 위해 유전 이론을 만들고 있던 때와 비슷한 시기에 오스트리아현재의 체코 브르노Brünn 혹은 Brno라고 불림의 수도승 멘델Gregor Johann Mendel, 1822~1884은 이미 그 문제를 명확하게 해결했다. 다만 다윈이 그의 업적을 모르고 있었을 뿐이었다. 도대체 멘델은 누구이며 그는 어떻게 유전의 비밀을 발견했을까?[11]

멘델은 수도원 내에 있는 길이 36m, 넓이 6m의 부지를 식물 잡종을 위한 시험 작물 재배에 사용할 수 있었다. 왜 하필 멘델이 식물 잡종 실험을 하게 되었는지에 대한 직접적인 원인은 알려지지 않았다. 아마 이때 멘델은 다윈의 이론을 알고 있었던 것으로 보이며, 멘델은 그 이론이 부족했던 것으로 생각했다. 다윈의 이론은 추측과 유추에 기초하고 있었지만, 멘델은 철저하게 실험에 근거한 연구를 했다.

[그림 5] 멘델이 식물 잡종 연구를 했던 수도원 뒤뜰에는 멘델의 상이 세워져 있다. 그리고 근래에는 조촐한 멘델 박물관도 설립했다.

멘델의 실험은 치밀하고 정확했으며, 뚜렷한 형질을 나타내는 완두콩 한 식물에만 집중되었다. 더욱이 멘델은 하나나 혹은 소수의 형질만 뚜렷이 다른 변종들을 선정해서 실험했다. 그래서 그는 자손들에게서 나타나는 구체적인 형질들을 분리할 수 있었다. 그리고 마지막으로 그는 특정한 형질을 나타내는 완두콩의 개수를 비교함으로 잡종들 사이의 정량적 관계를 구할 수 있었다. 구체적으로 멘델은 수도원의 정원에 황색 종자와 녹색 종자, 대주름이 있는 종자와 둥근 종자 등 뚜렷이 대조되는 특성을 가진 일곱 쌍의 완두를 심고 이들의 유전 양식을 꼼꼼하게 기록했다.

멘델은 이 실험을 한 세대만 한 것이 아니라 여러 세대에 걸쳐 수행했다. 이 과정은 그의 엄청난 인내심, 조심성, 치밀함을 보여주는 탁월한 실험이었다. 멘델이 완두콩 Pisum sativum 에 대한 각종 실험을 한 것은

[그림 6] 고색창연한 모라비아의 수도 브르노와 멘델이 식물 잡종 실험을 하던 성 토마스 수도원. 앞쪽으로 완두콩을 재배하던 가든의 터만 남아있다. 당시 성 토마스 수도원에 있던 어거스틴 수도사들의 그룹 사진. 오른쪽에서 세 번째 있는 멘델은 퓨셔 fuchsia, 바늘꽃과의 관상용 관목를 들고 있다. 이 수도사들은 대부분 과학이나 수학, 철학, 음악 등 일반 학문 분야의 전문가들이었다.

1856년부터 1863년까지 8년간이었다. 그는 이때의 연구 결과를 정리해 1866년 브르노자연과학연구협회 Brno Society for the Study of Natural Science 에서 "식물 잡종에 관한 연구"라는 제목의 논문으로 발표했다.[12] 이 협회는 불과 4년 전인 1862년에 시작된, 일종의 과학 동호인 모임이었다.

멘델의 유전법칙을 요약하면 한 세대에서 다음 세대로 유전 정보가 전달되는 데는 일정한 질서가 있으며 그 종의 유전인자에 포함된 정보 내에서만 변이할 수 있고 새로운 것은 생기지 않는다는 것이다. 얼룩송아지는 얼룩 엄마소로부터만 나올 수 있다. 오늘날 지구에 엄청난 종류의 생물이 존재하게 된 것은 그 종류 내에서의 변이가 엄청나게 다양하다는 유전학적 가능성으로 설명될 수 있다.

멘델의 업적은 그가 세상을 떠난 지 16년 뒤인, 즉 그가 논문을 발

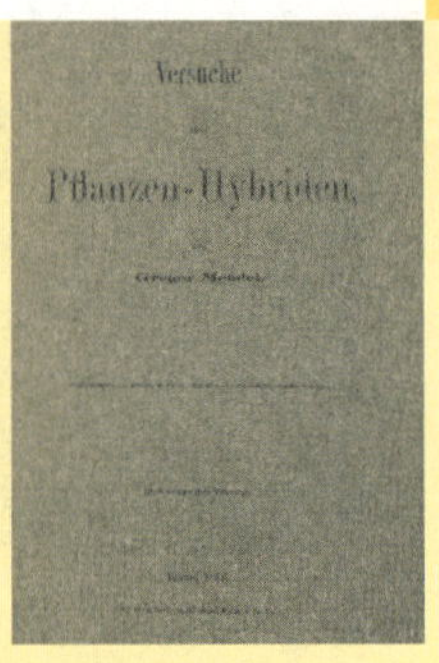

[그림 7] 멘델의 유전법칙과 유전법칙을 담고 있는 멘델의 논문 "식물잡종에 관한 연구" 타이틀 페이지

표한지 34년 뒤인 1900년에 이르러서야 비로소 널리 알려지게 되었다. 네덜란드 식물학자인 드 프리스Hugo Marie de Vries, 1848~1935, 독일 식물학자이자 유전학자인 코렌스Carl Erich Correns, 1864~1933, 오스트리아 농학자인 체르막Erich von Tschermak, 1871~1962 등 세 사람에 의해 독립적으로 멘델의 유전법칙의 놀라운 정확성이 재발견된 것이다.[13] 이들의 발표를 통해 사람들은 멘델의 유전법칙의 위대함을 알게 되었다. 오늘날 멘델의 법칙은 생물학의 최초의 정량적 법칙이자, 19세기 3대 생물학 혁명의 하나로 평가되고 있다.[14]

멘델의 유전법칙은 수많은 실험으로 증명된 과학적 사실임에 반해 진화론은 아직까지도 가설의 단계를 벗어나지 못하고 있다. 만일 어떤 가설이 증명된 다른 과학적 법칙과 상치된다면 우리는 당연히 가설이 틀렸다고 할 수밖에 없다. 그러므로 유전 "법칙"과 상치되는 진화 "가설"은 잘못된 것이다. 영국의 생물학자 베이트슨William Bateson, 1861~1926은 말하기를 "멘델의 실험결과를 다윈이 보았더라면 〈종의

기원〉이란 책을 내놓지 않았을 것"이라고 했다.[15]

멘델의 유전법칙에 의하면 부모에게 없는 형질은 절대로 자손에게 나타나지 않는다고 할 수 있다. 즉 이 법칙은 부모의 형질이 어떻게 자손에게 유전되는가를 정량적으로 밝힌 것이다. 따라서 이것은 한 생물의 종류로부터 다른 생물이 진화될 수 있다는 다윈의 진화론과는 정면으로 충돌하는 주장이라고 할 수 있다. 멘델의 유전법칙은 모든 식물은 그 종류대로, 처음부터 보시기에 좋도록 창조되었음을 말하는 것이다.

IV. 식물의 품종개량

하나님이 식물을 그 종류대로, 보시기에 좋도록 창조하셨다는 세 번째 증거는 19세기 유행했던 품종개량이다. 다윈의 진화론이 출현하게 된 배경에는 19세기 유럽의 시대적 배경, 그중에서도 생물학에서 진행되고 있었던 여러 연구가 있었다. 특히 유전에 대한 연구나 세포설의 등장, 품종개량에 대한 관심 등은 진화론이 등장하는 배경이 되었다. 품종개량, 즉 "인위선택"에 의한 종의 개선 가능성은 다윈으로 하여금 자연선택에 의한 진화를 구상하는 데 직접적인 영향을 미쳤다. 하지만 동시에 이들은 다윈의 이론에 가장 심각하게 도전하는 연구들이기도 했다.

다윈 Charles Robert Darwin, 1809~1882으로 하여금 진화에 대한 확신을 하는 데 도움을 준 것으로는 19세기에 유행하던 품종개량 品種改良, breeding에 대한 연구였다. "인위선택" 人爲選擇, artificial selection이라고 할 수 있는 품종개량 기술은 다윈으로 하여금 개체가 종의 한계를 뛰어넘는 변이를 일으킬 수 있다는 확신을 심어주었다. 근대적인 품종개량은 1760

년대부터 영국에서 시작되었다. 끊임없는 노력에 인해 다윈이 살고 있던 시절에는 레스터셔Leicestershire라는 양과 디쉴리Dishley라는 소가 생산되었다. 다윈은 이 기술에 큰 감명을 받아 자신의 이론을 지지하는 예로서 채택했다. 그러나 이렇게 개량된 양과 소는 더는 개량되지 않았기 때문에 품종개량은 명백한 한계를 갖고 있음이 일찍이 증명된 셈이다.

농작물 등에서도 품종개량은 현대 농업에서 흔히 있는 일이다. 그러나 유전학은 품종개량, 즉 인위적 형질 변화에는 분명한 한계가 있음을 보여준다. 한 예로 사탕수수의 설탕 함량을 증가시키기 위한 품종개량을 생각해 보자. 1800년부터 1878년 사이에 사람들은 사탕수수의 설탕 함량을 증가시키기 위해 많은 노력을 했다. 그 결과 설탕 함량을 6%에서 17%로 증가시킬 수 있었다. 그러나 그 후 계속 더 실험했으나 20% 이상 올릴 수는 없었다. 분명한 유전적 한계가 있음을 말해주는 것이다. 옥수수도 지난 7천여 년 동안 품종개량을 했으나 옥수수의 기본 특성은 그대로 있다. 이는 유전적 변이에는 한계가 있으므로 품종개량을 통한 대진화는 불가능한 것임을 시사해 준다.

V. 그 종류대로, 보시기에 좋도록

지금까지 우리는 진화론이 바르지 않다는 증거를 살펴보았다. 진화를 보여주는 결정적인 중간형태 화석이 존재하지 않는다는 것이 창조론적 해석에 유리한 증거임은 진화론자들도 잘 알고 있다. 화석들이 발굴되면 될수록 더욱더 그 종류대로, 현존하는 생물과 같은 생물의 화석이라면 화석종과 현생종이 다르지 않다는 것은 너무나 잘 알려져 있다. 이제는 화석을 더 많이 발견하면 진화의 간격들이 채워질 것이라는 다윈적 감상도 포기할 수밖에 없게 되었다. 그렇다면 이제는 생명 세계를 존재하게 한 창조주에 대한 생각을 단 한 번이라도 할 때가 되지 않았을까! 하지만 이런 기대와는 달리 진화는 어떤 반대 되는 증거가 나오더라도 죽지 않는 불사조와 같다. 진화는 믿음이기 때문이다.

다윈의 〈종의 기원〉 발표 이후 진화의 결정적 증거인 살아 있는 연결고리와 잃어버린 화석을 찾는 일은 완전히 실패했다. 실제로 지금까지 발굴되어 세계 박물관에 소장된 화석의 수는 모두 약 25만 종에 달한다. 그런데 이들은 모두 중간화석이 아니다. 지구의 모든 생물이 수십억 년에 걸친 진화의 산물이라면 중간 형태에 해당하는 화석이 엄청나게 많이 발굴됐어야 한다. 물론 25만 종의 화석이라도 이것은 실제로 과거에 존재했던 생물 종의 숫자에 비해서는 매우 적은 일부라고 할 수 있다. 그러나 실제로 진화가 일어났다면 이 정도의 화석종만으로도 충분한 중간형태가 나타나야 한다.

또한, 현생종 중 발견되어 분류된 숫자는 약 200여만 종이고 아직 발견되지 않은 종들까지 포함하면 약 1,000여만 종에 이를 것으로 추산된다. 그러므로 화석으로 발견된 종의 숫자는 현존하는 종의 숫자에 비해 불과 약 2.5% 정도에 불과하다. 그러나 현존하는 생물 종의 3/4이 곤충이며 이들은 가끔 화석으로 출토되기도 하지만 단단한 부위가 적어서 화석으로 남기에 불리하다. 그러므로 곤충과 그 외 화석으로 남기에 불리한 생물을 제외한다면 화석종의 숫자는 현생종의 숫자에 비해 결코 적은 숫자가 아니다. 그럼에도 화석종들로부터 진화의 분명한 흔적을 찾을 수 없다는 것은 진화 가설 자체가 잘못된 것이라고 할 수 있다.

화석의 기록에서 완전한 형태의 종이 갑작스럽게 출현하는 것이나 화석 생물이 완벽한 생물학적 형질을 가진 점, 수백만 년이 지나도 한 종류의 화석은 고유한 형태를 유지하는 점 등은 생물이 특별한 창조적인 방법에 의해 존재하게 되었음을 강하게 시사한다. 본문은 이것을 하나님이 식물을 그 종류대로, 그리고 보시기에 좋도록 창조하셨다고 표현한다.

VI. 결론과 권면

본문이 오늘 우리에게 전달하는 메시지는 무엇일까? 모든 식물은 하나님이 보시기에 좋도록 창조하신 것이므로 우리가 그 식물들을 아끼고 관리하는 것이 마땅하다는 것이다. 영성에는 하나님과 연결된 수직적 영성과 하나님이 창조하신 이웃이나 이 세계와 연결된 수평적 영성이 있다. 일반적으로 보수적인 교회에서는 수직적 영성을 강조하고, 진보적인 교회에서는 수평적 영성을 강조한다. 하지만 바른 영성은 영성의 두 영역이 균형과 조화를 이루어야 한다. 이것이 바로 세계관적 영성이라는 것이다.

본문을 통해 보수 교단의 배경을 가진 대부분의 한국 그리스도인들은 하나님이 보시기에 좋도록 창조하신 식물을 우리 마음대로 착취하거나 혹사해서는 안 된다는 수평적 영성을 생각해 보아야 한다. 종의 다양성이 훼손되지 않도록 노력해야 할 것이다. 환경문제에 대해, 가난한 이웃들에 대해 관심을 가져야 한다.

물론 우리는 하나님과의 관계를 생각해야 한다. 하나님이 관리하라고 맡겨주신 이 피조세계를 섬기거나 두려워해서는 안 될 것이다. 눈에 보이는 자연을 숭배해서도 안 되지만, 눈에 보이지 않는 이데올로기나 물질을 숭배해서도 안 될 것이다. 지금도 시골에서는 많은 사람이 큰 고목 아래에서 고사를 지내고 있으며, 훨씬 더 많은 사람이 하나님이 잘 관리하라고 맡겨주신 물질을 섬기고 있다. 우리는 하나님의 형상대로 지음 받은 존재이다. 피조세계에 대하여 잘못된 우월감을 가져서도 안 되지만 이들을 숭배해서도 안 된다. 하나님 앞에서 책임을 맡은 충성스러운 청지기로 살아야 할 것이다.

일월성신의 창조

"하나님이 이르시되 하늘의 궁창에 광명체들이 있어 낮과 밤을 나뉘게 하고 그것들로 징조와 계절과 날과 해를 이루게 하라. 또 광명체들이 하늘의 궁창에 있어 땅을 비추라 하시니 그대로 되니라. 하나님이 두 큰 광명체를 만드사 큰 광명체로 낮을 주관하게 하시고 작은 광명체로 밤을 주관하게 하시며 또 별들을 만드시고 하나님이 그것들을 하늘의 궁창에 두어 땅을 비추게 하시며 낮과 밤을 주관하게 하시고 빛과 어둠을 나뉘게 하시니 하나님이 보시기에 좋았더라. 저녁이 되고 아침이 되니 이는 넷째 날이니라."
– 창세기 1장 14~19절

　자동차를 연구하는 데 여러 방법이 있다. 정비공에게 가서 어떻게 작동하는지 배울 수 있지만 그것은 자동차를 알 수 있는 한 가지 방법일 뿐이다. 자동차의 역사와 자동차를 만들게 된 인간의 지성을 연구할 수도 있다. 사실 이런 노력으로 곳곳에 자동차 박물관이 세워지고 있다. 이처럼 자동차는 제작사의 이름만 달고 달리는 것이 아니라 인간의 모든 이야기를 담고 달리고 있다.

　이와 마찬가지로 이 세상을 연구하는 데도 여러 방법이 있다. 과학은 이 세상을 알 수 있는, 연구할 수 있는 여러 가지 방법의 하나일 뿐 유일한, 혹은 궁극적 방법이 아니다. 어떤 사람들은 창세기 1장을 믿을 수 없다고 한다. 특히 과학의 힘이 압도하고 있는 현대 사회에서 사람들은 창세기는 과학적으로 정확하지 않기 때문에 믿을 수 없다고 말한다. 많은 사람이 자동차 정비공이 자동차를 바라보는 것과 같은 방법으로 지구를 바라본다. 그러면서 지구가 어떻게 돌아가고 있는지를 이해하려고 한다. 하지만 과학은 지구를 알 수 있는, 조망할 수 있는 한 가지 방법일 뿐이다. 오늘 본문은 성경을 통해 지구를 볼 수 있는 다른 방법을 제시하고 있다.

I. 일월성신의 창조 | 창 1:14

하나님은 첫 사흘 동안 생명체를 만들기 위한 무대를 창조하셨다. 나머지 사흘 동안 이 무대를 채우시는 창조를 하셨다. 첫째 날 만든 빛과 어두움, 밤과 낮은 넷째 날 만든 일월성신을 위한 준비였다. 둘째 날 만든 물과 궁창은 다섯째 날에 만든 어류와 조류를 위한 무대였다. 셋째 날 만든 식물은 여섯째 날 만든 육지동물과 사람을 위한 무대였다. 오늘 본문은 창조 넷째 날, 일월성신의 창조를 기술하고 있다.

1. 고대 근동의 천체관과 다름

창조주간에 이루어진 여러 사역 중 인간의 창조를 제외한 다른 어떤 창조사역도 일월성신의 창조와 같이 길게, 자세히 언급되지 않는다. 이것은 고대 근동 문화에서 천체들을 중요하게 생각하는 것과 무관하지 않다. 당시 근동의 이방 문화에서는 해와 달을 가장 중요한 신으로 간주하고, 별들의 운행을 인간의 운명과 관련짓는 것이 일반적이었다.[1]

웬함은 본문이 당시 근동의 천체관과는 확연히 다르다고 주장하면서 이를 네 가지로 요약한다. 첫째, 일월성신은 하나님이 창조하신 것이며, 신이 아니다. 일월성신이 피조물이라는 사실은 영원하지 않음을 의미한다. 이것은 당시 헷족속의 태양신과는 전혀 다른 개념이었다. 둘째, 히브리어에는 태양을 나타내는 쉐메시שֶׁמֶשׁ, 달을 나타내는 야레아흐יָרֵחַ란 단어가 있는데 구태여 본문에서 이들을 큰 광명체, 작은 광명체라고 표현한 것은 원래 단어들이 태양신, 월신과 연관되는 것을 예방하기 위함으로 보인다. 셋째, 태양과 달의 기능은 단순히 하나님의 대리자로서 지구에 빛을 비추고 밤낮을 주관하는 것에 국한되었다. 이러한 해와 달의 기능은 고대 근동의 표준으로 볼 때 저차원적인 일이었다. 넷째, 별들 역시 당시에 숭배를 받고 때로는 인간의 운명을 결정하는 것으로 생각되었지만, 본문은 그들도 하나님의 피조물에 불과하다고 말한다.[2]

2. 기능에 집중된 일월성신

그러면 창조주 하나님의 피조물로서 일월성신은 무엇인가? 14절은 앞에서처럼 "하나님이 이르시되"라는 말로 시작한다. 여기서도 "하나님"을 가리키는 엘로힘은 남성 복수 명사이고 "이르시되"는 불완전 3인칭 남성단수 동사이다. 앞에서처럼 여기서도 삼위일체 하나님이 창조사역을 진행하고 있음을 나타낸다.

이어 14절은 "하늘의 궁창에 광명체들이 있어"라고 말한다. 15, 16절에서도 광명체라는 말을 사용한다. 이것은 두 가지 가능성을 보여준다. 첫째, 성경이 당시 사람들의 눈에 보이는 것을 기준으로 기록되었음을 보여준다. 둘째, 여기서 광명체들이란 명백하게 해와 달을 의미하는 것으로 보이지만 이들이 우상숭배 혹은 신격화와 관련될 가능성을 생각해서 세 번 모두 광명체라고 번역된 "마오르"מָאוֹר란 단어를 사용한다.[3]

본문에서 하늘의 궁창은 앞에서 언급한 것처럼 새들이 나는 대기권, 그중에서도 현대 과학으로 본다면 지상에서 불과 고도 10km까지의 대류권을 말한다. 하지만 달은 지구로부터 38만km, 태양은 1억 5천만km 떨어져 있음을 고려한다면 달과 태양이 새들이 나는 대류권 공간에 있다는 말은 당시 사람들의 상식에 기초한 기술임을 알 수 있다.

하나님은 이러한 광명체들로 하여금 "낮과 밤을 나뉘게 하고"라고 명령하신다. "낮"을 표현하는 히브리어 명사 "욤"יוֹם은 첫째 날, 둘째 날과 같은 단어다. 여기에서 욤은 젊은 지구론자들이 이야기하는 것처럼 24시간 하루가 아니라 태양이 비치는 낮 시간, 즉 12시간을 의미한다. 오늘날 우리말이나 영어에서 낮day이라고 할 때 하루 24시간을 의미하기도 하지만 "밤낮"day and night이라고 할 때는 낮만을 의미하는 것과 같다. 흔히 젊은 지구론자들은 창세기 1장에서 욤이 24시간 하루를 가리킨다고 강력하게 주장하는데 그 한가운데 욤이 12시간을 의미하는 용례가 있음은 흥미롭다.

이미 3절에서 하나님은 빛을 창조하신 후 낮과 밤을 나누지 않았던가? 그런데 왜 여기서 다시 하나님은 낮과 밤을 나누시는가? 아마 3절에서는 이미 1절에서 창조된 태양이 짙은 수증기와 먼지 등으로 가려져 "흑암이 깊음 위에" 있었던 것으로 보인다. 하지만 "빛이 있으라"는 하나님의 명령으로 먼지가 사라짐에 따라 칠흑 같은 어둠은 사라지고 태양 빛은 지표면에 도달하기 시작했다. 하지만 안개와 수증기는 여전히 직접 해와 달이 지표면을 밝게 비추게 하는 것을 방해하고 있었다. 이처럼 빛은 비추면서도 가려져 있던 태양이 넷째 날이 되어 안개와 수증기가 말끔히 걷힘으로 밝히 드러난 것으로 보인다. 이제는 3절에서보다 낮과 밤을 더 분명하게 나누게 되었음을 의미한다. 안개와 수증기를 뚫고 지면에 도달하는 빛에 의해 나누어진 희미한 밤낮이 아니라 해와 달이 분명하게 드러났다. 다시 말해 "하늘의 궁창에 광명체들이 있어"서 나누어진 "낮과 밤"은 훨씬 더 분명하게 밤낮을 구분했다.

하나님은 이제 "그것들로 징조와 계절과 날과 해"를 이루게 하셨다. 이제 분명해진 낮과 밤의 반복을 통해 세월이 지나는 것을 분명하게 했다. 과학이 발달한 현대에도 시간의 경과를 결정하는 최후의 기준은 천체의 운행이다. 그러므로 고대로부터 현대에 이르기까지 모든 달력은 천체의 운행을 기준으로 만들어졌다. 고대 천문학은 제사 일을 결정하거나 농사나 고기잡이 시기를 정확하게 예측하기 위해 왕실에서 직접 관장했다.

뚜렷이 드러난 해와 달의 운행이 시간의 경과를 표시하고 우리의 삶에 의미를 준다. 서로 다른 계절이란 말은 우리의 인생이 끝없는 우연적 사건들의 연속으로만 이루어진 것이 아님을 의미한다. 계절이 주기적으로 반복되는 것은 우리로 하여금 인생의 의미를 기억하게 한다. 매년 돌아오는 생일이 우리의 삶에서 시간의 의미를 말해주는 것처럼… 고대 이스라엘 사람들은 매년 지키는 절기와 축제일 등을 통해 하나님이 함께하신 거룩한 역사를 기억했다. 이는 다른 민족들에게는 큰 의미가 없는 날일 수도 있으나 한국인들에게는 3월 1일, 6월 25일, 8월 15일 등이 특별한 의미가 있는 것처럼 말이다.

왜 하나님은 일월성신을 통해 "징조와 계절과 날과 해"를 이루게 하셨을까? 이는 하나님이 사람들로 하여금 인생의 의미를 깨닫기를 원하셨기 때문이었다. 시간의 경과는 우리에게 지혜의 마음을 얻게 하는 도구이다. 그래서 모세는 시편에서 "우리에게 우리 날 계수함을 가르치사 지혜로운 마음을 얻게 하소서."라고 했다시 90:12.

II. 땅을 비추는 일월성신 | 창 1:15

하나님은 두 광명체인 태양과 달로 하여금 궁창에서 땅을 비추라고 명령하셨고, 태양과 달은 이에 순종했다. 여기서도 태양과 달을 광명체라는 말로 대체했으며, 이들의 기능에 집중하고 있다. 성경은 태양과 달로 하여금 땅을 비추라고만 했으나 하나님은 이들이 지상의 생명체들이 살아가는데 최적의 상태로 비추도록 하셨다. 특히 태양이 땅을 비추는 것은 지상의 생명체 유지와 밀접한 관련이 있다.

과학적인 측면을 생각해 보자. 지표면에 쏟아지는 태양광의 일부는 흡수되고 일부는 반사되는데 태양광 반사율을 알베도Albedo라고 부른다. 이 알베도가 크면 지구는 냉각되어 빙하기로 접어들고, 작으면 지구 온난화에 인한 여러 가지 문제가 발생한다. 지구가 오늘날과 같이 생물들이 서식하기에 적당한 온도를 유지하는 한 가지 이유는 적절하게 조정된 알베도 때문이다. 현재 알려진 지구의 알베도는 35% 정도이다. 즉 지표면에 쏟아지는 태양광의 35%는 반사되고, 65%는 흡수된다.

실제로 대기가 없는 달의 알베도는 12%,[4] 수성은 6%인데 비해 대기가 있는 금성은 85%, 목성은 58%, 토성은 57% 정도, 대기가 희박한 화성은 15% 정도다. 목성과 토성은 알베도가 지구보다 크고 멀리 떨어져 있기 때문에 절대 태양광이 적어서 완전히 얼어붙어 있으며, 달은 알베도가 작지만, 태양광을 가두어 놓을 대기와 물이 없어서 밤낮의 일교차가 매우 크다. 화성은 지구보다 알베도가 작지만, 태양과의 거리가 멀고 대기 역시 충분치를 않아 생물이 살기에 부적합하다.[5]

하나님은 태양에게 "알베도 35%로 땅을 비추라"고 말씀하지 않으셨다. 하나님은 태양과 달에게 그냥 "땅을 비추라"고 하셨다. 하지만

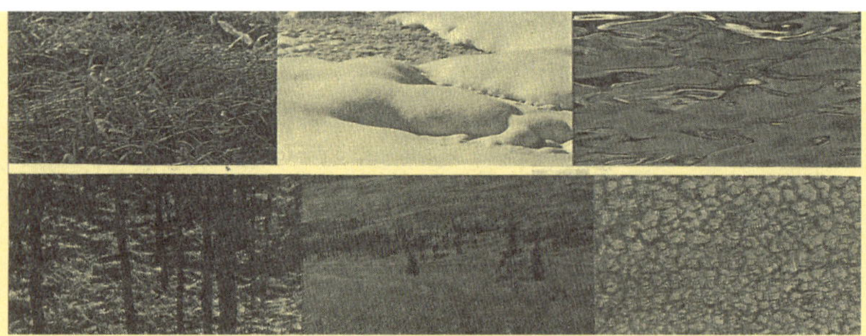

[그림 1] 지표면의 태양광 반사율. 평균은 약 35% 정도이다.

태양과 달은 알베도 35%를 맞추어 정확하게 지구를 비추었다. 모세는 이를 단지 "그대로 되니라"라고 기록하고 있다.

모세는 알베도를 몰랐다. 하지만 하나님은 그런 분이 아니시다. 하나님은 태양광 반사율과 지상 생명체의 관계를 몰라서가 아니라 모세의 글을 읽는 고대인들이 알아들을 수 있는 말로 창세기를 기록하게 하셨다. 모세 시대 사람들에게 알베도라는 말을 사용하면 아무도 이해할 수 없었을 것이다. 성경은 현대 과학자들이 아니라 당시의 보통 사람들이 듣고 이해할 수 있는 언어로 기록되었다.

III. 기능을 발휘하는 일월성신 | 창 1:16~17

여기서는 다시 "하나님이 두 큰 광명체를 만드사"라고 말한다. 앞에서처럼 "두 큰 광명체"란 해와 달을 가리킨다고 볼 수 있다. "만드사"made는 무에서 유를 창조한 "바라"가 아니라 유에서 유를 만들 때 사용하는 "아싸"를 번역한 말이다. 그러면 하나님은 넷째 날 아예 없었던 일월성신을 처음 창조하신 것일까?

이에 대해 윌링돈교회 뉴펠드John Neufeld 목사는 16절에 나오는 "만들었다"made는 말은 "하나님이 제조했다"God manufactured them는 의미보다 일월성신으로 하여금 "하나님이 그들의 기능을 발휘하도록 하셨다"God arranged their functions고 해석하는 것이 타당하다고 했다. 다시 말해 하나님은 밤과 낮을 창조하시고 그 밤과 낮을 태양과 달과 별들이 주관하게 하신 것이다. 이것은 하나님이 넷째 날 일월성신을 만드셨다는 것이 아니라 넷째 날에 그들이 기능을 완전히 발휘할 수 있도록 하셨다는 의미다.[6] 위튼대학 구약학 교수인 왈튼John Walton도 같은 해석을 제시하고 있다.[7]

　　그러면 이들의 기능은 무엇인가? 이에 대해 본문은 우선 "낮과 밤을 나뉘게 하고 그것들로 징조와 계절과 날과 해를 이루게" 했다14절. "또 광명체들이 하늘의 궁창에 있어 땅을 비추라" 하셨다15절. 또 하나님은 "두 큰 광명체를 만드사 큰 광명체로 낮을 주관하게 하시고 작은 광명체로 밤을 주관하게" 하셨다16절. 그리고 하나님은 별들을 만드시고 "그것들을 하늘의 궁창에 두어 땅을 비추게 하시며 낮과 밤을 주관하게 하시고 빛과 어둠을 나뉘게" 하셨다17~18절.[8]

　　종교개혁자 칼뱅 역시 자신의 창세기 주석에서 비슷한 견해를 제시하고 있다. "하나님은 이전에3절에 빛을 창조하셨지만, 이제 그분은 태양은 낮의 빛을 나누어 주어야 하고 달과 별은 밤에 빛나야 한다는 자연의 새로운 규례를 제정하셨다. 그리고 그는 그들에게 이 임무를 부여하시고 우리에게 모든 피조물은 그분의 뜻에 순종하도록 가르치셨다." 이전에 창조한 빛과 지금 창조한 빛의 "유일한 차이라고 한다면 이전에3절에 창조한 빛은 분산된dispersed 것이었지만, 이제는 눈에 보이는 천체들lucid bodies 로부터 나오는proceed 빛이었다."[9]

　　아마 그때까지만 해도 아직 지구는 짙은 안개로 뒤덮여 있었으리라 생각된다. 일월성신은 창조되었지만, 아직 지표면에서는 그것들을 선명하게 볼 수 없었다. 이러한 상태를 2장에서는 이렇게 말한다. "…여호와 하나님이 땅과 하늘을 만드시던 날에 여호와 하나님이 땅에 비를 내리지 아니하셨고 땅을 갈 사람도 없었으므로 들에는 초목이 아직 없었고 밭에는 채소가 나지 아니하였으며 안개만 땅에서 올라와 온 지면을 적셨더라"창 2:4~6.

　　짙은 안개가 피어오른 세상은 밤과 낮의 구분은 되었지만, 지금과 같이 뚜렷하게 구분되지는 않았다. 하지만 이제 넷째 날을 지나면서 하나님은 온 지면을 적시면서 일월성신을 가렸던 안개가 걷히고 낮에는 해가, 밤에는 달과 별들이 "땅을 비추게 하"셨다. 하나님은 그것들을 하늘의 궁창에 두어_{당시 사람들의 눈에 보이는 대로} 땅을 비추게 하시며 낮과 밤을 주관하게 하시고 빛과 어둠을 나뉘게 하셨다.

IV. 생명의 처소를 만드는 일월성신 | 창 1:18~19

이렇게 만들어진 지구와 일월성신은 하나님이 보시기에 좋았다. 18절에서는 여전히 낮과 밤을 주관하고 빛과 어둠을 나뉘게 하는 해와 달의 기능을 반복적으로 언급하고 있다. 이는 앞에서처럼 해와 달에 신성을 부여하고, 이들을 숭배하던 당시 근동의 천체관을 극복하려는 의도적인 표현이라고 할 수 있다.

이렇게 해서 오늘 우리가 보는 우주가 그 장엄한 모습을 드러냈다. 하나님이 창조하신 우주는 상상도 할 수 없을 정도로 아름답고 웅장했다. 18절에서 "하나님께서 보시기에 좋았더라"고 탄복하신 우주. 그중에서 특히 지구는 사막의 오아시스요 황야의 진주였다. 지구는 생명체가 살 수 있도록 하나님이 특별히 창조하신 특권적 행성이었다. 그래서 곤잘레스Guillermo Gonzalez와 리처드스Jay Richards는 〈특권적 지위의 행성〉The Privileged Planet이란 탁월한 저서를 출간했다.[10] 이 책에서 저자들은 지구는 마치 창조주의 특권적 지위를 부여받은 것처럼 고등한 생명체가 살기에 적합함을 제시하고 있다. 또한 워싱턴대학University of Washington, Seattle의 고생물학자 워드Peter D. Ward, 1949~와 천문학자 브라운리Donald Brownlee, 1943~는 〈드문 지구〉Rare Earth란 저서를 통해 우주에서 지구와 같이 고등한 생명체가 존재하는 다른 행성이 존재하는 것이 극히 어려운 이유를 제시했다.[11] 지금까지 알려진 바로는 지구만이 고등한 생명체가 서식할 수 있는 완벽한 조건을 갖추고 있다.

지난 50여 년간 과학자들은 외계에서 생명체를 찾기 위해 노력했지만, 아직 찾지 못했다. 생명체가 존재하기 위해서는 반드시 선행되어야 할 물이 있는 행성을 찾는 것도 싶지 않다. 한때 화성에 생명체가 있지 않을까 추측한 적이 있다. 그래서 엄청난 돈을 들여서 미국과 유럽은 화성에 우주선을 보냈다. 하지만 지금은 화성에 물이 흘렀던 흔적은 있지만, 생명체는커녕 미생물조차 없다는 결론을 내리고 있다.

그렇다면 지구의 생명체와 관련해 일월성신을 창조하신 목적은 무엇일까? 환경주의자들은 분노할지 모르나 하나님은 지구를 인간의 거처로 창조하셨다. 지구에 거하는 모든 것은 생명의 거처를 위해 보기에 좋았고, 악한 것이 없었다. 이 지구는 우리의 아버지가 창조하신 것인데 그분은 이 모든 것을 우리를 위해 창조하셨다.

하나님은 지구를 비옥하게 만드셔서 모든 생명체가 생육하고 번성할 수 있는 터전을 주셨다. 지구의 모든 환경은 생명체가 서식하기에 최적의 상태로, 보시기에 좋도록 창조되었다. 우리는 오늘날 곳곳에서 이러한 지구를 인간의 탐욕으로 오염시키게 되면 어떤 일이 일어나는지를 보고 있다. 지금과 같은 지구 환경 오염이 지속되면 인류는 이 땅에 지속해서 살 수 없다.

하나님은 창조하신 세계를 보시고 기뻐하시면서 넷째 날 사역을 마무리하셨다. 넷째 날 사역 역시 이전의 창조들과 같이 하나님의 의중과 목적이 완전히 성취된 창조였기 때문에 하나님은 기쁜 마음으로 하루의 사역을 마무리하셨다.

V. 결론과 권면

이제 넷째 날 사역을 마무리하면서 본문이 우리에게 전달하는 메시지가 무엇인지 살펴보자.

1. 과학과 성경

본문은 다시 한 번 우리에게 과학과 성경의 관계를 말해주고 있다. 하나님이 태양과 달을 새들이 날아다니는 궁창에 두셨다는 표현은 틀린 것이 아니라 당시 사람들의 이해수준에 하나님이 눈높이를 맞추신 것이다. 태양과 달, 별이 어떻게 창조되었을까에 대해서도 하나님은 창세기에 복잡한 현대 과학의 이론을 소개하지 않으신다. 창세기 1장이 우리에게 말해주는 바는 하나님의 구속 계획이다. 하나님은 분명한 목적을 갖고 이 지구를 창조하셨다. 하나님은 말씀으로 천지를 창조하셨다. 그분은 지구를 만드셨다. 동시에 그 지구의 목적과 의미를 창조하셨다.

하나님은 태초에 이 세상을 창조하셨다. 그리고 그 하나님이 창조하신 지구의 모습은 "혼돈하고 공허"했다. 하지만 혼돈하고 공허한 지구라고 해서 하나님의 통제 바깥에 있지는 않았다. 하나님의 영이 수면에 운행하고 있었다. 하나님이 창조 세계를 감독하고 있었다는 의미다. 지구는 하나님이 원래 의도하셨던 바대로 정확하게 운행되고 있었다.

하나님은 창조주간의 사역을 하시면서 매일 매일의 사역의 공식을 만드셨다. 연속적으로 창조사역을 진행하시면서 여섯 차례나 "하나님이 이르시되 …가 있으라 하시면 그대로 되었다."라는 공식을 소개하고 있다. 하나님은 말씀하셨고 그 말씀하신 바는 그대로 이루어졌다. 이것이 바로 하나님 말씀의 특성이다. 하나님의 말씀은 능력이 있고 창조적이다. 그분이 말씀하시면 그 말씀의 결과가 즉각 실현된다.

이 비슷한 일이 예수의 사역에서도 나타난다. 예수가 갈릴리 호수를 가로지르는 동안 큰 풍랑이 일어났다. 예수가 그 물과 바람을 꾸짖으시니 호수가 즉각 그 말씀에 순종해 조용하게 되었다. 이러한 성격의 사역이 태초의 창조주간에 일어났다. 창세기는 하나님이 어떤 분이시고, 왜 천지를 만드셨는지를 선포하고 있다. 창세기의 기록 목적에 맞지 않게 과학적으로 옳으니 그르니 해서는 안 된다.

2. 창세기의 목적

창세기는 우리에게 세계가 왜 존재하며, 누구에 의해 존재하게 되었는지를 말해준다. 진화론이 등장하면서 사람들은 생명이라는 것이 우연한 사건들의 연속 때문에 존재하게 되었다고 믿게 되었다. 만일 우연에 기초한 진화가 사실이라면 우리 인간은 삶의 목적을 찾을 수 없다. 삶의 목적을 찾을 수 없다면 우리가 무엇을 하면서, 어떻게 살아야 하는지에 대한 아무런 지표를 가질 수 없다. 어떻게 살아서는 안 되는지를 말할 수 없다.

과연 세상은 우연히 존재하게 되었으며, 우연히 지금 현재의 위치와 상태에 있게 되었을까? 정말 운이나 우연이라는 것이 존재할까? 아니면 세상은 하나님의 창조적인 행위의 결과일까? 창세기는 우리에게 오늘날 공립학교에서 가르치는 바와 전혀 다른 이야기를 제시하고 있다. 성경은 인간이나 세상이 우연히 존재한 것이 아니라 지적인 존재의 설계 때문에 생겨났다고 말한다.

3. 경배를 받으실 분

본문은 우리의 경배를 받으실 분은 오직 창조주 하나님 한 분뿐임을 말한다. 창세기가 기록되던 당시 이집트 사람들은 태양신 "라"를 숭배했다. 일본 사람들은 지금도 자신들이 태양신의 자손이라는 허황된 믿음을 자랑스럽게 말한다. 태양은 피조물이므로 숭배의 대상이 아니다!

고대 사회에 보편적이었던 점성술도 결국 천체에 대한 숭배에서 나온 것이다. 점성술은 전체의 운행이 지상의 개인이나 국가의 운명과 관련되어 있다고 믿는 신앙이다. 혜성이 나타나거나 일식, 월식이 생기게 되면 지상에 어떤 변고가 일어난다고 믿었다.

이처럼 고대 사회에서는 자연물 숭배, 특히 태양 숭배가 보편적이었지만 성경은 그렇게 말하지 않는다. 성경은 하늘의 모든 별도 하나님의 피조물에 불과함을 선포하고 있다. 시편 기자는 "…하나님이 해를 위하여 하늘에 장막을 베푸셨도다. 해는 그의 신방에서 나오는 신랑과 같고 그의 길을 달리기 기뻐하는 장사 같아서 하늘 이 끝에서 나와서 하늘 저 끝까지 운행함이여 그의 열기에서 피할 자가 없도다."라고 말한다시 19:4~6.

시편 기자는 태양은 신이 아니라 신방에서 나오는 신랑과 같은 존재, 즉 수십억 년 동안 하나님의 명령을 준행하고 있는 피조물일 뿐임을 말하고 있다. 아말렉과 싸울 때 여호수아가 "…여호와께 아뢰어 이스라엘의 목전에서 이르되 태양아 너는 기브온 위에 머무르라 달아 너도 아얄론 골짜기에서 그리할지어다 하매 태양이 머물고 달이 멈추기를 백성이 그 대적에게 원수를 갚기까지 하였느니라"라고 명령할 수 있었던 것은 태양은 하나님의 피조물일 뿐이라는 신앙 때문이다수 10:12~13. 주변의 수많은 민족이 자연을 숭배할 때 성경은 자연은 다만 하나님의 피조물임을 선언한다.

오늘 우리는 하나님이 만드신 피조물을 섬기고 있지 않은가? 하나님이 만드신 물질을 하나님처럼 섬기지는 않는가? 다른 사람들을 섬기라고 주신 지식이나 기술, 명예나 지위를 숭배의 대상으로 생각하지는 않는가? 잘 양육해서 하나님의 형상을 드러내 많은 사람에게 복이 되라고 맡겨주신 자녀를 탐욕의 대상으로 생각하지는 않는가 돌아보자.

해양 동물과 육지 동물의 창조

"하나님이 이르시되 물들은 생물을 번성하게 하라 땅 위 하늘의 궁창에는 새가 날으라 하시고 하나님이 큰 바다 짐승들과 물에서 번성하여 움직이는 모든 생물을 그 종류대로, 날개 있는 모든 새를 그 종류대로 창조하시니 하나님이 보시기에 좋았더라. 하나님이 그들에게 복을 주시며 이르시되 생육하고 번성하여 여러 바닷물에 충만하라. 새들도 땅에 번성하라 하시니라. 저녁이 되고 아침이 되니 이는 다섯째 날이니라. 하나님이 이르시되 땅은 생물을 그 종류대로 내되 가축과 기는 것과 땅의 짐승을 종류대로 내라 하시니 그대로 되니라. 하나님이 땅의 짐승을 그 종류대로, 가축을 그 종류대로, 땅에 기는 모든 것을 그 종류대로 만드시니 하나님이 보시기에 좋았더라."
 – 창세기 1장 20~25절

I. 지금까지의 요약

창조주간 하나님의 창조역사를 요약하면 다음과 같다.

제1행위 _1일 빛의 창조창 1:3~5

제2행위 _2일 궁창의 창조창 6~8

제3행위 _3일 육지와 바다의 창조창 9~10

제4행위 _3일 식물의 창조창 11~13

제5행위 _4일 일월성신의 창조창 14~19

제6행위 _5일 바다동물과 조류의 창조창 20~23

제7행위 _6일 육지동물의 창조창 24~25

제8행위 _6일 사람의 창조창 26~31

엿새 동안 하나님이 창조하시는 패턴은 다음과 같다.[1]

1. 창조명령의 서론_ 하나님이 이르시되…

2. 창조명령의 선포_ 빛이 있으라, 물과 물로 나뉘라, 뭍이 드러나라, 나무를 내라, 땅을 비추라, 번성하게 하라, 종류대로 내라

3. 창조명령의 결과_ 그대로 되니라

4. 창조명령의 집행_ 빛과 어두움을 나누사, 하나님이 궁창을 만드사 궁창 아래의 물과 궁창 위의 물로 나뉘게 하시니, 하나님이 두 큰 광명체를 만드사 큰 광명체로 낮을 주관하게 하시고 작은 광명체로 밤을 주관하게 하시며 또 별들을 만드시고 하나님이 그것들을 하늘의 궁창에 두어 땅을 비추게 하시며 낮과 밤을 주관하게 하시고 빛과 어둠을 나뉘게 하시니_{창 1:16~18}, 하나님이 큰 바다짐승들과 물에서 번성하여 움직이는 모든 생물을 그 종류대로, 날개 있는 모든 새를 그 종류대로 창조하시니_{창 1:21}, 하나님이 땅의 짐승을 그 종류대로, 가축을 그 종류대로, 땅에 기는 모든 것을 그 종류대로 만드시니_{창 1:25}, 하나님이 자기 형상 곧 하나님의 형상대로 사람을 창조하시되 남자와 여자를 창조하시고_{창 1:27}

5. 피조물의 명명_ …라 부르시니라_{창 1:5, 8, 10 처음 세 번의 창조에만}

6. 피조물의 분류_ 그 종류대로_{동식물의 창조에 대해서만}

7. 피조물을 축복_ 생육하고 번성하여 _{여러 바닷물, 땅}에 충만하라_{해양동물, 조류, 사람만}

8. 창조명령의 평가_ 하나님이 보시기에 좋았더라.

창조주간에 일어난 창조사역을 자세히 살펴보면 첫 사흘은 혼돈 가운데 있던 요소들이 질서를 잡아가는 단계였고, 이후 사흘은 공허 가운데 있는 지구를 생명체로 채우는 단계였음을 볼 수 있다.

첫째 날에는 빛을 창조하시고 빛과 어둠이 반복되게 하셨다. 이를

통해 어둠을 통제하게 되었고, 시간의 흐름이 시작되었다. 둘째 날에
는 궁창 위의 물과 아래의 물로 나눔으로 궁창, 즉 창공을 만드셨다.
이를 통해 물을 통제하게 되었고 대기권 공간이 생겨났다. 셋째 날에
는 물을 낮은 곳으로 모아서 마른 땅이 드러나게 했고, 그 땅에 식물이
자랄 수 있게 했다. 이 때문에 비옥한 땅이 생겨났다.

넷째 날에는 첫째 날 만든 시간의 경과를 좀 더 구체적으로 태양과
달과 별들을 창조함으로 날과 계절과 연한이 생겼다. 다섯째 날에는
물고기와 새들을 창조하셔서 둘째 날 만든 물과 궁창을 채우게 하셨
다. 여섯째 날에는 육지 동물과 사람을 만드셔서 셋째 날 만든 땅과 식
물을 서식지와 먹이로 사용하게 하셨고, 특히 사람에게는 이 모든 것
을 다스리게 하셨다.

II. 조류, 어류의 창조 | 창 1:20~23

넷째 날 일월성신의 창조 혹은 기능 시작가 첫째 날 빛의 창조에 대응하
는 것처럼 다섯째 날 창조는 둘째 날 창조에 대응한다. 다섯째 날 창
조된 어류와 조류는 둘째 날 창조된 바다와 궁창에 대응한다. 창조의
과정이 진행됨에 따라 땅 위의 물은 해양생물을 위해, 궁창은 새를 위
해 준비되었다. 어류를 위한 서식지가 준비되었고, 어류가 먹고 살아
갈 각종 먹이가 준비되었다. 육지에는 새가 깃들일 처소가 마련되었
고, 궁창에는 이들이 먹고 살아갈 음식물이 준비되었다. 어류와 조류
를 위해 생육하고 번성하기 위한 준비가 되자 하나님은 창조의 명령
을 발하신다.

"물들은 생물을 번성하게 하라 땅 위 하늘의 궁창에는 새가 날으라."
20절에서 이제 하나님은 바다와 공중에 생물creature, נֶפֶשׁ 네페쉬이 떼를

지어in swarms "번성하게 하라"이셰르쭈고 하셨다. 한꺼번에 수많은 개체를 만드셨는지, 아니면 시간을 두고 이들이 번성할 수 있도록 축복하셨는지는 분명하지 않지만, 창조주의 명령으로 물과 궁창에는 생명이 약동하기 시작했다.

"물들은 생물을 번성하게 하라"는 말은 해양 생태계의 등장을 의미한다. 아마 플랑크톤이나 해조류들, 산호coral나 해면동물sponge과 같은, 해양 생태계 피라미드의 아랫부분을 형성하는 하등한 해양생물들이 먼저 창조되었을 것이다. 그리고 이어 이들을 먹고사는 다양한 바다 생물이 창조되었을 것이다.

"땅 위 하늘의 궁창에는 새가 날으라"는 말은 육상 생태계 중 각종 조류의 등장을 의미한다. 조류가 등장했다는 말은 이들이 먹고 살아갈 각종 곤충도 창조되었음을 의미한다. 말할 필요도 없이 일부 작은 바다 생물도 조류의 먹이사슬 속에 포함되었을 것이다.

21절에서 하나님은 "큰 바다 짐승들"을 창조하셨다. 흥미롭게도 이 짐승들을 창조할 때는 1장 1절에서처럼 "바라"라는 동사를 사용하고 있다. 이 동사는 앞에서 언급한 것처럼 창조주 하나님을 주어로 사용하는 독점적이고도 배타적인 동사이다. 이것을 고려한다면 바다의 큰 짐승들이 자연적인 진화의 과정이나 하나님의 간접적인 간섭을 통해 창조된 것이 아니라 하나님의 직접적인 창조행위로 창조되었음을 보여준다.

전능하신 하나님은 "큰 바다 짐승들"을 친히 창조하셨다. 짐승을 의미하는 "탄니님"을 영어로는 sea monsters, Leviathan, Rahab, Behemoth 등으로 번역했고, 킹제임스 번역에서는 "큰 고래"로 번역했다. 독일 루터교 신학자인 카일Carl Friedrich Keil, 1807~1888과 델리취Franz Julius Delitzsch, 1813~1890는 "고래나 악어, 그 밖의 바다 괴물들"이라고 했고,[2] 창조과학자 모리스Henry M. Morris는 오늘날 사멸한 고대의 괴물이라고 했지만,[3] 오늘날 이 짐승이 무엇인지는 정확히 알 수는 없다. 그러므로 차라리 한글 개역개정 성경에서 "큰 바다 짐승들"이라고 번역한 것이 적절하다고 생각된다.

왜 여기서 "큰 바다 짐승들"을 언급했을까? 이것은 2절에서 혼돈과 공허가 하나님의 신, 즉 하나님의 주권 안에 있었던 것처럼 바다의 짐승들도 공포와 경외의 대상이 아니라 하나님의 피조물임을 나타낸다. 큰 바다의 짐승들을 두고도 "하나님이 보시기에 좋았더라"고 한 것은 그 짐승들도 하나님의 전적인 창조주권 안에 있음을 의미한다. 이것은 "큰 바다의 짐승들"을 창조주와 다투는 다른 신으로 생각하는 이방 신화들과는 전혀 다름을 의미한다.[4]

21절에서 말하는 "날개 있는 모든 새"에서 새를 의미하는 "오프"עוֹף는 새와 더불어 날개가 있는 곤충도 포함되었을 것이다. 곤충은 현존하는 동물계의 70%를 차지하고 있고, 가장 많은 개체 수와 종수가 있다. 현대 분류학에서는 조류와 곤충이 분리되어 있지만, 성경은 단순히 이들을 날개 있는 새로 분류한다.

21절에서는 앞에서처럼 하나님이 수생동물과 조류, 곤충 등도 "그 종류대로" 창조하셨다고 말한다. 여기서도 "바라"בָּרָא라는 히브리어 동사를 사용해 이 창조행위가 하나님의 주권적인 역사임을 강조하고 있다. 그리고 마지막 부분에서 바다와 육지와 궁창이 생명체들로 채워지는 것을 보시고 셋째 날과 같이 하나님은 "보시기에 좋았더라"고 하셨다. 처음 만들어졌을 때부터 "그 종류대로", 그리고 더 이상 진화할 여지가 없는, 보시기에 좋은 상태로 창조되었음을 의미한다.

22절에서 하나님은 보시기에 좋도록 창조된 수생 동물, 조류, 곤충을 축복하셨다. "생육하다"פָּרָה 파라과 "번성하다"רָבָה 라바는 주로 개체 수

의 증가에 초점이 맞추어져 있고, "충만하다"מָלֵא 말레는 생태계의 균형
과 완성이라는 의미를 포함한다. 생태계에서 어느 한 종의 개체 수가
과도하게 번성해 다른 종의 서식지를 침해하고 다른 종의 생존을 위
협하는 것이 아니라 생태계 전체가 균형을 이루는 것을 의미한다.

넷째 날 창조에 대한 설명을 마치기 전에 흥미로운 두 가지 사실
을 주목할 필요가 있다. 첫째, 새들이 나는 "땅"אֶרֶץ 에레쯔은 단수로, 수
생 동물들이 서식하는 "바다"יָם 얌와 "물"מַיִם 마임은 모두 복수로 표현되
었다. 여기에는 땅을 하나의 디스크로 생각했던 당시 사람들의 지리
학이 반영되어 있다고 할 수 있다. 어떤 사람들은 노아 홍수 이전에
는 지구의 여러 대륙이 하나로 모여있는, 팡기아Pangaea라고 하는 초대
륙Supercontinent이라고 주장하지만 팡기아가 현재와 같은 대륙으로 분
리된 것은 중생대에 일어난 일이다.

둘째, 넷째 날 사역의 기술에는 다른 날 사역에 포함된 "그대로 되
니라"라는 표현이 빠져 있다. 70인 역에는 이 말이 포함되어 있지만,
원전에는 없었던 것으로 보인다. 대신 22절에서 "생육하고 번성하여
여러 바닷물에 충만하라 새들도 땅에 번성하라"는 축복의 말씀이 추
가되어 있다. 피조물의 이름을 짓는 대신 처음으로 창조주의 축복이
추가된 것이다. 운율을 중시하는 히브리인들의 관행이 적용된 것으로
보인다.

III. 육지 동물의 창조 | 창 1:24~25

23절에서 하나님은 다섯째 날 창조사역을 마치시고, 24절부터는
마지막 여섯째 날 창조사역을 시작하셨다. 바다와 궁창을 채우신 하
나님께서는 이제 마지막으로 둘째 날 창조하신 땅과 셋째 날 창조하

신 풀herbage을 서식지와 먹이로 사용하는 육지 동물과 사람을 창조하셨다. 육지동물들이 생육하고 번성하기 위한 준비가 되자 하나님은 "땅은 생물을 그 종류대로 내되 가축과 기는 것과 땅의 짐승을 종류대로 내라"는 창조의 명령을 발하신다.

24~25절에서 하나님은 땅 위에서의 동물들을 세 가지로 나누셨다. 첫째는 "가축"cattle으로 번역된 "베헤마"בְּהֵמָה,[5] 둘째는 "기는 것"creeping things으로 번역된 "레메쉬"רֶמֶשׂ, 셋째는 "땅의 짐승"beasts of the earth으로 번역된 "하이토 에레쯔"חַיְתוֹ־אֶרֶץ를 창조하셨다. 이들 세 범주에 포함되는 동물들이 어떤 것인지는 정확하지 않지만, 이들은 사람에 대해 동물들을 대표하는 것들이었다.

보스Howard F. Vos는 "가축"에는 길들일 수 있는 네발짐승들이, "기는 것"에는 파충류나 짧은 다리를 갖고 움직이는 곤충들이, "땅의 짐승"에는 길들일 수 없는 야생동물들이 포함된다고 했다.[6] 웬함 역시 비슷하게 가축은 집에서 기르는 큰 짐승들을, 기는 것은 쥐, 파충류, 곤충, 땅에 붙어 다니는 작은 동물들을, 땅의 짐승은 야생동물을 말한다고 했다.[7] 창조과학자 헨리 모리스Henry M. Morris는 "기는 것" 속에 곤충과 작은 파충류, 양서류, 쥐나 두더지 같은 작은 포유류도 포함한다고 했다.[8]

본문에서 말하는 세 종류의 육지동물은 육지에 사는 모든 동물을 가리킨다고 볼 수 있다. 그렇다면 이렇게 나누는 것이 바른 분류법인가? 성경에서 땅의 짐승을 나누는 방법은 현대 생물학의 분류법과는 전혀 다르다. 아마 현대 분류학에서 육지동물을 나누는 방법이 더 합리적이고 과학적일 수 있다. 그렇다면 성경은 틀린 것인가? 그렇지 않다. 성경은 동물분류학 교과서로 사용하기 위해 주어진 책이 아니다. 성경을 기록한 원래의 목적을 생각한다면 본문에서 말하는 것과 같은 간단한 육상동물 분류법이 아무런 문제가 되지 않는다.

IV. 세 가지 창조 원리

어떤 사람들은 창세기와 과학을 조화시키기 위해 창세기 1장의 생물 창조의 순서를 진화의 순서와 맞추려고 노력하기도 한다. 하지만 다섯째 날에 어류, 조류를 먼저 창조하신 후_{창 1:20~21}, 여섯째 날 양서류, 파충류, 포유류를 만드셨다_{창 1:24~25}. 파충류로부터 조류가 진화했다는 생물학의 주장과는 맞지 않는 것이다. 성경이 틀렸을까? 아니다.

성경은 생물학 교과서로 주어진 것이 아님을 기억해야 한다. 지금과 같은 생물 분류 체계는 근래에 만들어진 것이고, 지금과 같은 진화 순서도 근래에 제안된 것이다. 창세기는 모세 시대의 일반인들이 상식적으로 이해할 수 있는 바를 기록한 것이다. 그럼에도 본문은 우리에게 몇 가지 중요한 영적 의미를 가진 과학적 사실들을 제시하고 있다. 크게 세 가지 창조의 원리를 생각해 본다.

1. 그 종류대로의 창조 원리 | 창 1:21, 24, 25

생물 창조의 첫 번째 원리는 하나님이 모든 생물을 "그 종류대로"לְמִינֵהוּ 레미네후 창조하셨다는 것이다. 하나님은 이 세 종류의 육지 동물도 모두 그 종류대로만 번식하게 하셨다. 본문은 무려 일곱 번에 걸쳐 하나님이 물과 궁창, 땅의 짐승들을 "그 종류대로" 창조하셨다고 말한다. 이것을 우리가 현대 생물학에서 분류학의 원리로 삼을 필요는 없지만, 진화론자들이 말하는 것과 같은 아메바로부터 인간에 이르는 진화는 일어나지 않았다고 할 수 있다.

여기서 "종류"라는 것이 무엇을 의미할까? 히브리어로 종류를 의미하는 "민"ṃ은 현대 생물학에서 말하는 종과 어떤 관계가 있을까? 앞에서 여러 차례 언급한 것처럼 성경은 생물 교과서가 아니기에 현대 생물학의 개념을 그대로 창세기 해석에 사용할 수는 없다. 여기서 말하는 "종류"가 생물학의 "종"과 어떤 관계가 있는지는 분명하지 않다. 아마 현대 생물학의 분류 단위에서 생식적 격리가 일어나는 과科, family나 속屬, genus 정도가 되지 않을까 생각된다. 종류가 다르면 번식할 수 없다는 말이다.

생식적으로 격리된 경우 서로 다른 종류의 정자가 난자에 접근하게 되면 난자는 자신을 특수한 화학물질로 둘러싼다. 종류가 다르면 정자와 난자가 수정될 수가 없고, 번식할 수 없도록 창조하신 것이다. 만일 이종異種 간 번식이 가능하다면, 그리고 자연에서 저절로 그런 교잡이 일어난다면 더 이상 생물은 분류할 수 없게 된다. 다양한 잡종이나 품종개량도 가능하지만, 자연에서 저절로 생식적 격리가 일어나며, 그 결과 다양한 종이 만들어지고, 우리가 보는 것 같은 현재의 생물 세계가 만들어진다고 생각하는 것은 성경적이지 않을 뿐 아니라 과학적으로도 맞지 않는다.

모든 생물이 그 종류대로 창조되었음을 나타내는 가장 강력한 증거는 화석이다. 화석은 과거에 살았던 동물이나 식물의 유해나 자취를 말한다. 만일 정말 한 종에서 다른 종으로의 진화가 일어났다면 그렇게 진화하는 화석이 출토되어야 한다. 그것도 하나나 소수가 아니라 아주 많은 숫자의 중간형태가 나타나야 한다. 하지만 화석이 출토되면 될수록 그 종류대로 따로따로 떨어져서 출토되고 있다. 이것은 창조론자들의 억지가 아니라 진화론자들이 말하고 있는 바이다. 그렇다면 그 종류대로 화석이 출토되고 있는데 어떻게 진화되었다고 할 수 있는가? 여기에서 중간형태의 화석이 없이도 진화를 설명하기 위한 모델이 나오게 된 것이다. 그것이 소위 어려운 말로는 평형파괴이론 이라고도 하고 쉬운 말로는 괴물이론이라고 한다.

2. 완전 창조의 원리 | 창 1:21, 25

생물창조의 두 번째 원리는 하나님이 모든 생물을 "보시기에 좋도록" 창조하셨다는 점이다. 12절에서 하나님은 셋째 날 식물들을 만드시고 "보시기에 좋았더라"고 말씀하셨고, 본문인 21절에서도 다섯째 날 어류와 조류들을 만드신 후에도 "보시기에 좋았더라"고 하셨다. 25절에서도 여섯째 날 육지동물을 만드신 후 "보시기에 좋았더라"고 하셨다. 이 외에도 "보시기에 좋았더라"는 말은 창세기 1장에서 몇 차례 후렴처럼 반복되고 있다.

하나님이 모든 생물을 "그 종류대로" 창조하셨다는 것은 각 생물이 처음부터 따로따로, 그리고 완전하게 창조되었다는 사실과 연결된다. "그 종류대로" 창조되었기에 더는 발전된 형태로 변해가야 할 필요가 없는 것이다. 각 생물은 자신들의 서식지, 생태계에서 가장 완벽하게 살아갈 수 있도록 창조되었다.

몇 가지 예를 들어보자. 육식동물은 초식동물과 치아만 다른 것이 아니라 몸의 전체 구조가 사냥을 하기에 적합하도록 창조되었다. 새들은 날기에 적합한 골격을 갖고 있다. 날아다니는 새들은 몸무게가 가벼운 것이 매우 중요한데 모든 새는 잘 날 수 있도록 뼈가 비어있다. 그래서 참새구이를 하게 되면 뼈까지 모두 씹어서 먹을 수 있다! 호주 동부 지방에 사는 오리너구리duck-billed platypus는 오리처럼 부리와 물갈퀴를 갖고 있으며, 물속으로 수영하면서 다닌다. 흥미롭게도 알을 낳지만 젖을 먹이는 포유동물이다. 오리너구리가 살아가는 환경에 가장 적합하도록 창조된 것이다.⁹⁾

바다에 살지만, 포유동물인 고래는 어떤가? 진화론에서는 고래가 육지 포유동물로부터 진화했다고 주장하지만, 사실 고래는 애초부터 바다에 살기에 적합한 신체적인 구조로 되어 있다. 기린은 어떤가? 유난히 키가 큰 기린은 늘 고혈압이다. 키가 크기 때문에 가슴에 있는 심장에서 머리까지 피를 밀어 올리기 위해서는 고혈압이 될 수밖에 없다. 그런데 문제는 물을 먹기 위해 머리를 땅으로 내릴 때다. 머리를 위로 하고 있을 때처럼 심장이 강하게 혈액을 펌프질하면 뇌출혈이 생겨 죽고 만다. 그래서 기린은 물을 먹기 위해 머리를 앞으로 숙이게 되면 자동으로 잠시 심장에서 머리로 가는 동맥이 막히게 된다. 그리고 고개를 들면 다시 혈액이 공급된다.

창조-진화 논쟁에서 논쟁거리가 되는 심해어 실라칸트_{coelacanth}는 배지느러미와 꼬리지느러미에 뼈가 들어있다. 진화론자들은 이 뼈를 양서류의 다리와 발로 진화하기 위한 증거로 본다. 그러나 실라칸트는 심해 바닥에 붙어서 해저 유기물들을 파먹으면서 살아가기 때문에 힘이 있는 지느러미가 필요했다.[11] 이 외에도 로키산맥에서 볼 수 있

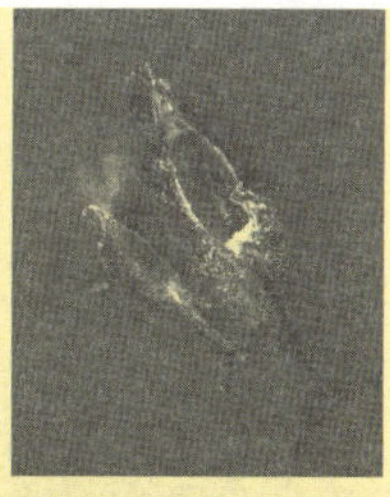

[그림 1] 오리너구리, 고래, 기린, 실라칸트[10]

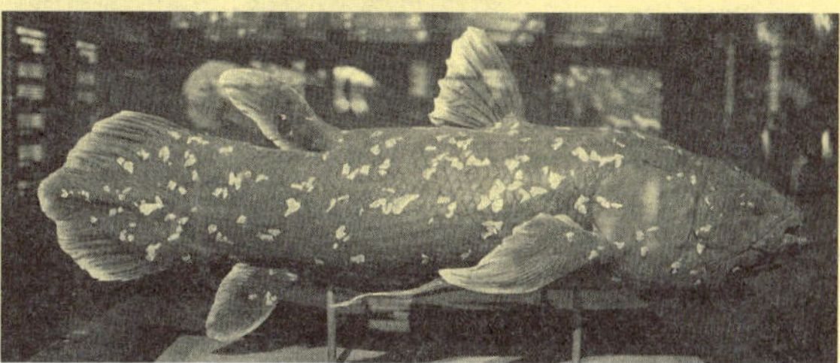

는 산양은 앞 다리가 뒷 다리와 비교하면 유난히 짧다. 가파른 산에 살기에 적합하도록 설계된 것이다. 펭귄은 극지방에 살기에 적합하도록 설계되었고, 연어는 민물과 바닷물 모두에 적응해서 살 수 있도록 설계되었다. 사람들이 보기에 이상하게 보이는 동물도 창조주는 그들이 자신의 생태계에서 가장 잘 살아갈 수 있도록 보시기에 좋은 구조로 만드신 것이다.

진화론에서는 모든 생명체가 처음에는 단순하고 원시적이었지만 시간이 지나면서 점점 진화, 즉 발전하게 되었다고 말한다. 다시 말해 처음에는 보기에 좋지 않았지만, 시간이 가면서 자연 내적인 힘으로 저절로 보기에 좋도록 진화했다고 한다. 하지만 그렇게 해서는 생태계마다 독특하고도 완벽한 동물의 신체 구조를 설명하기 곤란하다.

3. 생육하고 번성하라는 축복의 원리 | 창 1:22

창세기 1장에서 하나님이 생육하고 번성하라는 축복을 두 차례에 걸쳐 말씀하신다. 물고기와 새들을 축복하신 22절과 사람을 축복하신 28절이다. 22절에 보면 물고기와 새들을 축복하셨다. "하나님이 그들에게 복을 주시며 이르시되 생육하고 번성하여 여러 바닷물에 충만하라. 새들도 땅에 번성하라 하시니라."

하나님은 모든 생물은 생육하고 번성하라고 축복하셨다. 그런 가운데서도 엄격하게 피조세계의 먹이사슬이 유지되도록 하셨다. 만일 호랑이나 사자와 같은 육식동물이 토끼처럼 많이 번식한다면 어떻게 될 것인가? 고래가 연어 알처럼 한꺼번에 많은 새끼를 낳는다면 어떻게 될 것인가? 하나님은 먹이 사슬의 위로 갈수록 개체 수가 지나치게 빠르게 많아지지 않도록 조절하고 계신다. 각 동물은 자신의 생태계적 지위에 따라 생육하고 번성하도록 지음을 받았다.

진화론에서는 생육과 번성이 축복이 아니라 자연에 의해 선택되어서 살아남는 것이 축복이다. 자연에 의해 선택되기 위해 죽기 살기로 경쟁하도록 하는 것이 진화론이다. 자연에 의해 선택되지 못한 개체나 종은 여지없이 도태되어 사라지고 말기 때문이다. 그 진화의 과정을 자연이 아니라 사람이 실행하겠다고 나서서 저지른 비극이 바로 2차 세계대전 때 나치가 저지른 대학살The Holocaust 이다. 자연선택의 원리에 의하면 장애인이나 약자들은 설 땅이 없다.

V. 결론과 권면

1. 모든 생물은 피조세계 내에서 독특한 생태계적 지위를 갖는다.

하나님은 모든 생물을 그 종류대로 만드셨는데 이것은 각각의 종류가 하나님의 피조세계 내에서 나름의 지위와 역할을 갖도록 만드셨다는 점이다. 독수리에게는 독수리의 역할이 있고, 박테리아에게는 박테리아의 역할이 있다. 만일 박테리아가 분해하지 않는다면, 그래서 죽은 동식물이나 사람들의 시체가 썩지 않는다면 이 지구는 지옥이 될 것이다.

이것을 좀 더 넓게 적용하면 하나님은 우리 모든 사람도 하나님의 피조세계 내에서 나름의 지위와 역할을 가질 수 있도록 창조하셨다. 교회나 사회에서 사람마다 서로 다르게, 다른 은사를 갖도록 지으신 것은 다른 사람들의 다양한 필요를 섬기기 위해서이다.

2. 하나님은 세상을 보시기에 좋도록 만드셨다.

하나님이 만드셨던 원래의 세계는 보시기에 좋았다. 인간의 타락으로 피폐해졌지만 보시기에 좋았던 그 세상을 회복할 책임이 우리에게 있다. 특히 하나님의 창조계획을 깨달은 그리스도인들은 하나님이 만드신 세상이 하나님의 공의의 법을 따라 바르게 운영되도록 노력해야 한다.

오늘 우리 한국교회가 어려움을 겪고 있는 이유는 그리스도인들이 하나님이 보시기에 좋도록 창조하신 세계를 회복하는 데 별 도움이 되지 않거나 도리어 애물단지가 되고 있기 때문이다. 자연환경을 보호하는 것과 더불어 우리가 살아가는 사회가 공평하고 정의로운 사회가 되도록, 가난하고 약한 사람이 무시당하지 않는 사회가 되도록 그리스도인들이 노력해야 한다. 그래서 보시기에 좋도록 창조된 하나님의 세계에 대한 선한 청지기가 되어야 한다.

3. 하나님은 피조세계를 축복하시는 분이다.

인간의 타락으로 인해 지금의 세계는 창세기 1장의 세계와는 많이 다르다. 생물학적으로는 돌연변이도 생기고, 유전병도 있다. 그럼에도 하나님은 우리를 축복하시는 분이라는 원리는 변함이 없다. 때로는 우리에게 불행하게 보이는 일들도 하나님이 필요하기에 허락하신 것이다. 예를 들어 질병의 고통이 없다면 인간이 얼마나 교만할 것인가? 우리 모두 오래 살기를 바라지만 인간은 불과 100년도 못살고 죽는다. 그러면서도 영원히 살 것처럼 교만한 우리의 모습을 볼 때 노아 홍수 이전과 같이 900세씩 산다면 얼마나 더 교만해질 것인가를 생각해 본다.

밴쿠버 지역에 있는 베데스다회라는 모임에 몇 차례 간 적이 있다. 이 모임은 자폐아 부모 모임인데 놀랍게도 그분들은 한결같이 겸손하고 믿음이 좋았다. 장애 자녀를 둔 가정의 부모 중 교만한 사람을 본 적이 있는가? 암도 그러하다. 암에 걸린 사람이 교만하고 잘난 체하는 것을 본 적이 있는가?

우리에게 주어진 모든 조건과 환경은 우리를 축복하시는 하나님이 주신 것이라는 믿음을 갖고 사는 것이 그리스도인들이 아닐까? 그런 의미에서 행복은 해석이요, 선택이라고 할 수 있다. "하나님을 사랑하는 자 곧 그 뜻대로 부르심을 입은 자들에게는 모든 것이 합력하여 선을 이루느니라"롬 8:28는 말씀은 인간의 타락 이전에만 적용되던 영적 원리가 아니라 지금도 유효한 영적 원리다. 외적 환경이나 다른 사람이 어떻게 생각하는지에 관계없이 우리를 축복하시는 하나님을 믿으며 인생을 살아가야 할 것이다.

사람,
하나님의 형상

"하나님이 이르시되 우리의 형상을 따라 우리의 모양대로 우리가 사람을 만들고 그들로 바다의 물고기와 하늘의 새와 가축과 온 땅과 땅에 기는 모든 것을 다스리게 하자 하시고 하나님이 자기 형상 곧 하나님의 형상대로 사람을 창조하시되 남자와 여자를 창조하시고 하나님이 그들에게 복을 주시며 하나님이 그들에게 이르시되 생육하고 번성하여 땅에 충만하라, 땅을 정복하라, 바다의 물고기와 하늘의 새와 땅에 움직이는 모든 생물을 다스리라 하시니라. 하나님이 이르시되 내가 온 지면의 씨 맺는 모든 채소와 씨 가진 열매 맺는 모든 나무를 너희에게 주노니 너희의 먹을 거리가 되리라. 또 땅의 모든 짐승과 하늘의 모든 새와 생명이 있어 땅에 기는 모든 것에게는 내가 모든 푸른 풀을 먹을 거리로 주노라 하시니 그대로 되니라. 하나님이 지으신 그 모든 것을 보시니 보시기에 심히 좋았더라 저녁이 되고 아침이 되니 이는 여섯째 날이니라."
– 창세기 1장 26~31절

지금까지 우리는 천지 창조와 동식물의 창조를 살펴보았다. 하나님은 천지와 그 가운데 있는 모든 동식물을 그 종류대로 창조하시고 보시기에 좋았더라고 말씀하셨다. 하지만 하나님의 창조사역의 정점은 인간의 창조였다. 어쩌면 인간 이전에 창조된 것들은 인간의 창조를 위한 준비였다고 볼 수 있다. 창세기 1장의 마지막 부분은 인간이 누구인지를 다루고 있다. 도대체 나는 누구이고, 인간은 무엇인가? 먼저 인간을 만드신 하나님은 누구신지를 생각한 후에 인간이 무엇인지 생각해 보자.

I. 삼위일체 하나님 | 창 1:26

26절에서 "하나님이 이르시되 우리의 형상을 따라 우리의 모양대로 우리가 사람을 만들고"라고 말씀하신다. 여기서 "하나님"은 1절에서처럼 "엘로아"אֱלוֹהַּ의 복수 "엘로힘"אֱלֹהִים으로 표기하면서 "이르시되”는 “아마르”אמר의 남성단수ויאמר를 사용한다. 여기서 엘로힘은 위엄의 복수 형태라고 해석하는 것이 큰 문제가 되지 않는다. 하지만 이어 “우리가 사람을 만들고”נעשה אדם에서는 기존의 재료로부터 무엇을 만드는 것을 의미하는 “아싸”עשה의 미완료복수동사נעשה를 사용한다.

그렇다면 이 복수의 주어는 누구인가? 독일의 비평학자 궁켈Hermann Gunkel, 1862~1933은 여러 신, 즉 다신론을 나타내는 말이라고 했다.[1] 하지만 성경이 의도적으로 이방의 다신론을 경계하는 것을 생각한다면 궁켈의 해석은 바르지 않다고 할 수 있다.

전통적으로 히브리 주석가들은 하나님이 하늘에 있는 천사들에게 말하기 때문이라고 했다. 알렉산드리아의 유대인 종교철학자 필로Philon, c. BC 20~c. AD 45로부터 유대 랍비들의 창세기 주석들을 모은 〈창세기 랍바〉에서는 일반적으로 이 복수형을 하나님이 천상의 총회, 즉 천사들에게 말씀하신 것으로 해석해 왔다.[2] 즉 하나님은 천상의 총회에 있는 여러 천사를 향해 “우리가…”라고 말씀하셨다는 것이다.[3]

드라이버S.R. Driver는 이를 “위엄의 복수”를 의미한다고 보면서 “신성 안에 있는 속성과 능력의 충만함”이라고 해석했다.[4] 하지만 위엄의 복수형은 명사에만 나타나고 대명사에는 그렇지 않으므로 이 입장은 문법적으로 정당하지 않다. 더구나 “만들다”를 의미하는 동사 “아싸”עשה는 한 번도 위엄의 복수형으로 사용된 적이 없다.[5]

전통적으로 교회는 초대교회로부터 삼위일체를 예시하는 것으로 보아왔다. 1세기 초대교회 위경의 하나인 바나바 서신Epistle of Barnabas과 저스틴 마터Justin Martyr, c.100~165는 이를 성자를 포함하는 복수로 보았으며, 2세기 교부 이레니우스Ireneaus, 135~202는 성자와 성령이 복수형 속에 있다고 보았고, 비슷한 시기의 터툴리안Tertullian, c.150~220 역시 성육한 말씀, 즉 그리스도가 포함되었다고 보았다. 구약학자 페인D.F.

Payne은 삼위일체적 해석을 주장하면서 이는 인간은 오직 하나님의 형상으로만 만들어졌기 때문이라고 한다. 그는 본문 속에 삼위일체가 내포되어 있다고 주장한다.[6] 이 외에도 하나님의 이름을 복수로 사용한 것에 대한 몇몇 견해가 있지만[7] 성경이 의도적으로 이방의 다신론을 경계하는 것을 고려한다면 이는 삼위일체 하나님을 나타내는 것으로 보는 것이 무리 없는 해석이라고 생각된다.

II. 인간이란 무엇인가? | 창 1:26a, 27

그렇다면 인간은 누구이며, 무엇인가? 본문은 인간은 하나님의 형상으로 지음 받았다고 말한다. 비슷한 얘기가 주변 국가들에서도 찾아볼 수 있다. 바빌론의 창세신화 〈에누마 엘리쉬〉Enuma Elish 에서는 아들이 아버지의 형상을 지니고 있다고 말하지만, 사람이 신의 형상을 따라 창조되었다고 말하지는 않는다. 이집트의 메리카레 왕의 교훈을 담은 〈메리카레의 교훈〉The Instructions of Merikare 에서는 인간은 신의 몸에서 나온 신의 형상이라고 말한다.[8] 하지만 성경에서 말하는 하나님의 형상과는 거리가 있다. 그렇다면 26, 27절에 나오는 하나님의 "형상"과 "모양"이란 무엇을 의미하는가?

1. 하나님의 형상을 지닌 존재

독일의 실존주의 철학자 야스퍼스Karl Theodor Jaspers, 1883~1969는 "인간의 진정한 모습은 하나님의 형상에 있다"고 했다. 인간은 하나님의 아이콘이다. 컴퓨터의 아이콘처럼 인간을 클릭하면 하나님이 어떤 분인지 프로그램이 좍 펼쳐지도록 지음 받은 존재다. 하나님은 우리를 통해 자신을 드러내시기 위해 우리를 자신의 형상을 따라 만드셨다.

왜 하나님은 우리를 자신의 형상으로 만드셨을까? 이는 인간으로 하여금 하나님을 사모하고, 하나님과 교제하도록 하기 위해서였다.

인간은 하나님의 형상을 따라 지음 받았다는 사실로 인해 존엄한 존재이다. 하나님의 "형상"image 을 의미하는 "첼렘"צֶלֶם은 원래 그림자shade, 환영phantom이란 어원을 갖고 있으며, 유사함resemblance, 대표하는 사람representative figure, 우상idol 등을 의미한다. 하나님의 "모양"likeness을 의미하는 "데무트"דְּמוּת 역시 유사함resemblance, 모델model, 형태shape 등을 의미하는 말이다. 인간은 하나님을 닮은, 혹은 드러내는 존재라는 의미다.

전통적으로 이레니우스Irenaeus 등 주석학자들은 형상과 모양은 다르다고 보았다. 형상은 인간이 가지고 있는 이성, 인격 등 자연적 특성을 말하고, 모양은 인간의 윤리적 특성과 같은 초자연적 특성을 말한다고 보았다.[9] 하지만 창세기 5장에서의 용례는 이 두 단어가 구분되는 뜻을 가진 것이 아님을 드러낸다. "아담은 백삼십 세에 자기의 모양 곧 자기의 형상과 같은 아들을 낳아 이름을 셋이라 하였고"창 5:3. 모양과 형상을 구분하는 것은 어쩌면 분석적인 그리스 전통일 수 있다.[10]

"형상"과 "모양"은 이스라엘 사람들이 비슷한 말을 반복해서 강조하는 관행을 의미한다고 보는 것이 자연스럽다. 이런 히브리어의 표현양식은 동의대구법同意對句法이라고 부른다. 대귀對句를 이루는 단어들은 종합적인 의미를 나타내거나 보다 진전된 의미를 나타낸다. 그렇다면 하나님이 인간을 자신의 형상과 모양을 따라 창조하셨다는 사실은 무엇을 의미하는가? 이는 하나님과 인간의 (1) 영적이고 인격적인 유사성과 (2) 하나님처럼 모든 만물을 다스리는 사역을 부여받은 인간의 사역적 유사성을 의미한다.[11]

흥미롭게도 성경의 관점과는 달리 오늘날 진화론에서는 인간은 하나님의 형상이 아니라 동물의 형상을 닮은 존재라고 말한다! 진화론에서는 남자와 여자로 분리된 것도 진화 과정을 통해 이루어졌다고 했다.12) 다윈은 별세하기 전 해에 July 3, 1881 친구에게 보낸 편지에서 자신의 이론이 갖는 함의에 대해 매우 염려했다. "나는 사람의 마음의 확신이 하등한 동물의 마음으로부터 발달한 것인지, 그렇다면 어떤 가치가 있으며 믿을만한 것인지에 대한 심각한 의문 horrid doubt 을 갖고 있다. 마음에 대한 확신이 있다고 해도 누가 원숭이의 마음의 확신을 믿을 것인가?"13)

그럼에도 그의 후예들은 점점 더 진화를 확신하고 있다. 진화론자들은 사람을 연구할 때 동물들에 대한 연구를 기초로 삼기도 한다. 그런데 인간은 육체적인 면은 동물과 유사한 점이 많지만, 정신적인 면에서는 전혀 다른 존재다. 하나님은 사람이 하나님을 닮았다고 말하는데 아이러니하게도 사람은 스스로 짐승을 닮았다고 주장한다!

인간이 하나님의 형상을 따라 지음 받았다는 사실은 우리에게 교육

[그림 1] 다윈과 인간의 유래14)

의 목적이 무엇이며, 또한 무엇이어야 하는지를 말해준다. 교육의 목적은 아이를 좋은 학교에 보내 출세시키는 것이 아니라 아이에게 하나님의 형상을 회복하는 것이다. 그 아이에게 하나님의 형상을 회복시킬 때 생육하고 번성하는 것은 진정한 축복이 된다. 오늘날 아프리카의 비극은 이들에게서 하나님의 형상이 회복되지 않는 것이다. 아프리카에는 땅도 있고, 자원도 있고, 인구도 있다. 문제는 그곳에 사는 사람들에게 하나님의 형상이 회복되지 않는 것이다. 그들에게 하나님의 형상이 회복되지 않는다면 아무리 넓은 땅과 많은 자원이 있어도 소용이 없다.

그렇다면 하나님의 형상은 무엇인가? 어떤 사람은 외형적 모습을 생각하지만, 하나님의 형상은 하나님의 성품, 속성을 의미한다. 하나님은 영이시기 때문이다. 성경은 하나님을 가장 잘 드러내는 분은 바로 예수 그리스도라고 말한다. 사도 바울은 예수님을 가리켜 "보이지 않는 하나님의 형상"이라고 했다골 1:15. 야고보 사도는 하나님은 회전하는 그림자도 없는 분이라고 말한다약 1:17. 사도 요한은 하나님은 영이시라고 말한다요 4:24. 베드로는 예수가 우리로 하여금 "신의 성품" 혹은 "신성한 성품"에 참여하는 자가 되게 하셨다고 말한다벧후 1:4.

2. 남녀 모두 하나님의 형상으로 창조

27절은 남자와 여자 모두 하나님의 형상을 따라 지음 받았다고 말한다. 그리스도인들은 이 말을 당연하게 여기지만, 이방 종교나 세상 철학은 전혀 다른 대답을 한다. 유물론자들은 사람을 단지 물질로만 이루어진 존재라 하고, 진화론자들은 진화한 척추 포유동물이라고 한다. 이런 사람들에게는 하나님도, 천사도 없다. 사람은 영원한 존재가 아니고 다만 동물적인 육체만 있을 뿐, 그냥 먹고 소비하는 존재일 뿐이다. 인간과 동물은 본질적 차이가 없다는 데 기초해서 다윈은 진화론을 만들었다.

남녀가 모두 하나님의 형상으로 지음 받은 동등한 존재라는 사실은 캐나다나 한국 등에서는 당연한 것으로 생각되지만, 회교권이나 힌두교권에 가면 전혀 상황이 달라진다. 이슬람법Sharia에서는 여자보다 남자에게 더 많은 권리를 준다. 예를 들면 "남자는 4명까지 부인을 맞이할 수 있다." 혹은 "두 여인의 증언은 한 명의 남자 증언과 같다." 등이다. 남자에 의한 이혼talaq은 허용하지만, 일반적으로 여자에 의한 이혼은 허락되지 않는다. 코란은 명시적으로 남자의 신분은 여자 위에 있음을 말한다.[15) 또한, 여자의 책임자는 남자에게 있으며, 남자는 여자를 구타할 수도 있다고 말한다.[16) 모하메드Muhammad와 그 교우의 언행록인 〈하디스〉Hadith는 여자는 매일 기도할 수 없으므로 낮은 계급이라고 말한다. 또한, 여인은 구부러진 갈비뼈와 같아서 곧게 만들 수 없는 존재라고 말한다.

이러한 여성 비하는 힌두교권도 마찬가지다. 인도에서는 지금까지 7,300만 명의 여성이 실종되었다고 한다. 하지만 제대로 조사가 이루어지고 있지 않다. 힌두교에서는 여성을 열등하다고 생각하기 때문이다. 이들은 남자가 현세에서 죄를 지으면 다음 세상에 여자로 태어난다고 생각한다. 반면에 여자가 다음 세상에 남자로 태어나려면 엄청난 선행을 쌓아야 한다고 생각한다.[17)

고대 그리스의 위대한 철학자 플라톤이 신에게 감사하는 네 가지 조건을 말한 적이 있는데 그 내용이 지극히 여성 차별적이었다. 그는 첫째는 짐승이 아니고 인간으로 태어난 점, 둘째는 야만인이 아니고 그리스인으로 태어난 점, 셋째는 소크라테스와 같은 훌륭한 스승을 만나서 철학자가 된 점, 넷째는 여자가 아니고 남자로 태어난 점을 감사했다.

그러나 본문은 남녀 상관없이 모든 인간은 하나님의 형상대로 동등하게 창조되었다고 선언한다. 우리가 복음의 메시지를 갖고 있다면 남자와 여자가 생리적, 정서적으로 다르지만 동등한 인권과 가치를 가진다고 생각해야 한다. 남녀 모두 하나님의 형상대로 지음을 받은, 최고의 가치 있는 존재이다. 남녀의 차이는 기능적 차이functional difference일 뿐이며 인격이나 인권, 능력의 차이sexual discrimination가 아니다.

위에서 언급한 두 가지 정체성으로부터 우리는 인간은 삼위일체 하나님에 의해 창세 전부터 예정된 존재라고 할 수 있다. 이것을 가장 강조하는 곳이 에베소서이다. "곧 창세 전에 그리스도 안에서 우리를 택하사 우리로 사랑 안에서 그 앞에 거룩하고 흠이 없게 하시려고 그 기쁘신 뜻대로 우리를 예정하사 예수 그리스도로 말미암아 자기의 아들들이 되게 하셨으니"엡 1:4.

창세기 1장 26~27절은 인간의 신적인 기원, 즉 신적인 권위를 말한다. 아무리 하잘 것 없이 보이는 사람이라도 개인의 능력이나 생산성 때문이 아니라 하나님이 자신의 형상대로 만드신 존재라는 점 때문에 존귀한 것이다. 자신을 하나님이 창세 전부터 예정하시고, 그분의 형상을 따라 창조된 존재라고 믿는 것이 인간의 바른 정체성을 회복하는 출발점이라고 할 수 있다.

III. 인간은 무엇을 위해 창조되었는가? | 창 1:26b

하나님이 인간을 자기의 형상대로 지으신 이유는 무엇일까? 본문은 이에 대해 하나님이 만드신 세계를 다스리게 하시기 위함이었다고 말한다. 비슷한 내용을 28절에서도 볼 수 있다. "하나님이 그들에게 복을 주시며 하나님이 그들에게 이르시되 생육하고 번성하여 땅에 충만하라, 땅을 정복하라, 바다의 물고기와 하늘의 새와 땅에 움직이는 모든 생물을 다스리라 하시니라.”

이 명령에 따라 아담은 하나님께 기쁨으로 순종하면서 에덴에서 일하면서 지냈다. 창세기 2장 15절에는 “여호와 하나님이 그 사람을 이끌어 에덴동산에 두어 그것을 경작하며 지키게 하시고”라고 했다. 또한, 19절에서는 “여호와 하나님이 흙으로 각종 들짐승과 공중의 각종 새를 지으시고 아담이 무엇이라고 부르나 보시려고 그것들을 그에게로 이끌어 가시니 아담이 각 생물을 부르는 것이 곧 그 이름이 되었더라.”고 했다. 아담에게 주어진 첫 번째 문화명령은 동물의 이름을 짓는 것이었다. 이름을 짓는 것은 권위를 상징하는 말이다. 모든 동물이 아담의 권위 아래 순복한다는 의미이기도 하다. 다시 말하면 아담이 에덴의 관리에 전적인 책임과 권위를 가졌음을 의미한다.

아담에게 주어진 명령은 곧 오늘 우리에게 주어진 명령이기도 하다. 피조물은 하나님의 아들들, 즉 우리를 기다리고 있다. 만일 하나님이 창조세계를 잘 다스리기를 원하신다면 하나님의 자녀인 우리는 어떻게 해야 할까? 하나님이 우리를 이 땅에 두신 이유는 이 땅을 하나님의 뜻대로 잘 다스리기 위함이다. 그런데 인간이 타락해 땅을 황폐화시켰고, 오염시켰다. 그래서 모든 피조세계는 진정한 하나님의 자녀가 나타나기를 갈망하고 있다. 우리가 하나님의 자녀라면 우리는 아버지께서 창조하신 지구를 사랑하고 보호하는 자가 되어야 한다.

“피조물이 고대하는 바는 하나님의 아들들이 나타나는 것이니 피조물이 허무한 데 굴복하는 것은 자기 뜻이 아니요 오직 굴복하게 하시는 이로 말미암음이라. 그 바라는 것은 피조물도 썩어짐의 종 노릇한 데서 해방되어 하나님의 자녀들의 영광의 자유에 이르는 것이니라. 피조물이 다 이제까지 함께 탄식하며 함께 고통을 겪고 있는 것을 우리가 아느니라"롬 8:19~22.

현대 선교의 아버지라고 불리는 영국의 윌리엄 케리William Carey, 1761~1834는 침례교 선교사로서 영지주의적 세계관이 아니라, 성경적 세계관을 가지고 있던 사람이다. 그가 인도에 갔을 때 인도의 자연과 산은 황폐해져 있었다. 그러나 하나님의 비전을 가지고 그것을 바라보았을 때 황폐해진 땅이 옥토로 바뀌는 것을 보게 되었다. 그는 그 비전을 가지고 인도 그리스도인들에게 나무를 심게 하고, 그 땅을 경작하게 했다. 많은 사람이 윌리엄 케리를 훌륭한 선교사로만 기억하지만, 그는 훌륭한 피조세계의 청지기이기도 했다.[18]

피조물은 하나님의 아들들이 나타나는 것을 고대하고 있다. 인공위성을 통해서 아프리카를 본다면 매년 삼림이 황폐해지고 사막으로 바뀌는 것을 볼 수 있다. 사하라 사막이 1년에 2km 정도씩 계속 남쪽으로 확대되고 있고, 그래서 사헬 지방으로 알려진 이곳은 만성적인 가난과 기아에 허덕이고 있다. 그리스도인들은 사막화를 막아야 할 책임이 있다. 복음이 전해지는 곳에는 예수 그리스도의 땅이 푸른 옥토로 바뀌어야 한다. 이것이 바로 하나님 나라다.

IV. 인간의 사명 선언 | 창 1:28

왜 인간은 하나님의 형상대로 지음 받고, 생육하고 번성하라는 축복을 받았는가? 그것은 하나님이 지으신 세계를 잘 다스리고 관리하는 청지기적 소명을 감당할 수 있도록 하기 위함이었다.

1. 하나님이 축복하신 존재

카이퍼Abraham Kuijper, 1837~1920 등 개혁주의신칼뱅주의 신학자들이 문화명령Cultural Mandate 혹은 창조명령Creation Mandate이라고 부르는 창세기 1장 28절에 의하면 하나님은 우리에게 복을 주셨다. 하나님은 근본적으로 복 주시는 분이다. 이방신들처럼 비위를 거스르면 큰 벌이나 주는 공포의 신이 아니라 부모처럼 우리를 축복하기를 원하시는 분이다. 하나님은 사람만 아니라 다른 피조물도 축복하셨다창 1:22~23. 하지만 1장 28절에서 인간을 축복하신 것과는 비교되지 않는다. 그 복은 어떤 복인가?

2. 땅위에 번성하는 축복

하나님은 인간에게 생육하고 번성하는 축복을 주셨다. 이것은 22절에서 동물에게도 주신 복이다. 하지만 동물에게는 단순히 "생육하고 번성하여 여러 바닷물에 충만하라 새들도 땅에 번성하라"고 명령하셨다. 하지만 사람에게는 "그들에게 이르시되"라는 말이 추가되어 있다. 이는 하나님과 사람 사이의 인격적 관계를 나타낸다.[19]

문화명령의 첫 번째 부분은 바로 인구의 증가를 말한다. 본문에서는 비슷한 단어를 반복함으로 땅 위에서 번성하라는 문화명령의 첫 부분을 강조한다. "생육하라"be fruitful의 히브리어 "파라"פָּרָה는 문자 그대로 "아이를 낳다"bear, "열매를 맺다"bear fruit, "자라다"grow, "증가하다"increase라는 의미다. 출애굽기에보면 애굽에 있던 이스라엘 백성이 하나님의 축복을 받아 그 숫자가 급속히 불어나서 온 땅에 가득하게 되었다고 말한다. "이스라엘 자손은 생육하고 불어나 번성하고 매우 강하여 온 땅에 가득하게 되었더라"출 1:7. 여기서도 동일하게 "생육하고"라는 단어가 사용되고 있다.

"번성하라"increase in number, 혹은 "땅에 충만하라"fill (replenish) the earth는 말도 비슷한 의미다. "땅에 충만하라"를 나타내는 히브리어 "밀레우

에트 하아레쯔"מְלְאֵים אֶת־הָאָרֶץ에서 "충만하라"의 히브리어 "말레"מָלֵא 혹은
"말라"מָלָא는 타동사로 사용되어 "땅을 충만하게 하라"는 의미다.[20] 이
러한 표현은 "생육하고 번성하여 여러 바닷물에 충만하라"창 1:22 혹은
"하나님이 노아와 그 아들들에게 복을 주시며 그들에게 이르시되 생육
하고 번성하여 땅에 충만하라"창 9:1에서도 동일하게 사용된다. 창세기
5, 9, 11, 25, 36, 46장에 나오는 족보는 이 축복이 성취되었음을 증언
하고 있다. 야곱도 임종 시 이 축복이 성취되었음을 공표했다창 48:4.[21]

우리는 여기서 창세기 1장 2절에서 지구의 상태가 "혼돈"과 "공허"
였음을 기억해야 한다. 하나님은 첫 사흘 동안의 질서 창조를 통해 혼
돈을 질서로, 즉 카오스chaos를 코스모스cosmos로 바꾸셨다. 이제 질서
의 피조세계를 "공허"하지 않도록 채우는 작업이 남았다. 이미 하나님
은 동물과 사람을 창조하심으로 채우는 작업을 시작하셨지만 모두 다
채우지는 않으셨다. 여기서 하나님은 동물과 사람에게 스스로 채워나
갈 수 있는 시스템을 구축하셨으니 곧 생육하고 번성하는 것이었다.
동물은 암수의 결합을 통해, 사람은 부부의 결합을 통해 "공허"가 완
전히 사라지지 않은 세계를 채우는 것이다.

하지만 여기서 우리가 한 가지 기억해야 할 것은 생육하고 번성하라
는 말은 가난과 기아에 허덕이면서, 교육하지도 못하면서 다만 자녀만
많이 낳으라는 말이 아니라는 점이다. 아이를 낳기만 하고 바르게 양육
할 수 없다면 그것은 축복이 아니라 저주가 될 수 있다. 앞에서 언급한
것처럼 자녀를 많이 낳되 하나님의 원래 계획대로 잘 양육하고 교육해
하나님의 형상을 회복시키는 책임이 부모와 어른에게 있다.

3. 피조세계에 대한 청지기적 사명

하나님은 인간에게 땅을 정복하는 축복, 피조물의 청지기 혹은 관

리자가 되라는 축복을 주셨다. 하나님이 우리를 창조하실 때부터 그렇게 만드셨다. 자연계는 관리의 대상이지 숭배해야 할 대상은 아니다. 하나님은 인간이 자연을 두려워하면서, 자연에 끌려가면서 살지 말고 도리어 잘 다스리라고 말씀하신다.

하나님이 인간에게 생육하고 번성하라는 축복을 주신 이유는 이어지는 구절에 나오는 것처럼 "땅을 정복"하기 위함이다. 여기서 "땅을 정복하라"subdue it는 원어 "카바쉬"כָּבַשׁ는 원수들을 대하여 "발로 밟다"tread down, "복종시키다"subjugate, bring into subjection, "정복하다"subdue라는 군사적 의미가 있다.

그러나 또한 이 말은 하나님께 복종하게 한다는 의미가 있다. 미가 선지자는 하나님이 우리의 죄악을 이기게 하신다는 의미로 사용했다. "다시 우리를 불쌍히 여기셔서 우리의 죄악을 발로 밟으시고יִכְבֹּשׁ 우리의 모든 죄를 깊은 바다에 던지시리이다"라고 했다미 7:19. 민수기에서는 이스라엘 군대가 싸워 땅이 여호와 앞에 복종하게 하는 것을 의미하기도 한다. "그 땅이 여호와 앞에 복종하게 하시기까지 싸우면וְנִכְבְּשָׁה 여호와 앞에서나 이스라엘 앞에서나 무죄하여 돌아오겠고 이 땅은 여호와 앞에서 너희의 소유가 되리라마는"민 32:22.

땅을 정복한다는 말이 군사적인 의미가 아니라는 것은 이어 나오는 "생물을 다스리라"rule over every living creature는 말에서도 볼 수 있다. 이스라엘 사람들은 비슷한 의미를 가진 말을 반복함으로써 강조한다. 앞에서 "땅을 정복하라"는 말은 "생물을 다스리라"는 말과 본질적으로 동등한 의미라고 볼 수 있다. 이는 마치 과일이 더 잘 열릴 수 있도록 과일을 솎아주고 가지치기를 해 주는 것을 말한다.

하나님이 사람을 자신이 만드신 피조세계의 관리자로 세우신 것은 엄청난 축복과 권세이자 의무다. 권세에는 항상 책임이 따라온다. 책임

없는 권세는 존재하지 않는다. 오늘날 전 인류가 직면하고 있는 환경문제, 공해문제 등은 피조세계의 관리자로 부름 받은 우리가 그 책임을 감당하지 않았기 때문이다. 사회가 어지러워지는 것도 이 사회의 청지기로 부름 받은 우리가 그 책임을 잘 감당하지 못했기 때문이다.

50여 년 전 UCLA 중세사 교수였던 린 화이트Lynn Townsend White, Jr., 1907~1987는 미국과학진흥협회AAAS 연례 총회 초청 강연에서 이 구절을 예로 들면서 오늘날 생태계 파괴가 일어나게 된 것은 자연을 신성시하지 않고 정복의 대상으로 본 유대-기독교적 자연관 때문이라고 주장했다.[22] 그의 주장으로 많은 사람이 오늘날의 생태계 위기 뒤에는 기독교 신학이 있다고 오해하게 되었다. 본문의 말뜻만 보면 그렇게 해석할 여지가 없는 것은 아니지만, 문맥이나 성경의 근본 정신을 생각한다면 생태계 파괴는 인간의 타락한 본성에 뿌리를 두고 있다고 할 수 있다.

"다스리다"는 라틴어 "도미니온"Dominion은 주인 혹은 주님을 의미하는 "도미니"Domini라는 말에서 왔다. 이 말의 원래의 뜻은 주인의 권위를 가지고 주인의 소유를 보살피라는 것이다. 이것은 착취한다는 의미와는 전혀 다르다. 다스린다는 말은 원래 하나님의 사역이었다. 하나님은 이 사역을 사람에게 부여해주시고, 그 사역을 잘 감당하도록 축복하셨다. 창세기 1장은 소유권과 통치권에 관한 내용이라고 할 수 있다. 내 것이 아닌데도 내 것인 것처럼 통치할 수 있는 축복을 주신 것이다.

창세기 2장 15절에서도 "여호와 하나님이 그 사람을 이끌어 에덴동산에 두어 그것을 경작하며 지키게 하시고"라고 했다. 이처럼 하나님은 자신의 손으로 만드신 것을 우리로 하여금 다스리게 하시고 만물을 그 발아래 두어 복종케 하신 것은 우리로 하나님의 이름이 온 땅

가운데서 높임을 받으시도록 하기 위함이었다. 인간에게 과도한 은혜를 베푸신 하나님을 생각하면서 시편 기자는 이렇게 말한다. "사람이 무엇이기에 주께서 그를 생각하시며 인자가 무엇이기에 주께서 그를 돌보시나이까. 그를 하나님보다 조금 못하게 하시고 영화와 존귀로 관을 씌우셨나이다. 주의 손으로 만드신 것을 다스리게 하시고 만물을 그의 발 아래 두셨으니 곧 모든 소와 양과 들짐승이며 공중의 새와 바다의 물고기와 바닷길에 다니는 것이니이다. 여호와 우리 주여 주의 이름이 온 땅에 어찌 그리 아름다운지요"시 8:4~9.

IV. 인간을 먹이시는 하나님 | 창 1:29

하나님의 명령에 순종해 생육하고 번성하며, 피조세계에 대한 청지기적 소명을 잘 감당하면 하나님은 인간을 먹이실 것을 약속하신다. 29절의 말씀은 하나님이 인간의 음식만을 공급하심을 의미하는 것이 아니다. 인간의 모든 필요를 채우시는 이레의 하나님יהוה יראה임을 의미한다. 하나님이 인간의 필요를 채우신다는 사상은 신약성경에도 그대로 이어진다. 예수는 이것을 이렇게 표현하신다. "그러므로 내가 너희에게 이르노니 목숨을 위하여 무엇을 먹을까 무엇을 마실까 몸을 위하여 무엇을 입을까 염려하지 말라 목숨이 음식보다 중하지 아니하며 몸이 의복보다 중하지 아니하냐. 공중의 새를 보라 심지도 않고 거두지도 않고 창고에 모아들이지도 아니하되 너희 하늘 아버지께서 기르시나니 너희는 이것들보다 귀하지 아니하냐. 너희 중에 누가 염려함으로 그 키를 한 자라도 더할 수 있겠느냐"마 6:25~27.

지구 역사를 다중격변모델로 조망할 것을 주장하는 필자는 창조주간 동안 일어난 수많은 격변도 바로 여호와 이레의 사건이었다고 믿는다.[23] 제3강에서 언급한 것처럼 오늘 우리가 사는 지구는 태초에 마그마 바다였다. 무거운 금속 원소가 지구 중심으로 모두 가라앉았고, 가벼운 비철금속이나 알루미늄 등만이 지표면에 남게 되었다. 그러나 수많은 격변을 통해 활발한 맨틀의 대류가 일어나게 되었고, 이 때문에 수백 km 지하에 있던 광물 자원이 지표면으로 올라오게 되었다. 마그마와 맨틀이 만나는 수백 km 지하에서 형성된 다이아몬드를 지면 가까이에서 캘 수 있는 것도 그 때문이다. 석유와 석탄, 천연가스 등이 형성된 것도 수많은 격변의 결과다.

성경에 기록되어 있지는 않지만, 하나님이 인간의 필요를 미리 아시고, 인간을 창조하기 전 창조주간에 많은 격변을 통해 우리의 필요한 것을 예비해 두신 것이다! 하나님이 자신의 창조한 인간에게 먹을 것을 제공한다는 창세기의 기록은 인간이 신들에게 음식을 갖다 바치기 위해 창조되었다고 하는 메소포타미아 신화와는 근본적으로 대조된다.[24]

오늘날 기아로 많은 사람이 굶주리는 것은 하나님이 우리에게 자원을 적게 주셔서가 아니라 사람들이 나누지 않기 때문이다. 분배만 골고루 이루어진다면 전 세계는 식량이 남고 남는다. 사람에 따라 계산법이 좀 다르지만, 우리가 자원과 생산을 나누기만 한다면 지구는 500억의 인구도 충분히 부양할 수 있다고 한다.

V. 동물들도 먹이시는 하나님 | 창 1:30

30절에서 하나님은 인간을 먹이실 뿐 아니라 또한 모든 동물도 먹이시겠다고 말씀하신다. 30절에서 하나님은 모든 동물에게 "모든 푸른 풀을 먹을 거리"로 주셨다. 흥미롭게도 고대에는 사람과 동물이 초

식이었다는 기록들이 많다.[25]

어떤 사람들은 성경은 식물을 생명체로 생각지 않았다고 말한다. 실제로 구약성경에서 식물을 동물처럼 생물 취급을 하는 경우가 별로 없다. 하지만 신약성경에서 예수는 하나님이 모든 식물도 먹이시는 분이라고 말씀하신다. "또 너희가 어찌 의복을 위하여 염려하느냐 들의 백합화가 어떻게 자라는가 생각하여 보라 수고도 아니하고 길쌈도 아니하느니라. 그러나 내가 너희에게 말하노니 솔로몬의 모든 영광으로도 입은 것이 이 꽃 하나만 같지 못하였느니라. 오늘 있다가 내일 아궁이에 던져지는 들풀도 하나님이 이렇게 입히시거든 하물며 너희일까보냐. 믿음이 작은 자들아"마 6:28~30.

하나님이 동물을 먹이시는 분이라는 사실은 인간이 동물의 보금자리나 서식지, 먹이를 없애서는 안 된다는 의미도 내포되어 있다. 환경의 청지기로서 우리는 오늘날 사람의 탐욕 때문에 생태계 파괴와 더불어 생물의 서식지가 파괴되고 있는 사실을 직시해야 한다.

VI. 창조 주간에 대한 총평 | 창 1:31

이제 엿새 동안의 모든 창조가 끝났다. 하나님은 매일 매일의 창조된 세계를 두시고 보시기에 좋았다고 말씀하셨지만 모든 창조가 종료된 후 피조세계를 보시고는 보시기에 "심히" 좋았다고 말씀하신다. "심히"라는 히브리어 "메오드"מְאֹד는 최상급 표현이다. 제목으로만 본다면 1997년에 만들어진 미국 로맨틱 코미디 영화 "이보다 더 좋을 순 없다"As Good As It Gets라는 말이 적절한 비유가 될 것이다!

심히 좋았다는 말 속에는 정신세계만이 아니라 물질세계도 보시기에 좋았다는 의미가 포함되어 있다. 당연히 그 속에는 인간의 성性에 대한 긍정도 포함되어 있다. 생육하고 번성하라는 하나님의 축복 속에는 성에 대한 축복이 내포되어 있음은 말할 필요도 없다.

VII. 사람, 하나님의 형상

앞에서 하나님은 인간을 자신의 형상대로 지으셨다고 했는데 그 이유는 무엇일까? 이 땅의 모든 존재로부터 인간을 구별하고 싶어서이다. 자신이 하나님의 형상대로 지음 받은 존재임을 알 때 우리는 그분의 형상을 드러내는 인생을 살 수 있다. 자신의 존재 의미를 하나님과 관련해서 이해하지 못하면 우리는 진정한 자신을 알 수 없다. 인간을 진화적 관점에서 파악하는 진화론자들의 견해는 이의 대표적인 예라고 할 수 있다. 자신이 누구인지 잘 알지 못하면 인간은 동물처럼 살 수밖에 없다. 인간이 모든 다른 피조물과 구별되는 존재임을 알 때 동물과 다르게 산다.

적어도 성경이 가르치는 바를 본다면 하나님은 교제하고 싶어서 인간을 자신의 형상대로 지으셨다. 동물은 하나님이 보시기에 좋도록 창조하셨지만, 하나님과 인격적인 교제를 할 수 없다. 동물은 땅의 것만 바라보고 살도록 지음을 받았다. 그러나 사람은 마음속에 하나님을 사모하도록, 교제하도록, 절대자를 의식하도록, 그분에 대한 갈구함이 있도록 심으신 것이다. 그러면 하나님이 인간을 자신의 형상을 따라 지으셨다는 말은 구체적으로 무엇을 의미하는가?

1. 인간은 귀중한 존재

인간의 가치는 하나님이 그분의 형상을 따라 독특하게 창조하셨다는 데 있다. 창세기 1장 26절을 보면 "하나님이 이르시되 우리의 형상을 따라 우리의 모양대로 우리가 사람을 만들고 그들로 바다의 물고기와 하늘의 새와 가축과 온 땅과 땅에 기는 모든 것을 다스리게 하자 하시고"라고 했다. 다른 모든 피조물을 만들 때는 "말씀하시니… 그대로 되었더라"고 했지만, 사람은 삼위 하나님이 숙의해서 창조하셨음을 의미한다.

하나님은 인간을 다른 모든 피조물과는 다르게, 아주 특별하게 창조하셨다. 인간은 하나님의 형상과 모양, 즉 하나님과 같은 지정의를 가진 존재로 창조되었다. 이는 인간이 모든 피조물 가운데 유일하게 하나님과 교통할 수 있는 존재임을 의미한다. 그러므로 인간의 고귀한 가치는 하나님과의 바른 관계가 이루어질 때 회복된다.

인간은 창조될 때부터 독특하게, 창조주의 형상을 따라 창조되었기에 학대, 저주해서는 안 된다. 인간은 유일무이한 존재이기에 다른 사람과 비교하지 말아야 한다. 우월감이나 열등의식에 빠져서도 않는다. 동창회에 갔다 와서도 기분 나빠하지 않는다. 자신을 빌 게이츠_{Bill Gates}나 아인슈타인_{Albert Einstein}과 비교하지도 않는다. 드러낼 만한 특별한 재능이나 배경이 없다고 해서 자신을 쓸모없는 존재로 생각해서는 안 된다. 들풀처럼, 쓰레기처럼 취급해서는 안 된다. 자신을 보배로운 존재로 생각해야 한다. 이런 건강한 자존감은 건강한 가정에서 나온다. 건강한 가정이 중요한 이유가 바로 여기에 있다.

2. 인간은 하나님의 사랑의 대상

다른 모든 생물을 만든 것과는 다르게 인간을 만드시는 과정을 보면 하나님의 특별한 사랑과 관심을 볼 수 있다. "여호와 하나님이 땅의 흙으로 사람을 지으시고 생기를 그 코에 불어넣으시니 사람이 생령이 되니라. 여호와 하나님이 동방의 에덴에 동산을 창설하시고 그 지으신 사람을 거기 두시니라"_{창 2:7~8}. 피조물 중에서 하나님이 이렇게 공들여 창조한 존재는 인간뿐이다.

자신이 누군가로부터 사랑을 받는다고 생각하는 것은 행복한 일이다. 연애하는 청년의 얼굴이 달라지지 않는가! 사랑받는 여인은 얼굴에 나타난다. 사랑받는 사람은 화장도 다르다. 사람들이 알아주지 않아도, 사업에 실패해도, 대학 입시에 떨어져도, 실직해도 사랑받는 사람은 쉽게 좌절하지 않는다. 인간의 존재론적 가치는 능력이나 생산성과는 비교할 수 없음을 알기 때문이다. 자신이 누군지 모르면 행복할 수 없다. 자신의 가치와 존재의 의미를 정확하게 알아서 하나님이 나를 만드신 목적대로, 축복의 수혜자로 살아가도록 부르셨음을 믿자.

3. 인간은 하나님의 창의적 작품

인간은 하나님의 창의적인 걸작품이다. 상품은 같은 가치를 가진 여러 개가 존재할 수 있지만, 창의적인 작품은 하나일 수밖에 없다. 애플 아이폰이 좋은지, 삼성 갤럭시가 좋은지, 니콘 카메라가 좋은지, 캐논 카메라가 좋은지는 비교할 수 있지만, 피카소와 반 고흐의 그림은 비교하지 않는다. 미술관에 가보면 정말 훌륭하다고 느껴지는 작품도 있지만, 어떤 것은 왜 그곳에 있는지 잘 이해가 되지 않는 작품도 있다. 하지만 작품은 다른 것과 비교하지 않는다. 상품은 사양을 가지고 어느 것이 더 좋은지 비교할 수 있지만, 작품은 비교할 수 없다. 작품은 작품 자체로서 가치를 가진다.

사람은 하나님의 창의적인 작품이다. 하나님은 나를 나만의 절대적 가치를 갖도록 창조하셨다. 자신이 하나님의 창의적 작품임을 확신한다면 다른 사람과 자신을 비교하면서 살지 않는다. 비교해서 열등감에 빠질 필요도 없고, 우월감을 가질 이유도 없다. 시기와 질투와 중

상모략이 바로 비교에서 나온다. 인간은 아무렇게나 만들어진 싸구려 존재가 아니라 하나님의 걸작품이다. 귀한 작품은 아무 데나 두지도 않고, 아무렇게 다루지도 않는다. 자신이 하나님의 귀중한 작품임을 안다면 다르게 살고 다르게 살아야 한다. 가야 할 곳이 있고, 가지 말아야 할 곳이 있는가 하면, 해야 할 일이 있고 하지 말아야 할 일이 있다. 이것이 바로 그리스도인들의 삶의 기초요, 진정한 자존심이다.

실감은 나질 않지만, 성경은 하나님께서 우주를 창조하시기 전부터 우리를 예정하셨다고 말한다. "곧 창세 전에 그리스도 안에서 우리를 택하사 우리로 사랑 안에서 그 앞에 거룩하고 흠이 없게 하시려고 그 기쁘신 뜻대로 우리를 예정하사 예수 그리스도로 말미암아 자기의 아들들이 되게 하셨으니"엡 1:4~5. 우주를 지으신 분이 우주를 짓기 전부터 우리 개개인을 세밀하게 계획하셨다는 말이다.

전능하신 하나님이 보실 때도 심히 좋도록 완전하게 창조하셨다. 그러므로 대가의 작품을 아마추어가 마구 뜯어고쳐서는 안 되는 것처럼 하나님의 작품을 막 뜯어고쳐서 훼손하면 안 된다. 그런 의미에서 성형수술도 조심해야 한다. 어떤 사람은 콧대를 세우기 위해 솜을 콧구멍에 채워 넣고 잔다고 한다. 하지만 우리의 원래의 모습이 최고의 걸작품임을 아는 것이 필요하다. 이것은 화장하지 말라는 말도 아니고 보톡스를 사용하지 말라는 말도 아니다. 자신의 모습에 만족하고 감사하는 마음을 갖게 되면 얼굴은 저절로 예뻐진다!

성경은 우리를 신묘막측하다고 말한다. "주께서 내 내장을 지으시며 나의 모태에서 나를 만드셨나이다. 내가 주께 감사하옴은 나를 지으심이 심히 기묘하심이라"시 139:13~14a. 자신의 출생은 인지할 수 없지만 다른 아이들이 태어나는 것을 보면 이 말이 실감 난다. 부부의 사랑으로 아이가 태어나지만 아이는 하나님이 만드시는 것이다. 엄마의 몸은 다만 하나님의 창조가 이루어지는 통로일 뿐이다.

4. 인간은 순종적 존재

우리는 순종적인 존재로 지음을 받았다. 창세기 1장에는 "가라사
대"라는 말이 여러 차례 되풀이되고, 이어 "그대로 되니라"란 말이 반
복된다. 이것은 이 우주에 창조된 모든 피조물이 하나님의 말씀에 순
종한 결과로 존재했음을 의미한다. 온 우주 만물이 하나님의 입의 기
운, 즉 하나님의 말씀에 순종한 결과이다. 이를 가리켜 시편 기자는 이
렇게 말한다. "여호와의 말씀으로 하늘이 지음이 되었으며 그 만상을
그의 입 기운으로 이루었도다 … 그가 말씀하시매 이루어졌으며 명령
하시매 견고히 섰도다"시 33:6~9.

인간을 포함한 모든 피조물은 하나님의 말씀에 순종할 때 진정한
존재 가치를 가진다. 자신이 하나님 말씀에 순종해야 하는 존재임을
알 때 자신의 인생을 어떻게 살아야 할지 알 수 있다. 인간은 창조된
원래의 목적대로 순종하며 살아갈 때 가장 행복하게 살 수 있다. 그처
럼 말씀에 순종해 창조된 세상을 보고 하나님은 보시기에 좋다고 말
씀하셨던 것처럼 우리가 말씀에 순종할 때 "보시기에 좋은" 인생이 될
수 있다.

새로운 물건을 사용할 때 그 물건이 무엇인지를 정확하게 알지 못
하면 용도대로 사용할 수 없다. 시계의 용도는 주인에게 정확한 시간
을 알려주는 것이다. 그런데 시계가 나는 열심히 돌겠다고 해서 하루
에 세 바퀴를 돈다고 생각해 보자. 게다가 옆에 있는 시계를 보고 "너
는 왜 하루에 두 바퀴 밖에 못 도니, 나는 벌써 세 바퀴 돌았다"고 말
한다면 어떻게 될까? 그런 시계는 열심히 돌았지만 아무런 가치가 없
다. 교회 생활에서도 열심만 낸다고 바른 성도가 되는 것이 아니라 하

나님의 말씀을 순종하고 있는가가 중요하다.

우리 인생의 계획도 우리를 만드신 하나님의 뜻에 순종하는 쪽으로 설정해야 한다. 하나님의 말씀에 순종하지 않는 꿈이나 계획, 삶의 태도를 버리자. 말씀에 순종하지 않고 근면하게만 살면 된다고 생각하지 말자. 내가 누구인가를 모르는데 어떻게 바르게 살 수 있을까? 높은 지위에 올라가도, 많은 재물을 가져도, 큰 명예를 가져도 하나님께 순종하고 그분의 계획안에 있을 때 아름다운 것이다. 자신의 인생이 끝날 때 "나를 만드신 분의 뜻대로 살았다"고 고백할 수 있으려면 자신을 만드신 하나님의 목적을 정확하게 아는 것이 필수적이다. 말씀에 순종하는 사람이 지혜로운 사람이다.

안식과 축복

"천지와 만물이 다 이루어지니라. 하나님이 그가 하시던 일을 일곱째 날에 마치시니 그가 하시던 모든 일을 그치고 일곱째 날에 안식하시니라. 하나님이 그 일곱째 날을 복되게 하사 거룩하게 하셨으니 이는 하나님이 그 창조하시며 만드시던 모든 일을 마치시고 그 날에 안식하셨음이니라."
– 창세기 2장 1~3절

　어떤 성질 급한 사람이 LA로 출장을 갔다. 공항에 도착하자마자 택시를 탔다. 마음이 급한 나머지 기사에게 "가장 빨리 가는 길로 갑시다."라고 했다. 그 말은 들은 기사는 "아, 이 손님은 빠른 속도로 드라이브를 즐기고 싶어 하는구나!"라고 생각하고는 공항에서 가장 가까이 있는 405번 고속도로에 차를 올려서 샌디에이고 쪽으로 신 나게 달리기 시작했다. 마치 초시계처럼 빨리 돌아가는 미터기를 보면서 기사는 신이 났지만, 자신의 실수를 뒤늦게 깨달은 손님은 낭패를 당했다. 방향과 목적지가 중요한 것은 택시만이 아니다. 골프도 마찬가지다. 비거리보다 더 중요한 것이 홀을 향한 바른 방향이다. 잘못된 방향으로 공을 치면 비거리가 길수록 더욱더 낭패다. 그래서 필자는 비거리를 욕심내지 않고 방향을 맞추기 쉬운 짧은 드라이버를 사용한다.

　우리는 한평생 많은 일을 하면서 살아간다. 이때 얼마나 많은 일을 했는가, 얼마나 큰일을 했는가, 얼마나 빨리했는가보다 더 중요한 것은 하나님이 보시기에 바른 방향으로 일했는가이다. 방향이 잘못되었

다면 큰일을 하면 할수록, 많은 일을 하면 할수록 하나님 나라에 더 큰
해가 된다. 그렇다면 인생에서 우리로 하여금 바른 방향으로 인도하
는 것은 무엇일까? 본문은 안식을 키워드로 제시한다. 그렇다면 도대
체 안식이 어떻게 우리의 삶과 사역의 바른 방향을 제시하는 것일까?

I. 복습

본문은 창조주간의 마지막 일곱째 날의 사역을 소개하고 있다. 그
러므로 안식의 의미와 가치를 생각하기 전에 먼저 지금까지 아홉 차
례에 걸쳐 공부한 창세기 1장의 창조사역을 복습해 보자.

- 1:1 하나님의 창조능력은 무에서 유를 창조하셨다.
- 1:2~3 하나님의 창조 능력은 혼돈과 공허로부터 질서를 창조하
  셨다.
- 1:4~10, 14~17 하나님은 피조세계에 경계를 정하셔서 피조물
  들이 자기 영역에 있게 하셨다.
- 1:10~11, 21, 24~25 하나님은 생물들을 카테고리로 나누어
  "그 종류대로" 창조하셨다.
- 1:4, 10, 12, 18, 21, 25, 31 피조세계는 "보시기에 좋도록" 완전
  했고 하나님의 목적을 만족시켰다.
- 1:20, 22, 28 하나님의 말씀으로 땅이 생명으로 채워졌다.
- 1:29 모든 생물은 인간의 유익을 위해 주어졌다.
- 1:22, 28 하나님의 모든 피조물들이 생육하고 번성하도록 축복
  하셨다.
- 1:26~31 인간은 하나님의 형상으로 창조되었으며, 하나님의 축
  복 속에 피조세계의 청지기적 소임을 감당할 수 있는 존재로

창조되었다.

이렇게 하여 하나님이 창조하시며 만드시던 모든 일은 끝났다. 하지만 창조주간의 사역은 아직 완성되지 않았다. 가장 중요한 안식에 대한 "사역"이 남아있었다. 하나님은 엿새 동안 천지 만물을 창조하시고 일곱째 날에 쉬셨다. 이것이 의미하는 것은 무엇인가? 안식이 없이는 하나님의 창조사역이 완성되지 않았음을 의미한다. 그렇다면 하나님의 창조사역이 안식으로 완성된다는 것의 의미는 무엇인가? 우리의 삶에서도 안식은 삶의 방향이자 목표다. 안식을 향해, 안식의 목표 없이 사는 것은 자기가 어디로 가는지 알지 못한 채 사는 것과 같다. 그러면 본문에서 안식과 관련해 하나님은 뭐라고 말씀하시는가?

II. 창조의 마침을 선포하시는 하나님 | 창 2:1

창조의 마침과 안식은 창세기만의 주제는 아니다. 여타 고대 창조 신화에서도 신들의 안식은 주요한 주제다. 이집트의 창조기사에서 창조신 프타 Ptah 는 자신의 일을 마친 후에 쉬었다. 또한, 메소포타미아 신들도 인간을 창조한 후에 쉬었다. 그런데 메소포타미아 신들의 안식은 사람을 창조한 후 신들이 하다가 싫증난 일을 사람이 하게 함으로 누리게 된 것이다.

안식에 대한 갈망은 창조신화를 이끌어가는 추진 요소였다. 그런데 이방신들의 안식은 우주나 인간의 소동에서 벗어난 안식이었다. 하지만 이방신들의 안식과 달리 창세기에 나타난 하나님의 안식은 거처 안에서의 안식이었다.[1]

1. 창조의 마침을 선포

안식은 우리의 일을 돌아보게 한다. 하나님은 창조사역을 마치고 창조한 것을 돌아보시면서 기뻐하셨다. 하나님은 매일 매일의 창조사역을 돌아보시면서 "보시기에 좋았더라"고 하셨지만 엿새 동안의 창조를 마친 후에는 "보시기에 심히 좋았더라"고 하셨다. 자신의 창조사역을 돌아보시고 기뻐하시는 하나님의 모습은 한평생 일을 하면서 살아가는 우리에게 중요한 모델이 된다. 자기가 무슨 일을 하고 있으며,

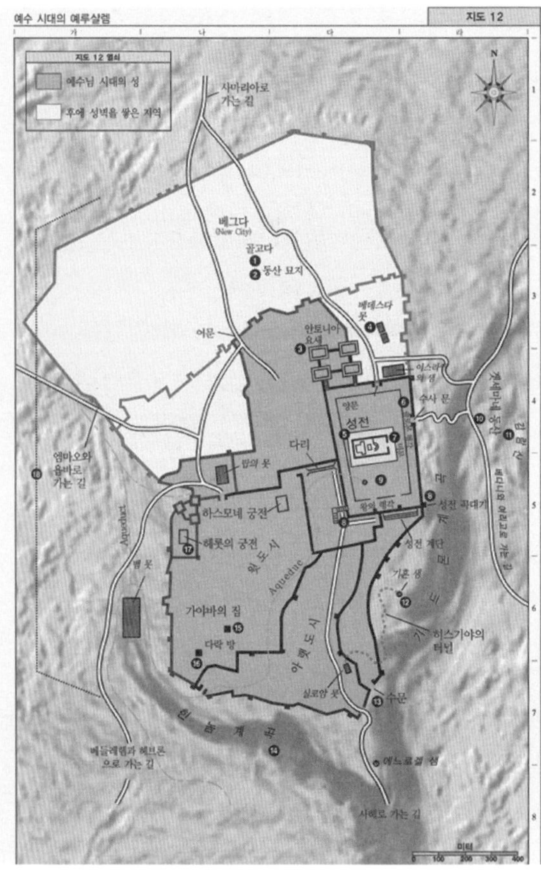

[그림 1] 예루살렘 지도2)

196

그 일이 하나님 앞에서 어떤 가치와 의미가 있는지 알기 위해서는 반드시 가던 길을 멈추어 서야 한다. 달려가면서, 차를 운전하면서 뒤를 돌아볼 수는 없다. 돌아보기 위해서는 여유가 필요하다. 삶을 돌아볼 수 있는 마음의 여백이 필요하다. 분주하게 사는 사람일수록 더욱 안식이 필요하다.

많은 사람이 관광지나 피서지에 가서 파김치가 되어 돌아오는 것을 휴가를 잘 보낸 것으로 생각한다. 하지만 휴가를 통해 몸과 마음이 안식하면서 자기 일을 돌아보고 바른 방향을 찾으려면 떠들썩한 것보다는 관조와 침묵이 필요하다.

언젠가 필자가 근무하고 있는 ACTS 채플에서 TWU 쿤Bob Kuhn 총장은 성경적 리더십의 세 가지 요소를 설교했다. 그 첫 번째가 바로 침묵이었다. 자신의 입을 닫는 것은 하나님을 향해 귀를 여는 것이기 때문이었다.

안식에 관한 한 유대인은 오랜 율법의 전통을 갖고 있었다. 때로는 과도할 정도로 의문화되어서 문제가 되기도 한다. 하지만 안식Sabbath의 정신은 유대인을 유대인으로 만든 가장 중요한 신앙적 유산이다. 이런 안식의 전통은 예수 시대에도 그대로 이어졌다. 사도행전에 보면 "제자들이 감람원이라 하는 산으로부터 예루살렘에 돌아오니 이 산은 예루살렘에서 가까워 안식일에 가기 알맞은 길이라."행 1:12는 말씀이 있다. 감람산에서 성전까지는 1km 정도다옆 그림 참조. 안식일에 1km 정도 걷는 것은 허용된 것으로 보인다. 이처럼 예수의 제자들도 안식일의 법을 준수하고 있었음을 볼 수 있다.

2. 섭리하시는 하나님

창조의 일을 마치시고 하나님은 "천지와 만물이 다 이루어지니

라."1절고 하셨다. 하나님이 천지와 만물의 창조를 다 이루셨다고 피조
세계에서 완전히 물러가신 것일까? 이신론자Deist는 하나님이 천지 만
물을 다 지으신 후에는 아무 일도 하지 않는다고 생각한다. 그들은 우
주는 하나님이 창조하신 과학의 법칙을 따라 저절로 움직이는 기계이
고, 하나님은 더는 세상에 관여하지 않는다고 생각한다. 과연 그럴까?

하나님은 지금도 자신의 피조세계를 섭리하고 계신다. 섭리란 무
엇인가? 미국 침례교 신학자 에릭슨Millard J. Erickson, 1932~은 섭리에는
두 가지 측면이 있다고 말한다. 하나는 하나님이 자신이 창조하신 세
계의 보존preservation 혹은 유지sustenance하는 것이고, 다른 하나는 하나
님이 자신의 목적을 이루기 위해 세상의 사건을 인도하고 지도하시는
통치government이다.3) 네덜란드 개혁주의 신학자 바빙크Herman Bavinck,
1854~1921는 여기에 인간의 협력을 추가한다. 그는 섭리에는 살리고 보
존하는 활동욥 33:4, 느 9:6, 새롭게 함시 104:30, 말씀하심시 33:9, 의미함계
4:11, 하나님의 능력의 말씀으로 만물을 붙드심히 1:3, 보살핌벧전 5:7, 창
조활동시 104:30, 사 45:7 등이 포함된다고 말한다. 요약하면 하나님의 섭
리에는 유지maintenance, 협력cooperation, 통치governance라는 세 가지 측면
이 들어있다고 말한다.4)

섭리를 어떻게 이해하든 하나님이 우주를 운행하지 않으시면 우리
는 단 1초도 살 수 없다. 지금도 우리 은하계 중심이나 오리온 대성
운Orion Nebula, 독수리 성운Eagle Nebula 등에서는 수많은 새로운 별이 나
타나고 있고, 에타 카리내Eta Carinae와 같이 수명이 다 된 별들은 폭발
해서 없어진다. 하나님은 지구의 모든 생태계가 예민하게 균형을 유
지하도록 섭리하신다.

이런 하나님의 섭리를 두고 시편 기자는 "이스라엘을 지키시는 이
는 졸지도 아니하시고 주무시지도 아니하시리로다."라고 했다시 121:4.

하나님은 우리를 지키시는 분이다. 하나님이 우리를 지키지 않으시면 우리는 살아갈 수가 없다. 사람만 그런 것이 아니라 우주도 운행될 수가 없다. 하나님이 "그의 능력의 말씀으로 만물을 붙드시며"히 1:3 계시기 때문에 우리가 살 수 있다.

하나님의 안식은 오늘날 주일을 지키는 우리에게도 적용할 수 있다. 주일은 우리의 생업을 위한 주중의 삶으로부터 쉬는 날이다. 생업도 주를 위한 일이지만, 그 일로부터 하루를 구별해 쉬는 것은 안식의 정신을 실천하는 것이다. 주일에 집에 앉아 쉬기만 하는 것이 아니라 기쁨으로 예배에 참여하고, 기쁨으로 양로원에 가서 찬양 봉사도 하고, 기쁨으로 어려움을 당한 교인을 도울 수도 있다. 어떤 사람은 안식일에는 세 개의 창, 즉 하나님을 향하는 창, 이웃을 향하는 창, 피조세계를 향하는 창을 열어야 한다고 말한다. 주일은 천국에서 누리게 될 영원하고도 완전한 안식의 그림자이다.

III. 안식의 모델을 제정하신 하나님 | 창 2:2

그렇다면 하나님이 안식하신다는 말은 무슨 의미인가? 첫째, 하나님은 "그가 하시던 일", 즉 창조주간에 하시던 그 일을 마치시고 안식하셨다는 말이다. 2절은 여기에 대해 분명하게 말씀하신다. "하나님이 그가 하시던 일을 일곱째 날에 마치시니 그가 하시던 모든 일을 그치고 일곱째 날에 안식하시니라"2절. 하나님은 이제는 창조주간과 같은 창조의 일은 하지 않으신다. 엿새 동안 천지를 창조하시던 그 일을 마치셨다. 하지만 하나님은 지금도 우주를 운행하시고, 그가 창조한 모든 피조세계가 조화롭게 운행될 수 있도록 섭리하신다.

둘째, 하나님이 엿새 동안 천지를 창조하고 쉬신 것은 우리에게 안식의 모델을 제시하신다는 의미다. 안식의 축복은 신약성경에서 예수로 이어진다. 예수는 세상에서 33년을 지내셨지만, 공생애로는 불과 3년간 사역하셨기에 정말 바쁘게 지내셨다. 하지만 예수는 안식을 잊지 않으셨다. 자신만이 아니라 제자들에게도 쉴 것을 당부하셨다. "이르시되 너희는 따로 한적한 곳에 가서 잠깐 쉬어라 하시니 이는 오고 가는 사람이 많아 음식 먹을 겨를도 없음이라"막 6:31.

그렇다면 하나님도, 예수도 쉬셨는데 왜 인간이 쉬지 않는가? 그것은 교만 때문이다. 우리의 몸은 흙으로 만들어졌기에 흙을 가까이해야 육신이 안식을 누릴 수 있다. 우리의 영혼은 하늘에 속해 있기에, 그리고 우리가 죽으면 우리의 영혼이 하늘로 돌아가기에 하루에 한 번이라도 하늘을 바라보아야 한다. 낮에는 빛나는 태양과 흘러가는 구름을, 밤에는 달과 별들을 바라보며, 솔잎을 스치는 바람 소리, 풀벌레 소리, 귀뚜라미 소리에 귀를 기울일 수 있어야 한다. "별 볼 일 있는 사람"이 되어야 한다.

우리는 이러한 광경을 창세기 3장 8절에서 얼핏 볼 수 있다. "그들이 그 날 바람이 불 때 동산에 거니시는 여호와 하나님의 소리를 듣고…"창 3:8a. 개역한글에서는 "날이 서늘할 때에 동산에 거니시는 여호와 하나님의 음성을 듣고"라고 말한다. 동산을 거니시는 하나님의 모습을 생각해 보라. 타락하지 않았다면 사람은 날마다 서늘할 때에 동산에 거니시는 하나님의 음성을 들으면서, 날마다 그 분 앞에 엎드리며 안식을 누리면서 살지 않았을까?

안식은 가장 중요한 믿음의 표지인데 안타깝게도 사람은 타락으로 인해 안식의 법을 지키지 않게 되었다. 어쩌면 이 시대의 질병인 일 중독은 일을 우상화하는, 가장 지독한 불신앙의 표현일 수 있다. 내가 아니면 할 수 없다고 생각하거나, 내가 모든 일을 다 할 수 있다고 생각하는 것은 엄청난 교만이요, 하나님을 무시하는 것이다. 안식은 일 중독에 빠져서 살아갈 수밖에 없는 타락한 인간이 의도적으로 우상화된 일에서 돌이켜 하나님 앞에 엎드리는 것이다.

하나님은 안식일을 지킬 것을 명령해도 사람들이 지키지 않을 것을 아셨다. 사람의 이러한 타락한 본성을 아시고 하나님은 안식의 법을 주셨다. "너는 이스라엘 자손에게 말하여 이르기를 너희는 나의 안식일을 지키라 이는 나와 너희 사이에 너희 대대의 표징이니 나는 너희를 거룩하게 하는 여호와인 줄 너희가 알게 함이라"출 31:13. 하나님은 안식일을 지킬 때 우리를 다른 모든 이방인으로부터 구별하시는 여호와 하나님을 알게 될 것이라고 말씀하신다. 이는 안식일을 지키지 않고는 하나님을 알 수가 없으며, 이방인들과 구별될 수 없다는 말이다.

그래서 하나님은 안식일 계명과 더불어 이를 지키지 않는 자는 사형에 처하라는 극단적인 처벌 조항을 두셨다. "너희는 안식일을 지킬지니 이는 너희에게 거룩한 날이 됨이니라. 그 날을 더럽히는 자는 모두 죽일지며 그 날에 일하는 자는 모두 그 백성 중에서 그 생명이 끊어지리라. 엿새 동안은 일할 것이나 일곱째 날은 큰 안식일이니 여호와께 거룩한 것이라 안식일에 일하는 자는 누구든지 반드시 죽일지니라"출 31:14~15.

안식일을 범하는 자는 누구든지 반드시 죽이라고 말씀하시는 것은 안식일의 법이 하나님의 백성이 되는 데 얼마나 중요한지를 말해준다. 이 말씀은 출애굽기에서 몇 차례 반복되고 있다. "엿새 동안은 일하고 일곱째 날은 너희를 위한 거룩한 날이니 여호와께 엄숙한 안식일이라 누구든지 이 날에 일하는 자는 죽일지니 안식일에는 너희의 모든 처소에서 불도 피우지 말지니라"출 35:2~3. 안식의 법은 구약성경 곳곳에서 강조하고 있다.

IV. 안식일을 축복하시는 하나님 | 창 2:3a

1. 안식의 축복

3절은 "하나님이 그 일곱째 날을 복되게" 하셨다고 말한다. 그렇다면 복된 안식일을 어떻게 거룩하게 지킬 것인가? 복은 하나님이 내려주시는 것이지만, 거룩하게 지키는 것은 사람이 하나님께 올려드리는 삶의 모습이다. 안식일을 거룩하게 지키기 위해서는 죄악된 삶으로부터 우리 스스로를 구별하고 거룩한 분에게 나아와 그 분을 만나야 한다. 이것은 안식일의 의미를 보여주는 출애굽기 31장 말씀에서 찾을 수 있다. "이는 나와 이스라엘 자손 사이에 영원한 표징이며 나 여호와가 엿새 동안에 천지를 창조하고 일곱째 날에 일을 마치고 쉬었음이니라 하라"출 31:17.

출애굽기 31장 17절에서 쉰다는 의미의 동사 "나파쉬"ַפַשׁ는 바람이 통해 상쾌해지다, 호흡하다 등의 의미가 있다. 창세기 2장 7절에서 생기를 코에 불어넣는 것을 의미하는 "나파흐"ַפַח와 생령을 의미하는 "네페쉬"ֶפֶשׁ는 모두 "나파쉬"에서 유래한 말이다. 쉰다는 것은 육체만의 안식에 국한되지 않고 우리의 심령이 성령으로 새롭게 되는refreshed 것을 의미한다. 이렇게 본다면 주일은 "무엇을 하지 말아야 하는 날"에서 "새롭게 되는 날"의 의미로 승화된다. 위튼대학 영문학 교수 라이컨Leland Ryken은 안식일의 축복을 3R, 즉 Reflection돌아봄, 반성, Refreshment 새롭게 됨, Recreation 재창조으로 요약했다.[5]

예수와 동시대 사람이었던 필로Philon, c. BC 20 ~ c. AD 50는 알렉산드리아의 대표적인 유대 종교철학자였다. 그는 로마인들이 안식일에 일하지 않는 유대인들을 게으르다고 비판하자 안식일의 중요성을 변호하는 글을 남겼다. "안식일의 율법은 우리 유대인들의 태만을 드러내는 것이 아니다. 안식일의 축복은 오히려 끝날 줄 모르는 수고로부터 우리의 숨을 돌리게 한다. 또 사람들을 규칙적인 쉼의 제도 아래 둠으로써 사람들의 육체에 새로운 활력을 불어넣어 그들로 하여금 새로운 사람이 되게 하여 새로운 비전을 가지고 옛 일터로 다시 돌아가게 하는 축복이다."

안식은 우리에게 주시는 하나님의 축복이다. 그래서 예수는 인생의 짐에 눌려 고달파 하는 무리에게 "수고하고 무거운 짐 진 자들아 다 내게로 오라 내가 너희를 쉬게 하리라."라고 말씀하셨다_{마 11:28}. 또한, 그리스도인들은 세상에 사는 동안에도 안식을 누리지만 이것은 이후에 천국에서 누리게 될 완전한 안식의 맛 배기이다. 그래서 히브리서 기자는 "이미 믿는 우리들은 저 안식에 들어가는도다"라고 말한다_{히 4:3a}. 그러면서 하나님께 불순종하는 자들에게는 안식에 들어가지 못하는 벌을 받게 될 것이라고 말한다. "내가 노하여 맹세한 바와 같이 그들이 내 안식에 들어오지 못하리라…"_{히 4:3b}

창조주간의 마지막인 안식일에는 "저녁이 되고 아침이 되니" 라는 말이 없다. 안식일은 밤이 없이, 영원한 것이라고 할 때 우리에게 떠오르는 것은 바로 천국에서의 영원한 축복의 삶이다. "다시 밤이 없겠고 등불과 햇빛이 쓸 데 없으니 이는 주 하나님이 그들에게 비치심이라 그들이 세세토록 왕 노릇 하리로다"_{계 22:5}. 안식일의 삶은 천국에서의 삶을 상징한다.

2. 안식일에서 주일로

본문은 언급하지 않지만, 우리는 구약의 안식일이 신약의 주일로 바뀌었음을 알아야 한다. 신약성경은 곳곳에 이 사실을 언급하고 있다. "그 주간의 첫날에 우리가 떡을 떼려 하여 모였더니 바울이 이튿

날 떠나고자 하여 그들에게 강론할새 말을 밤중까지 계속하매"_{행 20:7}.
그때까지 안식일에 성전이나 회당에 모이던 전통이 어느새 슬며시 안
식 후 첫날, 즉 오늘날의 주일로 바뀌었다. 물론 그 당시 모든 그리스
도인들은 또한 유대교 신자들이었기에 회당이나 성전에 가야 하는 토
요일에는 모일 수가 없었을 것이다. 하지만 시간이 지나면서 안식일
보다는 예수의 부활을 기념하는 주일에 대한 의미가 점점 더 강해지
기 시작했다. 특히 팔레스타인 지방보다 유대교와의 갈등이 적은 이
방 교회에서는 주일이 안식일을 압도하기 시작했다. 사도 바울은 고
린도 교회에 편지하면서 "매주 첫날에 너희 각 사람이 수입에 따라 모
아 두어서 내가 갈 때에 연보를 하지 않게 하라"고 했다_{고전 16:2}.

구약의 안식일은 신약의 주일, 즉 안식 후 첫날로 대체되었다. 로마
시대 일요일은 이방 종교에서 태양신을 섬기는 공휴일이었다. 하지만
일요일은 후에 예수의 부활을 기념하는 주일로 바뀌었다. 공식적으로
는 주후 321년 콘스탄틴 대제는 주일을 공휴일로 정식 공포했지만, 초
대교회는 이미 그보다 훨씬 전에 토요일이 아니라 일요일을 주일로,
예배일로 지키고 있었다.

주후 140년 경에 저스틴 마터_{Justin Martyr, c. 100~165}는 로마 황제 안토
니우스 피우스_{Antonius Pius}에게 보낸 〈제1 변증서〉_{First Apology}에서 일요일
에 거행되던 정규 예배에 대하여 이렇게 기술한다. "태양의 축일이라
불리는 날_{일요일}에 여러 도시와 지방에 사는 이들이 일정한 곳에 모인
다. 이때 사도들의 서간이나 선지자들의 말씀을 시간이 허락하는 데
까지 읽는다. 낭독자가 읽기를 마치면 그 집회의 인도자는 성경 말씀
을 강론하고 그 말씀들을 실천하도록 권면한다. 그 후에 우리는 모두
일어서서 함께 기도를 드리고, 기도가 끝난 후에는 앞에서 말한 바와
같이 떡과 포도주와 물을 가져온다."

저스틴의 〈제1 변증서〉의 가장 중요한 내용은 기독교의 예배드리는 날이 매주의 첫째 날_{일요일}이었음을 밝히는 것인데, 이는 창조와 주님의 부활을 기리는 의미가 있다고 설명한다. "대중이 함께 모이는 날은 주일인데, 그 날이 주의 첫째 날이며, 그날 하나님이 세상과 빛을 지으셨고, 우리 구주 예수 그리스도가 죽음에서 그의 제자들에게 나타나셨기 때문이다."[6]

하지만 지금까지 안식일을 고집하는 사람들이 있는데 첫 번째 그룹은 유대교인들이다. 그들은 예수 그리스도를 메시아로 인정하지 않고 여전히 오실 메시아를 기다리고 있다. 어떤 의미에서 그들은 여전히 구약에 살고 있기에 안식일을 고집하고 있다. 근래 이스라엘 선교사로 사역하는 장용혁 선교사님이 보내온 선교편지에 다음과 같은 흥미로운 사연이 실려 있었다.

"두어 주 전 안식일이 막 시작된 금요일 저녁, 아파트 1층에 사는 한 젊은 유대인 부인이 7층에 사는 저희 집에 찾아왔습니다. 이 부인은 초인종을 누르지 않고 대신 서너 차례 문을 노크하고 들어와서 저에게 도움을 요청했습니다. 그래서 따라 나섰는데 7층에서 1층까지 계단을 따라 내려가서는 1층에 있는 자기 집으로 들어가는 것이었습니다. 이방인인 저희가 7층 꼭대기에 산다는 것을 어떻게 알았는지는 잘 모르지만, 이 앳된 젊은 부인은 당연히 7층까지 걸어 올라왔을 것입니다. 집안에서 웃으며 인사하는 남편이 저에게 부탁한 것은 부엌에 불이 켜지도록 자기 눈앞에 있는 전원 스위치를 제 손으로 직접 눌러 달라는 것이었습니다. 일단 안식일이 시작되면 이것은 유대인들이 해서는 안 되는 일에 속하기 때문입니다. 기가 막히고 웃음 밖에 나오지 않는 상황이지만, 저는 그들의 안식일 율법준수 정신을 알고 있는 터인지라 "샤밧 샬롬"안식일 인사 하면서 앞으로도 언제든지 도움이 필요하면 요청하라고 했습니다."[7]

그런데 흥미롭게도 예수 그리스도를 구주로 고백하면서도 여전히 안식일을 고집하는 자들이 있다. 바로 안식교인 혹은 재림교인들이다. 그들은 초대교회로부터 내려온 예수의 부활을 기념하는 주일 전통을 따르지 않는다. 하지만 이런 일로 교회가 분열하고 다투는 것은 바람직하지 않다. 아마 골로새 교회에도 비슷한 일로 서로 다투는 일이 있었던 것으로 보인다. 그래서 사도 바울은 "그러므로 먹고 마시는 것과 절기나 초하루나 안식일을 이유로 누구든지 너희를 비판하지 못하게 하라"고 했다골 2:16.

V. 안식일을 거룩하게 하신 하나님 | 창 2:3b

끝으로 하나님은 안식일을 축복하셨을 뿐 아니라 거룩하게 하셨다. 거룩하게 하셨다는 말은 구별했다는 말이다. 안식일을 거룩하게 지킨다는 말은 다르게 구별하여 지킨다는 말이다. 다른 사람들과 같이 지키지 않는다는 말이다. 안식일은 하나님의 날이고 하나님을 위해 구별해서 섬기는 날이다. 그 날은 하나님을 예배하기 위해 구별해 놓으라는 말이다. 그렇다면 사람이 안식일을 지키지 않으면 어떤 일이 생길까?

첫째, 안식일을 지키지 않게 되면 인생의 목표를 상실하게 된다. 영어에서 "안식이 없음"을 의미하는 말이 피곤하다tiredness는 의미가 아니고 방황restlessness이라는 말임은 흥미로운 일이다. 안식을 잃어버린 상태는 방황하는 상태, 즉 하나님을 떠나 어디로 가야 할지 모르는 상태를 말하는 것이다.

이러한 상태를 나타내는 구약성경의 인물은 동생 아벨을 죽이고 여호와 하나님 앞에서 쫓겨난 가인이다. 하나님이 가인에게 "땅이 그 입을 벌려 네 손에서부터 네 아우의 피를 받았은즉 네가 땅에서 저주를 받으리니 네가 밭을 갈아도 땅이 다시는 그 효력을 네게 주지 아니할 것이요 너는 땅에서 피하며 유리하는 자가 되리라"창 4:11~12라고 했을 때 가인의 방황하는 모습이 그다음에 이어진다. "주께서 오늘 이 지면에서 나를 쫓아내시온 즉 내가 주의 낯을 뵈옵지 못하리니 내가 땅에서 피하며 유리하는 자가 될지라. 무릇 나를 만나는 자마다 나를 죽이겠나이다"창 4:14. 여호와 하나님 안에서 안식이 없는 자는 유리하는 자, 방황하는 자가 되는 것이다. 그래서 어거스틴은 자신의 〈고백록〉에서 "내가 하나님의 품 안에 안기기까지는 영혼에 안식이 없었나이다."라고 했다.

여섯째 날 마지막에 창조된 인간은 원래 안식으로부터 시작되었다. 창조된 바로 다음 날이 안식이었다. 인간은 일하고 피곤해서 쉬는 것이 아니라 안식해서 힘을 얻어 일하도록 지음을 받았다. 그리고 그 안식을 통해 인간을 지으신 분 안에 있는 인생의 목표를 굳건하게 붙들 수 있게 된다.

둘째, 안식일을 지키지 않게 되면 인생의 주인을 상실하게 된다. 19세기 후반, 영국의 빅토리아 시대 시인 헨리William Ernest Henley, 1849~1903는 그의 대표적인 시 "인빅투스"Invictus의 마지막 연에서 이렇게 말했다.

나는 내 운명의 주인이요,
내 영혼의 선장이다.

I am the master of my fate,

I am the captain of my soul.

이 말은 현대인들의 가슴에 각인되었다. 인간은 이제는 아무에게 도 의지할 필요가 없는 자랑스러운 존재가 된 듯하다. 하지만 자신이 자기 운명의 주인이요, 자기 영혼의 선장이라고 믿으면서 살면 어떻게 될까? 과연 의미와 보람과 가치로 가득 찬 인생을 살까? 성경은 우리의 주인은 우리 자신이 아니라 하나님이라고 말한다. 그리고 마음에 하나님 두기를 싫어하면 부패와 타락에 떨어질 수밖에 없다고 말한다. "또한 그들이 마음에 하나님 두기를 싫어하매 하나님께서 그들을 그 상실한 마음대로 내버려 두사 합당하지 못한 일을 하게 하셨으니"롬 1:28.

특히 교회 내 음행으로 문제가 되었던 고린도교회에 보낸 서신에서 사도 바울은 신자들은 자신이 주인이 아님을 여러 차례 강조한다. "너희는 너희가 하나님의 성전인 것과 하나님의 성령이 너희 안에 계시는 것을 알지 못하느냐"고전 3:16, "너희 몸은 너희가 하나님께로부터 받은 바 너희 가운데 계신 성령의 전인 줄을 알지 못하느냐 너희는 너희 자신의 것이 아니라 값으로 산 것이 되었으니 그런즉 너희 몸으로 하나님께 영광을 돌리라"고전 6:19~20, "너희는 값으로 사신 것이니 사람들의 종이 되지 말라"고전 7:23, "우리는 살아 계신 하나님의 성전이라"고후 6:16.

이것은 구약성경에도 동일하게 나타난다. 이사야 선지자는 자기의 주인을 알아보지 못하는 어리석은 이스라엘 백성을 보면서 이렇게 탄식했다. "소도 그 임자를 알고 나귀도 그 주인의 구유를 알건마는 내 백성은 깨닫지 못하는도다"사 1:3. 인간의 가장 큰 패륜은 자식이 부모를 부인하는 것보다, 제자가 스승을 부인하는 것보다 피조물이 주인을 부인하는 것이다. 예배는 하나님을 바라봄으로서 자기 인생의 목표가 무엇인지, 자기 인생의 주인이 누구인지를 깨닫는 것이다.

VI. 안식일 계명을 주신 하나님

오늘 본문은 안식일의 기원, 안식에 대한 하나님의 모델을 소개하고 있을 뿐, 직접적으로 안식일을 지키라고 명하지는 않았다. 하나님은 후에 십계명의 제4계명으로 안식일의 계명을 주셨다. "네 하나님 여호와가 네게 명령한 대로 안식일을 지켜 거룩하게 하라. 엿새 동안은 힘써 네 모든 일을 행할 것이나 일곱째 날은 네 하나님 여호와의 안식일인즉 너나 네 아들이나 네 딸이나 네 남종이나 네 여종이나 네 소나 네 나귀나 네 모든 가축이나 네 문 안에 유하는 객이라도 아무 일도 하지 못하게 하고 네 남종이나 네 여종에게 너 같이 안식하게 할지니라. 너는 기억하라 네가 애굽 땅에서 종이 되었더니 네 하나님 여호와가 강한 손과 편 팔로 거기서 너를 인도하여 내었나니 그러므로 네 하나님 여호와가 네게 명령하여 안식일을 지키라 하느니라"신 5:12~15.

하나님은 사람이 안식일을 지키지 않으면 끝없는 우상숭배에 빠지게 될 것을 아셨다. 끝없는 성장 지향적 특성은 인간의 대표적인 죄의 본성이다. 이는 암 세포와 같다. 세포가 분열하면서 장기가 만들어지고, 인간은 자란다. 하지만 인체의 각 부분은 적정한 크기로 자라고 난 후에는 더 자라서는 안 된다. DNA 속에 들어있는 정보에 따라 엄격하게 성장이 조절되는 한 세포의 분열과 성장은 생명체 유지에 필수적이고 선한 것이다. 하지만 세포가 조절되지 않고 끝없이 분화, 성장하는 것은 재난이다. 그런 세포를 암세포라고 한다. 암세포는 생명을 유지하는 것이 아니라 도리어 생명을 파괴하고, 종국에는 사람을 죽음으로 몰고 간다. 하나님은 안식은 사람의 타락한 죄성을 극복하고 성령에 의한 조절된 분화와 성장을 하는 데 필수적임을 아셨다.

하나님은 우리를 가장 잘 아시는 분이다. 개가 개 자신에 대해 아는 것보다 사람이 개에 대해 더 많이 아는 것처럼 사람이 자신에 대해 아는 것보다 사람을 지으신 하나님이 사람에 대해 더 많이 아신다. 아무리 천재적인 개라도 개는 사람만큼 개에 대해 잘 알지 못한다. 이처럼 아무리 사람에 대해 많은 연구를 한 학자도 하나님만큼 사람에 대해 잘 알지 못한다. 교육학자, 심리학자, 사회학자, 생물학자, 문학가 등은 나름대로 사람에 대한 많은 지식을 가질 수 있지만, 사람을 만드신 하나님이 사람에 대해 아는 것과 비교한다면 보잘 것 없다. 사람을 지으시고, 사람을 가장 잘 아시는 하나님께서 바로 십계명의 제 4계명으로 안식의 계명을 주셨다.

"안식일을 기억하여 거룩하게 지키라. 엿새 동안은 힘써 네 모든 일을 행할 것이나 일곱째 날은 네 하나님 여호와의 안식일인즉 너나 네 아들이나 네 딸이나 네 남종이나 네 여종이나 네 가축이나 네 문안에 머무는 객이라도 아무 일도 하지 말라. 이는 엿새 동안에 나 여호와가 하늘과 땅과 바다와 그 가운데 모든 것을 만들고 일곱째 날에 쉬었음이라. 그러므로 나 여호와가 안식일을 복되게 하여 그 날을 거룩하게 하였느니라"출 20:9~11 cf. 레 23:3, 출 31:15, 34:21, 35:2, 신 5:13.

안식의 계명은 자신 뿐 아니라 "너나 네 아들이나 네 딸이나 네 남종이나 네 여종이나 네 가축이나 네 문안에 머무는 객이라도" 일하지 말라고 한다. 내가 쉬지 않으면 내 집에 있는 자녀들, 종들, 짐승들, 손님까지 쉬지 못한다. 자신이 쉬지 않는 것은 자신만의 문제가 아니라 안식의 권리가 있는 다른 사람들의 권리를 빼앗는 것이고 나아가 착

취하는 것이다. 제4계명은 인간에 대한 배려뿐 아니라 약자에 대한 배려가 담긴 계명이다. 상관이 퇴근하지 않았는데 부하 직원들이 퇴근할 수 있을까? 상관이 휴가를 가지 않는데 어떻게 부하 직원이 휴가를 갈 수 있는가!

2010년 OECD 통계보고서를 보면 2008년 우리나라 직장인의 연평균 근로시간은 2,256시간으로 OECD 국가 중 가장 많이 일한다고 한다. 이는 OECD 평균 1,764시간보다 492시간이 더 많은 것이며, OECD 국가 중 근로시간이 2,000시간이 넘는 나라는 우리나라와 터키 두 나라밖에 없다. 게다가 서울시민은 연 2,317시간 일한다고 한다. 그런데 일하는 시간이 많다고 생산성이 높을까? 한국은 미국의 노동생산성에 비해 68%밖에 되지 않는다고 한다. 한국이 100일 일하는 것은 미국이 68일 일하는 것과 같다는 의미다.

VII. 결론과 권면

유대인을 유대인으로 만든 것은 안식일 제도다. 안식한다는 것은 하나님께 자기 일을 맡기지 않으면 불가능한 일이다. 다윗은 하나님이 함께하지 않으시면 우리가 아무리 수고해도 허사라는 것을 알았다. "여호와께서 집을 세우지 아니하시면 세우는 자의 수고가 헛되며 여호와께서 성을 지키지 아니하시면 파수꾼의 깨어 있음이 헛되도다" 시 127:1. 하나님께 자기 일을 온전히 맡기지 못하는 사람은 직장에 나가지 않으면서도 쉬지 않는 것이 아니다. 그러므로 안식일 준수는 하나님과의 관계를 유지하는 방법이면서 동시에 하나님과의 관계가 바르게 유지되는 증거이기도 하다.

일하는 것도 축복이지만 쉬는 것도 축복이다. 그러므로 우리는 일

주일 내내 축복 가운데 사는 것이다. 일과 안식은 함께 가는 것이다. 일이 없이 안식하기만 하는 것이런 것은 안식한다고 하지 않고 논다고 말한다도 저주요, 안식 없이 일만 하는 것, 즉 일 중독도 저주다. 그래서 하나님은 "엿새 동안은 힘써 네 모든 일을 행할 것이나 일곱째 날은 네 하나님 여호와의 안식일인즉 … 안식하게 할지니라"라고 말씀하셨다신 5:13~14.

안식의 축복은 신약시대를 살아가는 그리스도인들에게 그대로 적용된다. 하나님의 축복을 위해 구별된 하루, 혹은 구별된 시간을 떼어놓지 않는다면 그리스도인의 정체성을 유지하기가 어렵다. 때때로 직업의 특성상 주일에 쉴 수 없는 사람들도 있다. 비록 주일이 아니라 다른 날을 쉬더라도 주를 위해 일주일에 하루를 구별하여 그 시간에 특정한 장소에서 하나님의 임재를 경험하고, 하나님의 축복을 받는 것은 그리스도인의 표지요, 특권이요, 축복이라고 할 수 있다. 우리의 일생은 하나님의 손에 달려있기 때문이다.

이와 관련해 전도서 기자는 이렇게 말한다. "내가 세상을 살펴보니 빨리 달리는 사람이라고 해서 경주에서 언제나 일등을 하는 것은 아니며 강하다고 해서 언제나 전쟁에서 승리하는 것이 아니다. 지혜로운 사람이라고 해서 언제나 생활비를 많이 버는 것이 아니며 총명한 사람이라고 해서 언제나 부를 얻는 것도 아니고 유능하다고 해서 언제나 높은 지위를 얻는 것이 아니다 이것은 사람에게 뜻하지 않은 일이 일어나기 때문이다"전 9:11, 현대인의 성경. 여기서 뜻하지 않은 일이란 하나님의 장중에 있다는 의미라고도 할 수 있다.

안식은 인간의 생사화복이 하나님의 장중에 있다는 믿음에서 나오는 것이다. 구약의 대표적인 안식 제도라고 할 수 있는 안식일, 안식년, 희년은 무엇인가? 안식을 모르는 이방인들에 의해 둘러싸여 살아가는 이스라엘 백성들에게 안식의 계명들은 개인의 생사, 국가의 존망이 걸린 문제였다. 이를 지키면서도 망하거나 굶어 죽지 않는다는 믿음과 확신이 있을 때만이 안식의 계명을 지킬 수 있다. 그리고 그 믿음에서 소망이 생기 때문에 결국 안식은 소망의 표시요 평강의 표현이라고 할 수 있다. 세상 사람들은 그리스도인들에게서 그런 안식과 평강을 보고 싶어한다.

베드로는 그리스도인들 속에 있는 "소망에 관한 이유를 묻는 자에게는 대답할 것을 항상 준비"하라고 권면한다_{벧전 3:15}. 비슷한 상황 속에 살아가면서도 안식과 평강을 누리면서 사는 그리스도인들의 모습은 많이 쌓아 놓고도 불안과 초초 속에 살아가는 세상 사람들에게 큰 도전이 된다. "저들은 도대체 어떤 소망이 있기에 저렇게 안식 가운데 사는가?"라고 궁금해하며 그 이유를 묻지 않을까! 그런 의미에서 그리스도인들이 누리는 안식의 복은 가장 중요한 전도지라고 할 수 있다. 이 안식의 축복을 누리는 성도가 되기를 축원한다.

노아의 홍수

From the Creation to the Flood

PART **2**

창조 후부터 홍수 전까지

지금까지 우리는 창세기 1장에 나타난 창조주간의 내용을 살펴보았다. 하나님은 엿새 동안 온 천지 만물을 만드시고, 마지막 엿새째 되던 날 자기의 형상을 따라 아담과 하와를 만드셨다. 창세기 1장은 하나님이 이렇게 자신의 형상을 따라 만든 인간을 축복하시고, 이들에게 창조세계의 관리를 위임하는 것으로 끝난다.

이러한 창세기 1장을 우리는 어떻게 해석해야 할까? 창세기 1장은 창조주 하나님을 증언하기 위해 기록된 창조의 대서사시로 과학 교과서처럼 취급하는 것은 무리가 있음을 이미 지적했다. 또한, 창조의 날들을 오늘날의 24시간으로 해석하는 것은 과학적으로는 물론 성경해석학적으로도 심각한 무리가 있음을 지적했다.

지금부터는 창세기 1장의 창조 내러티브에 이어 다시 한 번 사람을 중심으로 한 창조사역을 반복하는 2장의 내용으로부터 노아 홍수 전까지의 내용을 살펴보고자 한다. 특히 이 내용 중에는 여자의 창조, 결혼과 가정의 시작에 이어 인간의 타락과 이로 인한 피조세계의 변화, 최초의 살인, 타락한 인간문화의 등장, 그리고 점증하는 인간의 범죄, 종국에는 이 모든 것이 전 지구적 심판으로 이어지는 내용이 등장한다.

우선 천지 창조로부터 노아 홍수에 이르는 창세기 2~5장의 기록 중 몇 가지 논점을 살펴보고자 한다. 먼저 인간의 기원에 대한 근래 복음주의 학계의 "역사적 아담" 논쟁부터 살펴보자.

I. "역사적 아담"의 문제

근래 미국 생물학자 프랜시스 콜린스Francis Sellers Collins, 1950~를 중심으로 복음주의 진영 내에서는 유신론적 진화론의 문제가 다시 한 번 뜨거운 이슈로 부상하고 있다. 구체적으로 콜린스와 그가 세운 바이오 로고스 재단BioLogos Foundation에 소속된 과학자들은 아담과 하와는 역사적 인물이 아니라 1만 명 내외로 이루어진 일종의 유전자 풀pool이었다고 주장한다.[1] 이 주장은 지난 수 세기 동안 서구신학계를 중심으로 진행된 "역사적 예수" 논쟁에 빗대어 "역사적 아담"Historical Adam 논쟁이라 부른다.[2] 과연 아담과 하와는 역사적 인물이 아닐까? 아담과 하와가 역사적 인물이 아니라면 신학적으로, 성경적으로 어떤 문제가 생길까?[3]

[그림 1] 콜린스와 〈The Language of God〉[4]

우선 아담과 하와가 역사적 인물이 아니라는 주장은 증명된 사실이 아니라는 점을 기억해야 한다. 다만 그럴 듯하게 보일 뿐이다. 아담과 하와가 역사적 인물이 아니라면 그의 타락 사건도 실제로 일어난 사건이라고 볼 수 없다. 그렇게 되면 하나님이 진행하신 모든 구속의 역사도 의미가 없어진다. 또한, 성경은 타락한 인간을 구원하시려는 하나님의 구속의 역사를 담은 책이므로 아담이 실존 인물이 아니라면 성경에 기록된 모든 것이 의미가 없어진다. 그래서 위튼대학Wheaton College에서는 "하나님은 아담과 하와를 모든 인류의 역사적 조상으로서 직접 창조하셨다"는 신앙고백을 의무화하고 있다. "역사적 예수"가 예수를 부정하기 위해 시작된 계몽주의의 결과라면 "역사적 아담"은 아담의 역사성을 부정하기 위한 진화론자들의 주장이라고 할 수 있다.[5]

아담과 하와는 하나님의 형상대로 지음 받은 첫 사람들이었다. 이들은 죄를 지을 가능성과 자유의지는 갖고 있었지만, 흠이 없는 상태로 지음을 받았다. 그러나 창세기 3장의 기록에 의하면 인간은 하나님이 먹지 말라고 한 선악을 알게 하는 지식 나무의 열매를 먹음으로 타락했다. 그래서 하나님은 이들을 에덴동산으로부터 추방하셨다창 3:22~24. 하지만 하나님은 타락한 인간을 벌하기 전에 이미 나뭇잎으로 치부를 가린 인간을 동물의 가죽으로 만든 옷으로 바꾸어 입혀주심으로 예수 그리스도를 통한 구속을 예시해 주셨다창 3:21. 가죽옷은 짐승이 피 흘리며 죽었음을 의미하며, 이는 피 흘림을 통해 아담과 하와의 부끄러움이 가려졌음을 말한다. 그래서 이를 흔히 원 복음Proto-Gospel이라 부르기도 한다.

II. 가인의 아내와 그가 두려워했던 사람들

창세기 4장은 에덴동산으로부터 추방당한 아담과 하와가 동침하여 자식을 낳는 것으로부터 시작한다. 아담과 하와는 동침하여 가인을 낳고, 이어 아벨을 낳았다창 4:1. 후에 가인은 농사하는 자가 되었고, 아벨은 목축하는 자가 되었다창 4:2. 세월이 지난 후 가인은 땅의 소산으로 하나님께 제사를 드렸고, 아벨은 양의 첫 새끼와 기름으로 제사를 드렸다창 4:3~4. 그런데 하나님은 가인의 제물은 받지 않으시고 아벨의 제물만 받으셨다. 이로 인해 가인이 아벨을 죽이는, 인류 역사상 첫 살인사건이 발생하게 되었다창 4:4~8.

이 때문에 가인은 여호와 앞에서 쫓겨나 땅에서 저주를 받아 유리하는 자가 되는 벌을 받았다. 그가 받은 벌은 3장에서 아담이 받은 벌과 흡사하다. "… 땅은 너로 말미암아 저주를 받고 너는 네 평생에 수고하여야 그 소산을 먹으리라. 땅이 네게 가시덤불과 엉겅퀴를 낼 것이라. 네가 먹을 것은 밭의 채소인즉 네가 흙으로 돌아갈 때까지 얼굴에 땀을 흘려야 먹을 것을 먹으리니…"창 3:17~19. 하지만 가인이 받은 벌을 자세히 보면 아담과 하와가 받았던 벌보다 더 가혹함을 볼 수 있다창 4:11~12. "네가 밭을 갈아도 땅이 다시는 그 효력을 네게 주지 아니할 것이요 너는 땅에서 피하며 유리하는 자가 되리라"창 4:12.

가인은 이러한 하나님의 벌이 너무 무겁다고 말했다. 하나님의 보호를 떠난 가인은 "무릇 나를 만나는 자마다 나를 죽이겠나이다"라며 두려움에 떨었다창 4:14. 도대체 아담과 하와, 가인과 아벨밖에 없었던 세상에서 가인은 누가 자기를 죽일지 모른다고 두려워했을까? 이 문제는 성경의 난제 중 하나다. 가인은 아담의 다른 자녀들을 두려워한 것으로 생각되는데, 그렇다면 아벨을 대신해서 주신 셋은 아담의 세 번째 아들이 아니라 약속의 자녀라고 할 수 있을 것이다.

창세기 4장에는 가인이 아내를 구해서 자녀를 낳은 이야기가 나온다 창 4:17. 여기서 아담과 하와가 첫 사람이었다면 가인이 어디에서 아내를 구했을까? 이것 역시 성경 난제에 해당한다. 물론 아담과 하와의 딸 중에서 가인이 아내를 구했다고 해석할 수 있다. 전승에 의하면 아담과 하와는 평생 50명 이상의 자녀를 낳았다고 한다. 실제로 성경은 "아담은 셋을 낳은 후 팔백 년을 지내며 자녀들을 낳았으며" 창 5:4라고 기록하고 있다.

그런데 문제는 그렇게 간단하지 않다. 창세기 4장 25절에서 하나님이 죽은 아벨 대신에 셋을 주셨다는 기록이 있다. 그리고 5장 3절에 보면 하나님이 셋을 주셨을 때 아담의 나이가 130세였다고 기록되어 있다. 여기서 가인이 어디에서 아내를 구했는지의 문제는 아담이 성인으로 창조된 때를 0세로 보고 셋을 낳았을 때의 나이가 그로부터 130년 뒤였다면 어느 정도 설명이 된다. 아담의 후손이 번성해 어느 정도 퍼질 수 있었던 시간이 있었기 때문이다. 하지만 성년창조설 Mature Creation Theory에서 말하는 것처럼 아담이 창조되었을 때가 결혼적령기의 "청년"이었다면, 즉 당시의 나이로 70세 내외였다면 좀 더 복잡한 문제가 생긴다. 노아 홍수 이전 결혼연령 엄격하게 말한다면 첫 아들을 낳았던 연령이 대체로 60~100세 정도였던 것을 생각한다면 아담도 그 정도의 나이로 창조되었을 것이다. 그렇다면 아담이 셋을 낳았던 130세까지는 불과 60년의 기간밖에 되지 않고, 이는 사람들이 충분히 퍼질 수 있는 시간이 아니다. 그렇게 되면 가인이 하나님 앞에서 쫓겨나면서 두려워했던 사람들과 그가 구했던 아내를 설명하는 것이 어색하다.

III. 기술문명의 또 다른 동인

창세기 4장 16~24절은 가인의 후예들이 발달시킨 기술문명의 동인을 보여준다. 창세기 1장 28절이나 2장 15절은 피조세계를 다스리기 위한 도구로서 기술문명의 선한 동인을 보여주지만, 창세기 4장은 하나님을 떠난 인간이 자기방어 내지 자기 쾌락, 위안의 수단으로 기술을 개발하는 것을 볼 수 있다.

하나님의 면전에서 쫓겨난 가인의 후예들은 성을 쌓고, 축첩蓄妾했으며, 목축업을 시작하고, 악기를 개발하고, 구리와 쇠로 각종 기구와 무기를 만들었다. 성을 쌓는 것은 도시국가의 시작이라고 볼 수 있으며, 일부다처는 결혼에 대한 창조질서의 혼란의 시작이라고 볼 수 있다. 악기의 개발은 여흥과 제의祭儀의 발달을 의미하며, 금속기술의 발달은 농경 및 수렵의 효율성과 전쟁에서의 승리를 위해 중요한 일이었다.[6]

이러한 것들 속에는 점점 더 사악해지는 가인의 후예가 개발한 기술문명의 악한 특성들이 내재해 있음을 볼 수 있다. 아울러 더 악해지는 가인의 후예에게는 더 가혹한 벌이 주어지고 있음을 볼 수 있다. "가인을 위하여는 벌이 칠배일찐대 라멕을 위하여는 벌이 칠십 칠배이리로다 하였더라"창 4:24.

IV. 노아까지의 계보

이어 창세기 5장에는 아담의 계보, 그중에서도 셋의 계보가 소개되고 있다. 흥미롭게도 우리는 노아 홍수 이전에 살았던 대부분 사람은 900세 이상 장수한 것을 볼 수 있다. 가장 장수했던 므두셀라는 969

세를 살았다! 만일 그런 사람이 이 시대에 살다가 2014년에 죽었다면 그 사람은 서기 1045년에 태어난 셈이 된다! 1045년이라면 한반도에서는 고려의 황금기를 이끈 문종의 치세가 이어지고 있었고, 유럽에서는 십자군 전쟁이 시작도 되기 전이었다. 그때 태어난 사람이 이제 죽었다는 말이 된다!

1. 노아 이전 사람들의 수명

정말 노아 홍수 이전 사람들은 그렇게 장수했을까? 일부 사람들은 현대인들이 이해할 만한 몇 가지 이론을 제시한다. 예를 들면 성경에 기록된 이름은 개인이 아닌 족속을 나타낸다, 혹은 이들의 연령은 실제 살았던 향년이 아니라 신비수神秘數일 뿐이다, 혹은 당시의 일 년은 지금보다 짧았다는 등이다. 이들 중 첫째와 둘째 주장은 검증verification도 어렵지만, 반증falsification도 어렵다. 즉 과학적 연구의 대상이 되기가 어렵다. 하지만 세 번째 주장은 어느 정도 검증이나 반증할 수 있다.

세 번째 주장을 지지하는 사람 중에는 당시 달력이 지금과 달리 한 달을 일 년으로 계산한 것이라고 주장하기도 한다. 하지만 과학사의 연구를 보면 인류가 일 년을 지금처럼 정확하게 365. 2422일로 알게 된 것은 최근이지만, 360일 전후라고 생각한 것은 모세BC 1450년경나 아브라함BC 2000년 경 시대보다도 훨씬 오래된 일이다. 고대 수메르인들이나 고대 그리스인들은 음력을 기준으로 1년을 354일 정도로 생각했다.[7]

또한, 성경에 기록된 당시 사람들의 나이를 오늘날의 나이 계산보다 12배 정도 부풀려져 있었을 것으로 생각해서는 첫 아이를 낳은 나이를 설명할 수 없다. 아담으로부터 노아에 이르기까지 족장들이 첫 아들을 낳은 나이를 보면 대체로 65세 마할랄렐, 에녹로부터 187세 므두셀라

사이다. 이 나이를 12로 나누게 되면 누구도 첫 아들을 낳기에는 너무 어렸음을 알 수 있다. 노아가 500세가 넘어서 셈을 낳았던 것은 특별한 경우라고 생각할 수 있다.

예를 들어 5장 12절에서 "게난은 칠십 세에 마할랄렐을 낳았고"라고 했는데 70을 12로 나누면 게난이 여섯 살도 되지 않아서 첫 아들을 낳았다는 이야기가 된다. 그 외 사람들의 첫 아들 출생도 설명하기 어렵다. 실제로 홍수 전에는 그렇게 오래 살았다고 보는 것이 자연스럽다. 평균 수명이 100세도 되지 않는 현대인의 관점에서는 도저히 이해할 수 없지만, 그렇게 설명하지 않으면 더 이상한 성경해석을 해야 한다.

후에 노아 홍수를 다루면서 좀 더 자세히 논의하겠지만, 홍수 전 사람들이 장수한 원인으로 두 가지를 생각해 볼 수 있다. 하나는 홍수 때문에 자연환경이 많이 변해서 단명하게 되었지만, 홍수 전에는 사람이 오래 살 수 있는 환경이었으리라고 보는 견해다. 대표적으로 창조과학에서 이런 주장을 하고 있다. 하지만 그것만으로는 평균 수명 900세가 70세로 줄어든 것을 다 설명할 수는 없다. 6장 3절에서 "여호와께서 가라사대 나의 신이 영원히 사람과 함께 하지 아니하리니 이는 그들이 육체가 됨이라 그러나 그들의 날은 일백 이십 년이 되리라 하시니라"고 하신 말씀대로 하나님이 사람들의 수명을 제한하신 것으로 봐야 한다.[8]

2. 장자로 이어지는 계보였을까?

창세기 5장에 나타난 노아의 계보에서는 "A는 몇 세에 B를 낳았고"라는 표현이 반복되고 있다3, 6, 9, 12, 15, 18, 21, 25, 28, 32절. 여기서 우리가 생각해야 하는 것은 B가 A의 장자였을까 하는 점이다. 몇 가지 면에서 그렇지 않음을 볼 수 있다.

첫째, 성경은 어디에서도 B가 장자였다고 기록하고 있지 않다. 창세기만 살펴보더라도 장자는 대부분 장자임을 명시하고 있다창 10:15, 25:13, 25:31, 35:23, 36:15, 38:6~7, 48:14, 48:18, 49:3. 하지만 창세기 5장은 그렇지 않다.

둘째, 창세기 5장 3절은 "아담은 백삼십 세에 자기의 모양 곧 자기의 형상과 같은 아들을 낳아 이름을 셋이라"고 했다. 여기서 가인과 아벨에 대한 언급이 없다는 것이 흥미롭다.

셋째, 사람마다 A가 B를 낳은 나이가 다르다. 마할랄렐은 야렛을, 에녹은 므두셀라를 각각 65세에 낳았다고 하지만창 5:15, 21, 므두셀라는 라멕을 187세에 낳았다고 기록하고 있다창 5:25. 노아를 제외한 나머지 사람들이 B를 낳은 나이는 대체로 65~187세 사이이다. 이처럼 B를 낳은 나이가 천차만별인 것은 B를 장자라고 생각해서는 설명하기 어렵다. 먼저 딸을 낳았다고 할 수도 있지만, 100년 동안 딸만 낳았다는 것은 이상하다!

넷째, 실제로 성경에서 장자 상속을 하지 않은 예가 여러 차례 있었다. 이삭은 속아서 그랬지만 장자 에서가 아닌, 차자 야곱을 축복했다. 야곱 역시 르우벤에게 상속하지 않았다. "르우벤아 너는 내 장자요 내 능력이요 내 기력의 시작이라 위풍이 월등하고 권능이 탁월하다마는 물의 끓음 같았은즉 너는 탁월하지 못하리니 네가 아버지의 침상에 올라 더럽혔음이로다 그가 내 침상에 올랐었도다"창 49:3. 또한, 야곱은 죽을 때 요셉의 차남 에브라임의 머리에 오른손을 얹고 장남 므낫세의 머리에는 왼손을 얹어 축복했다창 48:14. 후에 다윗도 왕위를 장자가 아닌 솔로몬에게 물려주었다.

이스라엘의 상속법은 원칙적으로 장자에게 국한되고, 장자만 아버지의 재산과 명예를 상속했고, 차자나 다른 형제는 아버지의 유산을 상속하는 비율이 낮았다. 하지만 위에서 제시한 몇 가지 이유를 고려한다면 창세기 5장의 영적 계보는 다르게 이어진다고 볼 수 있다. 다시 말해 장자권은 장자를 통해 이어지지만, 구속사의 계보는 혈통이나 육정을 따라 이루어지는 것이 아니었다. "이는 혈통으로나 육정으로나 사람의 뜻으로 나지 아니하고 오직 하나님께로부터 난 자들이니라"요 1:13.

구속사의 계보가 장자권을 따라 이어지지 않았다면 "노아는 오백세 된 후에 셈과 함과 야벳을 낳았더라"는 구절은 다르게 해석할 수 있다창 5:32. 노아는 세 형제를 낳기 전에도 많은 자녀를 낳았으나 그들이 방주에 승선하지 않았기 때문에 구속사적 계보에서는 언급하지 않은 것으로 볼 수 있다. 이러한 사실은 성경의 족보는 성경 기자가 보기에 구속사에서 영적 의미가 있는, 다시 말해 영적 계보의 "영웅들"만을 포함시켰다는 필자의 "영웅계보설"이 의미가 있다고 할 수 있다.[9]

V. 이어지는 대홍수 심판

창조로부터 노아 홍수에 이르는 기간에 대해서는 성경 이외의 다른 역사적 기록을 통해서는 확인하기가 어렵다. 그러므로 인류역사에서 아담으로부터 노아까지 이르는 기간에 구체적으로 어떤 일이 일어났으며, 이때 다른 지역의 역사는 어떠했는지를 알기 위해서는 일차적으로 성경 기록 자체를 자세히 살펴보는 것이 중요하고, 나아가 이 시기의 다른 근동의 고고학적 발굴물을 살펴보는 것이 필요하다.

지금부터 지구 역사에서 최후의 전 지구적 격변이자 인류 역사에서 첫 심판의 격변이었던 노아 홍수에 대해 살펴보고자 한다. 노아 홍수는 전 세계적으로 그 흔적과 신화가 방대하게 남아 있다. 이것은 지질학이나 지리학, 고고학 등 유관한 여러 학문 분야에도 큰 영향을 미쳤고 신학과 성경연구에도 큰 영향을 미치고 있다. 실제로 신약성경은 곳곳에서 노아 홍수를 인용하고 있다.

또한, 노아 홍수는 구속사에서 매우 중요한 위치를 차지하고 있다. 창세기 1장은 창조주 하나님을 소개하고, 6장에서 9장은 심판주 하나님, 구속주 하나님을 소개한다. 하나님의 중요한 세 가지 정체 중 두 가지가 노아 홍수를 통해 자세히 그려지고 있다. 그렇다면 노아 홍수는 무엇이며 왜, 어떻게 시작되었는가? 우선 그 이유부터 살펴보자.

12

죄와 벌

"사람이 땅 위에 번성하기 시작할 때에 그들에게서 딸들이 나니 하나님의 아들들이 사람의 딸들의 아름다움을 보고 자기들이 좋아하는 모든 여자를 아내로 삼는지라. 여호와께서 이르시되 나의 영이 영원히 사람과 함께 하지 아니하리니 이는 그들이 육신이 됨이라 그러나 그들의 날은 백이십 년이 되리라 하시니라. 당시에 땅에는 네피림이 있었고 그 후에도 하나님의 아들들이 사람의 딸들에게로 들어와 자식을 낳았으니 그들은 용사라 고대에 명성이 있는 사람들이었더라. 여호와께서 사람의 죄악이 세상에 가득함과 그의 마음으로 생각하는 모든 계획이 항상 악할 뿐임을 보시고 땅 위에 사람 지으셨음을 한탄하사 마음에 근심하시고 이르시되 내가 창조한 사람을 내가 지면에서 쓸어버리되 사람으로부터 가축과 기는 것과 공중의 새까지 그리하리니 이는 내가 그것들을 지었음을 한탄함이니라 하시니라. 그러나 노아는 여호와께 은혜를 입었더라."
– 창세기 6장 1~8절

　노아 홍수는 성경에 기록된 수많은 사건 중 단일 사건으로는 가장 긴 지면을 차지하고 있다. 그만큼 중요하다는 의미다. 창세기 6~9장에 나타난 노아 홍수는 창세기 1장에 나타난 창조주간 사역과 더불어 창조론 논쟁에서도 중심을 차지하고 있다. 노아 홍수를 어떻게 보는가에 따라 창조론은 여러 입장으로 나누어진다.

　노아 홍수는 구약성경에 등장하는 많은 구원의 상징 중 가장 분명하고도 극적인 사건이다. 다른 구원의 상징은 개인적이거나 국부적이지만, 노아 홍수는 전 인류적이고 전 지구적이다. 방주와 노아는 예수 그리스도를 상징하고 홍수의 물은 죄악을 상징한다. 노아의 사건은 대홍수가 났을 때 다른 이름방법으로는 구원을 얻을 수 없음을 웅변적으로 말해주고 있다행 4:12. 노아 홍수가 났을 때 아무리 수영을 잘해도 방주에 타지 않고는 구원받지 못한다. 종교 다원주의자들은 산 정상은 하나이지만 올라가는 길은 여럿이라고 말한다. 하지만 노아 홍수는 노아의 방주 외에는 어떤 구원의 방법도 없음을 상징적으로 보여준다.[1]

I. 인간의 죄 | 창 6:1~2, 4~5, 11~13

창세기 5장 마지막 부분에는 노아와 그의 세 아들의 출생에 대한 이야기가 나온다. 그리고 6장에 들어서면서 창세기 기자는 "사람이 땅위에 번성하기 시작할 때에 그들에게서 딸들이 나니"라고 말한다창 6:1. "번성하다"를 의미하는 히브리어 "라바브"רבב는 약간의 수적 증가를 의미하는 것이 아니라 엄청나게, 그리고 무수히 증가하는 것을 의미한다. 홍수 전에 사람들이 크게 번성했음을 보여준다.

그러면 홍수 전에 이 세상의 인구는 얼마나 되었을까? 지금은 여자들의 가임 기간이 30~40년 정도지만15~50세 정도라고 볼 때 900세를 살던 노아 시대에는 600년 이상이었던 것으로 보인다노아가 500세 이후에 아이를 낳은 것으로 미루어. 그때도 지금과 같이 임신기간이 280일이었다고 한다면 인구는 기하급수적으로 늘어났을 것으로 보인다. 창조과학자 헨리 모리스Henry M. Morris는 아담으로부터 노아 홍수에 이르는 1600여 년간 지구에는 적어도 30억 이상의 인구가 살았을 것이라고 말한다. 인구가 급속도로 늘어나면서1절 인간의 타락에 대한 이야기로 홍수에 대한 배경 설명이 시작된다.[2]

1. 불경건한 결혼의 죄 | 창 6:1~2

첫 번째 이들의 죄악은 세상과의 통혼이었다. 2절에서 창세기 기자는 "하나님의 아들들이 사람의 딸들의 아름다움을 보고 자기들의 좋아하는 모든 자로 아내를 삼는지라"라고 말한다. 여기서 하나님, 즉 "엘로힘"אלהים의 아들들과 사람의 딸들, 즉 "아담"אדם의 딸들은 누구를 말하는가? 이것 역시 성경의 난제에 해당한다. 이에 대해 학자들은 세 가지 가능성을 제기한다.

(1) 고대의 왕들과 후궁전의 여자들?

첫째는 하나님의 아들들은 고대 왕들이고, 사람의 딸들이란 그 왕들의 후궁전 harem 에 들어간 여자들이라는 해석이다. 이런 해석을 하는 사람들은 고대 왕들이 스스로 자신을 신들의 아들이었다고 주장했으며 예를 들면 이집트의 파라오, 일본의 천왕 등, 그래서 그들이 자신을 하나님의 아들이라고 부르는 것은 이상한 일이 아니라고 말한다. 하지만 성경은 다른 어떤 곳에서도 지상의 왕들을 하나님의 아들이라고 말하지 않는다. 만일 그렇다면 왜 전 세계의 모든 후궁전이 하나님의 심판을 받지 않았을까? 솔로몬도 후궁전에 1000명의 후궁과 첩들을 거느리고 있었다 왕상 11:3. 그리고 왕들의 죄악이라면 왕들만 심판하면 되지 왜 전 인류를 멸하셨는가? 이 해석은 문맥상 어색하다.

(2) 타락한 천사들과 사람의 딸들?

두 번째 해석은 하나님의 아들들은 실제로 타락한 천사들이며 사람의 딸들은 인간 세계의 여자들이라는 것이다. 이 해석 뒤에 있는 전제는 영물靈物이 여자들과 성관계를 통해 아이들을 낳을 수 있으며 그 아이들은 절반은 인간이고 절반은 영물이라는 것이다. 이 반인반신伴人伴神의 사람들이 4절에서 네피림으로 알려졌다고 말한다. 이런 사람들이 존재함으로 온 세상은 부패하게 되었고 결국 하나님은 그들을 멸망시켰다는 것이다.

이 해석도 몇 가지 어색한 부분이 있다. 욥기에서 천사들을 하나님의 아들이라고 불렀던 예가 있지만 욥 1:6, 대개 이스라엘을 하나님의 아들이라고 불렀다. 출애굽기는 이스라엘을 하나님의 아들이라고 불렀다. "너는 바로에게 이르기를 여호와의 말씀에 이스라엘은 내 아들 내 장자라. 내가 네게 이르기를 내 아들을 놓아서 나를 섬기게 하라 하여도 네가 놓기를 거절하니 내가 네 아들 네 장자를 죽이리라 하셨다 하라 하시니라"출 4:22~23. 신명기와 시편, 호세아서도 이스라엘을 하나님의 아들이라고 부른다. 성경에서 하나님의 아들이라고 할 때는 이스라엘 백성을 지칭하는 경우가 가장 많다. 따라서 하나님의 아들을 반드시 천사라고 해석할 필요는 없다.

또 천사들이 어떻게 사람과 결혼하는가 하는 문제가 발생한다. 사두개인들이 천국에서 결혼하는 문제와 관련한 질문을 했을 때 예수는 천사는 결혼하지 않는다고 분명히 말씀하셨다. "사람이 죽은 자 가운데서 살아날 때에는 장가도 아니 가고 시집도 아니 가고 하늘에 있는 천사들과 같으니라"막 12:25. 실제로 히브리서는 천사들은 영과 바람과 불꽃을 다스린다고 말한다. 천사들이 결혼할 수 있는 육체를 가졌다는 것은 성경적 근거가 없다. 이 해석 역시 본문의 문맥으로부터 너무 멀리 간 해석이다.

(3) 가인의 후손과 셋의 후손?

세 번째 해석이 교회에서 가장 널리 받아들이는 해석이다. 이 해석에 의하면 하나님의 아들들은 셋의 후손이고 사람의 딸들은 가인의 후손이라는 것이다. 세월이 지남에 따라 셋의 후손과 가인의 후손은 서로 통혼하게 되었고 그래서 경건한 가계와 불경건한 가계 사이의 구별이 없어지게 된 것이다.[3]

이러한 해석은 창세기 기록의 전개로 볼 때 자연스럽다. 창세기 기자는 4장에 가인의 계보를 기록하고 있다. 아담이 가인을 낳았다는 이야기는 있지만, 가인의 계보를 직접 아담에게 연결하지 않는다. 그러면서 가인의 후예들의 죄악된 모습을 기록하고 있다. 5장에는 셋의 계보가 기록되어 있다. 흥미롭게도 셋의 계보는 아담으로부터 시작한다. 이 계보에는 처음으로 여호와의 이름을 불렀던 에노스, 하나님과 동행했던 에녹, 그리고 의인 노아가 등장한다. 이처럼 4장과 5장에서 비교라도 하듯 가인과 셋의 계보를 제시하고, 이어지는 6장에 하나님의 아들들과 사람의 딸들에 대한 이야기가 나오는 것은 다분히 의도적인 것으로 볼 수 있다.

참고로 창세기 6장 1~4절을 히브리어의 관사와 발음을 괄호 속에 표기하면 읽기는 좀 어색하지만, 실감이 날 것으로 생각된다. "사람이 그 아담이 땅그 아다마 위에 번성하기 시작할 때에 그들에게서 딸들이 나니 하나님의 아들들이 사람의 딸들의 그 엘로힘의 아들들이 그 아담의 딸들의 아름다움을 보고 자기들이 좋아하는 모든 여자를 아내로 삼는지라. 여호와께서 이르시되 나의 영이 영원히 사람그 아담과 함께 하지 아니하리니 이는 그들이 육신이 됨이라 그러나 그들의 날은 백이십 년이 되리라 하시니라. 당시에 땅에는 그 에레쯔에는 네피림이 있었고 그 후에도 하나님의 아들들이 사람의 딸들에게로 그 엘로힘의 아들들이 그 아담의 딸들에게로 들어와 자식을 낳았으니 그들은 용사라 고대에 명성이 있는 사람들이었더라."

여기서 기자는 "그 아담의 딸들"과 "엘로힘의 아들들"을 두 번에 걸쳐 언급하면서 두 혈통 혹은 두 가계를 의도적으로 대비하는 것을 볼 수 있다. 이렇게 풀어서 표기하면 위에서 제시한 (1)과 (2)의 해석보다는 (3)의 해석이 좀 더 자연스러움을 쉽게 알 수 있다.

2. 네피림의 등장 | 창 6:4

가인의 후손과 셋의 후손이 결합하면서 고대의 영웅들이 나타나게 되었다. 4절에서는 영웅이요 고대에 유명한 자들로 알려진 "네피림"에 대한 이야기가 있다. 여기서 네피림은 누구일까? 이들은 영웅이요 유명인이었던 것으로 보아 보통 사람보다 더 크고 힘이 센 사람이었을 것이다. 그렇다면 네안데르탈인이나 크로마뇽인이 아닐까? 네안데르탈인은 현대인보다 신장은 작았지만, 발과 두개골 용량이 15% 정도 더 컸다. 유럽인의 조상이라고 말하는 크로마뇽인은 두개골 용량만이 아니라 아예 신장이나 신체 자체가 현대인의 평균치보다 훨씬 더 컸다.[4] 네피림이 누군지에 대해 우리는 다만 추측할 뿐이다.

네피림 역시 구약의 난제 중 하나이다. 이스라엘 백성이 출애굽할 때 가데스바네아에서 12명의 정탐꾼을 보낸 적이 있다. 흥미롭게도 이 정탐꾼들의 보고 속에 네피림에 대한 이야기가 나온다. 12명의 정탐꾼 가운데 10명은 이스라엘이 그곳에 올라가서 그 땅을 취하지 못할 것이라고 말했다. 이유는 그곳에 사는 사람들이 너무나 힘이 세기에 그들이 이스라엘을 멸할 것이기 때문이라고 했다. 그러면서 말하기를 "…거기서 본 모든 백성은 신장이 장대한 자들이며 거기서 네피림의 후손 아낙 자손 대장부들을 보았나니 우리는 스스로 보기에도 메뚜기 같으니 그들의 보기에도 그와 같았을 것이니라."라고 말했다 민 13:32b~33.

왜 홍수 전에 언급되던 네피림을 홍수 후 근 천 년 가까이 지난 후, 출애굽 하던 이스라엘 백성이 다시 언급했을까? 그렇다면 노아의 여덟 식구 속에 포함되지 않았던 네피림이 홍수 때도 죽지 않고 살아남아서 모세와 여호수아 시대에 가나안 땅에 살았다는 말이 아닌가? 그렇다면 홍수로 전 인류가 멸망한 것이 아니고 유프라테스강 하류 일부 사람들만 멸망한 것인가? 하지만 네피림을 이렇게 해석하면 노아 홍수의 범위, 나아가 노아 홍수에 인한 하나님의 심판의 범위와 성격에 대한 더 큰 해석의 문제가 생긴다.

이에 대한 첫째 해석은 노아의 며느리 속에 잠재된 네피림 유전자가 격세유전隔世遺傳, atavism을 통해 나타난 것이라고 주장한다.[6] 하지만

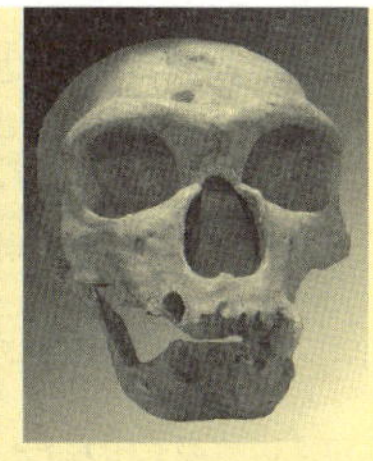
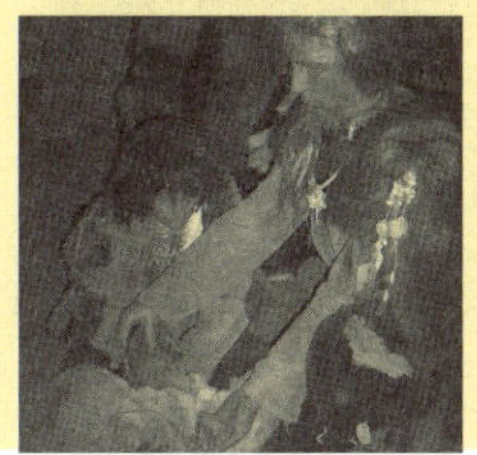
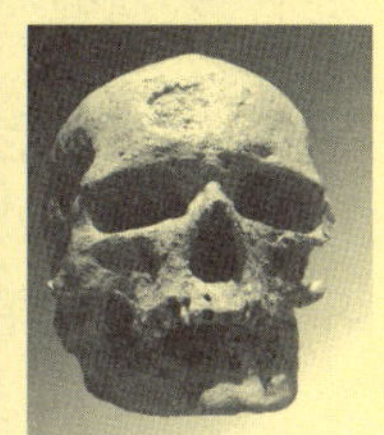

[그림 1] 현대인보다 두뇌 용적이 큰 네안데르탈인(위)과 크로마뇽인. 네피림이었을까?5)

이 주장은 노아의 며느리들에게, 나아가 여자들에게 죄를 뒤집어씌우는 마녀사냥이라는 비난을 피하기가 어렵다. 이미 얼마나 많은 여권론자가 성경이 하와에게 타락의 책임을 뒤집어씌운다고 비난하고 있는가! 만일 노아의 며느리들에게 네피림의 유전자가 있었다면 자연스럽게 노아의 혈통은 순전했을까 하는 질문도 등장한다.

둘째는 이들이 실제로 네피림이 아니라 네피림처럼 장대한 사람들을 말한다는 해석이다. 모세의 인도로 출애굽하고 있는 자들은 창세기를 기록한 모세를 통해 네피림에 대한 이야기를 들었을 것이다. 모세는 이스라엘 자손들이 약속의 땅에 들어가기 전, 아직 광야에 있을 때 이 사건에 관해서 그들에게 가르쳤을 것이다. 그래서 이스라엘 백성들은 네피림, 즉 노아 홍수 이전에 세상을 다스렸던 고대의 용사들에 대해서 들었을 것이다. 이러한 배경 지식을 가지고 가나안을 정탐하던 12명의 정탐꾼은 가나안 사람들의 신장의 장대함을 보고 말하기를 "이들은 모세가 우리에게 말했던 네피림과 같은 자들이구나. 그들은 고대의 네피림이 경건한 셋의 후손들을 멸망시켰던 것과 같이 우리를 멸망시킬 것이다."라고 두려워했던 것은 아닐까?

셋째 해석은 네피림은 인종적 명칭이 아니라 특정한 유형의 개인에 대한 묘사라는 해석이다. 실제로 앞에서 인용한 민수기 13장 33절의 묘사를 자세히 살펴보면 네피림은 아낙 자손들과 더불어 가나안 땅에 살았던 거민 중 일부였던 것으로 보인다. 아낙 자손들은 거인들로 묘사되어 있지만, 네피림을 거인이라고 간주할 근거가 없다는 것이다. 아마 네피림이라는 말은 전쟁에 능한, 무술이 뛰어난 사람들을 묘사하는 말이라고 볼 수 있다.[7]

이러한 몇 가지 해석을 근거로 생각해 본다면 네피림은 아마 불경건한 사람들로서 셋의 경건한 후손을 박해하고 죽이던 때에 살았던 전쟁에 탁월한 능력을 갖춘 용사들이었을 것이다. 그들이 세상에 존재했다는 것과 그들이 고대 세계의 장군들과 결혼함으로 셋의 가계 속으로 들어와 정치적 연합을 형성하지 않았을까? 이들은 셋의 후손과 통혼함으로 경건한 가계의 흔적을 지우려고 했던 것은 아닐까? 세속적인 결혼을 통해 네피림이 등장했고, 이들은 "용사"이자 "고대에 명성이 있는 사람들"이었을 것이다.

네피림이 누군지 정확하게 알 길은 없지만, 네피림에 대한 언급은 오늘 우리에게 시사하는 메시지가 있다. 이것은 세속적인 삶을 살아도 세상에서 강한 자, 부자, 명사가 될 수 있음을 의미한다. 반대로 하나님을 잘 믿는다고 반드시 부자가 되고 유명인사가 되는 것이 아님을 의미한다. 그리스도인이 되면 반드시 부자가 되고 명사가 된다고 주장하는 것이 오늘날 한국 교회를 병들게 하는 번영신학이다. 경건하게 산다고 반드시 부자가 되는 것은 아니지만, 그런 삶을 사는 사람은 반드시 하나님과 동행하는 축복의 삶을 살게 된다.

5절은 통혼에서 출발한 사람들의 죄악이 점점 도를 더해감을 보여준다. 사람들의 생각하는 바가 모두 악했다. "여호와께서 사람의 죄악이 세상에 가득함과 그의 마음으로 생각하는 모든 계획이 항상 악할 뿐임을 보시고." 비슷한 이야기가 홍수가 끝난 후인 8장에도 등장한다. 여기서는 사람들의 계획이 어려서부터 악하다고 했다. "내가 다시는 사람으로 말미암아 땅을 저주하지 아니하리니 이는 사람의 마음이 계획하는 바가 어려서부터 악함이라"창 8:21. 하나님은 인간 본성의 타락을 언급한다. 사람이 어릴 때는 다만 악을 행할 수 있는 지혜와 능력이 부족할 뿐이다.

이것은 인간의 원죄성을 말해준다. 원죄란 죄를 짓고 싶어하는 경향성을 말한다. 창세기 6장 5절에서 "그의 마음으로 생각하는 모든 계획"이나 8장 21절에서 "사람의 마음이 계획하는 바"라는 말에서 "계획"은 "경향성"inclination을 말한다. 그 경향성을 따라 실제로 죄를 지으면 우리가 흔히 말하는 범죄가 된다. 인간의 법에서는 실제로 범한 죄만을 처벌하지만, 하나님은 마음의 악한 생각과 계획이나 의도까지도 심판의 대상으로 보신다.

신약성경에서 예수는 음욕을 품기만 해도 음행한 것이라 하셨고마 5:28, 사도 요한은 형제를 미워하기만 해도 살인한 것이라 했다요일 3:15. 나아가 예수는 죄란 빛보다 어두움을 더 사랑하는 것이라고 말씀하셨다. "그 정죄는 이것이니 곧 빛이 세상에 왔으되 사람들이 자기 행위가 악하므로 빛보다 어두움을 더 사랑한 것이니라. 악을 행하는 자마다 빛을 미워하여 빛으로 오지 아니하나니 이는 그 행위가 드러날까 함이요"요 3:19~20.

4. 부패와 폭력의 죄 | 창 6:11~13

사람들은 마음의 계획만 악한 것이 아니라 실제로 그들은 부패했고, 폭력적이었다. 행동은 마음의 계획에서 나온다. 이들의 죄에 대해 이어지는 6장 11~13절에서 두 가지를 지적한다. 부패나 파괴를 의미하는 "쇠하트"חשׁת와 포악이나 잔인함을 의미하는 "하마쓰"חמס다. 인간의 죄악이 홍수를 일으켰다는 주장은 근동 홍수설화 중에서도 찾아볼 수 있다.

점토판에 새겨진 바빌론 홍수설화 〈아트라-하시스〉Atra-Hasis와 길가메시Gilgamesh는 여러 면에서 창세기 홍수 이야기와 유사한 점이 많다. 〈아트라-하시스〉 서사시의 홍수 기사에는 신들이 홍수를 일으키기로 한 이유를 인간들의 "시끄러운 소리" 때문이라고 했다. 이 "시끄러운 소리"가 인간의 부패와 폭력의 결과라고 한다면 홍수의 원인이 노아 홍수 원인과 크게 다르지 않다.[8] 노아 홍수를 불러온 사람들의 죄가 구체적으로 어떤 것인지는 이어지는 강해에서 살펴볼 것이다.

III. 하나님의 벌 | 창 6:3, 7

1. 하나님의 영이 사람을 떠났고 육체가 되었다 | 창 6:3a

가인의 후손들아담의 딸들과 셋의 후손들엘로힘의 아들들이 통혼하면서, 즉 결혼이 세속화되면서 사람들은 하나님과 동행하기보다는 육신의 소욕과 세상의 방식을 따라 살게 되었다. 이것은 어느 시대나 나타나는 공통 현상이다. 가장 단순한 예를 든다면 오늘날 신자와 불신자의 결혼이라고 할 수 있다. 많은 사람이 불신자와 결혼해서 전도하면 되지 않느냐고 생각하지만, 대부분 불신자가 전도되기보다는 신자가 세상에 동화된다. 하지만 이것을 좀 더 확장하면 신자끼리 결혼한다고 해

[그림 2] 아트라-하시스(좌)
와 길가메시 서사시[9]

도 세속적인 가치관, 즉 육체의 소욕을 따라 배우자를 선택하는 모든 행위를 다 포함한다고 할 수 있다.

사람들이 육체의 소욕을 따라 살게 되면 성령께서 동행할 수 없게 된다. "함께 하지 아니하리니"라는 말은 하나님이 일일이 간섭하거나 지시하지 않는다는 말이다. 사람들이 성령의 인도를 거역하더라도 계속 마음의 부담을 주고 내적인 음성을 통해 강하게 간섭하지 않는다는 말이다. 3절은 이를 "이는 그들이 육신이 됨이라"고 표현한다. "육신이 됨이라"는 말은 두 가지 의미를 내포한다.

첫째, 이전과 비교하면 더 제한적인 존재가 되었다는 의미다. 이 말은 이전에는 무한한 존재였다가 유한한 존재가 되었다는 의미가 아니다. 이전과 비교하면 그들의 능력과 수명이 많이 제한되었다는 의미다. 실제로 계보를 보면 홍수 전 사람들은 현저하게 오래 살았다. 하지만 이들이 육체가 됨으로 능력도 제한되고, 수명도 줄어들게 되었다. 실제로 3절 하반절에서 하나님은 사람의 수명을 120년으로 제한하셨다.

둘째, 육신이 되었다는 의미는 육신을 따라 살아가는 세속적인 인간이 되었음을 의미한다. 앞에서 가인의 후손과 셋의 후손의 결합을 통해 가인의 후손이 거룩하게 되기보다는 셋의 후손이 세속화, 즉 "육체"가 되었다. 성경은 곳곳에서 육체를 다만 신체를 의미하기보다는 육신의 소욕을 따라 살아가는 삶을 가리키는 경우가 많다롬 7:5, 13:14, 요일 2:16.

2. 사람들의 수명을 제한하셨다 | 창 6:3b

사람이 900세 이상 살게 되면 지식의 축적 속도는 폭발적일 것이다. 그러므로 홍수 전 고대의 세계는 우리가 생각하는 것보다 훨씬 더 굉장했을 것이고, 문명이나 문화도 발달했을 것이다. 하지만 이제 하나님은 사람의 수명을 120년으로 제한하셨다. "그러나 그들의 날은 백이십 년이 되리라 하시니라." 사람의 수명을 120년으로 제한한 것은 두 가지 측면이 있다.

첫째, 이 경고를 한 후 120년이 지나 홍수가 왔기 때문에 그때 살던 사람들은 노아의 가족을 제외하고는 모두 죽었다는 의미로 해석할 수 있다. 이 말씀 이후 노아의 가족을 제외하고는 아무도 120년 이상 산 사람들이 없었다. 즉 120년이란 세월은 하나님이 기다리셨던 기간grace period이었다는 것이다.[10]

둘째, 실제로 하나님이 인간의 수명을 120년으로 제한하셨다는 의미로 해석할 수 있다. 모세는 사람의 수명이 70년, 길어야 80년이라고 말한다. "우리의 년수가 칠십이요 강건하면 팔십이라도…"시 90:10. 실제로 오늘날 대부분 사람은 120세를 살지 못한다. 하지만 드물게 120세를 사는 사람들이 있는 것은 어떻게 해석할까? 특히 노아를 포함해 그의 직계 후손 중 많은 사람이 120년 이상 살았다. 아브라함175세, 이삭180세, 야곱147세, 아론123세도 120세 이상을 살았다. 그러나 홍수 이후 시간이 지나가면서 사람의 수명은 점점 짧아지게 되었고, 지금은 120세 이상을 사는 사람들이 거의 없다.

사람의 수명을 120년이 되게 하신 이 말씀에 대해서는 어느 해석이 옳은지 분명하지 않다. 문자적으로만 봐서는 첫째 견해가 맞는 것으로 보이지만, 우리가 하나님의 수명 단축을 서서히 진행되는 심판으로 본다면 두 번째 견해도 일리가 있다. 어쩌면 본문은 두 가지 의미를 모두 내포하고 있는지도 모른다. 성경에는 이중적인 의미를 포함하고 있는 경우가 종종 있다.

3. 대홍수로 사람과 땅을 멸망시키셨다 | 창 6:7

인류 역사에서 인간의 죄에 대한 첫 전 지구적 심판은 대홍수였다. 인간의 범죄를 인내하시던 하나님은 드디어 심판을 결정하셨다. 바벨론 신화는 사람들이 너무 떠들어서 신들이 잠을 잘 수가 없어서 홍수를 내려보냈다고 기록하고 있다. 하지만 바벨론 신화를 읽어보면 금방 신화라는 생각이 든다. 그러나 창세기 홍수 기록은 기록하는 스타일만으로도 이미 매우 사실적이다!

대홍수에 대해서는 13장에서부터 좀 더 자세히 살펴볼 것이다. 노아의 대홍수는 우리에게 하나님의 심판이 임한다면 완전하게, 철저하게 임함을 말해준다. 홍수의 규모나 기간을 보면 이 홍수를 피할 수 있는 사람은 방주에 탄 사람들을 제외하고는 아무도 없었다. 하나님이 친히 구원하신 자들을 제외하고는 아무도 구원받을 수 없다는 말이다.

하나님은 범죄한 사람과 더불어 가축과 기는 것과 공중의 새까지 멸절시키셨다. 13절 하반절에 보면 "내가 그들을 땅과 함께 멸하리라"고 했다. 하지만 인간은 피조세계의 대표로서 인간의 범죄는 다른 모든 피조물에게까지 영향을 미쳤음을 볼 수 있다. "그 바라는 것은 피조물도 썩어짐의 종 노릇 한 데서 해방되어 하나님의 자녀들의 영광의 자유에 이르는 것이니라. 피조물이 다 이제까지 함께 탄식하며 함께 고통을 겪고 있는 것을 우리가 아느니라"롬 8:21~22.

하나님의 심판의 철저함과 완전성은 앞서 창세기 3장에서도 드러난다. "아담에게 이르시되 네가 네 아내의 말을 듣고 내가 네게 먹지 말라 한 나무의 열매를 먹었은즉 땅은 너로 말미암아 저주를 받고 너는 네 평생에 수고하여야 그 소산을 먹으리라. 땅이 네게 가시덤불과 엉겅퀴를 낼 것이라 네가 먹을 것은 밭의 채소인즉 네가 흙으로 돌아갈 때까지 얼굴에 땀을 흘려야 먹을 것을 먹으리니 네가 그것에서 취함을 입었음이라 너는 흙이니 흙으로 돌아갈 것이니라 하시니라"창 3:17~19.

IV. 하나님의 사랑 | 창 6:5~8

1. 사람들의 죄를 슬퍼하시고 아파 하셨다 | 창 6:5~7

먼저 하나님은 사랑이시기 때문에 사람들의 죄를 슬퍼하시고 아파 하셨다. 6절에 보면 사람들의 죄악이 관영하자 하나님은 후회하신 것이 아니라 심히 슬퍼하시고 마음에 고통을 느끼셨다. "한탄하다"로 번역된 "나함"מꜝ은 사무엘상에서도 "후회하다"로 번역되었다. "…여호와께서는 사울로 이스라엘 왕 삼으신 것을 후회하셨더라"삼상 15:35. 하나님이 자신의 하신 일을 후회하신다는 것이 무슨 의미일까? 민수기에서는 "하나님은 사람이 아니시니 거짓말을 하지 않으시고 인생이 아니시니 후회가 없으시도다…"민 23:19라고 하지 않았던가!

"한탄하다"를 의미하는 "나함"이나 "근심하다"를 의미하는 "아짜브"מꜝꜝ는 망나니 자녀를 둔 부모의 마음을 표현하는 말이다. 이는 하나님이 인간을 창조하신 것 자체를 후회하셨다기보다 창조한 인간들의 죄악을 슬퍼하셨다는 의미다. 어쩌면 이 말 속에는 희미한 희망이 내포되어 있다고도 볼 수 있다. 실제로 하나님은 모두 멸망시키지 않

고 노아와 그의 가족들에게 은혜를 베푸셨다.[11]

2. 노아에게 은혜를 베푸셨다 | 창 6:8

둘째, 하나님은 사랑이시기에 노아에게 은혜를 베푸셨다. 인간의 죄악이 관영함에도 하나님의 가장 큰 사랑의 표현은 노아와 그의 가족을 보존하신 일이었다. 본문은 "그러나 노아는 여호와께 은혜를 입었더라"고 말한다. 본문에 이어 창세기 기자는 그런 노아를 두고 "노아는 의인이요 당대에 완전한 자라 그는 하나님과 동행하였으며"라고 기록하고 있다창 6:9. 히브리서 기자 역시 "믿음으로 노아는 아직 보지 못하는 일에 경고하심을 받아 경외함으로 방주를 예비하여 그 집을 구원하였으니 이로 말미암아 세상을 정죄하고 믿음을 좇는 의의 후사가 되었느니라"라고 말한다히 11:7.

그렇다고 노아는 정말 완전했는가? 후에 살펴보는 바와 같이 그는 홍수 후에 술에 취해 하체를 드러내는 실수를 하기도 했다. 다른 사람들에 비해서는 더 의로운 사람이었지만, 노아 역시 자신의 행위가 아니라 하나님을 믿는 믿음으로 의롭다 칭함을 받은 자였다. 노아 역시 하나님의 은혜가 아니면 구원받을 수 없는 죄인이었다. 하물며 우리일까?

V. 결론과 권면

본문에는 다만 하나님이 범죄한 인간을 심판하시는 이야기만 있는 것이 아니다. 죄악이 관영한 세상에서도 하나님은 자기 백성을 보존하심을 보여준다. 노아 홍수는 멸망과 심판의 의미보다 구원과 보존의 의미를 더 크게 부각시킨다. 아무리 죄악이 관영한 시대에도 하나님은 항상 자신의 백성을 보호하신다. 한 예로 하나님은 아브라함에게 소돔과 고모라를 의인 열 사람을 인하여 멸하지 않으실 것이라는 약속을 하셨다.

"[아브라함이] 가까이 나아가 가로되 주께서 의인을 악인과 함께 멸하시려나이까 그 성중에 의인 오십이 있을 찌라도 주께서 그곳을 멸하시고 그 오십의인을 위하여 용서치 아니하시리이까 주께서 이같이 하사 의인을 악인과 함께 죽이심은 불가하오며 의인과 악인을 균등히 하심도 불가하니이다. 세상을 심판하시는 이가 공의를 행하실 것이 아니니이까?"_{창 18:23~25}.

지금도 전 세계의 많은 그리스도인은 예수 그리스도를 믿는 믿음 때문에 감옥에 갇히고 고문당하며 죽임을 당하고 있다. 인도네시아에서는 모슬렘으로 개종하기를 거부하는 그리스도인들이 살해당하기도 하고, 북한에서는 성경을 소지한 자들을 남한의 스파이로 간주해 강제노동수용소에 보내기도 하고 심지어 죽이기도 한다. 이 외에도 많은 그리스도인이 고통을 당하고 있다. 매일 450명의 그리스도인이 예수를 믿는다는 이유로 죽임을 당하고 있다고 한다. 지난 20세기에는 그 이전 모든 역사를 통틀어 죽임을 당한 그리스도인들보다 더 많은 그리스도인이 목숨을 잃었다.

허드슨 연구소_{Hudson Institute} 수석 연구원_{senior fellow} 마이컬 호로위츠_{Michael Horowitz}는 〈월 스트리트 저널〉_{Wall Street Journal}에 기고하기를 복음주의자들과 그리스도인 개종자들을 대규모로 숙청하는 것이 마치 히틀러가 유대인들을 죽였던 것과 흡사하게 "무시무시한"_{is overwhelming and is eerily} 모습으로 다가오고 있다고 했다. 우리는 평화로운 것 같으면서도 무서운 시대에 살고 있다. 때로는 마치 우리가 대환란 초입에 서 있는 듯하기도 하다.

이런 현실을 생각한다면 정말 하나님이 이 시대에도 자기 백성을 보호하시는가가 의심될 수도 있다. 우리가 박해받는 교회와 그리스도인들을 위해 기도해야 하지만, 흥미로운 점은 기독교에 대한 박해가 강한 지역일수록 더욱더 빠르게 교회가 성장하고 있다는 사실이다. 하나님은 그의 백성이 이 땅에서 절멸되지 않도록 보호하고 계시는 것이 분명하다.

예수는 "내가 이 반석 위에 내 교회를 세우리니 음부의 권세가 이기지 못하리라"고 하셨다마 16:18. 이 말씀대로 그리스도의 교회는 살아남을 것이다. 교회는 다만 살아남을 뿐 아니라 성장할 것이다. 그리고 예수님께서 맡겨주신 사역을 감당할 것이다. 그리스도인들은 세상에 대해 비관하더라도 하나님의 역사에 대해서는 낙관할 수 있어야 한다. 이는 노아에게 임하셨던 하나님의 은혜가 있기 때문이다. 노아에게 임한 하나님의 은혜가 우리 모든 성도에게 임하기를 기원한다.

의인과 악인, 그리고 심판

"그러나 노아는 여호와께 은혜를 입었더라 이것이 노아의 족보니라 노아는 의인이요 당대에 완전한 자라 그는 하나님과 동행하였으며 세 아들을 낳았으니 셈과 함과 야벳이라. 그때에 온 땅이 하나님 앞에 부패하여 포악함이 땅에 가득한지라. 하나님이 보신즉 땅이 부패하였으니 이는 땅에서 모든 혈육 있는 자의 행위가 부패함이었더라. 하나님이 노아에게 이르시되 모든 혈육 있는 자의 포악함이 땅에 가득하므로 그 끝 날이 내 앞에 이르렀으니 내가 그들을 땅과 함께 멸하리라."

– 창세기 6장 8~13절

I. 트루먼과 세인트 헬렌스 화산

18세기 영국 외교관 세인트 헬렌스경Lord Saint Helens의 이름을 따라 명명된 세인트헬렌스 산Mount Saint Helens이 이상한 조짐을 나타내기 시작한 것은 1978년이었다. 두 명의 지질학자가 화산폭발을 예보한 것이다. 1980년 3월 20일 산봉우리 서북쪽에서 시작해 무려 40여 차례 미진微震이 일어났다. 3월 27일에는 산꼭대기에서부터 1,950m 떨어진 지점에서 재와 증기를 뿜어 올리는 첫 폭발이 일어났다. 이어서 우르릉거리는 소리가 산 중턱에서 계속 터지면서 표면 여기저기에 금이 가는 것이 눈에 보였으며 정상에는 지름 66m에 이르는 분화구가 나타났다.

이런 현상이 계속되자 워싱턴 주지사 레이Dixy Lee Ray, 1914~1994 여사는 산꼭대기를 중심으로 반경 8km를 출입금지 구역으로 선포한 후 주민들을 소개疏開시키고 이곳으로 통하는 모든 도로를 차단했다. 이

명령에 따라 모든 사람이 집을 비우거나 통행을 자제했다. 그런데 이 명령에 유독 완강하게 저항하는 사람이 있었는데 그는 해리 트루먼 Harry Randall Truman, 1896~1980이라는 83세의 노인이었다. 그는 호수와 산과 더불어 53년간을 그곳에서 살아온 사람이었다. 그처럼 오랫동안 그곳에 살면서 한 번도 화산 폭발이 없었는데 무슨 일이 있겠느냐면서 관청의 명령이나 자연의 위협 따위에는 미동도 하지 않았다. 그는 미국 대통령 트루먼과 이름은 같았지만, 미련하고 고집이 센 것만은 달랐다.

화산활동이 본격적으로 시작되자 미국지질조사국 USGS은 워싱턴주 밴쿠버 캐나다 밴쿠버와는 다른에 본부를 마련하고 각종 항공기를 동원해 지상의 변화를 촬영하면서 분출된 가스 견본을 채취하고 계속 넓어지는 분화구를 주시했다. 산허리는 하루에 1.5m씩 부풀어 오르면서 마침내 90m 이상 튀어나왔다. 지질조사국은 지진계, 경사계, 온도계 등 각종 장비를 동원해 시시각각 세인트헬렌스 산의 변화를 감시하면서 관측 결과를 발표하고 있었다. 하지만 트루먼은 자신의 경험을 더 신뢰했다.

그러나 운명의 날은 트루먼의 옹고집과는 무관하게 시시각각 다가오고 있었다. 1980년 5월 18일, 한국 서남부의 거점 도시 광주에서 "대폭발"이 일어나던 바로 그 날 미국 서북부에 있는 세인트헬렌스 산에서는 천지를 뒤흔드는 대폭발이 일어났다. 청명하고 아름다운 봄날 주일 아침 오전 8시 32분에 일어난 이 폭발로 화산재와 혼합된 연기 기둥이 20Km 상공으로 치솟아 올랐다. 이 폭발로 해발 2,900m에 이르던 아름다운 산정은 삽시간에 390m나 날아갔고 산꼭대기에는 하늘을 향한 분화구가 무엇이든지 삼키겠다는 무시무시한 모습으로 그 큰 입을 벌렸다. 눈 덮인 산정의 아름다운 모습과 탁월한 균형미로 인

해 미국의 후지 산富士山이라고 불리던 세인트헬렌스 산은 순식간에 흉산凶山으로 변했다.[1]

　화산 폭발에 인한 폭풍과 열은 상상을 초월했다. 산사태로 생긴 유동체와 파편들에 이어 불어온 폭풍은 시속 400km의 속도로 북쪽 27㎞ 지점까지 휩쓸었다. 이 폭풍으로 인근 500km² 지역에서 약 600만 그루의 나무가 뿌리째 뽑히거나 쓰러졌고 62명이 죽었다. 지름 18m의 표석漂石들이 8km를 날아오거나 굴러갔고, 한 부부가 세인트헬렌스 산 북쪽 18km 지점에 주차해두었던 이동주택은 180m나 날아갔다. 이 폭발로 인해 약 27km 길이의 부채꼴 모양의 지역 내 생물은 모조리 죽었다. 세인트헬렌스 산 북쪽 20km 지점에 세워둔 트럭에서는 플라스틱 부품 전체가 녹아내렸다. 폭발 지점에서 26km 떨어진 그린 강에서 고기를 잡고 있던 어부들은 급히 물속으로 뛰어들어 간신히 목숨은 건졌지만 심한 화상을 입었다.

[그림 1] 세인트 헬렌스 화산의 폭발 전후(우측 사진은 김신정 목사 제공)

화산 바로 맞은 편에 있는 트루먼은 어찌 되었을까? 말할 필요도 없이 화산 바로 맞은 편 스피릿호수Spirit Lake 건너편에 막무가내로 버티고 서 있던 트루먼과 그의 집은 12m 높이의 벽이 되어 해일처럼 밀어닥친 뜨거운 진흙 속에 흔적도 없이 사라지고 말았다. 그의 미련함과 함께!

II. 하나님의 은혜 | 창 6:9~10

본문은 노아처럼 순종하는 사람의 구원과 트루먼처럼 불순종하는 사람의 멸망을 대비해서 설명하고 있다. 먼저 노아에 대해 살펴보면 9절에서 성경은 노아를 의인, 완전한 자, 흠이 없는 자라고 부르고, 22절에서는 노아가 하나님께 온전히 순종했다고 말한다. 어떻게 이런 칭찬을 받을 수 있었을까? 이에 대한 해답은 바로 직전 8절에서 볼 수 있다.

8절에서 성경은 노아를 가리켜 "노아는 여호와께 은혜를 입었더라"고 기록하고 있다. 비슷한 표현으로는 천사 가브리엘이 마리아를 두고 "은혜를 받은 자여 평안할지어다"눅 1:28라고 한 말에서 볼 수 있다. 은혜를 의미하는 히브리어 "헨"חֵן은 그리스어 "카리스"χάρις 혹은 동사로 "은혜를 입다"를 의미하는 "카리토"χαριτόω로 번역된 말이다.

이 말을 다르게 번역한다면 우리말로 "호의"라는 말이 가장 가까울 것이다. 그렇다면 하나님의 호의 혹은 하나님의 은혜라는 게 무엇일까?

오늘날 교회에서 많이 사용되면서도 모호한 용어 중 하나가 은혜라는 말이다. 이 말은 세상에서 통용되는 의미와는 전혀 다른, 일종의 기독교 은어隱語가 되었다. 흔히 한국 교회에서는 감동되었을 때 은혜를 받았다고 하지만, 이것은 성경이 말하는 은혜와는 전혀 다르다. 본문에서는 하나님의 특별한 사랑 혹은 특별한 호의를 입은 것을 은혜받았다고 말한다. 그렇다면 하나님의 가장 큰 은혜는 무엇일까?

인간에 대한 가장 큰 하나님의 은혜는 자신의 죄에 대한 자각이다. 사람은 다른 사람의 죄를 지적하는 설교를 하거나 죄를 지적하는 글을 쓴다고 의인이 되지 않는다. 자신의 죄 없음을 주장한다고 의인이 되는 것도 아니다. 바울 사도는 "하나님 앞에서는 율법을 듣는 자가 의인이 아니요 오직 율법을 행하는 자라야 의롭다 하심을 얻으리니"라고 했다롬 2:13. 이방 민족보다 더 의롭다고 주장하는 유대인들에게 그는 이렇게 말한다. "그러면 어떠하냐 우리는 나으냐 결코 아니라 유대인이나 헬라인이나 다 죄 아래에 있다고 우리가 이미 선언하였느니라"롬 3:9.

하나님으로부터 선택받은 민족으로서 엄격하게 율법을 지키는 유대인들도 그들의 죄악을 자각할 때 하나님의 은혜를 받은 민족이라는 의미이다. 그러나 그들이 자신의 영적인 특권을 교만의 재료로 사용할 때 예수 그리스도를 알아보지 못하고 십자가에 못 박는 큰 잘못을 범했다. 하나님의 선민이 그랬다면 율법을 알지 못하던 다른 민족들이랴! 그렇다면 하나님의 은혜를 받은 노아의 모습은 어떠했는가? 한 가지씩 살펴보자.[4]

하나님의 은혜를 받은 노아를 가리켜 기자는 9절에서 "노아는 의인"이라고 했다. 창세기 7장 1절에서도 "…이 세대에서 네가 내 앞에 의로움을 내가 보았음이니라"고 했다. 베드로는 노아를 가리켜 의를 전파하는 자δικαιοσύνης κήρυκα라고 했다. "옛 세상을 용서하지 아니하시고 오직 의를 전파하는a preacher of righteousness 노아와 그 일곱 식구를 보존하시고 경건하지 아니한 자들의 세상에 홍수를 내리셨으며"벧후 2:5.

노아의 의는 하나님의 은혜로 말미암은 것이었다. 노아는 죄가 없는 선인이 아니라 하나님의 은혜로 의롭다함을 얻은 자였다. 그렇다면 노아가 하나님의 은혜를 받은 이유는 무엇일까? 이에 대해 히브리서 기자는 노아가 하나님의 은혜를 받은 것은 그의 믿음으로 말미암은 것이었다고 말한다. "믿음으로 노아는 아직 보이지 않는 일에 경고하심을 받아 경외함으로 방주를 준비하여 그 집을 구원하였으니 이로 말미암아 세상을 정죄하고 믿음을 따르는 의의 상속자가 되었느니라"히 11:7.

본문 8절 역시 노아를 의인이라고 한 것은 하나님의 은혜가 있었기 때문임을 말한다. 믿음은 공로가 아니라 하나님의 은혜요 선물이지만 하나님은 그 믿음을 가진 자들을 의롭다고 하셨다. 하나님의 은혜는 믿음으로 말미암은 것이며, 믿음 또한 선물이요 은혜이기 때문에 은혜-칭의-믿음은 각각 삼각형의 꼭짓점을 이루는 신비다. 믿음으로 말미암은 의가 없으면 하나님의 은혜를 받을 수 없고, 하나님의 은혜가 없으면 믿음을 가질 수가 없다. 믿음으로 말미암은 의에 대해서는 사도 바울이 가장 잘 표현했다. "기록된 바 오직 의인은 믿음으로 말미암아 살리라"롬 1:17.

노아는 하나님의 은혜로 믿음을 갖게 되었고, 그 믿음으로 말미암아 의인이라는 칭찬을 받았으며, 이 때문에 홍수가 나기 7일 전에 그의 온 가족이 방주에 들어가는 은혜를 입었다.

2. 흠이 없는 노아 | 창 6:9b

8절에 이어 하나님의 은혜 안에 있는 노아의 모습을 일컬어 9절에서는 그를 "당대에 완전한 자"라고 칭찬한다. 본문에서는 "완전한"을 의미하는 히브리어 "타밈"תמים은 "순결한," "성실한," "흠없는" 등으로 번역될 수 있는 남성 형용사 단수로서 노아의 삶을 함축적으로 표현하는 말이다. 그렇다면 정말 노아는 행위가 완전하고 아무런 흠이 없는 자였을까? 성경은 이렇게 칭찬받은 노아가 실수하는 모습을 이어서 기록하고 있다.

하나님의 은혜를 입고 대홍수를 피했던 노아도 홍수 후에 술을 마시고 취해서 실수한 것을 볼 수 있다. 노아는 술에 취해 하체를 드러내는 실수를 범했고, 나아가 자신의 벗은 몸을 보고 형제들에게 말한 둘째 아들 함을 지독한 말로 저주했다. 요즘 말로 하자면 쌍욕 저주를 한 것이었다. 이런 모습을 보면 도무지 노아는 의인과는 거리가 먼 사람이란 생각이 든다. 노아도 우리와 동일하게 죄성을 가진 사람이었다. 그런데 이렇게 흠이 많은 노아를 성경은 흠이 없었다고 말한다. 이것역시 하나님의 은혜 때문이다.

성경은 인간의 본성적 죄성을 지적하고 있다. 인간의 죄성에 대해 가장 깊이 묵상한 사람은 사도 바울이다. 그는 로마서에서 인간의 본성적 죄성을 이렇게 말한다. "기록된 바 의인은 없나니 하나도 없으며 깨닫는 자도 없고 하나님을 찾는 자도 없고 다 치우쳐 함께 무익하게 되고 선을 행하는 자는 없나니 하나도 없도다"롬 3:10~12. 시편 기자 역시 "주의 눈 앞에는 의로운 인생이 하나도 없나이다"라고 했다시 143:2. 그러므로 죄 짓지 않는 것보다 더 중요한 것은 하나님의 은혜를 입는 것이다. 하나님의 은혜중에서도 예수 그리스도의 십자가의 은혜, 그리스도의 보혈과 몸에 동참하는 것, 그분 안으로 들어가는 것이 가장 큰 은혜다.

자신이 하나님 앞에서 죄인이고, 하나님이 특별히 봐주시지 않으면 살 수 없는 자임을 깨닫는 것은 그 자체가 하나님의 은혜다. 그런 사람을 가리켜 성경은 완전한 자 혹은 흠이 없는 자라고 말한다. "내가 이만큼 헌신했는데…", "나도 이 정도 헌금했는데…" 하는 마음이 드는 순간 우리는 하나님의 은혜 바깥에 있는 자가 된다. 신구약 성경이 공통으로 경고하는 바 교만한 자는 하나님의 은혜를 받을 수 없고, 교만한 것 자체가 하나님의 은혜를 받지 못했다는 증거라고 말한다.

3. 하나님과 동행한 노아 | 창 6:9c

하나님의 은혜 안에 있는 노아를 가리켜 "하나님과 동행하였으며"אֶת־הָאֱלֹהִים הִתְהַלֶּךְ라고 말한다. 비슷한 표현이 노아의 증조부 에녹의 신앙을 표현할 때도 등장한다. 여기서 "에녹이 하나님과 동행하더니 하나님이 그를 데려가시므로 세상에 있지 아니하였더라"창 5:24. "동행하다"로 번역한 히브리어 동사 "할라크"הָלַךְ는 다양한 적용이 이루어지는 말로서 문자적으로는 "걷다"를 의미하지만, 전치사 "에트"אֵת, with와 함께 사용되어서 "함께 돌아다니다", "함께 살다" 등의 의미를 포함한다.[5] 그렇다면 하나님과 동행한다는 것은 어떤 삶을 말하는 것일까?

첫째, 하나님과 동행하는 가장 일반적인 모습은 예배드리는 것이다. 공적인 예배뿐 아니라 우리의 삶을 예배의 현장으로 삼고 살아가는 것을 하나님과 동행하는 것이라고 할 수 있다. 노아는 그 엄청난 홍수 대재앙이 끝난 후 마른 땅을 처음 밟았을 때 먼저 하나님께 제단을 쌓았다. "노아가 여호와께 제단을 쌓고 모든 정결한 짐승과 모든 정결한 새 중에서 제물을 취하여 번제로 제단에 드렸더니"창 8:20. 노아가 제사를 드린 기록은 여기만 등장하지만, 그가 평소에도 늘 하나님께 제사하는 삶을 살았음은 두말할 필요가 없다.

날마다 하나님께 온 가족이 모여 예배를 드리는 것과 더불어 날마다 하나님과 동행하는 삶을 사는 것은 곧 세계관적 삶이라고도 할 수 있다. 하나님이 바로 지금, 이곳에 계신다는 마음으로 우리의 삶의 구석구석까지 예배자의 자세로 살자는 운동을 기독교 세계관 운동이라고 할 수 있다.

둘째, 하나님과 동행하는 모습은 순종하는 삶이다. 본문 후반은 "노아가 그와 같이 하여 하나님이 자기에게 명하신 대로 다 준행하였더라"고 기록하고 있다창 6:22. 또한, 7장에서도 "노아가 여호와께서 자기에게 명하신 대로 다 준행하였더라"고 기록하고 있다창 7:5.

노아가 600세 되던 해 홍수가 났고, 그 이전 120여 년간 방주를 지은 것을 생각한다면 홍수 심판에 대한 최초의 경고는 노아의 나이 480세 정도였을 것이다. 처음 홍수 경고를 들은 후 노아는 방주를 짓기 시작했다. 120여 년간 큰비도 오지 않는데 거대한 방주를 만들면서 노아는 얼마나 많은 사람으로부터 비웃음과 조롱을 당했을까! 하지만 그는 홍수를 대비하여 방주를 지으라는 하나님의 말씀에 온전히 순종했다. 120년간 하나님의 말씀을 믿고 거대한 방주를 짓는 것은 사람들에게 시청각 교육하는 것이자 세상을 향한 정죄의 행위였다.

셋째, 하나님과 동행하는 모습은 가족이 증언한다. 노아가 하나님과 동행하는 사람이라는 것을 하나님 다음으로 증언하는 사람들은 바로 그의 가족이다. 18절에서 하나님은 노아에게 "그러나 너와는 내가 내 언약을 세우리니 너는 네 아들들과 네 아내와 네 며느리들과 함께 그 방주로 들어가고"라고 말씀하신다. 그리고 창세기 7장 7절에 보면 실제로 노아의 온 가족은 홍수가 나기 일주일 전에 "노아는 아들들과 아내와 며느리들과 함께 홍수를 피하여 방주에 들어갔고"라고 기록하고 있다.

오랜 세월 동안 비도 오지 않는데 아버지가 전 재산과 인생을 투자해 엄청난 크기의 배를 건조하는 것을 옆에서 보던 가족이다. 아버지가 배 만드는 것에 미쳐서 지내는 기나긴 세월 동안 가족의 고통은 어떠했을까? 하지만 가족은 주변 사람들의 온갖 질시와 조롱 속에서도 꿋꿋하게 하나님의 약속의 말씀을 의지해 순종하는 아버지의 모습을 보았다. 노아의 영적 권위가 살아 있었기 때문에 아직도 비가 오지 않는데 온 가족이 방주에 탄 것이다. 우리 아버지들은 노아가 그 가족에게 가졌던 영적인 권위를 갖고 있는가?

III. 죄와 심판 | 창 6:11~13

노아에 대한 하나님의 칭찬은 그 시대의 죄악상에 대비되었다. 본문은 그 시대의 가장 대표적인 죄악의 모습을 여러 차례 부패했다는 말로 표현하고 있다. 그 시대는 그야말로 하나님이 보시기에 심히 좋도록 창조하신창 1:31 깨끗하고 아름다운 세계를 사람들이 더럽히고 부패하게 하는 죄악인 관영하던 시대였다. 그렇다면 대홍수를 일으킨 직접적인 죄악은 무엇이었을까? 성경은 세 가지를 지적하고 있다.

1. 불경건한 결혼의 죄 | 창 6:1, 2

6장 첫 부분에 보면 "사람이 땅 위에 번성하기 시작할 때에 그들에게서 딸들이 나니 하나님의 아들들이 사람의 딸들의 아름다움을 보고 자기들이 좋아하는 모든 여자를 아내로 삼는지라."라고 기록하고 있다6:1~2. 이것은 좁게 보면 불신자들과의 통혼의 죄였지만, 넓게 보면 성적인 타락이었다. "자기들이 좋아하는 모든 여자를"이라는 말 속에는 다분히 정욕적인 요소가 들어 있다. "자기들이 좋아하는"이란 말은 "하나님이 좋아하는"이란 말에 반대되는 의미다.

성경에서 타락한 세상의 모습을 묘사할 때는 반드시 결혼의 타락, 혹은 성적인 타락이 포함되어있다. 예수는 대홍수 전 세상의 모습을 재림과 비교해 표현하셨다. "노아의 때와 같이 인자의 임함도 그러하리라. 홍수 전에 노아가 방주에 들어가던 날까지 사람들이 먹고 마시고 장가들고 시집가고 있으면서 홍수가 나서 그들을 다 멸하기까지 깨닫지 못하였으니 인자의 임함도 이와 같으리라"마 24:37~39. 죄악이 관영하여 심판이 임박한 세상에서는 결혼의 타락이 보편적이었다. 이것은 사람들이 먹고 마시고 장가가고 시집가는 것에만 열중하고 종말의 징조를 무시하는 것을 말한다.

유황불로 멸망하기 직전의 소돔과 고모라의 모습이 그러했다. 그들은 하나님을 섬기는 일, 영적인 일에는 관심이 없었고, 말초적인 쾌락에만 관심이 있었다. 이는 영적인 일에는 전혀 무관심한 현대인의 모습이기도 하다. 영적인 일, 천국의 일에 아무런 관심이 없고 다만 물질적 부요와 안락함, 쾌락에만 탐닉하고 있는 현대인의 모습을 빗댄 말이다.

현대인들은 과학과 기술의 발달이 가져다주는 달콤하고 편리한 맛을 즐기면서 목을 죄어오는 구체적인 종말의 징조들을 무시하고 있다. 그리고 인간에게는 장밋빛의 미래가 있을 뿐이라고 소리친다. 과학과 기술로 무장한 현대인들은 수많은 종말의 경고와 징조를 농담으로 여기고 있다. 세상은 물에 잠기기 전에 이미 죄악으로 잠겨 있었다.

세인트헬렌스 화산이 트루먼의 미련함을 잠재웠던 것처럼 지옥불만이 인간의 미련함을 다스릴 수 있는 듯이 보인다.

2. 부패함의 죄 | 창 6:11, 12

11, 12절에서는 부패함의 죄를 세 번이나 언급하고 있다. "부패하다"를 의미하는 동사 "솨하트"는 옷이나 그릇 등을 더럽히는 것을 의미하는 데서 유래한 말이다.[6] 이 말은 시편에도 등장한다. "어리석은 자는 그의 마음에 이르기를 하나님이 없다 하는도다 그들은 부패 corrupt하고 그 행실이 가증하니 선을 행하는 자가 없도다"시 14:1. 성경은 하나님이 마음에 없으면 부패하고 선을 행하지 못한다고 말한다. 사업하는 사람들이 다른 사람들을 속이고, 뇌물을 주며, 상도덕을 버리는 것도 여기에 속한다.

12절에서 "혈육 있는 자"를 의미하는 "바싸르"는 누구일까? 어떤 사람들은 이를 사람과 동물을 모두 포함한다고 하지만 대부분 사람은 오직 사람만을 포함하는 것으로 본다. 왜냐하면 동물이 부패하고 죄를 짓는 것을 생각하기 어렵기 때문이다. 실제로 홍수심판을 불러온 죄악은 모두 사람의 죄악이었다. 그러므로 한글 성경에서 "모든 혈육 있는 자," NIV에서 "all the people"이라고 번역한 것이 적절하다고 생각된다.[7]

부패함의 죄는 불경건한 결혼과 무관하지 않다. 불경건한 결혼에 인한 영적 타락은 하나님의 마음을 근심되게 했다. 그래서 성경은 "여호와께서 사람의 죄악이 세상에 가득함과 그의 마음으로 생각하는 모든 계획이 항상 악할 뿐임을 보시고, 땅 위에 사람 지으셨음을 한탄하사 마음에 근심"하셨다고 했다.

부패란 악한 영이 인간의 깊은 영적 내면의 세계까지 스며든 상태,

즉 암 세포가 전신에 퍼져 있는 것과 같다. 암부위를 잘라내지 않으면 암을 치료할 수 없듯이 썩은 인간의 영혼을 치료하는 방법은 사람을 비롯해 가축과 기는 것과 공중의 새까지 이 땅의 지면에서 쓸어버리는 수밖에 없었다_{창 6:7}. 이것이 바로 홍수의 근본 원인이었다.

3. 포악함의 죄 | 창 6:11, 13

세 번째 죄악은 포악함의 죄였다. 11, 13절에 보면 노아 홍수가 일어날 즈음 세상에는 "포악함이 땅에 가득"했다고 표현한다. "포악함"을 의미하는 히브리어 명사 "하마쓰"חָמָס는 잔인하고 흉악한 폭력을 말한다. 폭력에는 성폭력을 포함하는 신체적인 폭력과 더불어 제도적 폭력, 언어적 폭력 등 강자가 약자를 불의하게 억누르는 모든 행위를 일컫는다. 한 두 사람이 아니라 온 세상이 이러한 폭력으로 가득하기에 이를 해결할 방법은 홍수를 통해 이들을 모두 쓸어버리는 수밖에 없었다.

창세기 19장에 보면 소돔성이 유황불로 멸망할 때에도 세상에 폭력이 가득했다. 소돔성 내에는 이방인들에 대한 성폭력이 난무했고, 심지어 동성애 폭력이 공공연하게 자행되었다. 남의 집에 찾아온 손님들에게까지 버젓이 성적 폭력을 가했다.

죄악된 세상에 대한 하나님의 인내는 영원하지 않으시다. 많은 사람은 "이렇게 죄를 짓는데도 왜 하나님의 심판이 오지 않는가?"라고 생각한다. 하나님은 참고 계실 뿐이다. 하나님의 인내를 시험하는 자는 가장 어리석은 자다. 하나님의 침묵을 허용으로 생각하고 죄를 계속 지어서는 안 된다. 하나님은 홍수로 세상을 심판하시겠다고 말씀하신 후에도 120년이나 기다리셨다. "범사에 기한이 있고 천하 만사가 다 때가 있"는 것처럼_{전 3:1} 회개하고 하나님께 돌이키는 데도 기한

이 있다. "은혜 받을 만한 때"와 "구원의 날"이 정해져 있는 것처럼고후 6:2 심판의 날도 정해져 있다.

이처럼 죄와 심판에 대해 자각하고 사는 사람, 다시 말해 다가올 심판을 생각하면서 종말론적 긴장을 하며 사는 사람이 의로운 사람이다. 그런 사람일수록 죄를 적게 짓게 되고, 죄의 진공에 가까운 사람일수록 더욱더 죄에 대해 예민해진다. 베드로는 하나님의 은혜를 깨달았을 때 "…주여 나를 떠나소서 나는 죄인이로소이다"라고 고백했고눅 5:8, 세리는 "…하나님이여 불쌍히 여기소서 나는 죄인이로소이다"라고 했고눅 18:13, 바울은 "…죄인 중에 내가 괴수니라"라고 했다딤전 1:15.

끝으로 흥미롭게도 12절에서 하나님은 인간이 죄를 짓는데 "땅이 부패하였"다고 말씀하신다. 그리고 13절에서 하나님은 "모든 혈육 있는 자의 포악함이 땅에 가득하므로 … 내가 그들을 땅과 함께 멸하리라"고 하셨다. 땅과 그곳에 거하는 사람들을 동일시하는 것은 구약에서 흔히 볼 수 있다. 대표적으로 토지법에 대해 말하고 있는 레위기 25장이나 룻기의 사상이 그러하다. 땅의 주인 된 인간이 죄를 범하면 땅이 부패하게 되고, 땅이 심판을 받게 되는 것이다.

VI. 결론과 권면 | 인간의 죄와 하나님의 인내

노아 홍수를 전후한 세상의 타락으로부터 어떤 교훈을 얻을 수 있는가? 이는 하나님의 인내가 절대로 무한하지 않으시다는 점이다. 미련함은 앞에서 예를 든 트루먼만의 전유물이 아니라 모든 타락한 인간의 특징이다. 지난 30여 년간 창조론 공부를 하면서 필자는 이러한 인간의 미련함을 더 생생하게 느꼈다. 문헌을 통해, 필드 트립을 통해 수많은 창조의 증거를 수집하면서 이렇게 많은 증거가 하나님의 존재와 그분의 창조를 웅변적으로 입증하고 있는데 어떻게 이 세상이 저절로 존재했다고 주장할 수 있을까!

성경은 곳곳에서 하나님의 피조세계가 하나님의 존재를 증명한다고 말한다. 하늘이 하나님의 영광을 선포하고 궁창이 그 손으로 하신 일을 나타내고 있는데시 19:1, 하나님의 능력과 신성이 만물 속에 핑계할 수 없을 만큼 분명히 나타나 있는데롬 1:20 어떻게 그 마음과 사상에 하나님이 없다고 하는지… 시 10:4; 14:1 세상이 저절로 존재했다고 믿으려면 수많은 증거를 모조리 무시할 수 있어야 한다. 그 우둔함과 미련함은 도대체 어디서 온 것인가?

창조와 더불어 종말의 증거들도 인간의 미련함을 시험한다. 예수를 믿건 믿지 않건 많은 정직한 학자는 수많은 종말의 징후를 제시하고 있다. 이전에는 직통계시를 받았다는 이상한 사람들이 휴거 일자를 예언하곤 했지만, 지금은 많은 과학자가 지구의 종말을 이야기하고 있다.

그럼에도 대부분 사람은 종말은 없으며 그것은 몇몇 광신자가 만들어낸 허구라고 코웃음 친다. "이르되 주께서 강림하신다는 약속이 어디 있느냐 조상들이 잔 후로부터 만물이 처음 창조될 때와 같이 그냥 있다 하니 이는 하늘이 옛적부터 있는 것과 땅이 물에서 나와 물로 성립된 것도 하나님의 말씀으로 된 것을 그들이 일부러 잊으려 함이로다"벧후 3:4~5. 우리는 이런 어리석은 자들이 되지 말아야 할 것이다.

한 사람의 순종을 통한 구원

"너는 고페르 나무로 너를 위하여 방주를 만들되 그 안에 칸들을 막고 역청을 그 안팎에 칠하라. 네가 만들 방주는 이러하니 그 길이는 삼백 규빗, 너비는 오십 규빗, 높이는 삼십 규빗이라. 거기에 창을 내되 위에서부터 한 규빗에 내고 그 문은 옆으로 내고 상 중 하 삼층으로 할지니라. 내가 홍수를 땅에 일으켜 무릇 생명의 기운이 있는 모든 육체를 천하에서 멸절하리니 땅에 있는 것들이 다 죽으리라. 그러나 너와는 내가 내 언약을 세우리니 너는 네 아들들과 네 아내와 네 며느리들과 함께 그 방주로 들어가고 혈육 있는 모든 생물을 너는 각기 암수 한 쌍씩 방주로 이끌어 들여 너와 함께 생명을 보존하게 하되 새가 그 종류대로, 가축이 그 종류대로, 땅에 기는 모든 것이 그 종류대로 각기 둘씩 네게로 나아오리니 그 생명을 보존하게 하라. 너는 먹을 모든 양식을 네게로 가져다가 저축하라. 이것이 너와 그들의 먹을 것이 되리라. 노아가 그와 같이 하여 하나님이 자기에게 명하신 대로 다 준행하였더라."

– 창세기 6:14~22

언젠가 한국 교회사가_{敎會史家}인 민경배 교수가 설교 중 들려준 이야기다. 본인이 영국 스코틀랜드 에버딘 대학 University of Aberdeen에서 유학할 때 어떤 영국인 집에서 하숙했다고 한다. 그 하숙집 주인 할아버지는 일은 하지 않고 날마다 술을 마시고, 아내를 때리고, 애들을 못살게 구는 형편없는 사람이었다. 그런데 이 할아버지가 술을 먹는 날에는 횡설수설하면서 "세계 역사가 먼 곳이 아니라 바로 내 손안에 있었다"는 말을 하곤 했다. 그게 무슨 말인가 궁금했는데 어느 날 이 사람과 대화를 나눌 기회가 있었다고 한다.

할아버지는 자신을 제1차 세계대전 참전 용사라고 했다. 1차 대전이 한창 진행되고 있던 어느 날, 독일군 부사관 두 명이 포로로 잡혀서 자기 부대에 끌려왔다. 할아버지는 그들을 포로수용소까지 끌고 가는 책임을 맡았다. 그런데 그들을 호송하던 어느 날 밤 그는 그들을 지키다가 너무 피곤해서 깜빡 졸았다. 그리고 그 틈을 타서 두 명의 포로들이 도망을 치기 시작했다. 그래서 정신이 번쩍 들어서 한 명은 총을 쏴서 쓰러뜨리고, 또 다른 한 명도 쏘려고 총을 겨누었다. 그런데 저만치 도망가던 포로는 "쏘지 마시오. 쏘지 마시오. 제발 살려 주시오."라고 소리를 질렀다. 그 모습을 보니 측은한 생각이 들어서 그냥 도망가게 놔두었다. 그런데 정신없이 도망가던 그 독일군 부사관이 떨어뜨린 군번 목걸이가 있어서 그때까지 보관하고 있었는데 민 교수에게 보여 주었다. 그 군번 줄에 이름이 적혀있는데 놀랍게도 그의 이름은 "아돌프 폰 히틀러"였다! 만약 그가 자신의 임무에 충실했다면 제2차 세계 대전이 일어나지도, 그리고 전쟁에서 600만 명의 유대인이 학살당하는 비극도 없었을 것이라고 했다.

세상에는 수많은 사람이 살아가고, 그들 모두 나름대로 역사 속에서 크고 작은 역할을 하지만 때로는 잘못된 한 사람에 의해 전 세계가 불바다가 되기도 하고, 의로운 한 사람에 의해 전 세계가 구원받는 역사가 일어나기도 한다. 본문은 한 사람의 의인 노아를 통해 전 인류가 멸망하는 홍수 속에서 어떻게 인간과 모든 동물이 씨를 보존하게 되었는가를 설명하고 있다.

I. 구원의 방주 | 창 6:14~17

하나님은 홍수로 땅을 심판하시기로 작정하셨지만, 노아의 가족을 구원하시기 위해 방주를 지을 것을 지시하셨다. 방주에 대한 하나님의 지시는 놀라울 정도로 세밀하다. 고대에 여러 홍수 전설이나 신화와는 근본적으로 스타일이 다름을 볼 수 있다.

1. 방주의 내부 | 창 6:14, 16

14절에서 방주를 만든 "고페르 나무"는 무엇인가? 개역한글 성경과 NIV에서 잣나무cypress wood로 번역한 이 나무는 매우 강하고 단단한 일종의 침엽수라고 생각되지만 정확한 수종樹種은 알 수 없다.[1] 아마 백향목, 잣나무, 편백 중 하나로 생각된다. 단단함과 부식에 견디는 정도를 생각한다면 편백이 아닌가 생각된다. 방주를 의미하는 히브리어 "테바"תֵּבָה는 출애굽기에서 모세를 구했던 갈대상자와 같은 말이다 출 2:3, 5. 모세는 온 세상을 구하는 노아의 방주를 자신을 구한 갈대상자와 의도적으로 같은 용어로 표현한 것으로 보인다.[2]

14절에서 하나님은 방주 안에 칸들을 막으라고 하셨다. 칸들을 막지 않으면 물결이 출렁일 때 동물들이 한곳으로 쏠려서 방주가 전복될 수도 있고, 그러는 동안 작은 동물은 큰 동물에게 깔려서 죽을 수도 있다. 16절에서 하나님이 방주를 3층으로 만들라고 하신 것을 보면 아마 가장 높은 층에는 사람과 식량을, 중간층에는 작고 가벼운 동물을, 아래층에는 크고 무거운 동물을 실었을 것으로 생각된다.

14절에서 하나님은 역청pitch을 방주 안팎에 칠하라고 했다. 역청을 의미하는 히브리어 "코페르"כֹּפֶר, 즉 "pitch"는 석유에서 나오는 것으로 오래전부터 목선의 방수를 위해 사용하던 물질이었다. 그렇다면 오늘날 검은 황금으로 불리는 석유는 무엇인가? 그것은 생물들이 대규모로 죽은 후 그 유해가 탄화되어 만들어진 것이다. 이러한 석유는 현재 전 세계적으로 곳곳에서 발견되고 있으며, 그 양도 전 세계의 에

[그림 1] 방주의 내부 구조[3]

너지원이 될 정도로 엄청나다. 이는 전 세계적으로 엄청난 생물들이 죽었음을 의미하는데 언제 그렇게 많이 죽었을까? 이것은 노아 홍수 이전, 인간이 탄생하기 이전에 지구에서 일어난 많은 격변, 즉 대규모 멸종이 여러 차례 일어났음을 보여준다. 하지만 인류가 창조된 이후 대규모 격변, 즉 대규모 멸종은 노아 홍수뿐이었다.[4]

2. 방주의 의미 | 창 6:15, 17

하나님은 이러한 대홍수 속에서도 방주를 통해 인류를 구원하고자 하셨다. 방주는 노도, 키도, 돛도, 엔진도 없는 상자형 배였다. 방주의 크기는 길이 300규빗135m, 넓이 50규빗23m, 높이는 30규빗13.5m이었다. 이러한 노아의 방주가 우리에게 시사하는 바는 무엇인가?[5]

첫째, 방주는 가장 안전한 배다. 노아 방주의 길이, 넓이, 높이의 비율은 조선공학적으로 속도를 내기는 어렵지만 높은 파도가 이는 바다 위에서 엔진을 끈 채 심한 롤링rolling과 피칭pitching에 대해 가장 안정성이 높은 비율이라고 한다. 롤링은 좌우로, 피칭은 앞뒤로 흔들리는 것이기 때문에 이 두 가지 진동에 대해 복원력이 크다는 말은 그만큼 안정된 배라는 의미다. 여러 해 전 한국해사연구소 홍석현 박사 팀이 한국창조과학회의 의뢰를 받아서 노아의 방주 안정성에 대한 실험을 한 적이 있다. 그는 컴퓨터로 12종의 모형 선체를 만들었고, 그중 노아의

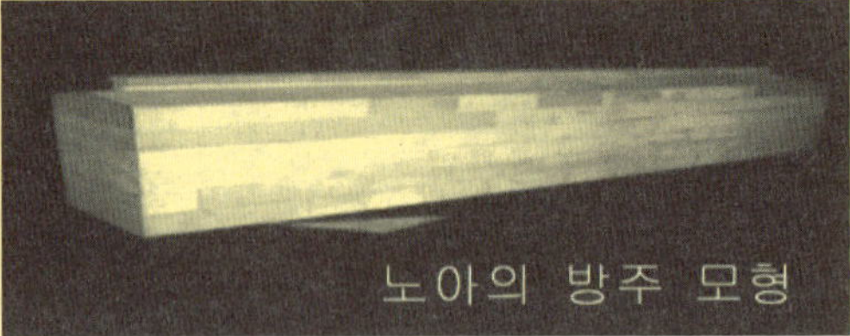

[그림 2] 방주 건설과 상자 모양의 방주[6]

방주 비율의 축소모형을 제작해 안정성을 시험했다. 그는 노아의 방주 비율이 다른 어떤 선형보다도 큰 파도에 대해 안정성이 높다고 보고했다.

실제로 19세기 말에 취역했다가 오래전에 퇴역한 미국 증기선 전함 USS 오레곤 호 USS Oregon가 바로 이와 비슷한 비율(길이 107.04m x 넓이 21.11m)로 건조되었는데 이 전함은 미 해군 사상 가장 안정된 배라고 한다. 지금도 빠른 속도가 필요하지 않는 대형 유조선들의 크기가 방주와 비슷한 비율로 제작된다고 한다.

둘째, 노아 홍수는 국부적 홍수일 수가 없다. 오늘날의 기준으로 볼 때 방주의 크기는 대략 15,000~20,000톤급 미니 항공모함에 해당하는 크기의 배다. 방주의 크기로 볼 때 노아 홍수가 중동지방, 좀 더 구체적으로 유프라테스 강 하류가 범람한 국부적 홍수가 아님을 볼 수 있다. 아무리 큰 홍수가 나더라도 큰 강 하나가 범람하는 홍수를 위해 이렇게 큰 방주를 만들 필요는 없다.

또한, 홍수가 나지 않은 다른 지역이 있다면 구태여 동물들의 씨를 보존하기 위해 모든 동물의 암수를 방주에 실을 정도로 큰 방주를 만들 필요가 없었을 것이다. 17절에서 하나님은 "내가 홍수를 땅에 일으켜 무릇 생명의 기운이 있는 모든 육체를 천하에서 멸절하리니 땅에 있는 것들이 다 죽으리라"고 하셨다. 코로 숨을 쉬는 동물 중 방주에

[그림 3] USS 오레곤호[7]

타지 않은 동물들은 전 지구적으로 살아남을 수 없음을 의미한다.

셋째, 하나님의 어리석음이 사람의 지혜보다 뛰어나다는 점이다. 방주는 아마추어가 지었고, 타이타닉은 프로가 지었다. 그런데 방주는 가장 큰 파도와 홍수를 1년 가까이 겪으면서도 끄떡없었지만, 방주보다 두 배 이상 크고 길이 269m x 넓이 28m 무거웠던 배수량 52,310톤 타이타닉은 1912년 4월 14일, 대서양을 건너는 처녀항해에서 빙산에 부딪혀 침몰했다. 그래서 바울은 "하나님의 어리석음이 사람보다 지혜롭고 하나님의 약하심이 사람보다 강하니라"고 했다 고전 1:25.

넷째, 구원의 길은 하나뿐이라는 점이다. 홍수가 났을 때 살 수 있는 유일한 방법은 방주에 승선하는 것이다. 16절에 보면 이처럼 큰 방주에 출입구가 하나밖에 없다. 이는 무엇을 상징하는가? 이는 구원으로 이르는 문은 예수 그리스도 한 분뿐임을 의미한다. 성경은 이 점에 대해서 아주 분명하게 말한다. "다른 이로써는 구원을 받을 수 없나니 천하 사람 중에 구원을 받을 만한 다른 이름을 우리에게 주신 일이 없음이라 하였더라" 행 4:12.

오늘날 종교다원주의자들은 모든 종교는 하나님께 나아가는 서로 다른 방법이라고 주장한다. 정상은 하나이지만 정상에 이르는 길은 여러 개일 수 있다고 주장하면서 다른 종교에도 구원이 있다고 주장한다. 오늘날 자유주의 신학에 기초한 교회들은 하나같이 교세가 줄어들고 있는 이유는 바로 이 때문이다. 다른 종교에도 구원이 있는데 구태여 교회에 나오라, 예수를 믿으라고 할 이유가 없다. 그래서 종교다원주의를 받아들이게 되면 전도하지 않게 된다. 자유주의 신학교일수록 학생들이 줄고 있고, 그런 교단일수록 교인들이 줄고 있는 것은 자연스러운 것이다.

방주를 잘 짓는 것보다 더 중요한 것은 방주의 문이 닫히기 전에 방주에 승선하는 것이다. 아직 비가 오지 않을 때, 날씨가 화창할 때 방주에 들어가야 한다. 비가 쏟아지기 시작하면 때가 늦었다. 많은 사람이 부도가 나고 감옥에 들어갈 때쯤, 불치에 병에 걸려 죽음이 저만큼 다가왔을 때가 되어 하나님께 나오는 경우가 많다. 하지만 현명한 사람은 사업이 잘될 때, 건강할 때 하나님께 나온다.

자신을 돌아보자. 나는 방주에 관한 지식만을 갖고 있는가? 아니면 방주 안에 타고 있는가? 방주에 관한 아무리 많은 조선공학적 지식을 가지더라도 방주에 타지 않으면 구원받을 수 없다. 마찬가지로 예수 그리스도에 대한 많은 조직신학적 지식이 있을지라도 그분을 나의 주, 나의 하나님으로 영접하지 않으면 구원받을 수 없다. 우리 모두 한 사람도 빠짐없이 구원의 방주 되신 예수님 안에 승선하자.[8]

II. 구원의 언약 | 창 6:18~21

심판은 멸망이기도 하지만 다른 한편으로는 구원이며, 종말이면서 다른 한편으로는 시작이기도 하다. 하나님은 노아로 하여금 방주를 짓도록 지시하신 후 구체적으로 사람과 동물을 구원하실 계획을 세우신다. 방주의 설계를 지시하신 후 하나님은 노아와 언약을 맺으신다. 계약은 동등한 사람끼리 맺는 약속이지만, 언약은 하나님이 인간과 맺는 약속이다. 그러면 하나님이 노아와 맺은 언약은 어떤 것인가?

1. 온 가족을 구원 | 창 6:18

첫째, 언약은 노아와 맺었지만, 그 혜택은 노아의 온 가족과 후손에게 미치는 것이었다. 그것은 바로 이들을 거대한 홍수로부터 구원하시겠다는 언약이었다. 18절에서 하나님은 "너는 네 아들들과 네 아내와 네 며느리들과 함께 그 방주로 들어가"라고 명하셨다. 노아 한 사람이 하나님께 순종함으로 그의 온 가족이 구원을 받았다.

하지만 소돔과 고모라가 멸망할 때 롯의 가족들의 모습은 이와는 달랐다. "롯이 나가서 그 딸들과 결혼할 사위들에게 말하여 이르기를 여호와께서 이 성을 멸하실 터이니 너희는 일어나 이 곳에서 떠나라 하되 그의 사위들은 농담으로 여겼더라"_{창 19:14}. 사실 장인, 장모는 부모와 다를 바가 없지만 롯의 사위들은 장인의 경고를 농담으로 여겼다.

롯의 삶이나 가족과의 관계를 자세히 기록되어 있지는 않다. 그런데 삼촌 아브라함과 목초지 문제가 생겨서 이주지를 선택할 때 그의 모습을 보면 별로 경건한 사람이 아니었음을 볼 수 있다. 그의 자녀나 사위들이 평소 아버지의 경건하지 못한 모습을 보고 존경하고 있지 않았음을 볼 수 있다. 후에 롯의 아내가 천사들의 경고에도 뒤를 돌아보다가 소금기둥이 된 것도 롯의 가정의 영적인 한 단면을 보여주는 것이라고 할 수 있다. 롯의 두 딸이 굴에서 아버지를 술에 취하게 하고 그를 통해 아이를 가진 것은 롯의 가정이 성적으로 얼마나 문란했는지를 단적으로 보여준다. 롯의 가정에는 평소에 아버지에 대한 권위가 없었다.

이와는 달리 노아는 하나님의 말씀을 믿었다. 말씀의 약속을 현실

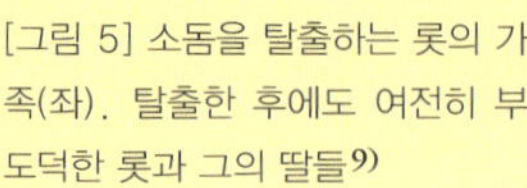
[그림 5] 소돔을 탈출하는 롯의 가족(좌). 탈출한 후에도 여전히 부도덕한 롯과 그의 딸들⁹⁾

보다 더 확실하게 믿는 것이 믿음이다. 일기예보를 믿는 사람은 아침에 날이 맑아도 우산을 들고 나가는 것처럼 하나님이 말씀하셨기에 노아는 그 약속을 믿고 방주를 만들었다. 하루 이틀도 아니고 120년에 걸쳐 방주를 만들었으니 그동안 얼마나 많은 사람으로부터 질시와 조롱을 당했을까?

모두 시집가고 장가가고 아이를 잘 키우고 있는데 한 노인만이 하나님의 심판이 온다고 산꼭대기에서 미니 항공모함 크기의 배를 건조하고 있었다. 온 세상이 동쪽을 향해 가고 있는데 노아만 서쪽을 향해 가고 있었다. 모두 우향우하는데 노아만 좌향좌하고 있었다. 그 결과 롯은 구원을 받았으나 행복하지 못했고, 노아는 구원받았으며 또한 행복했다.

세상을 거슬러 가는 노아의 행위는 그 자체가 하나님의 의를 선포하는 행위였다. 히브리서 기자는 그런 행위에 인해 노아가 세상을 정죄하고 의의 상속자가 되었다고 말한다. "믿음으로 노아는 아직 보이지 않는 일에 경고하심을 받아 경외함으로 방주를 준비하여 그 집을 구원하였으니 이로 말미암아 세상을 정죄하고 믿음을 따르는 의의 상속자가 되었느니라"히 11:7.

2. 온 피조세계를 구원 | 창 6:19, 20

둘째, 언약은 노아와 맺었지만, 그 혜택은 모든 동물에게도 미쳤다. 19~20절에서는 "혈육 있는 모든 생물을 너는 각기 암수 한 쌍씩 방주로 이끌어 들여 너와 함께 생명을 보존하게 하되 새가 그 종류대로, 가축이 그 종류대로, 땅에 기는 모든 것이 그 종류대로 각기 둘씩 네게로 나아오리니 그 생명을 보존하게 하라"고 했다.

동물을 구원하는 것과 관련해 다소 모호한 점이 있다. 창세기 7장

2~3절에서는 "너는 모든 정결한 짐승은 암수 일곱씩, 부정한 것은 암수 둘씩을 네게로 데려오며 공중의 새도 암수 일곱씩을 데려와 그 씨를 온 지면에 유전하게 하라"고 했다. 창세기 7장 8~9절에 보면 "정결한 짐승과 부정한 짐승과 새와 땅에 기는 모든 것은 하나님이 노아에게 명하신 대로 암수 둘씩 노아에게 나아와 방주로 들어갔으며"라고 했다. 그렇다면 도대체 방주에 태운 짐승은 한 쌍인가, 일곱 쌍인가? 2~3절의 말씀은 방주에 들어간 동물의 숫자를 말하며, 8~9절의 말씀은 동물들이 방주에 들어가는 모습, 즉 암수 둘씩 짝을 지어 들어가는 모습을 나타낸다고 할 수 있다.

정결한 짐승들을 더 많이 태운 것은 홍수 후에 제물로 사용하기 위함이었던 것으로 보인다. "노아가 여호와께 제단을 쌓고 모든 정결한 짐승과 모든 정결한 새 중에서 제물을 취하여 번제로 제단에 드렸더니"창 8:20.

3. 피조세계의 청지기 | 창 6:20~21

하나님은 노아의 가족과 동물의 구원은 약속하셨지만, 이들을 위한 음식은 노아가 준비하게 하셨다. 언약은 하나님의 결정에 기초해 일방적으로 베풀어지는 은혜이지만, 그 언약의 실천을 위해서는 사람이 자기의 일을 해야 한다. 이것이 피조세계의 대표이자 청지기로 부르신 인간의 책임이다.

그렇다면 어떻게 그렇게 많은 동물을 1년 동안이나 먹일 수 있었을까? 음식을 방주에 실었다고 해도 불과 8명에 불과한 노아 가족이 수만 마리에 이르는 동물을 어떻게 날마다 먹였을까? 그리고 이들의 배설물 처리는 어떻게 했을까? 이 점에 집중해서 한 가지 제시한 가설이 있다. 그것은 방주에 탄 대부분 짐승이 동면했을 것이라는 가정이다. 동면하게 되면 먹지 않기에 먹이도 절약되고 먹이 주는 수고도 할 필요가 없어진다. 또한, 먹지 않기에 배설도 하지 않을 것이고, 따라서 소수의 노아 가족들이 우리를 청소하느라 고생할 필요도 없게 된다. 그뿐만 아니라 호흡량도 줄어들어서 좁은 방주 내의 공기가 탁하게 되지도 않았을 것이다.

이것은 노아 홍수가 시작되면서 급격히 온도가 내려가고, 방주 안의 산소가 줄어든다는 점을 전제하고 있다. 그리고 그동안 몇몇 동물만 동면하는 것으로 알려졌었지만, 조건만 되면 대부분 동물이 동면한다는 사실이 밝혀지면서 상당한 설득력을 가지게 되었다. 하지만 어디까지나 이것은 하나의 가설이다. 그럴듯하기도 하고 실제로 그랬을 수도 있지만 그런 가설도 지나치게 주장하다 보면 또 다른 이데올로기가 될 수 있다.

다른 주장을 하는 사람들을 미워하는 정도가 되면 그것은 더 이상 성경과는 무관한 독선과 이데올로기가 된다. 얼마나 많은 사람이 모른다고 말하는 것이 두려워서 다른 사람이 틀렸다고 주장하는가? 얼마나 많은 그리스도인이 진리와 공의를 내세우면서 다른 사람을 미워하는가? 사도 바울의 권면처럼 믿음은 사랑을 통해서만 표현된다_{faith expressing itself through love, 갈 5:6}는 점을 기억해야 한다. 사랑으로 표현되지 않는 믿음은 곧 폭력이요, 사랑으로 표현되지 않는 진리는 교만이다.

노아 홍수를 전후한 세상의 타락과 방주 설계로부터 어떤 교훈을 얻을 수 있는가? 노아로 하여금 방주에 탄 짐승들을 위해 음식을 준비하라고 하신 말씀은 피조세계에 대한 인간의 청지기적 소명을 말해준다. 나는 직장이나 사회에서 의의 증인이 되고 있는가? 주위에 나의 의로운 행위로 인해 찔림을 받는 자들이 있는가? 자신의 행위와 삶이 타락한 세상을 향한 하나님의 메시지가 되고 있는가? 사회와 국가가 교회로 말미암아, 아니 나 자신으로 말미암아 희망을 보고 있는가?

III. 한 사람의 순종을 통한 구원 | 창 6:22

하나님은 의인 한 사람으로 말미암아 그 나라와 민족을 용서하시거나 심판을 연기하시는 분이다. 하나님은 어떻게든 구실만 있으면 인간을 심판하지 않으시려는 분이다. 창세기 18장에는 소돔과 고모라를 멸망시키기 위해 천사를 보내셨을 때 하나님과 흥정하는 아브라함의 모습을 볼 수 있다.

"아브라함이 가까이 나아가 이르되 주께서 의인을 악인과 함께 멸하려 하시나이까 그 성 중에 의인 오십 명이 있을지라도 주께서 그 곳을 멸하시고 그 오십 의인을 위하여 용서하지 아니하시리이까 주께서 이같이 하사 의인을 악인과 함께 죽이심은 부당하오며 의인과 악인을 같이 하심도 부당하니이다 세상을 심판하시는 이가 정의를 행하실 것이 아니니이까"창 18:23~25.

우리는 소돔과 고모라가 범죄 때문이 아니라 의인 열 명이 없어서 멸망한 것을 알고 있다. 차마 아브라함이 더는 흥정하지 못했지만, 소돔과 고모라에 한 사람의 의인만 있었더라도 하나님은 심판하지 않았을지도 모른다. 일본의 우찌무라 간조内村鑑三 선생은 창세기 18~19장을 강해하면서 "한 나라가 망하는 것은 의인이 없기 때문"이라고 했다.

순종하는 한 사람의 의인을 통한 역사는 성경 시대에만 일어난 것이 아니다. 1787년 10월 28일, 28세의 영국의 젊은 하원의원 윌리엄 윌버포스William Wilberforce, 1759~1833는 자신의 일기장에 이렇게 썼다. "전능하신 하나님께서는 내 앞에 두 가지의 큰 목표를 두셨다. 하나는 노예무역을 폐지하는 것이고, 다른 하나는 잘못된 인습을 개혁하는

것이다." 하지만 탁월한 정치인이요, 부유한 요크셔 상인의 아들이었던 윌버포스는 자신의 이 비전이 당시 영국 사회 전체에 가져올 파문을 잘 알고 있었다.

18세기 말, 세계 최고의 해군력과 상선을 갖고 있던 영국은 아프리카 흑인을 납치하여 북미 대륙으로 실어 나르는 데 핵심 역할을 하고 있었다. 미국의 한 권위 있는 통계에 의하면, 영국이 1776년까지 프랑스와 스페인, 미국과 같은 영국의 식민지에 공급한 노예 수는 약 3백만 명 정도라고 한다.

당시 노예무역은 영국 식민지 산업의 기둥이자 근간이었으며, 국가 안보에도 매우 중요했다. 노예무역은 영국 해군에게는 없어서는 안될 신병 모집의 근거를 제공했다. 노예무역은 연간 5,500명 이상 선원들의 고용을 창출했다. 그것은 국가 수입원의 3분의 1을 차지할 정도였다. 따라서 노예무역 지지자들은 막강한 상인, 재벌, 넬슨 제독 같은 식민지 기득권 세력, 대부분 왕족, 귀족이었다. 그러므로 노예무역에 반대하는 것은 곧바로 매국으로 치부되었다. 그야말로 노예무역은 구조 악이었다.

하지만 왜소한 체구의 윌버포스는 달걀로 바위를 치는 일을 시작했다. 그는 150번이나 되는 대對 의회 논쟁을 통해서 영국이 진정으로 위대한 나라가 되고자 한다면 하나님의 법을 따라야 한다고 주장하며, 기독교 국가를 자처하는 영국이 황금에 눈이 멀어 노예 제도를 고집하면 살아남지 못할 것이라고 경고했다. 그는 온갖 위협에도 굴하지 않고 시와 노래, 사진 판매, 서적 발간, 노예 제도를 통해 생산한 설탕 불매 운동, 탄원서 제출 운동 등 다양한 방식으로 여론을 조성하고 노예 제도 폐지 운동을 전개했다. 온갖 암살 위협과 중상모략, 비방에 시달리면서도 윌버포스는 자신의 소신을 굽히지 않고, 끝까지 노예무역제도 폐지를 위해 싸웠다.

윌버포스가 뜻을 세운 지 수년 후인 1791년 2월 26일, 노예무역 폐지 운동이 얼마나 힘든 일이었는지 감리교 창시자 존 웨슬리는 그가 노예무역 폐지를 위한 싸움을 포기하지나 않을까 염려해서 특별편지를 썼다.

하나님의 힘이 당신을 키우지 않았다면 당신은 종교와 영국, 더 나아가 인간 본성의 적인 혐오스러운 그 죄악에 맞서 영광스러운 투쟁을 시작하지 못했을 것입니다. 하나님이 바로 이 일을 위해 당신을 키우지 않았다면 당신은 인간의 적과 악마에게 무릎을 꿇었을 것입니다. 하지만 하나님께서 당신 편이면 누가 감히 대적하리요? 하나님보다 강한 자는 어디에도 없습니다. 그러니 선을 행하다 낙심하지 마십시오! 하나님의 이름과 그 강대하심으로 끝까지 나아가십시오. 해 아래 가장 사악한 노예제도가 사라질 때까지…

– 당신의 친애하는 종 존 웨슬레

웨슬리와 같은 영국의 수많은 뜻있는 목사와 평신도 지도자의 도움을 받으며 윌버포스는 외롭고 기나긴 싸움을 버텨 나갔다. 드디어 1807년 영국 하원은 그에게 유래 없는 열광과 존경을 표하면서 "노예무역 폐지법"The Abolition Act을 통과시켰고, 1833년 7월 27일, 윌버포스가 하나님 앞에서 뜻을 세운지 46년 만에 드디어 영국 의회는 "노예해방법령"The Emancipation Act을 공포하고 대영제국 전역에서 노예 제도를 영원히 폐지하는 법안을 통과시켰다!

많은 역사가가 윌버포스가 노예무역 금지라는 인기 없는 투쟁을 하지 않았다면 그의 친구 윌리엄 피트에 이어 수상직을 계승할 수 있는 유력한 후보였다고 말한다. 그러나 그는 그리스도를 위해 살기로 결심하던 날, 개인적 야망을 버렸다. 그는 노예무역과 싸워 승리하기 전에 먼저 자기 명예와 이익과 싸워 승리했다. 그런 용기의 대가로 그는 엄청난 모욕과 반대와 수치를 당했지만, 그의 영향으로 영국의 젊은 국회의원 3분의 1이 복음주의 기독교인이 되었다.

윌버포스는 대영제국 전역에서 노예제도를 완전히 폐지하는 법안이 의회에서 통과된 지 열흘 후인 1833년 8월 6일, 세상을 떠났고 웨스트민스터 사원에 묻혔다. 그는 오늘날 영국의 양심으로 기억되고 있다. 그는 한 사람의 의로운 사람의 영향력이 얼마나 클 수 있는지 잘 보여준다.

하나님은 순종하는 요셉 한 사람을 통해 이스라엘을 기근에서 구하셨고, 순종하는 모세를 통해 출애굽의 대역사를 이루셨으며, 순종하는 에이브러햄 링컨을 통해 미국을 노예제도의 족쇄로부터 풀려나게 하셨다.

바벨론이 예루살렘을 포위했을 때 하나님은 예레미야를 통해 한 사람의 의인만 있어도 예루살렘의 죄악을 용서하시겠다고 하셨다. "너희는 예루살렘 거리로 빨리 다니며 그 넓은 거리에서 찾아보고 알라 너희가 만일 정의를 행하며 진리를 구하는 자를 한 사람이라도 찾으면 내가 이 성읍을 용서하리라"렘 5:1. 만일 이때 우리가 의인으로서 그곳 예루살렘에 있었더라면 우리 한 사람으로 인해 예루살렘은 멸망하지 않았을 것이고, 인류 역사의 물줄기는 바뀌었을 것이다.

의인 한 사람으로 인해 심판을 연기하거나 취소하시는 모습의 결정판은 바로 예수 그리스도이시다. 예수 그리스도 한 분의 죽음으로 온 인류에게 용서의 길을 열어놓으신 것이다.

IV. 결론과 권면

노아의 방주는 노도, 돛도, 엔진도 없이 바람 부는 대로 갈 수밖에 없도록 설계되었다. 하나님이 방주의 길이와 폭과 높이만 지정한 것을 보면 방주는 상자 모양의 배였을 것으로 생각된다. 이것은 방주라는 히브리어가 상자라는 말과 같은 것으로부터도 유추할 수 있다.

현재 방주의 흔적이라고 주장하는 가장 대표적인 것은 터키 노아 방주 국립공원Noah's Ark National Park에 있는 지형이다. 이 공원은 터키 아라랏산 주봉5,165m에서 동쪽으로 20여km 떨어져 있는데 공원에 있는 방주의 모양이 너무 유선형이다. [그림 8]에서 볼 수 있는 것처럼 필자가 탐사한 바로는 그와 비슷한 지형이 곳곳에 있었으며, 그 지역의 특성으로 본다면 이는 방주와는 무관한, 전형적인 단순 침식 지형에 불과하다. 그곳으로부터 멀리 떨어진 곳에 방주의 닻이라고 전해지는 돌도 발견되었다. 하지만 방주는 돛도, 키도 없이 바람 부는 대로 움직이는 배였다. 하나님의 손에 전적으로 의존하는 배였다.

방주는 신약성경에서 교회를 상징한다. 교회는 다른 세상의 바람에 불려가는 존재가 아니라 하나님의 말씀의 바람에 의해서만 움직이는

[그림 8] 필자의 머리 배경에 있는 지형을 보라. 어디 방주처럼 생겼는가?

존재다. 오늘날 교회가 힘이 없어진 이유는 교회가 세상의 바람에 의해 움직이기 때문이다. 하나님에 의해서만 움직이도록 설계된 교회가 세상의 바람에 의해 움직이게 되자 온갖 문제가 생기게 된 것이다. 교회만이 아니라 하나님을 믿는 사람도 마찬가지다.

하나님의 백성은 하나님의 말씀을 따라 움직여야 한다. 세상의 바람, 즉 세상의 기준이나 가치에 의해 움직이게 되면 영적인 힘이 없어지게 된다. 사람의 평가보다 하나님의 평가에 더 예민한 삶을 사는 사람을 우리는 성숙한 그리스도인이라고 부른다. 우리 모두 그런 성숙한 신앙인이 되자.

순종과 심판

"여호와께서 노아에게 이르시되 너와 네 온 집은 방주로 들어가라 이 세대에서 네가 내 앞에 의로움을 내가 보았음이니라. 너는 모든 정결한 짐승은 암수 일곱씩, 부정한 것은 암수 둘씩을 네게로 데려오며 공중의 새도 암수 일곱씩을 데려와 그 씨를 온 지면에 유전하게 하라. 지금부터 칠 일이면 내가 사십 주야를 땅에 비를 내려 내가 지은 모든 생물을 지면에서 쓸어버리리라. 노아가 여호와께서 자기에게 명하신 대로 다 준행하였더라. 홍수가 땅에 있을 때에 노아가 육백 세라. 노아는 아들들과 아내와 며느리들과 함께 홍수를 피하여 방주에 들어갔고 정결한 짐승과 부정한 짐승과 새와 땅에 기는 모든 것은 하나님이 노아에게 명하신 대로 암수 둘씩 노아에게 나아와 방주로 들어갔으며"
— 창세기 7장 1~9절

　우리는 흔히 역사를 살펴보면 훌륭한 사람이 많다고 말한다. 그러면 도대체 훌륭한 사람이란 어떤 사람일까? 필자가 생각하는 훌륭한 사람은 많은 사람을 복되게 하고, 바르게 인도한 사람이다. 그래서 공부를 업으로 삼고 있는 필자가 좋아하는 성경 구절은 창세기 12장과 다니엘서 마지막 장에 있는 말씀이다. "내가 너로 큰 민족을 이루고 네게 복을 주어 네 이름을 창대하게 하리니 너는 복이 될지라"창 12:2, "지혜 있는 자는 궁창의 빛과 같이 빛날 것이요 많은 사람을 옳은 데로 돌아오게 한 자는 별과 같이 영원토록 빛나리라"단 12:3. 많은 사람을 옳은 데로 돌아오게 하여 사람들의 복이 되는 사람. 필자는 이것이 공부를 업으로 삼고 있는 사람의 지도자상이 아닐까 생각해 본다.

　구약성경에서 가장 위대한 지도자는 누구일까? 아브라함, 다윗 등 많은 사람을 생각할 수 있다. 그런데 노아라는 지도자를 생각하지 않을 수 없다. 이 세상에는 자기 민족을 위기에서 구한 지도자도 많고, 한 시대의 사람들을 바르게 인도한 지도자도 많다. 하지만 전 인류의 생명을 구한 지도자는 예수를 제외하면 노아 한 사람뿐이지 않을까! 노아는 말 그대로 전 세계를 구했던 지도자였다. 그는 사람만 구한 것이 아니라 전 세계의 동물들까지 구한 사람이었다.

시대가 지도자를 만드는가, 지도자가 시대를 만드는가? 이것은 리더십 분야의 닭과 달걀의 관계이지만, 역사를 살펴보면 시대가 지도자를 만든다는 말이 더 맞는 것으로 보인다. 어두운 시대가 의로운 큰 지도자를 만든다.

노아가 살던 시대는 죄악이 가득한 때였다. 사람들의 생각하는 것이 악했고, 불경건한 잡혼이 유행했고, 성적으로 타락했다. 이때 하나님은 노아라는 의로운 지도자를 세우셨다. 그리고 하나님은 그를 통해 온 인류와 동물들을 구원하시는 놀라운 역사를 행하셨다. 노아는 어떻게 하나님의 구원 역사에 동참하게 되었을까?

I. 노아의 순종 | 창 7:1~6

노아는 순종함으로 하나님의 구원 역사에 동참하게 되었다. 그의 온 가족은 노아의 순종과 의로움으로 말미암아 구원받게 되었다. 창세기 6장 9절에 이어 여기서도 노아의 의로움이 다시 언급되고 있다. 그는 그 세대의 사람 중에서 가장 진실하고 의로운 사람이었다.[1) 여기서 세대를 의미하는 "도르"דור는 시대, 기간, 자손, 종족race 등으로도 번역될 수 있는 말이다. 그가 살던 시대, 그가 살던 시대의 사람 중에서 노아의 의로움과 순종은 돋보였고, 이 때문에 그와 그의 온 가족이 구원받게 되었다. 그러면 구체적으로 노아는 어떻게 하나님께 순종했을까?

1. 구원으로의 초대에 순종 | 창 7:1a

첫째, 노아는 하나님이 구원으로 초대하시는 것에 순종했다. 하나님은 노아에게 온 식구를 데리고 "방주로 들어가라"고 말씀하신다. "들어가다"를 의미하는 "보"는 하나님이 노아와 그의 가족을 방주 안으로 초청하는 것이다. 하나님은 노아에게 가족과 함께 이제 방주에 들어가라고 명하신다. 하나님은 노아를 통해 온 가족을 구원으로 초대하셨다.

이 말씀은 구원에 목마른 모든 사람을 복음으로 초대하는 것이라고 할 수 있다. 이사야 선지자는 돈 없이, 값없이 구원의 포도주와 젖을 사라고 말한다. "오라 너희 모든 목마른 자들아 물로 나아오라 돈 없는 자도 오라 너희는 와서 사 먹되 돈 없이, 값없이 와서 포도주와 젖을 사라"사 55:1.

복음으로의 초대, 구원으로의 초대는 신약에서도 계속된다. 방주는 신약의 예수 그리스도를 말하며, 오늘날 교회를 가리키는 말이다. 하나님은 교회를 통해 삶의 무거운 짐을 진 자, 삶이 꼬인 사람들을 부르고 계신다. 대인관계가 어려워 힘든 사람, 경제적으로 어려운 사람, 자녀 때문에 힘든 사람을 부르고 계신다. 예수는 인생의 모든 수고와 무거운 짐 진 자들을 오라고 부르신다. "수고하고 무거운 짐 진 자들아 다 내게로 오라 내가 너희를 쉬게 하리라"마 11:28. 예수는 우리를 안식의 자리로, 쉼의 자리로 부르신다.

유월절 큰 잔치가 끝난 후, 사람이 마음껏 먹고 마신 후에도 예수는 사람들의 진정한 목마름은 영적인 목마름이요, 영원을 향한 목마름임을 아셨다. 그래서 "명절 끝날 곧 큰 날에 예수께서 서서 외쳐 이르시되 누구든지 목마르거든 내게로 와서 마시라"고 초청하셨다요 7:37. 예수는 우리의 갈증을 해갈하시겠다고 말씀하신다.

하지만 안타깝게도 오늘날 많은 교회가 사람의 짐을 가볍게 해주는 곳이 아니라 더 많은 짐을 지우는 곳이 되고 말았다. 끊임없이 교회로 불러내고 일주일 내내 사람들을 들볶는다. 솔직히 교회가 요구하는 모든 모임에 다 참여하면 어른들은 가정생활이나 직장생활을, 학생들은 학교공부를 제대로 하기가 어려울 지경이다. 그러면서도 그런 모임에 모두 참석하지 않게 되면 신앙생활을 제대로 하지 않는 것이라는 죄책감을 느끼기도 한다. 많은 사람이 "영적 학대"spiritual abuse를 당하며 사는 것이 바른 신앙생활이라는 착각 속에서 살아간다. 종교가 짐이 되기 시작하면 이 세상에서 가장 무거운 짐이 될 수 있다!

2. 은혜와 의로운 삶의 순종 | 창 7:1b

둘째, 노아는 의로운 삶을 통해 하나님께 순종했다. 하나님은 노아로 하여금 그의 가족과 더불어 방주로 들어가라고 말씀하셨다. 그 이유는 그가 의로운 자였기 때문이었다. 창세기 6장 9절에서도 "노아는 의인이요 당대에 완전한 자라"고 했는데 그보다 앞서 8절에서 "노아는 여호와께 은혜를 입었더라"고 했다. 노아는 의인이어서 하나님의 은혜를 입은 것이 아니라 은혜를 입어서 의인이 되었음을 말한다. 은혜가 어떤 조건에 의존해 있다면 그것은 이미 은혜가 아니다.

은혜와 행위의 관계에 대한 논의는 신학 그 자체의 역사만큼이나 오래되었다. 하나님의 은혜가 먼저인가, 인간의 행위가 먼저인가? 여기에 대해 본문은 분명하게 하나님의 은혜가 먼저라고 말한다. 하지만 은혜받았다고 말하는데 전혀 의로운 삶을 살지 않는다면, 우리는 그가 받았다는 하나님의 은혜를 의심할 수밖에 없다.

이것은 그대로 구원의 문제에 연결된다. 우리는 믿음으로 구원을 얻지만 믿음으로 구원받은 사람은 반드시 그 행위로 구원받았음을 드러내야 한다. 오늘날 교회의 문제가 바로 여기에 있다. 은혜로 구원받았다고 말하지만 구원받은 성도로서의 삶이 드러나지 않는 것이다. 다른 사람을 정죄하고 판단할 권리는 없으나 우리 자신을 돌아볼 필요는 있다. 나는 정말 구원에 합당한 열매, 즉 삶을 살고 있는가? 행위로 구원 얻는 것은 아니지만, 구원받은 자의 마땅한 행위가 나타나지 않는다면 나의 구원을 무엇으로 확인할 수 있을까?

3. 피조세계를 돌보는 순종 | 창 7:2~4

셋째, 노아는 동물을 구원하시려는 하나님의 명령에 순종했다. 노아 홍수와 관련해 동물에 대한 하나님의 관심은 반복해서 나타난다 창 6:19~20 참고. 하나님은 인간을 구원하시려는 계획과 더불어 모든 짐승을 구원하신다. 어류나 곤충 등 홍수 속에서도 살아남을 수 있는 동물들을 제외하고 코로 기식하는 모든 동물을 구원하시기 위해 방주에 태우라고 하셨다. 그래서 모든 짐승과 새의 암수를 쌍으로 방주에 태우라고 하셨다. 정결한 짐승은 암수 일곱씩, 부정한 짐승은 암수 둘씩 태우라고 하셨다.[2]

여기서 정결한 짐승은 레위기에서 이렇게 정의한다. "모든 짐승 중

[그림 1] 방주에 승선하고 있는 짐승들[3]

굽이 갈라져 쪽발이 되고 새김질하는 것은 너희가 먹되"레 11:3. "암수
일곱씩"에서 "일곱씩"은 히브리어 남성 형용사 쉬브아"שִׁבְעָה를 반복하
여 "쉬브아 쉬브아"שִׁבְעָה שִׁבְעָה로 표기하는데 이는 "일곱 일곱"이라고 직
역할 수도 있다. 이는 "일곱 개체"로 볼 수도 있고 "일곱 쌍"으로 볼 수
도 있다. 하지만 "일곱 개체"로 봐서는 남은 개체가 있기 때문에 한글
성경의 번역처럼 "일곱 쌍"으로 보는 것이 자연스럽다.[4] 말할 필요도
없이 암수를 언급한 것은 홍수 후 생육과 번성을 염두에 둔 것이었다.

먹는 것과 관련해 정결한 짐승과 부정한 짐승의 구분은 모세를 통
해 구체적으로 이루어졌다. 부정한 짐승은 레위기에서 되새김질하지
않는 것이나 굽이 갈라지지 않은 것이라고 말한다. "새김질하는 것이
나 굽이 갈라진 짐승 중에도 너희가 먹지 못할 것은 이러하니 낙타는
새김질은 하되 굽이 갈라지지 아니하였으므로 너희에게 부정하고 사
반도 새김질은 하되 굽이 갈라지지 아니하였으므로 너희에게 부정하
고 토끼도 새김질은 하되 굽이 갈라지지 아니하였으므로 너희에게 부
정하고 돼지는 굽이 갈라져 쪽발이로되 새김질을 못하므로 너희에게
부정하니 너희는 이러한 고기를 먹지 말고 그 주검도 만지지 말라 이
것들은 너희에게 부정하니라"레 11:4~8.

아직 육식을 허용하기 전이므로 여기에서 정결과 부정은 음식물의
관점에서가 아니라 제물의 관점에서 분류한 것이라고 할 수 있다8:20 참
고. 즉 정결한 짐승을 더 많이 방주에 넣으라고 한 것은 앞에서 언급한
것처럼 홍수 후에 제물로 사용하기 위함이었다고 생각된다. 실제로
어떤 제사에서는 제물을 종류별로 일곱씩 드리기도 했다대하 29:21. 물
론 노아가 방주에 태운 정결한 짐승을 모두 제물로 드리려고 했던 것
은 아니다.[5]

정결한 짐승이나 부정한 짐승을 방주에 태우라고 하신 것은 두 가

지 의미가 있다. 첫째는 하나님은 악인을 심판하시지만, 근본적으로 모든 사람을 사랑하신다는 의미이고, 둘째는 하나님이 인간뿐 아니라 다른 피조물도 사랑하신다는 의미다.

하나님께서 그분의 피조세계를 사랑하시기에 우리도 피조세계를 아끼고 잘 관리해야 한다. 이것은 그리스도인이 환경문제에 대해 무관심해서는 안 되는 이유가 되기도 한다. 그동안 한국 교회에서 환경 보호라고 하면 불신자들이나 기독교 내에서도 진보 진영의 전유물인 듯이 생각되었다. 하지만 지난 1974년 제1차 로잔대회 이후 복음주의 내에서도 성경적인 환경운동에 대한 관심이 시작되었다. 그래서 복음주의를 표방하는 밴쿠버기독교세계관대학원 VIEW에서도 환경에 대한 강의를 개설하고 있다.

그렇다면 세속적인 환경운동과 성경적인 환경운동의 차이는 무엇인가? 원래 세속적인 환경운동의 근거는 인간의 안녕과 복지였다. 하지만 근래에 와서 심층생태학 Deep Ecology이라는 새로운 개념이 등장하고 있다. 이는 환경보호가 인간의 안녕과 복지를 위한 수단으로서의 가치만 있는 것이 아니라 생태계는 그 자체로서의 내재적 가치가 있다는 입장이다.[6] 이는 인간을 자연 바깥 또는 우위에 놓인 존재이자 모든 가치의 근원으로 간주하는 인간중심의 표층생태학 Shallow Ecology에 반대되는 개념이다. 자연의 가치를 이용 가치로서만 생각하는 표층생태학에 비해 심층생태학은 인간과 자연을 분리하지 않고 자연의 본질적 가치를 인정한다.

하지만 성경적 환경운동의 근거는 인간도 아니고 자연 그 자체도 아닌, 창조주 하나님이다. 환경과 생태계를 창조하신 하나님께서 모든 피조물을 귀중하게 여기시기에 그리고 우리 인간에게 이 피조물들을 잘 관리하라고 명령하셨기에 우리는 생태계를 잘 관리하고 환경을 귀중히 여겨야 한다. 환경을 귀중히 여기야 할 이유가 환경 내부에 존재하는 것이 아니라 외부, 즉 환경을 창조하신 하나님께 있다고 보는 것이다.

4. 온전한 순종 | 창 7:5

넷째, 노아는 하나님께 온전히 순종했다. 성경은 노아의 행적과 믿음에 대해 여러 차례 언급하고 있다. 창세기 6장 8절에서는 노아가 하나님의 은혜를 입었다고 하고 6장 9절에서는 노아는 의인이요 당대에 완전한 자이며, 하나님과 동행하는 자였다고 칭찬하고 있다. 그리고 창세기 6장 마지막인 22절은 "노아가 그와 같이 하여 하나님이 자기에게 명하신 대로 다 준행하였더라"고 말한다. 노아는 방주를 하나님의 지시대로 짓고, 하나님의 지시대로 동물들을 둘씩 방주에 태우고 이들의 먹이를 방주에 싣는 등 하나님께 순종했다.

창세기 7장 5절에서는 다시 노아가 여호와의 명령을 다 준행했다고 말한다. 이제 노아는 하나님께서 명하신 대로 홍수를 피하기 위한 모든 준비를 마쳤다. 거대한 방주에 그 많은 동물들을 싣는 구난 준비는 상상을 초월할 정도로 엄청났을 것이다. 아직 비가 올 생각도 하지 않고 있는데 노아는 오랜 세월에 걸쳐 방주를 짓고, 자기와 온 가족들은 물론 짐승들까지 모두 방주에 태웠으며, 사람과 짐승들이 먹을 양식을 모두 배에 실었다. 구름 한 점 없는 날씨인데 이렇게 노아처럼 하나님의 약속을 바라보면서 순종하는 것이 바로 믿음이다.

히브리 기자는 노아를 가리켜 "믿음으로 노아는 아직 보이지 않는 일에 경고하심을 받아 경외함으로 방주를 준비하여 그 집을 구원하였으니 이로 말미암아 세상을 정죄하고 믿음을 따르는 의의 상속자가 되었느니라"고 말한다히 11:7. 아무것도 눈에 보이지 않지만, 노아는 하나님의 경고를 믿음으로 구원을 받았다. 구원이 행위의 문제가 아니라 하나님의 말씀에 대한 믿음의 문제라는 것이 여기서도 나타난다.

II. 가족의 순종 | 창 7:6~7, 13

이러한 노아의 모습은 그의 가족의 순종에서도 드러난다. 노아의 가정에서는 아버지의 영적 권위가 살아있었다. 노아는 하나님의 약속을 믿고 방주를 짓고 방주 안에 탔지만, 그의 아내와 아들들, 그리고 며느리들은 아버지의 말씀을 믿고 방주에 탄 것이었다. 이러한 노아의 모습은 우리에게 몇 가지 중요한 교훈을 주고 있다.

1. 가족 단위의 구원

첫째, 구원은 개인에게만 국한된 문제가 아니라 가정 전체와 관련되어 있다. 성경은 종족별 집단개종에 대해서는 뚜렷하게 말하지 않지만, 가장의 회심을 통한 온 가족의 구원은 여기저기에서 언급하고 있다. 바울과 실라가 빌립보 감옥에 갇혔을 때 그들이 기도하고 찬송하자 큰 지진이 나고 옥터가 움직이고 옥문이 열리는 사건이 일어났다. 이 사건을 통해 그들을 지키던 간수가 구원을 받게 되었다. 이때의 사건을 누가는 이렇게 기록하고 있다. "이르되 주 예수를 믿으라 그리하면 너와 네 집이 구원을 받으리라 하고 주의 말씀을 그 사람과 그 집에 있는 모든 사람에게 전하더라. 그 밤 그 시각에 간수가 그들을 데려다가 그 맞은 자리를 씻어 주고 자기와 그 온 가족이 다 세례를 받은 후 그들을 데리고 자기 집에 올라가서 음식을 차려 주고 그와 온 집안이 하나님을 믿으므로 크게 기뻐하니라"행 16:31~34.

간수 한 사람의 구원이 그의 온 가족의 구원으로 이어졌음을 보여준다. 또한, 사도행전 10장에는 베드로가 환상을 보고 가이사랴에 있는 고넬료의 집에 초대됨을 통해 고넬료와 그의 가족과 친척, 나아가 가까운 친구들까지 구원받는 사건이 기록되어 있다. 개인적인 회심도 중요하지만, 가장을 통한 가정의 회심도 중요함을 보여준다.

흥미롭게도 창세기 19장에서 하나님은 아브라함 때문에 롯을 구원하셨다는 기록도 있다. "하나님이 그 지역의 성을 멸하실 때 곧 롯이 거주하는 성을 엎으실 때에 하나님이 아브라함을 생각하사 롯을 그 엎으시는 중에서 내보내셨더라"창 19:29. 족장이었던 아브라함은 좀 더 넓은 의미에서 "가장"이었다고 할 수 있다. 롯은 그 가문의 장을 통해 구원을 받았다.

어떤 사람들은 가장을 통한 구원이나 구약의 할례 제도 등을 통해 유아세례의 근거를 찾기도 한다. 그렇게까지 비약하는 것이 바람직한지는 잘 모르겠으나 가족은 하나의 신앙공동체라는 것이 성경이 가르치고 있는 바라고 할 수 있다. 그러므로 혹 부모나 가족 중 예수를 믿지 않는 분이 있을 때 낙심하지 말고 기도하고 전도하는 것이 필요하다. 과거 어른들이 사용하던 인가귀도引家歸道라는 말도 성경적인 근거가 있다.

2. 경건전가

둘째, 가정은 구원의 단위일 뿐 아니라 또한 경건의 단위이기도 하다. 충효전가忠孝傳家라는 말이 있듯이 경건도 전가傳家되고 성결도 전가된다. 노아의 가정은 성결한 가정이었다. 성적인 타락이 극심한 당시의 세상을 생각한다면 노아의 가족이 하나같이 일부일처제를 지키고 있었음이 놀랍다. 성경이 방주에 들어간 사람들이 8명이었다고 말하는 것은 노아의 아들들이 축첩蓄妾하지 않았음을, 즉 성적으로 정결했음을 보여준다.

이와 반대되는 사람으로서 우리는 앞에서 살펴본 롯의 가정을 다시 생각해 볼 수 있다. 창세기 기자는 롯의 사위들이 장인의 말을 농담으로 여겼다고 기록하고 있다. "롯이 나가서 그 딸들과 결혼할 사위들에게 말하여 이르기를 여호와께서 이 성을 멸하실 터이니 너희는 일어나 이 곳에서 떠나라 하되 그의 사위들은 농담으로 여겼더라"창 19:14. 뒤를 돌아보지 말라는 말씀을 어겨서 소금 기둥이 된 롯의 아내나 장인의 말을 우습게 여기는 그런 사위들을 선택한 딸들이라면 결코 경건치 않은 자들이었음이 분명하다. 딸들이 후에 아버지를 통해 자녀를 생산한 것을 보면 롯의 가정은 근친상간近親相姦도 개의치 않는, 막장 드라마보다도 못한 타락한 가정이었음을 알 수 있다.

경건이 대를 이어 내려간다는 것은 구약의 일관된 사상이다. 출애굽기는 하나님을 "미워하는 자의 죄를 갚되 아버지로부터 아들에게로 삼사 대까지 이르게"하고 "나를 사랑하고 내 계명을 지키는 자에게는 천 대까지 은혜를 베푸느니라"출 20:5~6, 신 5:9라고 했다. 또한, 여호와 하나님은 "자비롭고 은혜롭고 노하기를 더디하고 인자와 진실이 많은 하나님"이어서 "인자를 천대까지 베풀며 악과 과실과 죄를 용서"하시지만 "벌을 면제하지는 아니하고 아버지의 악행을 자손 삼사 대까지 보응하리라"고 하셨다출 34:6~7. 민수기에서는 "아버지의 죄악을 자식에게 갚아 삼사대까지 이르게 하리라"고 하셨다민 14:18. 시편 기자는 "여호와의 인자하심은 자기를 경외하는 자에게 영원부터 영원까지 이르며 그의 의는 자손의 자손에게 이르리니"라고 했다시 103:17.

이윤호 목사가 〈가계에 흐르는 저주를 이렇게 끊어라〉라는 책을 발간해서 문제가 된 적이 있다. 이 주장은 다분히 무속적이고 하나님의 공의로운 성품에 비추어보면 적절하지 않다. 마치 저주가 DNA 속에 새겨져 있는 듯이 말하는 것은 지나치게 운명론적이며 바르지 않다. 가계 자체에 저주가 흐르는 것이 아니라 부모, 특히 아버지가 바르지 못하면 그 모습을 보고 자녀가 바르지 못하게 된다는 단순한 의미로 해석하는 것이 바람직하다.[7]

III. 동물의 구원 | 창 7:8~9

구원에 대한 하나님의 초청은 사람에게만 국한된 것이 아니었다. 동물들, 다시 말해 다른 피조물에까지 확대되었다. 본문이 언급하는 동물의 구원과 관련해 우리는 몇 가지 교훈을 찾아볼 수 있다.

1. 정결과 부정의 공존 | 창 7:8

첫째, 하나님은 방주에 정결한 짐승과 부정한 짐승을 모두 태우라고 하셨다는 점이다. 정결한 짐승만 태우면 방주 안이 더욱더 깨끗할 터인데 왜 부정한 동물까지 태우라고 하셨을까? 물론 율법의 관점에서 부정한 짐승이라고 하여 더 더럽다거나 위생상 문제가 되는 것은 아니다. 하나님께서 깨끗한 짐승과 부정한 짐승을 구별하라고 한 것은 하나님의 백성의 거룩한 삶에 대한 일종의 상징이라고 할 수 있다. 하나님을 섬기는 자들이 먹는 것에 있어서 질서가 있어야 함을 의미하는 것이다.

하나님께서 노아에게 부정한 짐승까지 방주에 모두 태우라고 한 것은 생태학적 관점에서 종의 다양성bio-diversity을 유지하라는 명령으로 볼 수 있다. 환경오염과 생태계 파괴, 특히 서식지 파괴를 통해 빠른 속도로 종이 멸종하는 요즘 종의 다양성을 유지하는 것은 피조세계에 대한 그리스도인의 가장 중요한 청지기적 소명이다.

하나님께서 정결한 짐승을 부정한 짐승과 함께 방주에 태운 것은 영적인 교훈도 있다. 이것은 구원의 방주 되는 교회에는 의인도 있지만, 죄인도 함께 공존한다는 사실을 상징한다. 엄밀히 말하면 모든 사람이 죄인이지만, 그래도 오늘 우리 교회에는 더 악한 죄인이 있고 더 착한 의인이 있는 것이 사실이다. 하지만 하나님의 은혜로 구원받지 못할 죄인이 없으며, 하나님의 은혜가 아니면 구원받을 수 있는 의인도 없다.

이는 우리의 구원이 우리의 의로움에 있는 것이 아니라 하나님의 은혜에 달려 있음을 말한다. 앞에서 언급한 것처럼 창세기 6장 8절은 "그러나 노아는 여호와께 은혜를 입었더라"라고 말한다. 6장 9절에서 "노아는 의인이요"라고 말하기 전에 성경은 노아가 하나님의 은혜를 입은 자라고 말한다.

하나님의 구원에는 차별이 없고, 의인이나 죄인이나 모두 하나님의 은혜의 대상이다. 예수는 "…건강한 자에게는 의사가 쓸 데 없고 병든 자에게라야 쓸 데 있느니라 나는 의인을 부르러 온 것이 아니요 죄인을 부르러 왔노라…"고 하셨다_{막 2:17, cf. 마 9:13}. 이는 하나님의 구원에서는 의인인지, 죄인인지가 중요한 것이 아니라 하나님의 은혜가 중요함을 강조하는 것이다.

의인과 악인의 구원에 대해 예수가 말씀하신 비유는 바로 잃은 양 한 마리의 비유이다_{마 18, 눅 15}. 예수는 "만일 어떤 사람이 양 백 마리가 있는데 그 중의 하나가 길을 잃었으면 그 아흔아홉 마리를 산에 두고 가서 길 잃은 양을 찾지 않겠느냐"_{마 18:12}라고 말씀하신 후 이어서 "네 형제가 죄를 범하거든 가서 너와 그 사람과만 상대하여 권고하라 만일 들으면 네가 네 형제를 얻은 것이요 만일 듣지 않거든 한두 사람을

데리고 가서 두세 증인의 입으로 말마다 확증하게 하라"고 하셨다_마
18:15~16. 그리고 이어 베드로가 "주여 형제가 내게 죄를 범하면 몇 번
이나 용서하여 주리이까 일곱 번까지 하오리이까"_{마 18:21} 라고 물었을
때 예수는 "일곱 번뿐 아니라 일곱 번을 일흔 번까지라도 할지니라"고
하셨다_{마 18:22}. 이어 일만 달란트 빚진 자와 일백 데나리온 빚진 자의
이야기가 등장한다. 이 모든 말씀의 핵심은 구원은 전적으로 하나님
의 은혜라는 사실이다.

2. 순종하는 피조물 | 창 7:9, 14~16a

다음에는 동물들이 하나님의 명령에 순종했다는 점이다. 하나님은
방주 속에 동물들을 태워서 그 씨를 보존하게 하셨다. 이를 위해 동물
들이 노아에게 나아왔다고 말한다. 여기서 우리가 볼 수 있는 질서가
있다.

첫째, 짐승들은 자발적으로 노아에게 나아왔다. 9절을 보면 노아와
가족이 짐승을 방주에 태우기 위해 일일이 찾아서 끌고 왔다면 절대
로 짐승들을 방주에 다 태우지 못했을 것이다. 하나님께서 그 씨를 보
존하기로 계획하신 동물들은 하나도 빠짐없이 모두 자기 발로, 자기
날개로 노아에게 나아와 방주로 들어갔다.

둘째, 모든 동물이 그 종류대로 나아왔다. 14절에서 만일 수만 종류
의 동물이 제각각 노아에게 나아왔다면 노아는 그 많은 동물들을 다
우리에 인도할 수 없었을 것이다. 하지만 모든 동물은 "그 종류대로"
노아에게 나아왔고, 따라서 종류별로 지정된 방주 내 공간에 수용될
수 있었다.

셋째, 암수가 쌍을 이루어 노아에게 나아왔다. 창세기 7장 9,
15~16절을 보면 생명의 기운이 있는 육체가 암수 둘씩 짝을 지어 노

아에게 나아왔다고 말한다. 만일 암수가 따로따로 노아에게 나아왔다면 노아의 가족이 이들을 분류해서 방주의 지정된 공간에 배치하는 것이 거의 불가능했을 것이다. 그리고 많은 동물의 경우 암수를 구별하기가 쉽지도 않다. 그런데 놀랍게도 동물들이 알아서 자기들끼리 암수를 맞추어 노아에게 나온 것이다.

이것은 무엇을 상징적으로 표현하는가? 본문은 노아 홍수라는 초자연적 사건을 앞에 두고 나타난 작은 기적들을 소개하고 있다. 그것은 바로 피조물들이 하나님의 명령에 순종하는 것이었다. 창세기 6장 22절, 7장 5, 9절에서 "하나님이 노아에게 명하신 대로"라는 말이 반복되는 것은 노아의 순종이 노아 자신은 물론 그의 가족과 모든 동물의 구원의 근거였음을 보여주고 있다.[8]

사람은 그렇다고 해도 어떻게 동물들이 하나님으로부터 홍수에 대한 경고를 받고 이를 알아차렸는지… 때로 지진이 나기 전에 두꺼비들이 대규모로 이동하는 것이 관찰된다든지, 해일이 나기 전에 사람보다 동물들이 먼저 피한다든지 하는 이야기를 들은 적은 있다. 하지만 모든 동물이 하나같이 노아에게 짝을 맞추어 종류별로 무리를 지어 나왔다는 것은 현재의 동물들의 모습으로는 상상하기 어렵다.

IV. 결론과 권면

역사를 살펴보면 노아 홍수 외에도 국부적이지만 많은 인명이 희생된 수많은 자연적인 재앙들을 볼 수 있다. 창세기 19장에 나타난 소돔과 고모라의 멸망도 그중 한 예다창 19:24~25. 성경은 구체적으로 언급하고 있지 않지만 소돔과 고모라가 유황불로 멸망할 것이니 피하라는 경고도 있었으리라 생각된다. 하지만 롯의 사위들조차 그런 경고를 농담으로 여기다가 모두 죽었다.

베스비우스 화산에 의해 전멸한 이탈리아 폼페이Pompeii도 그중의 한 예다. 주후 63년, 한 노인이 나타나서 베스비우스 화산이 폭발할 것이니 회개하든지 피하라고 경고했다. 하지만 그렇게 한 사람들은 없었다. 그리고 그로부터 16년 후 79년 8월 24일에 화산이 폭발해서 한 사람도 살아남지 못하고 모두 죽었다. 그 후 폼페이는 역사의 베일에 가려진 채 1,700년 동안 7~8m의 화산재 속에 말없이 파묻혀 있었다. 폼페이는 로마 귀족의 휴양도시이자 환락의 도시였다는 문헌 기록이 있으나 실제 그곳이 어디인지 위치를 모르다가 1709년 4월 어느 날 수도원 뜰, 우물 작업을 하던 인부의 곡괭이에 걸린 쇠붙이가 계기가 되어 마침내 세상에 그 정체를 드러내기 시작했다.

2005년 8월 말, 허리케인 카트리나에 인해 뉴올리언스에서는 1만 명 이상이 죽고, 35만 명의 이재민이 발생했다. 2008년 5월 12일14시 28분에 쓰촨 성에서 일어난 규모 8.0의 대지진四川省 大地震으로 69,000여 명이 죽고, 18,000여 명이 행방불명되었으며, 374,000여 명이 부상당했다. 또한, 2010년 1월 11일16시 53분에 아이티의 수도인 포르토프랭스에서 발생한 진도 7.0의 지진으로 22만여 명이 죽었고, 30여만 명이 부상당했다. 2011년 3월 11일14시 46분에 일본 도호쿠東北 지방에서 발생한 진도 9.0의 초대형 지진으로 14,001명이 죽고, 13,660명이 행방불명되었으며, 4,938명이 부상당했다. 노아 홍수가 그러했듯이 하나님은 이런 사건들을 통해 우리에게 주시고 싶은 메시지가 있을 것이다.

노아 홍수의 기록은 단순하지만 사실이다. 노아 홍수 이야기는 그것이 놀랍거나 흥미로워서 기록된 것이 아니라 그 이야기가 성경의 구속사에 관련되어 있기 때문이다. 구약의 수많은 이야기 중 노아 홍수는 방주 되신 예수 그리스도를 통한 구원을 가장 잘 보여주는 사건이라고 할 수 있다.[9] 노아 홍수는 심판의 메시지가 사라지고 있는 현대 교회를 향한 하나님의 메가폰이라고 할 수 있다.

현대교회는 사랑만 강조하고 심판은 외면하고 있다. 그래서 사람들이 심판을 준비하지 못한다. 베드로후서 3장에서 말하는 창조와 심판을 부정하는 것이 이 시대의 특징이 되어가고 있다. 이러한 때 우리는 바른 영성을 갖도록 노력하는 것이 필요하다. 영성에 대한 여러 정의가 있지만, 쉽게 말하면 세상적 삶의 방식을 거절하는 정도가 영성이라고 할 수 있다.

많은 그리스도인이 나이가 들어가면서 젊은 시절의 영적 생동감을 잃어버리는 경우가 많다. 그래서 미국의 과학자이자 정치가였던 프랭클린Benjamin Franklin, 1706~1790은 "너무나 많은 사람이 25세에 [영적으로] 죽고 75세에 [육신이 죽어] 땅에 묻힌다"고 개탄했다. 육신이 죽기 오래전에 이미 영적으로 죽은 그리스도인들이 많다는 말이다. 혹자는 "그리스도인은 온도계가 아니라 온도조절장치이다"라고 했는데 적절한 표현이라고 생각된다. 그리스도인은 세상의 모습을 그대로 반영하는 사람이 아니라 세상의 죄악을 조절하고 변화시키는 사람이어야 한다는 것이다.

노아는 하나님께 순종함으로 세상을 정죄하는 의의 후사, 즉 온도조절장치가 되었다. 120년의 긴 기간 동안 그는 하나님의 경고하심을 믿고 수많은 사람에게 순종의 모범을 보였다. 비록 그를 통해 악한 세대가 모두 회개하고 하나님께 돌아온 것은 아니지만, 그의 온 가족이 구원을 받아 새로운 인류의 시대를 열었다. 오늘 우리도, 우리 가정도 노아와 같이 하나님께 순종함으로 의의 후사가 되어야 하지 않을까!

16

심판의 시작

"칠 일 후에 홍수가 땅에 덮이니 노아가 육백 세 되던 해 둘째 달 곧 그 달 열이 렛날이라 그 날에 큰 깊음의 샘들이 터지며 하늘의 창문들이 열려 사십 주야를 비가 땅에 쏟아졌더라. 곧 그 날에 노아와 그의 아들 셈, 함, 야벳과 노아의 아내와 세 며느리가 다 방주로 들어갔고 그들과 모든 들짐승이 그 종류대로, 모든 가축이 그 종류대로, 땅에 기는 모든 것이 그 종류대로, 모든 새가 그 종류대로 무릇 생명의 기운이 있는 육체가 둘씩 노아에게 나아와 방주로 들어갔으니 들어간 것들은 모든 것의 암수라 하나님이 그에게 명하신 대로 들어가매 여호와께서 그를 들여보내고 문을 닫으시니라."
– 창세기 7장 10~16절

1997년 여름, 필자는 밴쿠버기독교세계관대학원ᴠɪᴇᴡ 사역을 준비하기 위해 밴쿠버에서 기독교 세계관 연수를 인도한 적이 있다. 그때 한림대 친구 교수가 UBC에 교환교수로 와 있었다. 국제경제학을 전공하는 친구 교수는 한국의 외환보유액을 걱정하면서 필자에게 이렇게 말했다.

"양 교수님, 혹시 여유가 있으시면 무조건 미국 달러를 사 두세요. 연말까지는 아무리 적게 올라가도 달러가 1,300원은 될 겁니다."

달러를 많이 사둘 돈도 없었지만, 당시 달러가 850원 내외였기 때문에 1,300원까지 올라갈 거라는 말은 전혀 현실성이 없어서 무시했다. 그런데 그해 연말 어떤 일이 일어났는가! IMF 외환위기 사태가 시작된 것이다. 10월 말부터 시작해서 달러가 뛰기 시작하더니 연말에는 무려 2,000원 가까이 올라갔다. 달러로 빚을 낸 수많은 회사가 도산했고, 국내에서 달러로 학비와 생활비를 송금받던 많은 유학생이 견디지 못하고 귀국했다.

그러면 모두 다 망하기만 했을까? 그렇지 않았다. 다른 사람들이 다 망하는 판국에도 그때 많은 달러를 보유했거나 사두었다가 떼돈을 번 사람들도 있었을 것이다. 달러가 올라갈 것이라는 전문가들의 말을 듣기만 해서는 돈을 벌 수 없다. 정말 그럴 줄 믿고 달러를 사두는 "믿음의 용단"을 내린 사람들만이 돈을 벌 수 있었을 것이다.

I. 노아의 믿음

노아는 약속을 믿고 실천하여 자기 가족과 인류를 구원했다. 본문은 전혀 일어날 것 같지 않은 홍수 심판의 경고를 믿었던 노아의 이야기가 계속되고 있다. 창세기 6장 9절에서 하나님은 노아를 가리켜 "의인이요 당대에 완전한 자"라고 칭찬했다. 어떤 의미에서 의인은 상대적 개념이지만 완전한 자라는 말은 절대적 개념이다. 어떻게 노아가 하나님 앞에서 이런 칭찬을 받을 수 있었을까? 그것은 노아의 삶과 행동이 완전했기 때문이라기보다 하나님의 말씀을 전적으로 신뢰했던 그의 믿음 때문이었다.

노아는 하나님의 홍수 심판의 경고를 듣고 기나긴 세월 동안 방주를 건조했다. 사람은 보았거나 경험한 것은 쉽게 이해하고 받아들일 수 있지만 한 번도 본 적도, 경험한 적도 없는 것을 받아들이는 것은 믿음이 없이는 불가능하다. 구름 한 점 없는 날씨가 계속되었지만, 노아는 온 세상이 물에 잠길 것이라는 경고의 말씀을 믿었다. 사람들의 질시와 비판 속에서도 그는 하나님의 약속을 의지해서 꿋꿋이 방주를 만들었다. 기다림과 인내는 가장 중요한 믿음의 증거였다. 120여 년의 세월이 지나고 이제 드디어 하나님의 심판이 시작되었다.

사람들이 죄를 짓더라도 하나님은 오래 참으셨다. 사람들은 하나님의 기다림을 죄에 대한 묵시적 허용으로 오해했을 수도 있다. 하지만 이제 하나님의 인내의 시간은 끝이 났다. 하나님은 죄에 대해 유야무야有耶無耶 하시는 분이 아니다. 노아를 통해 120년간 방주를 짓는 과정을 통해 끊임없이 경고하신 하나님이 드디어 행동을 시작하셨다. 하나님은 축복도 풍성하게 하시는 분이지만 일단 심판이 시작되면 아무도 막을 수도, 피할 수도 없다. 하나님의 약속을 믿고 방주를 건조한 노아의 가족이 승선하자 하나님은 방주의 문을 닫으셨다.

아직 비가 오지도 않는데 방주의 문은 닫혔다. 사람들은 방주의 문이 닫힐 때까지도 하늘이 맑은데 왜 노아의 가족이 방주에 타는지, 왜 방주의 문이 닫히는지 이해할 수 없었다.

믿음의 사람은 이처럼 심판이 시작되기 전에 심판의 징조를 깨닫고 순종하는 사람이다. 노아가 의로웠다는 것은 그에게 아무런 잘못이 없었다는 의미가 아니다. 구름 한 점 보이지 않고 아무런 빗소리가 들리지 않을 때에도 온 세계를 홍수로 심판하겠다고 하신 하나님의 말씀을 믿고 순종했기에 의롭다고 하는 것이다.

빗방울이 떨어지고 천둥과 번개가 치기 시작하면 이미 때가 늦은 것이다. 깊음의 샘이 터지고 하늘의 창이 열려 비가 쏟아지기 시작하면 물은 방주 안팎에 있는 사람들에게 전혀 다른 의미가 된다. 방주 바깥에 있는 사람들에게 물은 심판과 죽음의 물이다. 하지만 방주 안에 있는 사람들에게는 구원과 생명의 물이다.

노아 홍수 때의 사람들처럼 경고와 책망의 말씀을 들을 때 끝까지 순종하지 않게 되면 망하게 된다. 그래서 잠언 기자는 "자주 책망을 받으면서도 목이 곧은 사람은 갑자기 패망을 당하고 피하지 못하리라"고 했다잠 29:1. 정말 심판이 있다고 믿는다면 심판이 오기 전에 심판을 준비해야 한다.

II. 심판이 오기 전에 | 창 7:10

하나님은 노아의 가족이 안전하게 방주에 들어가게 하신 후에도 7일을 기다리셨다가 심판을 시작하셨다. "칠 일 후에 홍수가 땅에 덮이니." 성경에 등장하는 숫자는 수학적 의미와 더불어 언어적 상징성을 가진다. 7이라는 숫자는 창세기 1장에서 하나님이 7일 동안 천지 창조를 완성하셨다는 데서 처음 찾아볼 수 있는데 거룩하고 완전한 수라는 의미가 있다. 안식일은 7일마다, 안식년은 7년마다 돌아오며, 무교절과 초막절은 7일간 계속되었다. 나아만은 요단강에서 일곱 번 씻었고, 소아시아에는 일곱 교회가 있었다. 특히 요한계시록에는 7이라는 숫자가 많이 나온다.

하나님이 그렇게 오랫동안 기다리신 후에도 7일을 더 기다리셨다는 것은 무한히 은혜로우시고 인내하시는 하나님의 모습을 상징적으로 나타낸다. 하나님은 여분으로 7일을 더 기다리신 후에 홍수를 시작하셨다. 하나님은 여기서도 일주일의 사역 주기를 따라 심판을 진행하신다.

영적인 안목을 가진 사람들은 종말의 징조를 분별해야 한다. 예수는 정확한 종말의 날은 오직 하나님만 아시지만, 종말이 가까운 징조는 분명히 알 수 있다고 말씀하셨다. "이런 일이 되기를 시작하거든 일어나 머리를 들라. 너희 속량이 가까웠느니라 하시더라. 이에 비유로 이르시되 무화과나무와 모든 나무를 보라. 싹이 나면 너희가 보고 여름이 가까운 줄을 자연히 아나니 이와 같이 너희가 이런 일이 일어나는 것을 보거든 하나님의 나라가 가까이 온 줄을 알라"눅 21:28~31.

종말의 징조에 대한 말씀이 상당히 은유적이라서 이것이 구체적으로 오늘 이 시대에 무엇을 가리키는가에 대해서는 논란이 많다. 어떤

[그림 1] 대홍수의 시작[1]

사람들은 무화과나무는 이스라엘을 가리키고 무화과나무에 싹이 나는 것은 이스라엘의 독립이라고 말하면서 1948년 이스라엘이 독립했기 때문에 이제 곧 예수가 재림하실 것이라고 말한다.

예수가 곧 재림하신다고 말하면서 종말론적 긴장을 가지고 사는 것은 훌륭하고 성도로서의 마땅한 바라고 할 수 있다. 하지만 구체적인 종말의 날짜를 주장한다면 이단의 길로 들어서는 것이다. 게다가 임박한 종말을 빌미로 금품을 갈취하거나 무임금 헌신을 강요하는 것은 파렴치한 것이다. 임박한 재림과 심판에 대한 경고는 종말론적 긴장을 가지고 살라는 의미다. "그렇지 않으면 방탕함과 술취함과 생활의 염려로 마음이 둔하여지고 뜻밖에 그 날이 덫과 같이 너희에게 임하리라"눅 21:34.

III. 심판의 시작 | 창 7:11~12

홍수는 노아가 600세 되던 해 2월 17일에 시작되었고, 사람들은 그 다음 해 2월 27일에 방주에서 나왔다. 노아 가족의 방주 승선과 하선을 기준으로 할 때 홍수는 1년 열흘 정도 지속하였고, 노아 가족이 방주에 있었던 기간은 1년 11일이라고 할 수 있다. 어떤 사람은 만일 당시 음력을 사용하고 있었다면 음력 1년인 354일에 11일을 더해 양력 1년이 365일이 된다는 점을 지적한다. 만일 노아 홍수 기간을 정확하게 양력 1년에 맞추었다는 것이다. 하지만 그렇게 노아 홍수 기간을 태양력 1년에 맞추기 위해 무리수를 쓸 이유가 있었는지에 대한 설득력 있는 답을 찾기가 어렵다.[2]

어떤 사람은 "당시의 달력이 요즘과 같았을까?"라고 생각하지만, 홍수의 진행 과정과 과학사적 여러 증거를 보면 이미 노아 시대에 일 년을 365일 내외로 알고 있었음이 분명하다. 그러면 홍수 심판은 어떻게 시작되었을까?

1. 깊음의 샘과 하늘의 창

심판의 날이 이르렀을 때 홍수는 "깊음의 샘들이 터지며 하늘의 창문들이 열"리면서 시작되었다. 같은 말이 창세기 8장 2절에서도 사용된다.[3] 그러면 깊음의 샘_{fountain, spring}을 의미하는 "마얀"מַעְיָן이 무엇이고, 하늘의 창_{window, floodgate}을 의미하는 "아루바"אֲרֻבָּה는 무엇일까? 이를 두고 많은 학자들이 다양한 이론을 제시하고 있다.

하늘의 창이 열린다는 것은 엄청난 비가 쏟아지는 현상 자체를 가리킨다고 볼 수 있다. 현대인들은 바다의 물이 증발해 구름이 되고, 구름이 비가 되어 지표면에 떨어져 다시 바다로 돌아가는 물순환_{hydraulic cycle}을 잘 알고 있다. 하지만 이를 몰랐던 고대인들은 비가 하늘에서 끊임없이 떨어지는데 하늘로 올라가는 물은 눈에 보이지 않기에, 구름이 없을 때 하늘이 푸르게 보이기에 높은 하늘에는 거대한 물 창고가 있다고 믿었다. 그리고 이 물 창고의 문_{floodgate}이 열리게 되면 땅에 비가 쏟아진다고 보았다.

하지만 깊음의 샘은 무엇일까? 그동안 창조과학자들은 이를 화산폭발로 해석한다. 화산폭발로 인해 궁창 위에 포화수증기 상태로 존재하던 물이 쏟아지는 것으로 해석했다_{수증기 덮개 이론}. 하지만 근래의 연구결과로 볼 때 그렇게 많은 물이 대기권 상층에 수증기 상태로 존재하게 되면 온실효과로 인해 지상의 생명체들이 살 수 없다. 그래서 지금은 많은 창조과학자조차 수증기 덮개 이론을 지지하지 않는다.[4] 그러므로 깊음의 샘들이 터졌다는 것은 지하수 폭발, 화산 폭발 등이 동시에 일어났음을 가리키는 것으로 생각된다.[5]

여기에 더하여 창조과학자 오스틴 등은 급격하게 지각의 판들이 움직임으로 생겼다는 소위 격변적 판구조론_{Catastrophic Plate Tectonics}을 주장하기도 했다.[6] 하지만 격변적 판구조론은 지질학적 증거가 매우 빈약하다. 이 모델은 지구 창조연대를 6,000년에 맞추기 위한 어색하고도 이상한 모델일 뿐이다.

필자의 생각으로는 노아 홍수를 일으킨 원인으로 소행성이 지구와 충돌한 것도 하나의 가능성으로 고려해야 하지 않을까 생각한다. 지름 1km 이상 되는 소행성이 지구와 충돌하게 되면, 특히 바다에 떨어지게 되면 높이 500m 이상의 해일이 물벽을 이루어 육지로 쏟아져 들어오게 된다. 그리고 이 때문에 엄청난 지진이 일어났고 지표면 가까이 있던 열점_{hotspot}의 마그마가 동시에 폭발했을 것이다. 전 지구적으로 화산재가 대기권 상층으로 올라가면서 대기 중의 수증기들이 동시에 엄청난 강우를 일으켰을 것이다.

2. 완전한 심판

창세기 7장 12절은 40주야 동안 비가 쏟아졌다고 말한다. 40주야

동안 비가 땅에 쏟아진 것이 특별한 의미가 있을까? 창세기 7장 17절에서도 홍수가 땅에 40일 동안 계속되었다고 말한다. 앞에서 언급한 7이라는 숫자와 더불어 40이라는 숫자도 성경에서 상징적이며, 완전수의 의미가 있다.[7] 성경은 창세기 이외에서도 40이라는 숫자를 특별한 의미를 지닌 것으로 사용한다.

모세는 이집트 궁중에서 40년, 미디안 광야에서 40년행 7:30을 보냈다. 출애굽 이후 모세는 40일간 호렙산에서 금식하면서 율법을 받았다출 24:18, 신 9:9. 이스라엘 백성은 40년간 광야생활을 했으며출 16:35, 민 14:33, 가나안 정복전쟁을 시작하기 전 이스라엘 정탐꾼들은 40일간 가나안 땅을 정탐했다민 13:25. 엘리야는 40일 동안 사막을 횡단해 호렙산에 이르러 하나님의 지시를 받았고왕상 19:8, 요나는 40일 후에 니느웨성이 멸망할 것이라고 외쳤으며욘 3:4, 에스겔은 40일 동안 이스라엘의 죄악을 참았다겔 4:6. 블레셋은 40년간 유다를 지배했으며, 다윗과 솔로몬은 각각 40년간 유다를 다스렸다. 악인은 형벌로서 매 40대를 때렸고신 25:3, 산모는 산후 40일 후에 성소에 들어가게 했다레 12:1~4. 예수는 40일간 광야에서 금식하신 후 공생애를 시작하셨고마 4:2, 막 1:13, 눅 4:1~13, 부활 후 40일간 세상에 계시다가 승천하셨다행 1:3.

40이라는 숫자는 성경에서만 특별한 의미가 있는 것이 아니다. 무하마드는 40세에 알라로부터 소명을 받았으며, 코란은 40일마다 읽어야 한다. 동양의 성현들은 40세를 불혹不惑 또는 부동심不動心의 나이라고 하면서 40세를 넘으면 세상 모든 유혹을 이길 수 있다고 했다.

12절에서 40주야에 걸쳐 비가 쏟아졌다는 것은 완전한, 아무도 피할 수 없는 심판을 의미한다. 여기서 "비"를 의미하는 "게쉠"גֶּשֶׁם이라는 말은 "비가 격렬하게 퍼붓다"라는 의미의 동사 "가솸"גָּשַׁם에서 유래한 말이다. 같은 단어가 창세기 8장 2절에서 "깊음의 샘과 하늘의 창문이 닫히고 하늘에서 비가 그치매"라고 할 때도 사용되었다.

일상적으로 "비가 내리다"를 가리킬 때는 "마타르"מָטַר라는 동사를 사용하며욥 38:26, 이의 명사형인 "비"는 동사와 모음만 다른 "마타르"מָטָר이다.8) 12절에서 게쉠이라는 단어를 사용한 것은 아무도 자기 방법과 힘으로 피할 수 없는, 큰 홍수였음을 의미한다. 이를 스키너는 "일반적으로 겨울철에 억수 같이 퍼붓는 비"commonly used of the heavy winter rain를 의미한다고 했고,9) 슈파이저는 "비정상적인 강우"abnormal rainfall라고 표현했다.10) 40일간의 엄청난 강우로 방주에 승선한 노아 가족과 짐승들을 제외한, 코로 기식하는 동물들은 모두 죽었다.

3. 하나님의 카이로스

하나님은 때가 되자 40주야를 비가 땅에 쏟아지게 하셨다. 하나님은 그렇게 오랫동안 노아로 하여금 방주를 준비하게 하셨지만, 때가 되자 지체하지 않고 심판을 시작하셨다. 헬라어에서 시간을 가리키는 말에 "크로노스"κρονος와 "카이로스"καιρος라는 두 단어가 있다. 크로노스는 순차적으로 진행되는, 즉 흘러가는 시간을 말하지만, 카이로스는 사건을 위해 정해진 때를 말한다. 그렇다면 하나님의 심판의 때는 다분히 카이로스의 때이다.

한 예로 종교개혁은 어느 날 갑자기 일어난 것이 아니다. 그 전에 수많은 사람이 교회의 부패를 보고 분연히 일어섰지만, 하나님은 때가 무르익어 그분의 카이로스가 될 때까지 기다리셨다. 그동안 하나님은 위클리프John Wycliffe, 1328~1384, 틴데일William Tyndale, 1494~1536, 후스Jan Hus, 1372~1415 등 여러 선구자를 일으키셔서 카이로스를 준비하고 계셨다. 그리고 바로 그 카이로스가 되었을 때 루터Martin Luther,

1483~1546를 통해 종교개혁의 횃불을 들게 하셨다.

하나님은 시간 바깥에 계시지만 카이로스가 될 때까지는 심판을 기다리셨다. 하나님은 사람들의 죄악이 세상에 관영했지만, 곧바로 심판을 시작하지 않으셨다. 우선 하나님은 노아의 방주가 완성되었을 때를 기다리고 계셨다. 하지만 하나님은 다만 노아가 방주를 예비하는 120여 년만 기다리신 게 아니다. 아담과 하와의 범죄 이후 그때까지 인내하신 것이다.

인류 역사에서 가장 장수했던 므두셀라의 이름은 "그가 죽으면 오리라"는 뜻이 있다. 이 말을 풀어쓰면 "그가 죽으면 홍수심판이 오리라"는 뜻이다. 므두셀라가 969세에 죽은 바로 그 해가 심판의 카이로스였고 하나님은 대홍수 심판을 시작하셨다.

노아 홍수와 같이 이 세상의 종말도 하나님의 카이로스에 일어날 것이다. 이를 신약적으로 해석하면 복음이 온 세계에 전파되었을 때라고 할 수 있다. 예수는 "이 천국 복음이 모든 민족에게 증언되기 위하여 온 세상에 전파되리니 그제야 끝이 오리라"마 24:14고 하셨다. 사도 베드로는 하나님의 날이 속히 오기를 사모하라고 했다. "거룩한 행실과 경건함으로 하나님의 날이 임하기를 바라보고 간절히 사모하라"벧후 3:11~12.

하나님은 기다리시지만, 영원히 기다리시지는 않는다. 고든 맥도날드Gordon McDonald 목사는 사람들이 복음을 받아들이지 않음을 한탄하면서 "하나님의 초청에 너무 시간이 오래 걸린다"고 했다. 일단 시작되면 하나님의 심판은 사정없이 진행된다. 하나님은 그의 택한 백성이 준비될 때까지, 개인과 가정과 회사와 민족이 준비될 때까지 기다리신다. 하지만 하나님의 카이로스가 되면 심판은 지체 없이 그리고 철저하게 시작된다. 사도 베드로는 바로 그 날이 임하기를 간절히 사모하라고 말한다.

노아 홍수나 세상의 종말이 하나님의 카이로스에 일어나듯 모든 사람의 인생에도 카이로스가 있다. 하나님의 때, 즉 카이로스를 아는 사람이 지혜로운 사람이다. 성령의 인도에 민감한 사람은 하나님의 때에 민감한 사람이라는 의미다. 그래서 전도자는 이렇게 말한다.

"범사에 기한이 있고 천하 만사가 다 때가 있나니 날 때가 있고 죽을 때가 있으며 심을 때가 있고 심은 것을 뽑을 때가 있으며 죽일 때가 있고 치료할 때가 있으며 헐 때가 있고 세울 때가 있으며 울 때가 있고 웃을 때가 있으며 슬퍼할 때가 있고 춤출 때가 있으며 돌을 던져 버릴 때가 있고 돌을 거둘 때가 있으며 안을 때가 있고 안는 일을 멀리할 때가 있으며 찾을 때가 있고 잃을 때가 있으며 지킬 때가 있고 버릴 때가 있으며 찢을 때가 있고 꿰맬 때가 있으며 잠잠할 때가 있고 말할 때가 있으며 사랑할 때가 있고 미워할 때가 있으며 전쟁할 때가 있고 평화할 때가 있느니라. … 하나님이 모든 것을 지으시되 때를 따라 아름답게 하셨고 또 사람들에게는 영원을 사모하는 마음을 주셨느니라"전 3:1~11.

인생에서 부지런히 공부할 때가 있고, 열심히 연애하고 결혼할 때가 있고, 아이를 낳아야 할 때가 있고, 돈을 벌어야 할 때가 있고, 아낌없이 돈을 써야 할 때가 있다. 천년만년 살 것처럼 생각하는 사람만큼 어리석은 자가 없다. 그런 사람들을 가리켜 예수님은 종말의 징조를 모르고 "먹고 마시고 장가들고 시집 가"는 자들이라고 책망하신다마 24:38.

IV. 순종하는 자들의 구원 | 창 7:13~16a

1. 순종하는 가족 | 창 7:13

무섭고도 철저한 심판이지만 하나님은 심판의 카이로스를 믿고 순종하는 사람들을 구원하신다. 본문은 "바로 그 날에"베에쳄 하욤 하제, הזה היום בעצם 노아의 온 가족이 다 방주에 들어갔다고 말한다. "바로 그날에"란 말은 드물게 사용되는 말인데 특별히 기억할만한 사건임을 강조할 때 사용하는 말이다. 예를 들어 아브라함의 할례창 17:23, 26, 출애굽출 12:41, 51, 모세의 죽음신 32:48 등이다.[11]

하나님이 홍수를 시작하시던 바로 그 날에 노아와 그의 가족이 방주에 들어간 것은 온 가족이 하나님 앞에 순종했다는 의미다. 여기서 기자는 "노아와 그의 아들 셈, 함, 야벳과 노아의 아내와 세 며느리"라고 표현한다. 다른 곳에서는 "그의 아들들"이라고 했지만, 본문과 창세기 6장 10절, 9장 18절에서는 이름을 거명했다. "노아의 아내"란 말은 여기에만 등장한다. 다른 곳에서는 "아내"창 7:7, "그의 아내"창 8:18 혹은 "네 아내"창 6:18, 8:16라고 언급된다. 이는 노아의 아들들과 노아의 아내를 포함한 노아의 온 가족이 모두 노아에게 순종했다는 의미도 있지만, 노아의 온 가족이 하나님 앞에 순종했음을 강조하는 것이다.

또한, 다른 곳에서는 "아들들의 아내들"cf. 창 7:7, 8:16이라고 표현하던 것을 여기서는 독특하게 "세 아들들의 아내들"개역개정에서는 "세 며느리"라고만 번역했지만이라고 표현한다. 이러한 표현에 대한 카수토는 노아의 아들들의 아내들도 구별된 한 그룹a distinct group임을 강조하는 것이라고 보았다.[12]

13절은 노아의 가족 공동체가 하나님 앞에서 순종한 것을 강조하면서 동시에 각 사람이 하나님 앞에서 단독자로 살아감을 강조한다. 우리가 민족, 교회, 가족 등의 공동체에 소속되어 살아가지만, 이후에 하나님 앞에 설 때 우리 각자는 개별적으로 회계_{會計}해야 한다. 그래서 사도 바울은 "이러므로 우리 각 사람이 자기 일을 하나님께 직고하리라"고 했다_{롬 14:12}.

그럼에도 성경은 곳곳에서 개인이 아닌 공동체적으로 우리를 취급할 때가 있다. 특히 성경은 곳곳에서 가정 공동체 단위로 구원을 이루는 것을 보여주고 있다. 본문은 노아의 순종을 통해 그의 온 가족, 심지어 그의 며느리들까지 구원받는 것을 보여주고 있다.

사도행전 16장에는 바울과 실라가 억울하게 빌립보 감옥에 갇힌 사건이 나온다. 이 사건을 직접 목도하고 경험한 사람은 간수 한 사람이었지만, 그의 회개를 통해 그의 온 가족이 구원받는 놀라운 역사가 일어났다.

비슷한 이야기가 사도행전 10장의 고넬료 가정에도 일어났다. 베드로가 경건한 고넬료의 초대를 받아 욥바에서 가이사랴에 갔을 때 이로 인해 고넬료의 가족은 물론 그의 친척과 친구들까지 복음을 듣고 구원받는 놀라운 역사가 일어났다_{행 10:24}.

가족 단위의 구원은 가족 단위의 신앙생활을 보여준다. 구약성경에서도 성전 신앙이 생기기 전까지, 아담으로부터 족장 시대에 이르기까지 여호와를 섬기는 신앙의 중심은 가정이었다. 성막과 성전, 회당이 생긴 후에도 가정 중심의 신앙은 변치 않았다. 사람들은 여전히 가정 중심의 신앙생활을 했고 일주일에 한 번, 혹은 일 년에 한 번 특별한 장소에서 하나님을 예배했다.

신약에 와서 사도행전에서 성도들이 모이기를 힘썼다는 말이나 모이기를 폐하지 말라고 한 히브리서 기자의 권면은_{히 10:24~25} 가정 중심의 신앙생활과 어긋나지 않았다. 대표적으로 디모데는 경건한 가정이 길러낸 지도자였다. 디모데의 신앙은 그의 외조모 로이스와 어머니 유니게를 통해 전해진 것이었다 딤후 1:5.

필자는 신앙생활의 중심이 교회가 아니라 가정이어야 한다고 믿는다. 그래서 교회가 성도들을 지나치게 자주 교회로 많이 불러내는 것은 바람직하지 않다고 본다. 부모가 가정의 제사장이 되고 목회자는 부모가 가정의 제사장적 소명을 잘 감당할 수 있도록 돕는 자들이다. 날마다 하나님 앞에 나아가는 아름다운 제사장 가정들이 일주일에 하루를 구별해 함께 모여 더불어 하나 된 공동체적 사랑을 나누는 곳이 교회다.

2. 순종하는 피조물 | 창 7:14~16a

14절에서 "그 종류대로"란 말은 창세기 1장에서 하나님이 생물들을 창조하실 때 등장하던 표현이다. 창세기 7장 21절에서 홍수로 죽은 생물들을 나타낼 때 "새와 가축과 들짐승과 땅에 기는 모든 것"와 8장 17절에서 방주에서 구원받은 생물들을 나타낼 때 "생물 곧 새와 가축과 땅에 기는 모든 것"는 같은 후렴이 등장하지 않는다. 이에 대해 웬함은 방주에 승선함을 통해서만 창조세계가 생존할 수 있음을 의미한다고 한다.[13]

이 본문은 우리에게 중요한 두 가지 영적 교훈을 제시한다. 우선 순종하는 가정 공동체는 순종하는 피조물로 이어진다는 것이다. 짐승들을 방주에 태우기 위해 노아 가족이 짐승들을 잡으러 다닌 것은 아니었을 것이다. 하나님의 특별한 섭리로 짐승들이 알아서 쌍쌍으로 노아에게 나아왔고, 노아와 그의 가족은 짐승들이 방주의 적절한 위치에 승선하도록 돕는 일만 했을 것이다.

비록 완전한 회복은 아니지만 우리는 여기서 사람의 순종이 피조물의 순종으로 이어지는 것을 볼 수 있다. 아담의 불순종으로 모든 피조물이 썩어짐의 종노릇하게 되었지만롬 8:21 노아의 순종은 일시적이지만 피조물의 순종으로 이어지는 것을 볼 수 있다. 노아에게 순종하는 짐승들의 모습은 이후에 예수 그리스도를 통해 회복된 천국에서 온전히 사람에게 순종하는 피조물의 모습의 그림자를 보여준다.

"그때에 이리가 어린 양과 함께 살며 표범이 어린 염소와 함께 누우며 송아지와 어린 사자와 살진 짐승이 함께 있어 어린 아이에게 끌리며 암소와 곰이 함께 먹으며 그것들의 새끼가 함께 엎드리며 사자가 소처럼 풀을 먹을 것이며 젖 먹는 아이가 독사의 구멍에서 장난하며 젖 뗀 어린 아이가 독사의 굴에 손을 넣을 것이라. 내 거룩한 산 모든 곳에서 해 됨도 없고 상함도 없을 것이니 이는 물이 바다를 덮음 같이 여호와를 아는 지식이 세상에 충만할 것임이니라"사 11:6~9.

가정이 하나님 앞에, 좀 더 구체적으로 가장家長이 하나님 앞에 순종하게 되면 가정이 하나님께 순종하게 되고, 다른 모든 피조물이 하나님께 순종하게 된다. 이 시대의 비극은 가정이, 구체적으로 가장이 하나님께 순종하지 않는 것이다. 이 시대의 근본적인 문제는 교회의 문제도, 기독교 학교의 문제도 아니고 가정의 문제다. 불순종하는 가정에서 오늘 이 시대의 모든 문제를 찾아야 한다.

3. 교회 공동체 | 창 7:14~16a

다음으로 본문은 교회 공동체의 특성을 보여준다. 방주를 의미하는 히브리어 "테바"תֵּבָה는 구약에서 교회 공동체를 보여주는 가장 놀라운 상징이다. 14절을 보면 방주에는 노아 가족과 더불어 "모든 들짐승이 그 종류대로, 모든 가축이 그 종류대로, 땅에 기는 모든 것이 그 종류대로, 모든 새가 그 종류대로" 들어갔다고 기록하고 있다. 이 표현은 창세기 1장에서 하나님이 모든 생물을 "그 종류대로" 창조하셨다는 표현과 같다. 여기서 종류를 의미하는 히브리어 "민"₁₀도 같다. 이것은 어떤 영적 의미가 있는가?

첫째, 방주 공동체의 아름다움을 보여준다. 하나님은 창세기 1장에서 모든 생물을 "그 종류대로" 창조하신 후에 창조하신 모든 것이 보시기에 좋았다고 말씀하셨다. 생태학적으로 이것은 종의 다양성bio-diversity을 보여주며, 종의 다양성은 그 자체가 아름다움이다. 방주 공동체에는 다양한 짐승이 그 종류대로 참여했으며, 이는 아름다운 교회 공동체의 상징이다.

교회에는 온갖 종류의 사람들이 "그 종류대로" 들어와 있다. 이것은 지상에서 가장 아름다운 공동체, 하나님이 보시기에 좋았다고 하신 시온성이라고 할 수 있다. 이 시온성은 반석 위에 세워져 있고 이 반석은 아무도 흔들 수 없다.

시온성과 같은 교회 그의 영광 한없다
허락하신 말씀대로 주가 친히 세웠다.
반석 위에 세운 교회 흔들 자가 누구랴
모든 원수 에워싸도 아무 근심 없도다.

둘째, 방주 공동체 속에만 구원이 있다. 방주 속에 온갖 냄새가 나더라도 우리는 여전히 방주 안에 있어야 함을 말해준다. 방주 바깥에는 온 세상 사람들과 동물들을 멸망시키는 대홍수가 진행되고 있는데 소수의 사람이 1년 이상 좁은 방주 안에서 살기는 쉽지 않다. 하지만 방주 속에 있지 않으면 누구도 구원받을 수 없다. 날아가고 있는 비행기가 아무리 좁고 답답해도 "나가 놀아라!"고 한다면 이는 곧 죽음을 의미한다. 아무리 방주 속이 좁고 짐승들의 냄새가 날지라도 방주 바깥에 나가면 아무도 살아날 수 없다.

마찬가지로 교회는 아름다운 공동체임에도 온갖 사람들의 냄새가 진동하는 곳이기도 하다. 물론 이때의 교회는 무형 교회, 보편 교회를 의미한다. 부자는 부자대로, 식자는 식자대로 골치 아픈 문제가 있다. 하지만 그렇다고 교회 바깥으로 나가야 하는가? 교회 바깥으로 나가게 되면 그곳에는 구원이 없다.

V. 문을 닫으시는 하나님 | 창 7:16b

본문의 마지막 부분을 보면 노아의 여덟 식구와 모든 짐승을 방주에 태우신 후 하나님은 친히 방주의 문을 닫으셨다. 노아가 안에서 문을 닫은 것이 아니라 하나님이 밖에서 문을 닫으신 것이다. 방주는 안에서 문을 닫을 수 있는 구조가 아니었다.

앞에서 언급한 것처럼 방주는 신약의 교회를 상징하는 것이요, 궁극적으로는 예수 그리스도를 의미한다. 방주에 들어가는 것은 예수를 믿고 그분 안에 들어가는 것, 즉 구원을 의미한다. 구원받기로 예정된 자들은 모두 구원의 방주되신 예수께 나아오는 것이다. 이것은 두 가지 중요한 의미가 있다.

1. 구원의 주체는 하나님

첫째는 우리의 구원은 전적으로 하나님의 역사라는 사실이다. 앞에서 언급한 것처럼 구원을 상징하는 방주의 문은 노아가 안에서 닫은 것이 아니라 하나님이 친히 닫으셨다. 이것은 구원이 전적으로 하나님께 의존되어 있음을 보여준다. 구원에서 하나님의 주권을 가장 철저하게 믿었던 사람이 바로 종교개혁자 칼뱅John Calvin, 1509~1564이었다. 그는 하나님의 주권적인 역사가 없다면 인간의 어떤 노력으로도 구원받을 수 없다고 믿었다.

하나님의 주권 사상은 전지전능하신 하나님의 속성으로부터 나온다. 이사야는 이러한 하나님을 가리켜 "열면 닫을 자가 없겠고 닫으면 열 자가 없"는 분이라고 묘사하고 있고사 22:22, 사도 요한도 하나님을 가리켜 "열면 닫을 사람이 없고 닫으면 열 사람이 없는" 분이라고 묘사한다계 3:7. 하나님의 결정은 아무도 뒤집을 수 없고, 저항할 수 없다는 의미다. 세상의 재판관들은 불의하게, 혹은 실수로 억울하게 재판할 수도 있지만 공의로우신 하나님의 심판은 절대적으로 공정하시다.

하나님은 "은혜로우시며 긍휼이 많으시며 노하기를 더디 하시며 인자하심이 크"신 분이지만시 145:8, 죄를 용납하는 분은 아니시다. "하나님은 모든 사람이 구원을 받으며 진리를 아는 데에 이르기를 원하시"지만딤전 2:4, 끝까지 하나님의 공의로움에 저항하는 자들에 대한 심판은 반드시 시행하신다.

2. 구원의 때

둘째, 구원에는 때가 있다는 사실이다. 앞에서 홍수의 카이로스를 설명하면서 하나님의 때에 대해 언급했다. 마찬가지로 방주의 문도 항상 열려있지 않다. 방주의 문이 닫히면 방주 안팎의 사람들의 운명은 확연하게 구분된다. 방주 바깥에서는 구원의 기회가 완전히 사라진다. 죄악된 삶에 대한 하나님의 인내를 하나님의 허용으로 착각하게 되면 우리는 멸망을 피할 수 없다. 이런 자들을 가리켜 베드로는 "전에 노아의 날 방주를 준비할 동안 하나님이 오래 참고 기다리실 때에 복종하지 아니하던 자들이라"고 말한다벧전 3:20.

하나님은 구원하시기로 예정한 자들이 모두 방주에 타면 구원의 문을 닫으신다. 그 은혜의 시간이 다하기 전에, 하나님의 인내의 카운트 다운이 끝나기 전에 구원의 방주에 타는 것이 중요하다. "이르시되 내가 은혜 베풀 때에 너에게 듣고 구원의 날에 너를 도왔다 하셨으니 보라 지금은 은혜 받을 만한 때요 보라 지금은 구원의 날이로다"고후 6:2.

VI. 결론과 권면 | 종말론적 신앙

노아 홍수의 기록은 단순하지만 사실이다. 역사적, 과학적 사실이다.[14] 노아 홍수 이야기는 그것이 놀랍거나 흥미로워서 기록된 것이 아니라 성경의 구속 역사에 직접 관련되어 있기에 기록된 것이다. 구약의 수많은 이야기 중 노아 홍수는 하나님의 공의로운 심판과 방주 되신 예수 그리스도를 통한 구원을 가장 잘 보여주는 사건이다.[15]

1. 심판의 하나님

우리는 죽음과 관련해 세 가지를 모른다. 즉, 언제 죽을지, 어디서 죽을지, 어떻게 죽을지 모른다. 하지만 개인의 종말이든 우주의 종말이든 종말은 아무런 징조 없이 닥쳐오지 않는다. 예수는 종말과 재림이 가까워지면 나타날 징조에 대해서 이렇게 말씀하셨다. "이런 일이 되기를 시작하거든 일어나 머리를 들라 너희 속량이 가까웠느니라 하시더라"눅 21:28. 예수는 "징조가 되는 이런 일"이 있음을 말씀하셨다.

순종은 어려운 일이다. 때로는 이를 위해 많은 대가를 치러야 한다. 때로는 시간을, 때로는 물질을 드려야 한다. 세상 사람들이 가장 소중하게 여기는 것들을 포기해야 할 때도 있다. 결국, 우리의 순종의 정도는 우리가 세상의 방식을 거절하는 정도라고 할 수 있다. 그리스도인은 세상의 방식으로 살지 말라고 부르심을 받은 사람들이다. 바울은 우리의 시민권은 하늘에 있다고 말하면서빌 3:20 그러기 위해서는 피 흘리기까지 죄와 싸워야 한다고 말한다.

하지만 노아 시대에는 방주에 들어가던 날까지 사람들은 일상적인 생활을 영위하고 있었다. "홍수 전에 노아가 방주에 들어가던 날까지 사람들이 먹고 마시고 장가들고 시집가고 있으면서 홍수가 나서 그들을 다 멸하기까지 깨닫지 못하였으니 인자의 임함도 이와 같으리라"마 24:38~39. 먹고 마시고 장가들고 시집가는 일이 죄는 아니지만, 영적인 감각이 무디어서 다가올 심판에 대해 아무런 생각도 없이 살아간다면 그것은 영적으로 죽은 것이나 다름없다.

2. 종말 신앙

종말이 있다고 믿는 사람, 특히 임박한 종말을 믿는 사람은 그렇지 않은 사람과 동일하게 살 수 없다. 이것을 극명하게 보여주는 좋은 예가 바로 이정표라는 초등학교 학생이었다. 2005년 3월, 정표는 11세 등촌초등학교 학생이었다. 굳이 이력서에 한 단어를 더 보태자면 그는 작가 지망생이었다. 그런데 2005년 3월 30일, 그는 난데없이 백혈병 진단을 받았다. 그리고 그는 그로부터 1년 9개월의 투병생활을 〈이정표의 백혈병 투병기〉라는 책으로 출간했다. 죽기 사흘 전까지 자신의 고통스러운 투병생활을 놀라운 인내심을 가지고 차근차근 기록한 것을 난치병 어린이의 소원을 들어주는 한국메이크어위시재단www. wish.or.kr에서 책으로 엮어 주었다.[16)]

정표가 골수이식 뒤 무균실에 있을 때 그는 뜬금없이 엄마에게 이렇게 말했다. "난 비싼 등록금을 내고 사립학교에 다니는 친구들, 학원에서 과외받는 친구들 전혀 부럽지 않아. 왜냐고? 난 병원이라는 학교에서 소아백혈병이라는 전문과목을 1년 동안 온몸으로 배웠고 숨

쉬고 살아 있는 게 얼마나 대단하고 감사한 일인지 알잖아. 난 친구들이 감히 상상도 하지 못하는 1억 원짜리 고액 과외를 받았어. 파란 하늘, 맑은 공기 이런 걸 느끼기만 해도 얼마나 행복한지 몰라. 학교 다닐 때는 운동장의 흙을 밟고 다니는 게 당연하다고 생각했는데 지금은 그 흙이 너무 감사해. 한 줌 흙을 떠서 혹시라도 거기서 지렁이가 나오면 '오! 아가' 하며 살아 꿈틀대는 모습에 감격할 거야."

죽음, 즉 자신의 종말을 염두에 두고 사는 아이의 마음을 고스란히 담고 있는 글이다. 하나님을 믿었던 정표는 하나님께 감사해야 할 것이 무엇인지를 알았다. 2007년 1월 11일, 정표는 마지막 일기를 썼고 1월 14일 오전 8시에 길지 않은 이 세상에서의 삶을 마감했다. 정표는 시시각각 다가오는 죽음을 바라보면서 살았기 때문에 1분 1초를 아끼면서 살았고, 자신의 삶의 모습을 일기에 남기기 위해 목숨을 걸었다.

과연 우리는 종말이 있는 것처럼, 죽음이 있는 것처럼 살아가고 있는가? 임박한 종말의 신앙을 가지고 살았던 노아는 하나님께 순종함으로 세상을 정죄하는 의의 상속자가 되었다.

"믿음으로 노아는 아직 보이지 않는 일에 경고하심을 받아 경외함으로 방주를 준비하여 그 집을 구원하였으니 이로 말미암아 세상을 정죄하고 믿음을 따르는 의의 상속자가 되었느니라"히 11:7.

오늘 우리도 노아와 같이 하나님께 순종함으로 의의 후사가 되자.

심판의 진행

"홍수가 땅에 사십 일 동안 계속된지라 물이 많아져 방주가 땅에서 떠올랐고 물이 더 많아져 땅에 넘치매 방주가 물 위에 떠 다녔으며 물이 땅에 더욱 넘치매 천하의 높은 산이 다 잠겼더니 물이 불어서 십오 규빗이나 오르니 산들이 잠긴지라 땅 위에 움직이는 생물이 다 죽었으니 곧 새와 가축과 들짐승과 땅에 기는 모든 것과 모든 사람이라 육지에 있어 그 코에 생명의 기운의 숨이 있는 것은 다 죽었더라. 지면의 모든 생물을 쓸어버리시니 곧 사람과 가축과 기는 것과 공중의 새까지라 이들은 땅에서 쓸어버림을 당하였으되 오직 노아와 그와 함께 방주에 있던 자들만 남았더라. 물이 백오십 일을 땅에 넘쳤더라."
– 창세기 7:17~24

인간의 죄 때문에 전 지구적 홍수가 일어났다는 홍수 설화는 창세기에만 기록되어 있는 것이 아니다. 홍수 설화는 전 세계 어느 나라에서나 보편적으로 전해지고 있다. 이것은 홍수가 실제로 일어났음을 보여주는 간접적인 증거다. 주요한 홍수 설화만도 300개가 넘으며, 이들 설화는 많은 부분 노아 홍수와 줄거리가 흡사하다. 한 예로 한자의 "배 선-船" 자는 배에 여덟 사람이 탄 것을 가리킨다. 하필 왜 8일까? 한자는 뜻을 담고 있는 표의문자表意文字라는 점을 생각한다면 "船" 자는 노아 홍수와 관련이 있는 것으로 보인다.[1]

창세기 6~8장은 홍수를 마치 항해사가 항해일지를 작성하듯 신문기자가 사건 현장을 취재해서 기사를 작성하듯 육하원칙에 의해 기록되어 있다. 날짜와 등장인물이 아주 구체적으로 적시되어 있다. 노아 홍수에 등장하는 지명들은 지금도 그대로 남아 있다. 노아 홍수에 이어 기록되고 있는 노아 후손의 계보는 노아 홍수의 역사성을 보여준다. 노아 홍수 이후 그의 아들들을 통해 온 세상에 인종이 퍼지는데 그 후손이나 후손이 살았던 지명도 대부분 실재하는 지명이다.

노아 홍수가 실제 사건이었다면 이런 큰 자연의 재앙 앞에서 우리는 어떤 자세를 가져야 할까? 바울은 아레오바고에서 행한 설교에서 하나님을 천지의 주재시라고 말한다 행 17:24. 천지의 주재이신 하나님이 허락하시지 않으면 참새 한 마리도 떨어지지 않는다고 한다면 마 10:29 이렇게 큰 재난이 아무런 의미 없이, 하나님과 무관하게 일어났다고 할 수 있을까? 개개인에게 일어나는 작은 일조차 뜻 없이 일어나는 일이 없다면 하물며 수천, 수만의 사람이 목숨을 잃는 자연의 대재난이 닥치는 데 하나님의 메시지가 있는 것은 아닐까?

성경과 역사를 살펴보면 이러한 자연의 재난들은 하나님의 구원과 심판의 도구로 사용된 경우가 많음을 볼 수 있다. 지구 역사상 일어난 많은 대격변 중 노아 홍수는 성경 그 자체가 심판의 사건이었음을 아주 분명하게 선언하고 있다.

I. 홍수의 진행 | 창 7:17~18

오랫동안 경고해왔던 노아 홍수가 드디어 시작되었다. 일차적으로 홍수는 깊음의 샘들이 터지고 하늘의 창들이 열려 시작되었다. 그런데 홍수가 단지 폭우에 인한 것이 아님을 알 수 있는 힌트가 본문에 있다. 7절을 보면 비는 40일 동안 주야로 쏟아지고 그 후에 그쳤다. 이 빗물은 방주를 물에 뜨게 할 정도로 아주 많았다. 방주가 평지에서 건조되었는지, 아니면 산에서 건조되었는지는 확실하지 않다. 하지만 40일간의 폭우는 거대한 방주를 뜨게 할 정도로 엄청난 홍수를 일으켰다. 여기서 흥미로운 것은 17절 이하에 나오는 홍수의 진행 설명이다.

17절에서 보면 40일 동안의 폭우는 방주를 땅에서 떠오르게 할 정도였다. 여기서 "떠오르다"를 의미하는 "룸"ㅁㄱㄱ은 영어에서 "lift up"

[그림 1] 노아의 홍수²⁾

이라고 번역된다. 이는 마른 땅에서 건조된 방주가 물이 불어나면서 약간 움직일 수 있는 정도로, 혹은 약간 기울어진 채 건조되었던 방주가 물의 부력浮力에 의해 똑바로 서게 되었다는 의미다. 물 위에 완전히 떠올라서 평면적으로 움직이는 것이 아니라 상하로만 움직였음을 의미한다. 아직 물이 충분하지 않아서 방주가 자유롭게 움직일 정도는 아니었다는 의미다.

방주의 높이가 13m 정도 되었고, 방주의 재질이 나무로만 되어있었다고 하자. 그리고 방주가 평지에서 건조되었다고 하자. 그렇다면 이러한 방주가 똑바로 세워질 정도의 물이라면 5~10m 정도의 강수량이었을 것으로 생각된다.

비가 계속 내리면서 물은 계속 불어났다. 18절에 보면 그 후에도 계속 물이 증가해 방주가 물 위에 마음대로 떠다닐 정도가 되었다. 여기서 "떠다녔다"는 "할라크"הלך는 방주가 물 위에 세워지기만 한 것이 아니라 이제는 전후좌우로 마음대로 움직일 수 있게 되었다는 의미다. 지면에는 나무판처럼 완전 평면이 아니라 여러 가지 장애물들도 있었으리라 생각되는데 이러한 것들에 인해 바닥이 닿지 않고 자유롭게 방주가 돌아다닐 정도가 되었다면 아마 물이 10m 이상 되었을 것이다. 하지만 물은 그 정도에서 그치지 않았다.

II. 홍수의 규모 | 창 7:19~20, 24

창세기 7장 19절을 보면 물은 더욱 불어나 천하의 높은 산이 다 덮였다고 말한다. 20절에서는 홍수로 산들이 다 덮인 후에도 15규빗(7m) 정도 더 많은 물이 세상을 덮었다고 말한다. 또한, 24절은 홍수가 땅에 150일을 넘쳤다고 말한다. 이것은 노아 홍수가 단순한 유프라테스 강의 범람 이상이었음을 보여준다. 홍수의 규모를 짐작하게 하는 몇 가지 중요한 성경의 언급을 살펴보자.

1. 천하의 높은 산은? | 창 7:19~20

먼저 살펴보아야 할 것은 홍수가 덮었던 "천하의 높은 산"의 의미다. 19~20절에서 산이라고 말하는 "하르"(הר)는 언덕, 구릉지대 등의 의미로도 사용되기 때문에 이 구절은 다음 두 가지로 해석할 수 있다.

첫째, 실제로 지구의 가장 높은 산을 덮을 정도의 홍수가 났을 것이라고 보는 견해다. 현재 우리가 알고 있는 가장 높은 산은 에베레스트 산으로서 해발 8,882m에 이른다. 성경이 언급하고 있는 아라랏 산도 해발 5,160m에 이른다. 하지만 만일 이런 산들이 모두 덮일 정도의 홍수였다고 한다면 무슨 문제가 생길까?

현재 지구 표면에 있는 모든 바다의 평균 수심은 약 3,800m, 지구 표면의 약 71%를 차지한다. 육지의 평균 고도는 약 840m이기 때문에 만일 바다와 육지를 평평하게 만든다면 지구는 평균 수심 2,400m의 물로 덮인다.[3] 그러므로 현재 지표면에 있는 물과 지하수가 모두 노아 홍수에 사용되었다고 해도 지구의 높은 산들을 모두 덮을 수는 없다. 그래서 어떤 사람들은 노아 홍수 때는 외계의 물까지 동원되었다고 주장하지만, 그것은 전혀 증명할 수 없는 황당한 주장이다.

어떤 사람은 이것을 설명하기 위해 노아 홍수 이전에는 높은 산이 없었다가 홍수 중이나 후에 산이 융기했다고 주장한다. 그리고 그렇게 해석하려면 현재의 높은 산들은 홍수 이후, 불과 몇백 년이나 몇천 년 동안 급격히 융기했다는 증거가 있어야 한다. 하지만 산이나 산맥의 기원orogenesis 연구에서는 어디에서도 그런 증거를 찾을 수 없다. 그러므로 노아 홍수 때 현재 우리가 알고 있는 지구상의 높은 산들이 모두 덮였다는 것은 설명하기 어렵다.

둘째, 노아가 살았던 지역의 작은 산이나 구릉, 언덕 정도를 덮는 홍수였을 것으로 보는 입장이다. 노아가 현재의 유프라테스 강 하류 평원지대에 살았다면 그곳에는 높은 산이 없었을 것이고, 작은 산이나 언덕, 구릉들만이 존재했을 것이다. 본문에서 "천하의 높은 산"이라고 할 때 "천"을 의미하는 "샤마임"שָׁמַיִם 은 일반적으로 구름이 떠 있는 눈에 보이는 창공을 의미한다. 그렇다면 "천하의 높은 산이 다 잠겼더니"라는 말은 노아 당시의 사람들의 눈이 닿는 곳까지의 모든 언덕, 산이 모두 물에 덮였다는 말로 해석할 수 있다.

노아가 보이는 시계視界 내의 작은 산이나 언덕, 구릉들이 묻히는 정도의 홍수였다면 다른 지역에서의 동물들이 모두 다 죽었다는 성경의 기록은 어떻게 해석할 수 있을까? 만일 노아 홍수가 그런 국부적인 홍수였다면 다른 곳에 사는 많은 동물이 있을 텐데 굳이 모든 짐승을 방주에 태워야 할 필요가 있었을까? 이미 당시에 사람들도 널리 퍼져 살고 있었을 텐데 어떻게 그들까지 모두 멸망시켰을 수 있었을까?

이런 점들을 고려한다면 우리는 성경과 과학적 연구로부터 노아 홍수의 규모에 대해 다음과 같은 잠정적인 결론을 내릴 수 있을 것이다. 첫째, 노아 홍수는 현재의 아라랏 산이나 에베레스트 산을 덮는 정도의 홍수는 아니었을 것이다. 하지만 아무리 홍수가 덮은 산이 언덕 정도라고 해도 노아 홍수는 우리가 흔히 볼 수 있는 작은 홍수는 아니었음이 분명하다. 둘째, 그럼에도 노아 홍수는 전 지구적 멸종을 일으킬 정도로 충분히 큰 규모의 홍수였을 것이다. 아담으로부터 노아 홍수까지의 기간을 생각할 때 사람들과 동물들이 사는 지역은 유프라테스 강 하류 평원지역에 국한되지 않았을 것이다. 셋째, 성경 기록으로 미루어볼 때 노아 홍수는 유프라테스 강이 범람하는 정도의 국부적인 홍수는 아니었을 것이다.

2. 단순한 강의 범람일까? | 창 7:24

다음에는 홍수가 지속하였던 기간이나 방주의 크기 등도 홍수의 규모를 짐작하게 한다. 노아 홍수 때 어느 정도 물이 차올랐는지 우리는 정확하게 알지 못한다. 하지만 노아 홍수가 전 지구의 모든 사람과 짐승을 죽게 하는 지구적인 재난이었음을 보여주는 몇 가지 성경적인 증거가 있다.

(1) 홍수의 기간

첫째, 홍수가 단순히 유프라테스 강이 범람하는 정도의 홍수라고 보기에는 홍수 기간이 지나치게 길다. 그렇다고 전 지구적인 홍수라고 보기에는 물이 물러가는 시간이 너무 짧다. 창세기 기자는 하나님께서 바람을 불게 하셔서 물이 물러가게 했다고 하지만, 구체적으로 어떻게 바람이 홍수를 물러가게 했는지 그 과학적 메커니즘은 분명하지 않다.

일부 사람 중에는 남북극의 빙하가 민물인 것은 노아 홍수 때 물이 밀려가서 얼어붙었기 때문이라고 하지만, 그것은 물순환 hydrologic cycle 혹은 water cycle에 대해 잘 몰라서 생긴 오해다. 남북극의 대부분 빙산은 오랜 세월 동안 물이 증발한 후 극지방에서 눈으로 내린 것이 쌓인 것이다. 겨울 동안 눈이 쌓이는 속도가 여름 동안 녹는 속도보다 빠르게 되면 극지방의 얼음은 점점 더 두꺼워지게 된다. 그리고 이때 얼음은 염분을 포함하지 않는 민물이다. 이는 염분을 함유하는 바닷물이라고 해도 증발된 수증기 속에 염분은 포함되지 않기 때문이다.[4]

노아 홍수 때 물이 바람에 의해 남북극으로 밀려가서 얼었기 때문에 지금도 남북극의 빙산은 민물이라고 하는 주장은 근거가 없다. 노아 홍수 때 전 지구의 민물과 바닷물이 모두 섞였다면 어떻게 그때 바람에 의해 밀려간 물이 얼어서 남북극의 두꺼운 민물 얼음을 만들 수 있겠는가? 남북극의 두꺼운 민물 얼음은 노아 홍수 때 바람에 밀려간 물에 의해서가 아니라 물순환에 의해 오랫동안 눈이 쌓여 남북극의 빙산을 만든 것이라고 보는 것이 적절하다.

(2) 방주의 크기

둘째, 방주가 단순한 유프라테스 강의 범람만을 피하기 위한 배로서는 너무 크다. 창세기 6장은 "네가 만들 방주는 이러하니 그 길이는 삼백 규빗, 너비는 오십 규빗, 높이는 삼십 규빗이라"고 말한다창 6:15. 앞에서 언급한 것처럼 이런 크기를 오늘날의 단위로 환산한다

[그림 2] Spirit of British Columbia호와 Spirit of Vancouver Island호5)

면 방주는 길이-폭-높이가 300규빗135m-50규빗23m-30규빗13.5m에 이르는 큰 배이다. 이는 거의 미니 항공모함 크기의 배로서 배수톤이 15,000~20,000톤에 이르며, 밴쿠버 앞바다에서 슈와르츠 베이-차왓슨Swartz Bay-Tsawwassen을 오가는 BC 페리의 크기와 비슷하다.

현재 슈와르츠 베이-차왓슨을 오가는 페리 Spirit of British Columbia호와 Spirit of Vancouver Island호는 길이가 167.57m, 배수톤수Tonnage가 18,747톤이며, 2,100명의 사람과 470대의 차를 실을 수 있으며, 엔진의 출력은 21,394마력에 이른다.6) 단순 크기만으로는 미니 항공모항 정도의 크기라고 할 수 있다. 노아의 방주가 이 정도 크기라면 어떤 큰 강이 범람했다고 해도 강의 범람을 피하기 위한 배로서는 지나치게 크다.

(3) 하나님의 신실하심

셋째, 다시는 물로 심판하지 않으시겠다는 약속은 노아 홍수가 전무후무했음을 말해준다. 만일 노아 홍수가 지금도 해마다 세계 곳곳에서 일어나는 그런 종류의 홍수라면 다시는 물로 사람을 심판하지 않으시겠다는 약속, 그래서 그 증표로 무지개를 주신 하나님의 약속이 거짓이 된다. 창세기 9장에서는 이 약속을 아주 구체적으로 기록하고 있다.[7)]

"내가 너희와 언약을 세우리니 다시는 모든 생물을 홍수로 멸하지 아니할 것이라 땅을 멸할 홍수가 다시 있지 아니하리라. 하나님이 이르시되 내가 나와 너희와 및 너희와 함께 하는 모든 생물 사이에 대대로 영원히 세우는 언약의 증거는 이것이니라. 내가 내 무지개를 구름 속에 두었나니 이것이 나와 세상 사이의 언약의 증거니라. 내가 구름으로 땅을 덮을 때에 무지개가 구름 속에 나타나면 내가 나와 너희와 및 육체를 가진 모든 생물 사이의 내 언약을 기억하리니 다시는 물이 모든 육체를 멸하는 홍수가 되지 아니할지라. 무지개가 구름 사이에 있으리니 내가 보고 나 하나님과 모든 육체를 가진 땅의 모든 생물 사이의 영원한 언약을 기억하리라. 하나님이 노아에게 또 이르시되 내가 나와 땅에 있는 모든 생물 사이에 세운 언약의 증거가 이것이라 하셨더라"_{창 9:11~17}.

(4) 홍수를 피한 동물이 있었다면…

넷째, 만일 노아 홍수가 국부적인 홍수였고, 그래서 다른 지역의 동물들은 홍수를 피해 살아남았다면 구태여 그 많은 동물을 방주에 실을 필요가 있었을까? 노아 홍수 때 방주에 탄 동물로부터 오늘날의 모든 육지동물이 번식했다고 한다면 어떤 문제가 생길까?

많은 사람이 육지로부터 멀리 떨어진 외딴 섬에 동물들이 살고 있는 것을 설명하기 어렵다고 말한다. 노아 홍수 이후 그렇게 빨리 동물들이 이주할 수 있었을까에 대해 의문을 품는다. 하지만 동물들의 이동 속도는 사람들이 상상하는 것 이상으로 빠르다. 육지로부터 멀리 떨어진 섬에 사는 생물들이나 특히 육지로부터 멀리 떨어진 화산섬에 사는 동식물들을 보면 생명의 이동속도가 얼마나 빠른지 짐작할 수 있다.[8]

이런 사실들을 고려한다면 노아 홍수의 범위는 전 지구적이었다고 할 수 있다. 하지만 지질학적 증거나 지구의 총 수량 등을 고려한다면 노아 홍수는 현재의 에베레스트 산이나 아라랏 산이 묻힐 정도의 홍수는 아니었던 것으로 보인다. 하지만 성경은 노아 홍수는 전 지구적인 재앙이었고, 그로 인해 방주에 탄 사람과 동물들을 제외하고는 모두 다 죽었다고 기록하고 있다. 적어도 성경 기록으로 미루어볼 때 홍수 심판을 피해 살아난 사람들은 한 사람도 없었던 것으로 보인다.[9]

노아 홍수에 대한 여러 질문은 과학적 증거나 이성적 추론만으로는 쉽게 대답할 수 없는 부분이 있다. 한 가지 분명한 것은 노아 홍수는 인간의 죄로 일어난, 전무후무한 전 지구적 심판의 재앙이었고, 이 때문에 코로 기식하는 모든 동물과 노아의 가족을 제외한 다른 모든 사람이 죽었다는 사실이다. 하나님은 인간의 죄를 오래 참으시는 분이지만, 일단 심판하시게 되면 아무도 피할 수 없는 무서운 심판을 하시는 분이다. 성경은 이 하나님의 심판에 대해 뭐라고 말씀하시는가?

III. 하나님의 심판 | 창 7:21~24

40일간 주야로 퍼부었던 큰비로 온 세상의 산들이 물로 뒤덮이고

150일간이나 물이 땅에 창일했다. 이 때문에 사람들을 포함하여 땅 위에 움직이는 호흡 있는 모든 생물은 죽임을 당했다. 하지만 대홍수의 물결이 넘쳐날 때 노아와 그의 가족 및 방주에 타고 있던 짐승들은 구원받았다. 노아 홍수는 하나님의 심판이 얼마나 철저하고 무서운지를 잘 보여준다.

21~23절까지는 홍수 때 죽었던 동물들을 열거하고 있다. 22절에서 "기운"을 의미하는 "루아흐"רוּחַ는 호흡을 내쉬는 것을 느낄 수 있는, 거칠기까지 한 내쉬는 숨을 의미한다. 6장 17절, 7장 15절에서도 등장하는 이 말은 성경에서 바람, 숨, 생기, 호흡 등으로도 번역된다. 코가 아니라 아가미로 호흡하는 물고기는 물론, 숨 쉬는 것이 잘 드러나지 않는 곤충들도 방주에는 타지 않았을 것이다. 그런 것들은 방주에 타지 않아도 죽지 않았을 것이다. 같은 절에서 "호흡"을 의미하는 "네솨마"נְשָׁמָה 역시 훅 불기, 바람, 거친 호흡, 생명의 호흡 등을 의미한다. 앞에서 말한 "기운"과 유사하다. 현대 생물 분류학과는 다르지만, 조류, 육지동물, "땅에 기는 모든 것"에 포함되는 일부 파충류 등 뚜렷한 호흡을 하는 동물들이 방주에 탔을 것이고 양서兩棲하는 파충류나 양서류 등은 타지 않았던 것으로 보인다. 이제 이 생명의 호흡을 주셨던창 2:7 하나님이 그 호흡을 거두어 가신다.

그렇다면 과연 방주는 이 모든 동물을 실을 만큼 큰 배였을까? 그런 큰 배를 만들 만한 기술이 있었을까? 아담으로부터 노아에 이르는 시기의 문명에 대해서는 우리가 별로 아는 바가 없다. 하지만 창세기 4장의 기록에 의하면 노아 당시에도 상당한 문명이 있었음이 분명하다. "아다는 야발을 낳았으니 그는 장막에 거주하며 가축을 치는 자의 조상이 되었고 그의 아우의 이름은 유발이니 그는 수금과 퉁소를 잡는 모든 자의 조상이 되었으며 씰라는 두발가인을 낳았으니 그는 구

[그림 3] 우르에 있는 지구라트[11)

리와 쇠로 여러 가지 기구를 만드는 자요 두발가인의 누이는 나아마였더라"_{창 4:20~22}.

성경은 노아가 방주를 만든 구체적인 방법을 기록하고 있지 않다. 하지만 배수량 기준으로 15,000톤에 이르는 큰 배를 건조할 수 있었다는 것은 조선기술이 상당히 발달해 있었음을 간접적으로 보여준다. 또한, 노아홍수 이후 오래지 않아 시날 평지에 오늘날 지구라트_{Ziggurat}라고 알려진 바벨탑을 쌓을 정도가 되었다면 이것도 역시 당시의 토목건축 기술이 상당한 수준에 이르렀음을 시사한다.[10) 하지만 그런 인간의 기술문명도 홍수로부터 사람들을 구원하지 못했다.

24절은 홍수가 150일 동안 땅에 넘치는 무시무시한 광경을 묘사한다. 처음 40일 동안 폭우가 주야로 쏟아졌고, 그 후 110일 동안 비가

332

오지 않았지만, 물이 창일했다. 마치 세상은 태초에 물로 덮여 있었던 창조의 새벽으로 돌아간 듯 온 세상은 물 외에는 아무것도 보이지 않았다. 땅위에 넘치던 생명의 약동은 사라지고 모든 생명체는 깊은 물속에 빠져 죽었다.[12)]

홍수 심판을 통해 구원받은 사람들은 23절 하반절의 말씀처럼 오직 노아의 가족뿐이었다. 홍수는 하나님을 경외치 않던 자들에게는 죽음의 물결이었지만, 하나님을 경외한 노아와 그의 가족에게는 구원의 물결이 되었다. 홍수로 노아의 가족은 세상의 멸시와 조롱과 박해에서 벗어나게 되었다.

최후의 심판도 하나님을 경외치 아니하는 사람들에게는 두려운 것이지만, 하나님을 믿고 경외하는 사람들에게는 도리어 구원이 된다. 하나님의 말씀을 믿는 자들은 그 말씀이 사실임이 입증되는 날 그 모든 비난과 조롱에서 벗어나게 된다. 그렇다면 예수 그리스도의 재림과 심판을 믿는 그리스도인들은 어떻게 살아야 할까? 심판을 준비하는 삶은 어떠해야 할까?

IV. 결론과 권면 | 심판을 준비하는 삶

홍수 심판 가운데서도 구원의 핵심은 방주를 예비했는가 하는 점이다. 엄청난 홍수가 왔지만, 방주에 타고 있었던 노아 가족과 동물들의 생명은 안전하게 보존되었다. 물이 불어나면 불어날수록 방주와 그 안에 타고 있는 생명은 멸망하는 세상과 더욱더 선명하게 구별되어 보존되었다. 세상이 물에 잠기면 잠길수록 방주는 물 위로 떠 올라 더욱 분명하게 드러났다.

심판은 믿지 않는 자들에게는 멸망을 의미하지만 믿는 자들에게는 구원을 의미한다. 사도 바울이 말한 것처럼 "이 사람에게는 사망으로부터 사망에 이르는 냄새요 저 사람에게는 생명으로부터 생명에 이르는 냄새"가 되는 것이다고후 2:16. 소돔과 고모라에 대한 심판은 롯의 가족에게는 구원을, 다른 사람들에게는 죽음을 의미했다. 마찬가지로 홍해는 하나님의 백성에게는 구원의 바다였지만, 이집트 군사에게는 죽음의 바다였다. 이스라엘이 여리고 성을 함락시키는 것이 라합과 그의 가족에게는 구원의 사건이었지만, 다른 여리고성 사람에게는 죽음의 사건이었다.

근래 일어난 크고 작은 자연적 재해도 역시 하나님의 섭리 안에 있는 작은 심판이라고 할 수 있다. 그러나 그것은 그 재해를 통해 죽은 사람들만을 향한 심판은 아닐 것이다. 오히려 자연을 잘 돌보지 않아 재해의 위험을 증가시킨 인류 전체를 향한 하나님의 경고일 수도 있다. 심판의 이유를 우리는 다 짐작하지 못하지만 한 가지 분명한 사실은 그런 일들도 하나님의 장중에 있다는 사실이다. 하나님은 자연 현상인 듯이 보이는 사건을 통해서도 역사하시고, 우리에게 말씀하신다. 쓰촨 성 지진이나 아이티 지진, 동일본 대지진 등도 하나님의 장중에 있다. 우리가 다 알 수는 없으나 이런 국지적 사건에서도 구원받는 사람이 있는가 하면 멸망하는 사람이 있다.

성경은 곳곳에서 개인이나 전 우주가 하나님 앞에서 심판받을 때가 있다고 말한다. 그 심판의 날을 가리켜 성경은 "여호와의 날," "끝날," "주의 날" 등으로 부르고 있다. 요한복음 5장 29절, 고린도후서 5장 10절, 히브리서 9장 27절, 계시록 21장 8절 등은 심판에 대한 하나님의 계획이 얼마나 확고한지를 보여주고 있다.

하나님의 최후 심판으로 말미암아 온 세상이 멸망하는 가운데서도 오직 방주로 예표되는 교회와 그 안에 있는 성도는 안전하게 보존될 것이다. 하나님의 심판의 물결이 높아질수록 교회와 성도는 더욱 영화롭게 될 것이다. 세상의 죄가 관영하면 할수록 방주 되신 그리스도 안에 들어와 있는 사람들의 구원은 더욱더 분명하게 드러날 것이다.

홍수의 마침

"하나님이 노아와 그와 함께 방주에 있는 모든 들짐승과 가축을 기억하사 하나님이 바람을 땅 위에 불게 하시매 물이 줄어들었고 깊음의 샘과 하늘의 창문이 닫히고 하늘에서 비가 그치매 물이 땅에서 물러가고 점점 물러가서 백오십 일 후에 줄어들고 일곱째 달 곧 그 달 열이렛날에 방주가 아라랏산에 머물렀으며 물이 점점 줄어들어 열째 달 곧 그 달 초하룻날에 산들의 봉우리가 보였더라. 사십 일을 지나서 노아가 그 방주에 낸 창문을 열고 까마귀를 내놓으매 까마귀가 물이 땅에서 마르기까지 날아 왕래하였더라. 그가 또 비둘기를 내놓아 지면에서 물이 줄어들었는지를 알고자 하매 온 지면에 물이 있으므로 비둘기가 발 붙일 곳을 찾지 못하고 방주로 돌아와 그에게로 오는지라 그가 손을 내밀어 방주 안 자기에게로 받아들이고 또 칠 일을 기다려 다시 비둘기를 방주에서 내놓으매 저녁때에 비둘기가 그에게로 돌아왔는데 그 입에 감람나무 새 잎사귀가 있는지라 이에 노아가 땅에 물이 줄어든 줄을 알았으며 또 칠 일을 기다려 비둘기를 내놓으매 다시는 그에게로 돌아오지 아니하였더라."

– 창세기 8:1~12절

　언젠가 한국에 있는 어떤 사람으로부터 책을 세 권 받았다. 소포 속에는 그 사람이 쓴 책 한 권과 번역한 책 두 권이 들어있었다. 한국에서 밴쿠버까지 항공우편으로 책을 보냈으니 책값은 제쳐놓고라도 포장지에 적힌 우송료만도 3만 원 가까이 되었다. 책 앞부분에는 "20대 제 멘토가 되어주셨던 양승훈 교수님께. 교수님의 귀한 가르침들이 이 책의 밑거름이 되었습니다. 깊이 감사드리며 ○○○ 드림"이라는 글도 적혀 있었다. 그런데 문제는 멘토가 되어주어서 고맙다는 인사와 더불어 이 먼 곳까지 책을 세 권이나 보내준 사람을 필자가 도무지 기억할 수 없다는 사실이었다.

　책 서문에 자신은 몇 년 생이고, 경북대 학부와 대학원을 다녔던 사람이라고 적혀 있는 것으로 미루어 보낸 사람은 필자가 경북대에 근무하던 때 학생임이 분명했지만, 아무리 생각해도 누군지 이름과 얼굴이 떠오르질 않았다. 벌써 치매가 시작되었는지… 필자가 근무했던 학과 졸업생이 아닌 것으로 미루어 지도교수를 하던 어떤 선교단체에 속한 사람이었을까? 아니면 그가 다니던 교회나 수련회에 강의를 갔다가 만났을까? 다행히 포장지에 휴대폰 번호가 있어서 며칠 후 전화를 했다. 곧바로 전화는 연결되었고, 반갑게 인사를 나누었지만 그래도 누군지 도무지 생각이 나지 않았다. 이처럼 사람의 기억력은 유한하다. 치매에 걸리지 않은 사람이라도 세월을 이길 기억력은 없다. 하지만 이런 인간의 연약함과는 달리 홍수 이야기의 후반부가 시작되는 오늘 본문에서 하나님은 우리를 기억하시는 분이라고 말한다.

I. 기억하시는 하나님 | 창 8:1a

노아가 600세 되던 해 2월 10일에 그의 가족과 짐승들은 방주 승선을 완료했다. 그리고 7일 후인 2월 17일부터 깊음의 샘과 하늘의 창문이 열려 40일간 비가 땅에 쏟아지면서 인류역사상 전무후무한 홍수가 시작되었다. 산들의 봉우리가 다 덮이는 엄청난 홍수였다. 미니 항공모함 크기의 거대한 방주는 물 위에 두둥실 떠올라 바람 부는 대로, 물결치는 대로 움직이고 있었다. 방주는 엄청난 크기였지만, 홍수의 규모를 생각한다면 일엽편주—葉片舟에 지나지 않았다. 방주에 타고 있는 노아의 여덟 식구와 각종 짐승은 언제 끝날지 모르는 몸서리치는 홍수를 견디고 있었다.

1. "자카르"의 하나님

하나님은 무한정 홍수를 땅에 두시지 않았다. 1절에 보면 하나님은 "노아와 그와 함께 방주에 있는 모든 들짐승과 가축을 기억하사"라고 말씀하신다.[1] 그동안 방주 바깥의 호흡이 있는 모든 동물이 죽었다는 말이 반복되다가 여기서 처음으로 하나님이 노아와 방주에 탄 짐승들을 기억하셨다고 말한다. 소망의 빛, 생명의 빛이 비치기 시작한다.

1절에서 기억한다는 말은 수학 공식을 기억한다거나 물건을 어디에 두었는지를 기억하는 것이 아니다. 이 말은 가다 오다 어쩌다 생각나는 것이 아니라 늘 마음에 품고 지내는 것을 의미한다. "기억하다"라는 히브리어 "자카르"는 마음에 깊이 새겨서 기억하고, 곰곰이 생각하는 것이다. 하나님은 사람들의 죄악 때문에 진노하셨다창 6:11, 12. 하지만 사랑의 하나님은 이제 방주에 탄 노아의 식구와 짐승들을 기억하시고 이들을 눈동자와 같이 지키셨다. 이것은 하나님이 광야생활을 하던 이스라엘 백성을 지키셨던 것과 같다. "여호와께서 그를 황무지에서, 짐승이 부르짖는 광야에서 만나시고 호위하시며 보호하시며 자기의 눈동자 같이 지키셨도다"신 32:10.

하나님이 기억하심은 단순한 기억으로 끝나지 않는다. 소돔의 멸망 후에 하나님은 아브라함을 기억하셨고창 19:29, 아들을 낳지 못하는 라헬을 기억하셨으며창 30:22, 홍수 후에는 무지개 언약을 기억하셨다창 9:16. 하나님이 아브라함을 기억하셨을 때 그의 조카 롯이 구원을 받았으며, 하나님이 라헬을 기억하셨을 때 그녀의 태를 열어 잉태하게 하셨으며, 무지개 언약을 통해 다시는 사람들로 하여금 물로 인한 심판의 두려움을 갖지 않게 하셨다.[2]

기억하다를 의미하는 "자카르"는 하나님의 강력한 책임과 사랑의 행동을 내포하고 있는 말이다. 어떤 주석가는 이 말 속에는 하나님이 홍수 심판을 그치게 하심으로 노아에게 약속하신 바를 행동으로 확실하게 지키시는 것을 포함한다고 말한다. 같은 말이 하박국의 "진노 중에라도 긍휼을 잊지 마옵소서"합 3:1라는 기도문에도 사용되고 있다. 같은 단어가 "기억하다"출 2:24, "마음에 두다"사 17:10 등으로도 번역되었다. 어떤 의미에서 요즘에는 잘 사용하지 않지만 개역한글 성경에서 사용한 "권념眷念하다"라는 말이 더 적합하다고 할 수 있다.

2. 짐승들도 기억하시는 하나님

하나님은 방주에 탄 노아 가족만 기억하신 것이 아니었다. 하나님은 방주에 탄 모든 들짐승과 가축들도 기억하셨다. 하나님은 피조세계의 책임자이자 하나님의 언약의 대표자로 인간을 세우셨지만, 하나님이 친히 창조하신 다른 피조물에 대해서도 무심하신 분이 아니다. 복음서 기자들은 날아가는 참새 한 마리도 하나님이 기억하시고, 하나님의 허락이 있어야 떨어진다고 말한다.

"참새 다섯 마리가 두 앗사리온에 팔리는 것이 아니냐 그러나 하나님 앞에는 그 하나도 잊어버리시는 바 되지 아니하는도다"눅 12:6, "참새 두 마리가 한 앗사리온에 팔리지 않느냐 그러나 너희 아버지께서 허락하지 아니하시면 그 하나도 땅에 떨어지지 아니하리라"마 10:29.

하나님은 들에 피는 백합화 한 포기도 먹이시고 입히시는 분이다. 그 하나님께서 이 엄청난 홍수 중에 동물의 씨가 멸절되지 않도록 지키신 것이다.

3. 어떤 환경에서도 기억하시는 하나님

사람은 쉽게 잊어버린다. 그래서 우리는 중요한 것은 기억하려고 애를 쓴다. 메모하기도 하고, 메모지가 없을 때는 손바닥에 써놓기도 한다. 그렇지만 메모한 것을 잊어버리거나 모르고 세수를 해서 손바닥 메모가 지워지기도 한다. 요셉이 이집트에서 누명을 쓰고 옥살이를 할 때 술 맡은 관원장의 꿈을 해몽해 주고 출옥한 후에 자신을 잊지 말라고 부탁한 것을 기억하는가? 요셉은 간곡히 부탁했지만, 그 관원은 요셉을 잊어버렸다. 성경은 간단하게 "술 맡은 관원장이 요셉을 기억하지 못하고 그를 잊었더라"고 기록하고 있다^{창 40:23}. 하지만 그가 기억하지 못하므로 요셉은 수년을 지하 감옥에서 고통스러운 세월을 보냈다.

이처럼 쉽게 잊어버리는 불완전한 사람들과는 달리 하나님은 자기 손에 조각도로 새긴 것처럼 우리를 잊지 않으신다. 자기 손에 피를 흘리면서 새긴 것이나 문신, 낙인 등은 절대로 없어지지 않는다. 예수가 십자가에서 손에 대못이 박히며 죽으신 것은 우리를 절대로 잊지 않으신다는 것을 상징한다. 사람은 잊어버리지만, 하나님은 기억하신다.

그러나 우리는 인생을 살아가면서 때로 하나님이 아무런 대답도 하지 않으시는 영적 침묵의 기간을 경험하기도 한다. 2012년 9월 27일에는 쥬빌리채플을 섬기던 정요셉 형제가 실내 수영장에서 장애인 프로그램에 참석하던 중에 어이없게 익사했다. 그렇게 많은 사람이 있는 수영장에서, 수영 코치가 있고 전담 도우미가 있는 곳에서 어떻게 익사 사고가 일어날 수 있는지… 요셉 형제가 인근 병원 중환자실로 옮겨졌을 때 우리 교우들은 모두 그의 회생을 위해 간절히 기도했다. 하지만 그는 불과 몇 시간 후 32세의 나이로 세상을 떠나고 말았다. 우리는 아직도 왜 그런 사고가 일어났는지 다 이해하지 못한다. 때로는 오랫동안 기도해도 아무런 하나님의 응답이 없을 때가 있다. 하나님이 우리를 잊으신 것은 아닐까?

4. 인내를 훈련하시는 하나님

하나님은 잊으시는 분이 아니다. 하나님은 우리가 기도하면서 기다리는 동안 우리의 부족한 모습을 다듬어가신다. 하나님은 아브라함에게 사라를 통해 아들을 주시겠다고 약속했지만, 25년 동안 기다리게 하셨다. 요셉은 꿈을 꾼 후 하나님이 잊어버리신 듯한 20여 년의 인고의 세월을 보내게 하셨다. 모세 역시 40년 동안 미디안 광야에서 하나님이 잊어버리신 듯 양치기 시절을 보냈다. 다윗은 사무엘에게 기름 부음을 받고도 오랜 세월을 하나님이 잊어버리신 듯한 풍운의 세월을 보냈다.

"자카르"의 하나님은 자신의 카이로스_{정해진 시간}가 될 때까지 기다리시는 분이다. 때가 되었을 때 하나님은 아브라함에게 아들을 주셨고, 요셉으로 하여금 자기 가족을 구원할 뿐 아니라 이스라엘이라는 하나님의 민족을 형성하는 그릇이 되게 하셨다. 모세로 하여금 출애굽의 대역사를 이루게 하셨고, 다윗으로 하여금 이스라엘 최고의 지도자가 되게 하셨다.

인생을 살아가다 보면 도무지 하나님이 계시지 않는 듯이 보일 때가 있다. 이런 상황을 욥은 이렇게 고백한다. "…내가 앞으로 가도 그가 아니 계시고 뒤로 가도 보이지 아니하며 그가 왼쪽에서 일하시나 내가 만날 수 없고 그가 오른쪽으로 돌이키시나 뵈올 수 없구나"_{욥 23:8~9}. 시편 기자도 하나님이 자신을 잊어버리신 것 같은 시간을 보내면서 이렇게 고백한다. "하나님이여 사슴이 시냇물을 찾기에 갈급함 같이 내 영혼이 주를 찾기에 갈급하니이다. 내 영혼이 하나님 곧 살아 계시는 하나님을 갈망하나니 내가 어느 때에 나아가서 하나님의 얼굴을 뵈올까. 사람들이 종일 내게 하는 말이 네 하나님이 어디 있느뇨 하오니 내 눈물이 주야로 내 음식이 되었도다"_{시 42:1~3}.

그런데 욥은 자신이 경험했던 하나님을 생각하면서 그 모진 고통 가운데서도 "…내가 가는 길을 그가 아시나니 그가 나를 단련하신 후에는 내가 순금 같이 되어 나오리라"고 고백했다_{욥 23:10}. 시편 기자는 "이스라엘을 지키시는 이는 졸지도 아니하시고 주무시지도 아니하시리로다."라고 고백했다_{시 121:4}. 또한, 시편 기자는 "내 영혼아 네가 어

찌하여 낙심하며 어찌하여 내 속에서 불안해 하는가 너는 하나님께
소망을 두라. 나는 그가 나타나 도우심으로 말미암아 내 하나님을 여
전히 찬송하리로다"라고 노래했다 시 42:11.

II. 증거를 보여주시는 하나님

1. 바람을 불게 하신 하나님 | 창 8:1b

자카르의 하나님은 단지 노아와 그의 가족, 그리고 짐승들을 기억
만 하신 것이 아니라 구체적인 행동을 취하셨다. 하나님의 첫 번째 행
동은 바람을 보내서 물이 줄어들게 하신 것이었다. 1절 하반절에 보면
"하나님이 바람을 땅 위에 불게 하시매 물이 줄어들었고"라고 말한다.
여기서 바람을 의미하는 "루아흐"רוח는 비유적으로는 천사의 힘 혹은
하나님의 능력단 7:2을 보이는데도 사용되었다. "루아흐"는 영, 호흡이
라는 말과도 같고 마음과도 밀접한 관계가 있는 말이다.

"루아흐"는 신약에서 바람 혹은 성령을 의미하는 "프뉴마"πνεῦμα로
번역하고 있다. "프뉴마"로 가장 재치 있는 언어 유희를 한 곳이 바로
요한복음 3장이다. "바람프뉴마이 임의로 불매 네가 그 소리는 들어도
어디서 와서 어디로 가는지 알지 못하나니 성령〔프뉴마〕으로 난 사람
도 다 그러하니라"요 3:8.

"루아흐"에 대한 이런 의미들을 생각한다면 1절에서 하나님이 바
람으로 땅 위에 불게 하셨다는 것은 단순한 바람이 아니라 성령의 역
사로, 하나님의 능력으로 물이 물러감을 의미한다. 하나님의 능력의
바람, 성령의 바람이 불 때 불가능한 일이 일어나는 것이다. 사실 산을
덮을 정도의 홍수가 났다면 단순한 바람으로 물이 밀려갈 수는 없다.
혹자는 이 바람으로 물이 남북극으로 밀려가 빙산이 되었다고 주장하

지만 그런 지질학적, 기상학적 증거는 찾을 수가 없다.

바람으로 땅 위에 불게 하여 물이 줄었다고 하는 것을 과학적으로 설명하기는 쉽지 않지만, 그 바람이 홍수를 끝내게 하는 데 중요한 역할을 한 것은 분명하다. 1절에서는 "하나님이 바람을 땅 위에 불게 하시매 물이 줄어들었고"라고 말한다.

2. 깊음의 샘들과 하늘의 창들이 닫힘 | 창 8:2

하나님이 노아와 그의 가족, 짐승들을 기억하심으로 물이 줄기 시작했고, 나아가 2절에서는 깊음의 샘과 하늘의 창들이 닫히고, 비가 그쳤다고 말한다. 그리고 이어서 3절에서는 "물이 땅에서 물러가고 점점 물러가서 백오십 일 후에 줄어들고"라고 말한다. 홍수가 시작되던 7장 11절의 사건이 거꾸로 진행되었다. 홍수를 시작하게 한 것도 하나님의 능력이지만 홍수를 끝나게 한 것도 하나님의 능력이었다.

홍수는 "노아가 육백 세 되던 해 둘째 달 곧 그 달 열이렛날이라 그 날에 큰 깊음의 샘들이 터지며 하늘의 창문들이 열려 사십 주야를 비가 땅에 쏟아졌더라"는 말로 시작되었다창 7:11~12. 구체적으로 깊음의 샘과 하늘 창이 무엇인지는 분명하지 않으나 한 가지 분명한 것은 노아 홍수는 오늘날 우리가 볼 수 있는 물순환에 의한 강우만은 아니라는 점이다. 집중호우와 더불어 거대한 지진해일tsunami, 지하수 폭발, 화산폭발 등이 동시에 일어났을 것이다. 아마 이런 재난들은 소행성 충돌과 같은 천문학적 사건과 연관되어 있을 수도 있다.[3]

3. 방주가 아라랏 산에 머물고 산들의 봉우리가 드러남 | 창 8:3~5

깊음의 샘과 하늘의 창문이 닫혔을 뿐 아니라 물은 땅에서 점점 줄어들기 시작했다. 3절은 물이 많아지기 시작했다는 창세기 7장 17절과 물이 일백오십일을 땅에 넘쳤다는 창세기 7장 24절과 대조를 이룬다. 물이 물러간 사건은 출애굽 사건 때 홍해가 갈라지는 것을 묘사한 출애굽기의 기록과 출 14:26, 28, 요단강을 건널 때 요단강물이 물러가는 것을 묘사한 여호수아의 기록과 수 4:18 같다. 모두 물이 자기 위치로 돌아감을 통해 구원의 역사가 일어나는 것을 보여주고 있다.[4]

물은 계속 줄어들고 있었다. 5절에서는 드디어 "물이 점점 줄어들어 열째 달 곧 그 달 초하룻날에 산들의 봉우리가 보였더라"고 기록하고 있다. 여기서 봉우리를 의미하는 "로쉬"ראשׁ 는 머리head 혹은 꼭대기top를 의미하는 말이다. 150일 동안 아무 것도 안 보이다가 드디어 산 봉우리가 보였다는 것은 홍수가 끝날 것이라는 희망의 전조였다. 흥미로운 것은 창세기 기자는 이미 방주가 아라랏 산에 머물고 난 후에 산들의 봉우리가 보이기 시작했다고 기록하고 있다. 이것은 노아 홍수는 우리가 흔히 상상할 수 있는 그런 홍수는 아니었지만 그렇다고 아라랏 산을 덮는 규모의 홍수도 아니었음을 간접적으로 시사한다!

노아 홍수가 집중호우에 의한 지역적 홍수가 아니라는 중요한 증거는 방주가 아라랏 산에 머물렀다는 기록이다. 4절에서는 "일곱째 달 곧 그 달 열이렛날에 방주가 아라랏산에 머물렀으며"라고 기록하고 있다. 여기서 말하는 아라랏 산the mountains of Ararat은 오늘날 우리가 아라랏 산이라고 부르는 해발 5,160m의 산을 의미하지 않고 아라랏 지역에 있는 한 산을 의미한다. 아라랏이라는 말은 앗시리아 북쪽에 있었던 우라르투Urartu라는 왕국의 히브리어다 왕하 19:37; 사 37:38; 렘 51:27 아라랏 지역은 후에 아르메니아라고 불렀는데 현재 터키 동쪽, 러시아 남쪽, 이란의 북서쪽에 걸쳐 있는 땅이다.[5]

그럼에도 불구하고 아라랏 지역이나 아라랏 산은 유프라테스 강 북쪽, 즉 강의 수원지 근처에 있기 때문에 방주가 아라랏 산에 머물렀다

[그림 1] 터키−러시아−아르메니아 접경에 있는 아라랏산[6]

는 것은 노아 홍수가 흔히 볼 수 있는 강의 범람에 의한 홍수가 아니었음을 의미한다. 강이 범람한 홍수였다면 방주는 상류에서 하류로 떠내려와서 페르시아만 어딘가에 머물렀을 것이다.

하나님은 방주에 탄 노아와 그의 가족 그리고 짐승들을 기억하시고 홍수를 물러가게 하셨다. 언제 끝날지 알 수 없었던 무서운 홍수가 물러가고 있었다. 노아가 하나님을 기억했을 때 하나님은 노아를 잊지 않으시고 그의 고통의 날들을 끝나게 하셨다. 만일 노아가 방주 안에서 언제 끝날지도 모르는 홍수를 기다리는 것이 답답하다고 자기 마음대로 방주의 문을 열고 나갔다면 구원받지 못했을 것이다.

4. 그리스도인과 종말론적 시간관

노아 홍수 사건은 종말론과 관련해서도 중요한 의미가 있다. 기독교의 시간관은 종말론적이다. 어떤 시련과 고통도 하나님의 통제 아래 있고 끝이 있다고 믿는다. 그리고 하나님이 함께하시는 그 고통의

346

끝은 희망이요, 승리요, 완성이다. 이를 함축적으로 표현하여 성경은 "때가 차매…"라고 말한다. "때가 차매 하나님이 그 아들을 보내사 여자에게서 나게 하시고 율법 아래에 나게 하신 것은"갈 4:4.

장로교 목사이자 성경주석가인 매튜 헨리Matthew Henry, 1662~1714가 말한 것처럼 "하나님을 잊지 않고 사는 사람은 그들의 상황이 얼마나 고독하고 어렵든지 간에 하나님이 반드시 기억해 주신다."7) 우리에게 닥치는 많은 고통은 고통 그 자체도 힘들거니와 더욱 힘든 것은 그 고통이 언제 끝날지 모르기 때문이다. 기한이 정해진, 한시적인 고통은 견디기가 쉽지만 어떤 고통은 우리가 알 수 없는 하나님의 때에 끝난다.

III. 까마귀와 비둘기

1. 방주의 창문을 엶 | 창 8:6

5절에서 노아 600세 되던 해 10월 1일, 드디어 산들의 봉우리가 보이기 시작했다. 그리고 그 후 40일을 지나 노아는 드디어 방주에 있는 창문을 열었다. 창세기 7장 11절에서 비가 40주야를 쏟아졌다고 한 말씀을 설명하면서 유대인들이 40이라는 완전 숫자에 특별한 의미를 부여한다는 점을 언급했다. 40주야를 비가 쏟아졌다는 말은 완전한 홍수, 아무도 피할 수 없는 홍수라는 의미다. 또한, 봉우리가 보이기 시작한 후 40일이란 말은 노아가 충분히 인내하며 기다렸음을 의미한다.

하나님은 방주에 탄 노아와 그의 가족 그리고 짐승들을 기억하시고 홍수를 물러가게 하셨다. 지금까지 그들은 방주 안에서 그냥 기다리는 것 외에 인간이 할 수 있는 일이 없었다. 하지만 이제 산들의 봉우

리가 드러나고 희망의 전조가 보이자 노아는 적극적으로 방주에서 나
갈 날을 기대하면서 땅의 상태를 확인하기 시작했다.

2. 까마귀를 날려보냄 | 창 8:7

7절에서 노아는 창문을 열고 먼저 까마귀를 날려 보냈다. 노아는
까마귀를 날려 보내서 땅 위의 상태를 알려고 했다. 하지만 까마귀는
"물이 땅에서 마르기까지 날아 왕래"하면서 그리고 홍수 이후 땅 위
에 즐비한 시체들을 먹으면서 돌아오지 않았다. 까마귀는 물이 얼마
나 감했는지 알려주어야 하는 자신의 사명을 잊어버리고 돌아오지
않았다.

성경은 시체를 먹기도 하는잠 30:17 까마귀를 가리켜 부정한 짐승이
라고 말한다. "새 중에 너희가 가증히 여길 것은 이것이라. 이것들이
가증한즉 먹지 말지니 곧 독수리와 솔개와 물수리와 말똥가리와 말똥
가리 종류와 까마귀 종류와"레 11:13~15. 이솝 우화에서도 까마귀는 까
맣게 잘 잊어버리는 동물의 대표로 등장한다.

3. 비둘기를 세 번 날려 보냄 | 창 8:8~12

날려 보낸 까마귀가 돌아오지 않자 8절에서 노아는 비둘기를 날려
보냈다. 성경에서 비둘기는 정결한 동물로서 하나님께 드리는 제물로
도 사용되었다. 또한, 비둘기는 귀소성歸巢性이 강해서 과거에는 전서
구傳書鳩로 사용되기도 했다. 예레미아 선지자는 돌아올 때를 아는 비
둘기와는 달리 하나님께 돌아오지 않는 이스라엘 백성을 이렇게 탄
식했다. "공중의 학은 그 정한 시기를 알고 산비둘기와 제비와 두루
미는 그들이 올 때를 지키거늘 내 백성은 여호와의 규례를 알지 못하
도다"렘 8:7.

하지만 9절은 처음에 날려 보낸 비둘기가 "온 지면에 물이 있으므로 비둘기가 발 붙일 곳을 찾지 못하고 방주로 돌아"왔다고 말한다. 산봉우리들이 드러났기 때문에 곳곳에 땅은 드러났지만 마른 땅에 앉는 습성이 있는 비둘기는 앉을 곳을 찾지 못하고 돌아왔다. 그래서 10절에서 노아는 7일을 기다린 후에 다시 비둘기를 날려 보냈다. 이 비둘기 역시 저녁때 돌아왔는데 11절은 놀랍게도 "그 입에 감람나무 새 잎사귀가 있"었다고 기록하고 있다. 이를 통해 노아는 드디어 마른 땅이 드러나기 시작했음을 알았다.

4. 비둘기, 복음의 전령 | 창 8:11~12

비둘기는 복음의 전령을 상징한다. 그가 물고 온 새 감람나무 잎은 무서운 홍수 심판 가운데서 볼 수 있는 첫 소망의 메시지였다. 새 잎사귀의 "새"는 히브리어로 "타라프"טָרָף인데 이는 "뜯어내다"는 말과 어원이 같다. 비둘기는 물 위에 떠 다니는 감람나무 잎을 물고 온 것이 아니라 감람나무 "새순이 돋은 것을 부리로 뜯어서"freshly picked 물고 왔다. 감람나무는 낮은 지대에 사는 나무로서 그것의 기름과 열매는 아름다움과 다산의 상징이었다. 비둘기는 낮은 지대가 말라서 감람나무에 새순이 돋았다는 좋은 소식을 전해준 것이다. 홍수 후 가장 기쁜 소식은 바로 땅이 말랐다는 소식이었다.[8]

이제 12절은 마지막 비둘기를 날려 보내는 것을 기록하고 있다. "또 칠 일을 기다려 비둘기를 내놓으매 다시는 그에게로 돌아오지 아니하였더라." 세 번째 나간 비둘기는 돌아오지 않았다. 이 비둘기가 돌아오지 않은 것은 자신의 책무를 다하지 않은 것이 아니라 그 자체가 노아에게 메시지를 전달하는 것이었다. 이제는 노아의 가족들이 방주 밖으로 나와도 될 정도로 땅이 완전히 말랐음을 보여주는 것이었다.

첫 번째, 두 번째, 세 번째 비둘기를 칠 일의 간격으로 날려 보냈다는 것으로부터 두 가지를 생각해 볼 수 있다. 첫째, 구약성경에서 40이라는 숫자가 완전 숫자이듯, 7이라는 숫자도 완전 숫자라는 점이다. 노아는 완전히, 충분히 기다린 후에 그다음 비둘기를 날렸다는 의미다. 둘째, 7일에 한 번씩 비둘기를 날렸다는 것은 1주일마다 한 번씩 보냈다는 의미가 내포되어 있다. 이는 노아 시절에 이미 1주일을 7일로 지키고 있었고, 방주에 타고 있는 동안에도 안식일을 지키며 여호와를 경배하고 있었음을 시사한다.

IV. 결론과 권면

결론적으로 본문은 무서운 홍수 심판 가운데서도 하나님께서 자기 백성을 어떻게 돌아보시고 구원하시는지를 보여준다. 하나님은 사람의 생각이 항상 악할 뿐 아니라창 6:5, 어려서부터 악하다는 것을 아셨다창 8:21. 그래서 하나님은 홍수로 온 세상을 심판하셨다. 하지만 그 무서운 심판 가운데서도 하나님은 노아와 그의 가족들, 짐승들을 기억하셨다. 하나님은 노아로 하여금 방주를 짓게 하시고, 방주에 들어가게 하시고, 방주에서 구원받게 하셨다.

하나님은 "자카르"의 하나님이시다. 라헬을 기억하셔서 잉태하게 하신 하나님창 30:22, 이스라엘 백성을 기억하셔서 모세를 통해 그들을 구원하신 하나님출 2:25, 한나를 기억하셔서 사무엘을 낳게 하신 하나님삼상 1:19은 오늘도 우리를 기억하시고, 우리의 고통 가운데 함께 하시고, 그 고통으로부터 우리를 구원하는 하나님이시다.9) 이사야 선지자는 그 하나님께서 자기 백성을 어떻게 돌보시는지를 이렇게 노래한다.

"오직 시온이 이르기를 여호와께서 나를 버리시며 주께서 나를 잊으셨다 하였거니와 여인이 어찌 그 젖 먹는 자식을 잊겠으며 자기 태에서 난 아들을 긍휼히 여기지 않겠느냐 그들은 혹시 잊을지라도 나는 너를 잊지 아니할 것이라. 내가 너를 내 손바닥에 새겼고 너의 성벽이 항상 내 앞에 있나니 네 자녀들은 빨리 걸으며 너를 헐며 너를 황폐하게 하던 자들은 너를 떠나가리라"사 49:14~17.

내 고통을 기억하시고 그 고통 가운데 참여하시는 하나님을 찬양하자. 하나님께서 나를 기억하시는 한 어떤 고통과 환란도 우리를 넘어뜨릴 수 없다. 도리어 고통과 환란은 그리스도의 신부를 단장하는 최고의 묘약이자 화장품이요, 변장된 축복에 불과하다.[10] 축복은 축복대로, 고통과 시련은 그 나름대로 우리에게 하나님의 축복임을 깨닫는 성숙한 신앙인이 되자.

새로운 출발

"육백일 년 첫째 달 곧 그 달 초하룻날에 땅 위에서 물이 걷힌지라 노아가 방주 뚜껑을 제치고 본즉 지면에서 물이 걷혔더니 둘째 달 스무이렛날에 땅이 말랐더라. 하나님이 노아에게 말씀하여 이르시되 너는 네 아내와 네 아들들과 네 며느리들과 함께 방주에서 나오고 너와 함께 한 모든 혈육 있는 생물 곧 새와 가축과 땅에 기는 모든 것을 다 이끌어내라 이것들이 땅에서 생육하고 땅에서 번성하리라 하시매 노아가 그 아들들과 그의 아내와 그 며느리들과 함께 나왔고 땅 위의 동물 곧 모든 짐승과 모든 기는 것과 모든 새도 그 종류대로 방주에서 나왔더라. 노아가 여호와께 제단을 쌓고 모든 정결한 짐승과 모든 정결한 새 중에서 제물을 취하여 번제로 제단에 드렸더니 여호와께서 그 향기를 받으시고 그 중심에 이르시되 내가 다시는 사람으로 말미암아 땅을 저주하지 아니하리니 이는 사람의 마음이 계획하는 바가 어려서부터 악함이라 내가 전에 행한 것 같이 모든 생물을 다시 멸하지 아니하리니 땅이 있을 동안에는 심음과 거둠과 추위와 더위와 여름과 겨울과 낮과 밤이 쉬지 아니하리라."
– 창세기 8장 13~22절

　이제 일 년 가까이 지속된 홍수가 끝이 나고 있다. 하나님의 사랑과 공의를 동시에 보여주는 노아 홍수가 끝이 나고 있었다. 하나님은 공의로운 분이기 때문에 죄악을 용서하지 않으셨고, 모든 죄인은 죽임을 당했다. 하지만 다른 한편으로 하나님은 사랑이시기에 노아의 가족 여덟 명과 동물들을 살려두셨다. 돌아오지 않은 세 번째 비둘기를 보면서 노아는 드디어 방주에서 나갈 때가 다가왔음을 알았다.

I. 홍수 종료 | 창 8:13~14

　노아가 601세 되던 해 1월 1일, 드디어 땅 위에서 물이 모두 걷혔다. 노아는 방주 뚜껑을 제치고 지면에 물이 말랐음을 확인했다. 하지만 그는 곧바로 하선하지 않고 2월 27일까지 57일을 더 기다린 후에 땅이 재차 말랐음을 확인하고 방주에서 나왔다.

1. 홍수의 역사성

방주에 들어가던 날로부터 방주에서 나오던 날까지 1년 이상 걸린 이 큰 홍수 사건은 과연 역사적 사실일까?

창세기 6장부터 8장 끝까지 기록된 홍수 기록의 한 가지 특징이라면 홍수와 관련된 자세한 날짜가 기록되어 있다는 사실이다. 이 기록은 노아가 직접 남긴 것으로 보이며, 구전이나 다른 방법으로 전승되어 오다가 최종적으로 모세가 정리한 것이라고 볼 수 있다.

150일을 기준으로 물이 창일할 때와 감소할 때를 구분한 것으로 보아 노아 당시의 달력에서는 한 달을 30일로 잡았다고 생각된다. 그렇다면 노아 홍수는 대략 다음과 같이 진행된 것으로 보인다.

노아 홍수의 진행에 대한 자세한 일자와 진행상황 기록은 홍수가 역사적 사건이었음을 시사한다. 일반적으로 전설이나 신화는 시간 개념이 희미하고 지명이나 인명도 가공적인 경우가 많다. "옛날 옛적에 갑돌이와 갑순이가 살았는데…" 등이다. 하지만 노아 홍수의 기록에 등장하는 인물은 그 후 다른 역사적 문헌에 등장하는 사람들과 연결되어 있고, 아라랏 등의 지명은 지금도 남아 있다.

이와 비슷한 홍수 이야기는 바빌론 신화와 미국 원주민들을 비롯해 세계 곳곳에 남아 있다. 그 중 대표적인 것이 바로 길가메시 홍수 신화이다. 이것은 길가메시 서사시Epic of Gilgamesh의 일부이며 이 이야

[그림 1] 길가메시 홍수 전설이 적힌 토판(좌)과 미국 원주민들의 홍수 전설을 담은 토판[1]

방주에 들어가서 기다린 기간 7일
+ 물이 창일했던 기간 150일
+ 물이 줄어든 기간 150일
+ 땅이 마르던 기간 70일
= 방주에서 머문 전체 기간 377일간

노아 달력	진행 날짜	누적 일수	홍수기간 구분	성경에 기록된 홍수 기간 중의 일들	성경
600년	2/10	0	7일 대기	노아는 방주에 들어가서 7일간 기다림 (창 7:4,10)	명시
	2/17	7	150일 간 물이 창일	홍수가 시작되어 40주야 비가 쏟아짐 (창 7:4~6,11,12)	명시
	3/27	47		40주야를 비가 온 후 멈춤 (창 7:4,11)	추정
	7/17	157		홍수 시작 후 150일 후에 방주가 아라랏산에 머뭄 (창 7:22,8:4)	추정
	10/1	197	150일 간 물이 감소	산봉우리가 보이기 시작하고 40일간 더 기다림 (창 8:5~6)	명시
	11/10	237		40일 후 까마귀를 날려 보냈으나 돌아오지 않음 (창 8:7)	추정
	11/11	238		그 다음 날 비둘기를 날려 보냈고, 비둘기는 돌아옴 (창 8:8~9)	추정
	11/18	245		7일 후 다시 내보낸 비둘기가 감람 새 잎을 물고 옴 (창 8:10~11)	추정
	11/25	252		7일 후 다시 내보낸 비둘기가 돌아오지 않음 (창 8:12)	추정
	12/17	307		150일 후에 물이 땅에서 줄어든 것을 확인 (창 8:3)	추정
601년	1/1	321	70일간 땅이 마름	방주 뚜껑을 열고 지면에서 물이 걷힌 것을 확인 (창 8:13)	명시
	2/27	377		땅이 마른 것을 확인한 후 방주에서 나옴 (창 8:14~19)	명시

기를 기록한 토판은 대영박물관에 소장되어 있다. 1840년, 앗시리아 수도 니느웨의 앗슈르바니팔 문서보관소에서 발견된 이 토판은 아카디아 설형문자로 기록되어 있으며, 토판은 길이가 15.24cm, 넓이가 13.33cm, 두께가 3.17cm인 작은 토판이다. 하지만 길가메시 홍수 신

화는 전형적인 신화 스타일로 기록되어 있다.[2]

노아의 홍수 이야기와 길가메시 홍수 신화는 유사한 점도 많지만, 근본적인 차이점이 있다. 예를 들면 배를 만들기 위해 우트나피쉬팀이 신들로부터 받은 명령에는 성경의 정신과 다른 점들이 발견된다. "오, 슈루파크Shuruppak의 사람이여, 우바투투Ubar-Tutu의 아들이여, 그대의 집을 뜯어내라. 배를 지으라. 부를 포기하고, 내세의 삶을 구하라. 소유들을 경멸하라."[3]

[표2] 노아의 홍수 이야기와 길가메시 홍수 신화의 비교[4] [5]

내용	노아의 홍수 이야기	길가메시 홍수 신화
홍수의 규모	전 지구적	전 지구적
홍수의 원인	사람들의 죄	사람들의 죄
멸망의 대상	모든 사람과 숨쉬는 동물	한 도시와 모든 사람
홍수의 주체	하나님	신들의 모임
주인공 이름(의미)	노아(안위, rest)	우트나피쉬팀(생명의 발견자, finder of life)
주인공의 성격	의로움	의로움
홍수 계시의 방법	하나님의 지시	꿈에 계시
배의 건조 시작	명령에 의해	명령에 의해
배의 높이	3층	6층
배의 내부 칸막이	많음	많음
배의 출입문	하나	하나
배의 창문	적어도 하나	적어도 하나
배의 외부	역청을 칠함	역청을 칠함
배의 모양	장방형	입방형
승선한 사람들	노아의 가족 8인	가족, 항해자, 소수 기능인
승선한 동물들	모든 종류의 동물들	모든 종류의 동물들
홍수 원인	깊음의 샘, 하늘의 창 열림	엄청난 강우
홍수 기간	장기간(1년 11일)	단기간(6일)
홍수 종료 확인	새를 날려 보냄	새를 날려 보냄
새의 종류	까마귀, 세 마리 비둘기	까마귀, 비둘기, 제비
배의 정박지	아라랏(Ararat)산	니시르(Nisir)산
홍수 후 제사	번제로 드림	번제로 드림
홍수 후 축복	땅에 번성, 충만, 동물 지배	영생을 얻음

비평가들은 노아의 홍수 이야기는 바빌론의 이야기를 빌려왔다고 주장한다.[6] 이는 언뜻 보기에 그럴듯하게 보이지만 자세히 살펴보면 그렇지 않다. 노아의 홍수 기록은 대부분 역사적 사건을 서술하는 형태로 기록되어 있지만, 길가메시 서사시는 신화적인 일들을 서술하는 식으로 기록되어 있다. 이는 복음주의 학자들뿐 아니라 대부분 구약 학자가 인정하고 있다.

대부분 복음주의 학자는 모든 수메르인의 홍수 이야기에 앞서는 하나의 공통의 출처가 있었다는 원출처이론One-source Theory 을 지지한다.[7] 히브리인들은 자신의 기록과 전승을 대대로 후손에게 정확하게 전하는 것으로 알려져 있다. 따라서 창세기의 노아 홍수 이야기는 실제 사건을 정확하게 기록한 것으로 볼 수 있다.[8] 원출처이론은 노아의 홍수 사건이 실제로 역사적인 사건이었음을 시사한다.[9]

노아 홍수에 대한 기록을 살펴보면 노아가 홍수 일정이나 진행 상황만을 자세히 기록한 것이 아니었다. 그는 홍수가 끝나가는 시점에서 바깥에 땅이 말랐는지를 확인하기 위해 까마귀와 비둘기를 네 차례나 날려 보냈다. 방주 안에 탄 채로는 바깥세상을 멀리, 그리고 정확하게 볼 수 없었다. 노아는 두 번째 비둘기가 감람 새잎을 물고 들어온 것을 보고도 세 번째 비둘기를 또 날려 보냈다. 세 번째 비둘기가 돌아오지 않자 최종적으로 노아는 방주 뚜껑을 제치고 물이 완전히 빠진 것을 확인했다. 눈으로 확인하고도 그는 57일간을 방주 속에 더 머물러 있다가 땅이 완전히 말랐음을 확인하고 방주에서 나왔다. 이 모든 것은 노아의 성품이 매우 치밀함을 보여준다.

2. 노아의 습관과 믿음

이러한 노아의 모습은 우리에게 믿음으로 행하는 것이 무엇인지를 교훈한다. 믿음으로 행한다는 것이 아무런 계산 없이 행동하는 것이 아니라는 점이다. 누가복음 14장 마지막 부분에는 예수가 자기를 따르는 무리에게 제자의 도를 말씀하시는 장면이 나온다. "무릇 내게 오는 자가 자기 부모와 처자와 형제와 자매와 더욱이 자기 목숨까지 미워하지 아니하면 능히 내 제자가 되지 못하고 누구든지 자기 십자가를 지고 나를 따르지 않는 자도 능히 내 제자가 되지 못하리라… 이와 같이 너희 중의 누구든지 자기의 모든 소유를 버리지 아니하면 능히 내 제자가 되지 못하리라"눅 14:26~27, 33

그런데 흥미롭게도 누가복음 14장 27절과 33절 사이에 전혀 문맥이 맞지 않는 듯이 보이는 이야기가 등장한다.

"너희 중의 누가 망대를 세우고자 할진대 자기의 가진 것이 준공하기까지에 족할는지 먼저 앉아 그 비용을 계산하지 아니하겠느냐? 그렇게 아니하여 그 기초만 쌓고 능히 이루지 못하면 보는 자가 다 비웃어 이르되 이 사람이 공사를 시작하고 능히 이루지 못했다 하리라. 또 어떤 임금이 다른 임금과 싸우러 갈 때에 먼저 앉아 일만 명으로써 저 이만 명을 거느리고 오는 자를 대적할 수 있을까 헤아리지 아니하겠느냐? 만일 못할 터이면 그가 아직 멀리 있을 때에 사신을 보내어 화친을 청할지니라"눅 14:28~32.

이 말씀은 우리에게 무엇을 말하는가? 흔히 사람들은 교회에서 일하거나 선교할 때 계산하지 않는 모습을 믿음이라고 생각하지만, 성경은 그렇게 말하지 않는다. 치밀하게 계산하는 노아의 모습이 하나님에 대한 순종과 믿음에 반하지 않는다는 것이다. 하나님은 우리가 그분의 말씀에 순종할 때 치밀하게, 실패하지 않도록 잘 계산해서 순종하기를 바라신다.

노아는 까마귀와 세 마리의 비둘기를 날려 보내서 땅 위의 물이 걷했음을 확인하고 또 확인했다. 그는 방주 뚜껑을 열고 직접 확인도 했다. 하지만 노아는 하나님께서 방주에서 나오라고 하기까지 기다렸다. 조심스럽게 바깥 상황을 살피던 노아라도 하나님이 하신 명령을 내리자 지체 없이 순종했다.

II. 방주 하선 | 창 8:15~19

홍수 사건을 통해 볼 수 있었던 노아의 믿음 중 가장 중요한 모습은 바로 순종이었다. 노아는 하나님의 말씀에 따라 방주를 지었고, 말씀에 따라 방주에 들어갔고, 말씀에 따라 방주에서 나왔다. 노아 홍수의 가장 큰 교훈은 바로 순종하는 믿음이다.

1. 방주에서 나가다 | 창 8:15~16

때가 되자 하나님은 노아에게 "네 아내와 네 아들들과 네 며느리들과 함께 방주에서 나오고 너와 함께 한 모든 혈육 있는 생물 곧 새와 가축과 땅에 기는 모든 것을 다 이끌어내라"고 말씀하셨다. 하나님이 노아에게 단호하게 방주 밖으로 나가라고 말씀하신 것은 노아와 그의 가족에게 주시는 하나님의 개척 명령이라고 할 수 있다. 하나님은 홍수 때문에 완전히 혼돈하고 공허하게 된 땅 위에 노아의 가족을 통해 새로운 세상, 새로운 질서를 만들어가기를 원하셨다. 이러한 노아의 모습은 우리에게 구원이 무엇인지를 말해주고 있다.

구원이란 무엇인가? 구원의 여러 가지 측면이 있지만, 그중 하나는 바로 새로운 땅을 향한 출발이라는 점이다. 구원을 받았으면 교회에 모여 있지 말고 밖으로 나가서 혼돈하고 공허한 세상을 기경하고 하나님의 질서를 세워나가야 한다. 노아와 그의 가족이 방주에서 나와서 세상을 개발한 것처럼 그리스도로 말미암아 구원받은 사람들은 교회에 모여 있지만 말고 세상으로 나가서 직장에서, 학교에서 세상을 변화시키는 역사를 일으켜야 한다.

예수는 가이사랴 빌립보에서 베드로의 신앙고백을 듣고 엿새 후에 베드로와 야고보와 그 형제 요한을 데리시고 따로 높은 산에 올라가신 적이 있었다. 예수는 그들 앞에서 변형되사 그 얼굴이 해 같이 빛나며 옷이 빛과 같이 희어졌고, 모세와 엘리야가 나타나 예수와 더불어 말씀하셨다. 이것을 보고 베드로는 예수께 "…주여 우리가 여기 있는 것이 좋사오니 만일 주께서 원하시면 내가 여기서 초막 셋을 짓되 하나는 주님을 위하여, 하나는 모세를 위하여, 하나는 엘리야를 위하여 하리이다"라고 했다 마 17:4. 그때 구름 속에서 "이는 내 사랑하는 아들이요 내 기뻐하는 자니 너희는 그의 말을 들으라"는 소리가 들렸다 마 17:5. 이 말을 듣고 제자들이 듣고 엎드려 심히 두려워하는데 "눈을 들고 보매 오직 예수 외에는 아무도 보이지 아니하더라"고 했다 마 17:8.

이 이야기는 공관복음 전체에 소개되고 있다. 여기서 베드로가 변화산에 초막을 짓고 내려가지 말자고 했을 때 모세와 엘리야를 만나는 축복은 사라졌다 마 17:4; 막 9:5; 눅 9:33. 이것은 그리스도인에게 안주安住는 죽음임을 의미한다. 만일 태아가 엄마 뱃속에서 "여기가 좋사오니" 하면서 나오지 않겠다고 하면 어떻게 될 것인가? 그리스도인이 이 세상에 사는 동안의 정체성은 바로 나그네이다 벧전 1:1; 2:11. 나그네라는 것은 나그네로 지내면서도 살 수 있는 훈련을 전제로 한다.

독수리는 새끼가 어느 정도 자라면 둥지에서 꺼내어 적절한 높이의 벼랑 끝에 두고 밀쳐서 떨어뜨린다고 한다. 새끼는 벼랑에서 떨어질 때마다 날개를 팔락거리며 나는 법을 배운다. 그런 훈련을 반복하며 새끼의 날개 근육이 어느 정도 생기면 어미 독수리는 새끼를 낚아채고 창공을 향해 날아오른다. 그리고 높은 곳에서 떨어뜨려 스스로 날게 하여 독립적인 존재가 되도록 훈련한다. 이런 훈련을 통해 새끼는 적으로부터 자신을 보호하고 스스로 먹이를 구할 수 있는 능력을 갖춘다.

자식도 어릴 때는 엄마 품에 있지만, 학교와 사회에서 훈련을 받으면서 독립하는 훈련을 받는다. 그리고 때가 되면 부모의 품을 떠나 독립적인 존재가 된다. 정상적인 아이는 때가 되면 스스로 일어서서 인생의 망망대해로 출범하여 거친 파도와 폭풍우를 이기며 인생의 바다를 스스로 항해할 줄 안다. 자녀가 자신의 삶에 대해 책임 있는 존재가 되는 것을 보는 것만큼 부모에게 흐뭇한 일은 없다. 이렇게 홀로 서는 존재가 되기 위해 자녀들은 가정에서, 학교에서, 사회에서 많은 훈련을 받는 것이다.

물론 이 훈련의 중요한 부분은 교회에서 이루어져야 한다. 오늘 우리 교회가 너무 수동적인 그리스도인들을 양산하고 있는 것은 아닌가 생각된다. 목회자가 없으면 주일예배는 물론 구역예배, 심지어 개업예배도 못 드리는 수동적인 교인들이 되어가고 있다. 하지만 초대교회의 모습이나 교회사를 살펴보면 많은 교회가 일반 성도에 의해 개척되었다. 목회자가 없는 곳에서는 교회도 개척할 수 있는 성도가 필요하다.

하나님은 노아가 방주 속에 머무는 것을 허락하지 않으시고 방주 밖으로 나가라고 명령하셨다. 홍수로 황폐해진 땅을 일구고 다시 하나님의 피조세계를 개척하라고 명하신다. 그리고 이에 순종하여 노아와 그의 가족은 방주에서 나왔다.

2. 피조세계에 대한 축복 | 창 8:17

노아와 그 가족에게 방주에서 나가라고 하신 하나님은 새와 가축과 땅에 기는 모든 것을 다 이끌어내라고 말씀하시고 "땅에서 생육하고 땅에서 번성하리라"는 축복을 주셨다. 17절에서 하나님은 제사를 드리기 전에 이미 생육하고 번성하라는 축복을 주셨다. 하나님은 사람들에게는 제사를 드린 후에 축복의 언약을 주셨지만 흥미롭게도 짐승들에게는 그 이전에 이미 생육하고 번성하라는 축복을 주셨다. 이는 창세기 1장에 나오는 창조주간의 축복과 흡사하다. "하나님이 그들에게 복을 주시며 이르시되 생육하고 번성하여 여러 바닷물에 충만하라 새들도 땅에 번성하라 하시니라"창 1:22.

사실 창세기 1장에서도 하나님은 창조된 동물들을 먼저 축복하시고 그 후에 창조된 인간을 축복하셨다. "하나님이 그들에게 복을 주시며 하나님이 그들에게 이르시되 생육하고 번성하여 땅에 충만하라, 땅을 정복하라, 바다의 물고기와 하늘의 새와 땅에 움직이는 모든 생물을 다스리라 하시니라"창 1:28.

3. 지도자와 질서 | 창 8:18~19

방주에서 내리라는 하나님의 명령에 순종하여 "노아가 그 아들들과 그의 아내와 그 며느리들과 함께 나왔고 땅 위의 동물 곧 모든 짐승과 모든 기는 것과 모든 새도 그 종류대로 방주에서 나왔더라"는 말씀은 "노아가 그와 같이 하여 하나님이 자기에게 명하신 대로 다 준행하였더라"는 말씀을 연상하게 한다창 6:22. 노아의 절대적인 순종을 의미한다.

이제 방주에서 나가라는 하나님의 말씀에 순종하여 먼저 노아와 가족들이 나오고, 그 후 모든 동물도 방주에서 나왔다. 7장에서도 이런 순종의 모습이 반복된다. 방주에 들어갈 때도 사람이 먼저 방주에 들어가고 그 뒤를 따라 동물이 들어갔다. "노아는 아들들과 아내와 며느리들과 함께 홍수를 피하여 방주에 들어갔고 정결한 짐승과 부정한 짐승과 새와 땅에 기는 모든 것은 하나님이 노아에게 명하신 대로 암수 둘씩 노아에게 나아와 방주로 들어갔으며"창 7:7~9. 이 말씀과 본문은 우리에게 두 가지를 말해주고 있다.

(1) 지도자는 솔선하는 사람

첫째, 지도자는 솔선하는 사람임을 말해 준다. 방주에 들어갈 때도, 나올 때도 피조물의 관리를 맡은 사람들, 즉 지도자들이 먼저 모험을 했다. 방주 안이 어떤 곳인지 모르기에 사람들이 먼저 들어가고, 그리고 그 뒤를 동물들이 따라 들어오게 했다. 방주에서 나올 때도 엄청난 홍수 대심판을 겪은 세상이 어떤지 모르기에 사람들이 먼저 나가고 뒤이어 동물들이 따라 나온 것이다. 이처럼 지도자는 다른 사람들보다 먼저 위험을 감수하는 사람들risk-takers이다. 지도자는 먼저 요단강에 발을 내딛는 사람들이다.

믿음의 조상들의 열전이라고 하는 히브리서 11장에서 기자는 "믿음으로 아브라함은 부르심을 받았을 때에 순종하여 장래의 유업으로 받을 땅에 나아갈새 갈 바를 알지 못하고 나아갔으며"라고 말한다히 11:8. 아브라함은 "장래의 유업으로 받을 땅"으로 나아가면서 갈 바를 알지 못하고 나아갔다. 이것이 지도자이다.

필자의 가족이 기독교세계관대학원 사역을 위해 이곳에 올 때도 마찬가지였다. 아는 사람도 없었고, 모든 것이 불확실했지만, 누군가 이 모험을 해야 한다고 생각했다. 그리고 그 경험을 통해 필자는 하나님은 자기를 위해 모험하는 자들을 결코 낙동강 오리알 되게 하지 않으신다는 사실을 배웠다.

(2) 질서의 하나님

둘째, 하나님은 질서의 하나님임을 말해 준다. 그래서 동물들이 방주에 들어갈 때도 그 종류대로 질서 있게 들어가고, 나올 때도 질서 있게 나오게 했다. 만일 동물들이 질서 있게, 차례차례 나오지 않고 한꺼번에 서로 먼저 나가겠다고 문으로 몰려들었다면 어떻게 되었을까? 그 많은 동물이 작은 방주의 문 앞으로 우르르 몰려나왔다고 생각해 보자. 아마 수많은 작은 동물이 큰 동물에게 밟혀서 죽었을 것이다. 하지만 동물들은 노아의 지시에 따라 작고, 약하고, 느린 동물들부터 먼저 나오고 뒤이어 크고, 강하고, 빠른 동물들이 나왔다.

창세기 1장에서 하나님은 천지를 창조하실 때도 질서 있게 창조하셨다. 첫째 날, 빛을 창조하시고, 둘째 날, 마른 땅을 만드신 후 마른 땅이 필요한 식물을 셋째 날 창조하셨다. 넷째 날에는 빛이 있어야 하는 식물들을 위해 일월성신들이 빛나게 하셨다. 다섯째 날에는 식물을 먹이와 서식지로 삼는 바다 동물들과 공중의 새들을 창조하셨다. 그리고 여섯째 날에는 지금까지 창조하신 땅과 식물을 서식지와 먹이로 삼을 수 있는 육지동물들을 만드시고, 마지막으로 사람을 만드셨다. 하나님은 모든 생물을 그 종류대로 질서 있게 만드신 후 보시기에 좋았더라고 말씀하셨다.

이처럼 질서는 하나님의 속성이요, 하나님의 기뻐하시는 바이다. 질서는 높고 낮음의 문제가 아니라 하나님의 명령이다. 군대와 경찰은 바로 질서유지를 위해 존재하는 기관이다. 질서가 없게 되면 일이 제대로 되지 않을 뿐 아니라 약자들이 살아가기가 어렵다. 국가와 사회, 군대에만 질서가 필요한 것이 아니라 가정과 교회, 학교에도 질서가 필요하다. 예배도, 주차도, 운전도, 부부생활도 질서가 필요하다. 하나님은 질서의 하나님이고 질서를 사랑하시는 분이다.

22절 이하에서는 예배에 대해 말하고 있다. 노아는 1년 이상 흔들리는 방주 속에서 온갖 동물들의 소리와 냄새 속에서 지냈다. 그러다가 드디어 완전히 달라진 세상에 발을 딛게 되었다. 이전에 익숙하게 보던 모든 마을과 도시, 건물은 다 사라졌다. 창세기 6장 1절에 의하면 노아 홍수 이전에 이미 많은 사람이 번성하고 있었는데 그 많은 사람이 모조리 사라져 버리고 말았다. 그중에는 조석으로 만나면서 가깝게 지냈던 이웃도 많았을 텐데 모두 흔적도 없이 사라졌다. 이런 충격적인 환경에 더하여 노아는 가족과 더불어 어디서 기거하며, 무엇을 먹고살 것인지 현실의 문제도 무시할 수 없었다. 하지만 노아는 이 모든 일에 앞서 하나님께 제사, 즉 예배를 드렸다.

1. 예배란 무엇인가? | 창 8:20

방주에서 나온 노아가 가장 먼저 했던 일은 바로 하나님께 제사를

[그림 2] 홍수 후 감사의 제사를 드리는 노아와 그의 가족들10)

드리는 일이었다. 노아는 방주에서 나온 정결한 짐승과 정결한 새 중에서 제물을 취하여 처음으로 번제를 드렸다. 이전에 "아벨은 자기도 양의 첫 새끼와 그 기름으로 드렸더니"라는 기록이 있지만 창 4:4, 구체적으로 이것이 번제였다는 언급은 없다. 그러므로 번제임을 명시한 제사는 노아가 처음 드렸다고 할 수 있다. 그러면 하나님이 뭐가 부족해서 그렇게 제사를 받으시려고 하실까? "여호와께서 그 향기를 받으시고"라는 것은 의인화한 표현이다. 길가메시 서사시에도 "신들이 그 향기를 받았다"The gods smelled the sweet savor는 비슷한 표현이 있다.[11]

다윗이 "여호와께서는 제물을 받으시기를 원하나이다"라고 기도했지만 삼상 26:19, 성경에서 "여호와께서 그 향기를 받으시고"라고 표현한 곳은 이곳뿐이다. 여호와께서 향기를 받으셨다는 것은 그 제물, 나아가 그 제물을 드린 사람을 받으셨다는 말이다.[12]

하나님은 정성을 다해 드리는 사람들의 제사를 기뻐하셨다. 하나님은 예배하는 자를 찾으신다. 홍수는 결국 예배하는 자와 예배하지 않는 자를 구분한 사건이었다. 그러면 예배란 무엇인가?

(1) 예배는 하나님께 경배 드리는 것 창 8:20a

첫째, 예배는 하나님을 경배하는 것이다. 창세기 8장 20절은 "노아가 여호와께 제단을 쌓고"라고 말한다. 개역한글에서는 "노아가 여호와를 위하여 단을 쌓고"라고 말한다. 예배는 자기를 위한 것이 아니라 하나님을 위한 것이고, 하나님께 드리는 것이어야 한다는 말이다. 하나님은 예배자를 축복하신다. 복을 받기 위해 예배드리는 것이 아니라 복을 받았기 때문에 예배드리는 것이다. 그런 의미에서 번영신학은 잘못된 것이다.

예배가 하나님께 드리는 것이라면 무엇을 드릴 것인가? 예배는 하나님께 영광을 돌리는 것, 찬양하는 것이다. 하지만 이 말은 추상적이다. 예배란 하나님을 기쁘시게 하는 것, 하나님을 칭송하는 것, 좀 더 인간적인 말로 표현하면 예배란 하나님을 칭찬하는 것이다. 우리도 칭찬을 받을 때 기쁜 것처럼 하나님도 칭찬받을 때 기뻐하시는 것이다. 칭찬은 마른 나무에 싹이 나게 하며, 고래도 춤추게 한다. 흥미롭게도 우리는 찬양하다를 의미하는 "praise"란 말을 하나님께만 사용하지만, 서양 사람들은 다른 사람을 칭찬할 때도 사용한다.

(2) 예배는 하나님께 자신을 드리는 것 _{창 8:20b}

둘째, 예배는 하나님께 자신을 드리는 것이다. 본문은 노아가 "모든 정결한 짐승과 모든 정결한 새 중에서 제물을 취하여 번제로 제단에 드렸더니"라고 말한다. 번제는 제물을 완전히 태워 제사를 드리는 것이다. 이것은 죄악된 우리의 옛사람은 죽고 거듭난 새 사람이 다시 태어나는 사건을 상징하는 것이다. 구약의 제사에서 제물을 죽여서 하나님께 번제로 드리는 것은 우리의 옛사람이 죄와 더불어 죽는 것을 상징하는 것이다. 교회에서 옛사람의 죽음을 가장 잘 표현하는 예식이 바로 세례식이다. 이스라엘 백성이 홍해를 건너면서 이집트에 속한 옛 사람을 홍해 속에 수장시키고 새로운 민족으로 거듭난 것처럼 노아 홍수는 결국 인류를 향한 하나님의 세례식이라고도 할 수 있다.

예배란 우리의 생명을 드리는 것이다. 구약의 제사에서 짐승들을 희생제물로 드리는 것은 우리의 생명을 드리는 것의 상징이다. 노아는 홍수에서 살아남은 그 귀중한 동물 중에서 정결한 것을 골라서 하나님께 제물을 드렸다. 제사는 정결한 제물로 드려야 한다.

하나님은 노아가 드린 번제의 "향기를 받으시고 그 중심에 이르시되 내가 다시는 사람으로 말미암아 땅을 저주하지 아니하리니 이는 사람의 마음이 계획하는 바가 어려서부터 악함이라 내가 전에 행한 것 같이 모든 생물을 다시 멸하지 아니하리니"라고 말씀하셨다. 이것은 노아가 드린 첫 번째 번제가 감사의 제사 sacrifice of thanksgiving 라기보다는 화목의 제사 sacrifice of propitiation 였음을 보여준다.[13] 그러면 이런 제사, 이런 예배를 드릴 때 어떤 축복이 임하는가? 이런 예배를 드릴 때 어떤 일이 일어나는가?

(1) 인간의 죄로 말미암아 땅을 저주하지 않음 창 8:21a

첫째, 사람으로 말미암아 하나님은 땅을 저주하지 않으신다. "사람으로 말미암아 땅을 저주하지 아니하리니"에서 "말미암아"를 의미하는 "아부르"בַּעֲבוּר는 문법적으로 두 가지 해석이 가능하다. 첫째, 양보로 해석하여 사람들이 어릴 때부터 악하다고 할지라도 하나님은 홍수로 땅을 심판하지 않으시겠다는 것이다. 둘째, 이유로 해석하여 사람들이 어려서부터 악하기에 땅을 홍수로 심판하지 않으시겠다는 것이다. 문맥으로 봐서는 양보로 해석하는 것이 자연스럽다.

노아 홍수까지 하나님은 아담을 피조세계의 대표자로 세우셨기에 그의 타락은 전 피조세계에 영향을 미쳤다. "아담에게 이르시되 네가 네 아내의 말을 듣고 내가 네게 먹지 말라 한 나무의 열매를 먹었은즉 땅은 너로 말미암아 저주를 받고 너는 네 평생에 수고하여야 그 소산을 먹으리라"창 3:17. 인간의 타락이 모든 피조세계에까지 영향을 미쳤던 것처럼 사람의 죄악을 심판하신 노아 홍수를 통해 사람만이 아니라 땅, 즉 모든 자연까지 저주를 받았다. 하지만 이제 사람들은 마음의 계획하는 바가 어려서부터 악해서 소망이 없으니 하나님은 이들을 멸절시킬 때 자연을 함께 멸망케 해서는 안 되겠다고 생각하셨다. 사람의 죄악과 심판을 자연의 심판과 분리하겠다는 말씀이다.

(2) 인간의 의로움을 포기하시는 하나님 창 8:21b

둘째, 하나님의 인간의 죄성을 직시하신다. 하나님은 사람의 마음이 계획하는 바가 어려서부터 악하다고 말씀하신다. 그렇다면 "어려서부터"는 얼마나 어려서부터를 말하는가? 이를 나타내는 히브리어 "나우르"נַעוּר는 어린 시절, 혹은 청년 시절까지 포함하는 말이다.

어른들만 죄를 짓는 것이 아니다. 사람이 어려서부터 악하다는 말은 인간이 전적으로 타락했음을 다시 한 번 선언한 것이다. 창세기 6장 초반에서는 이미 "여호와께서 사람의 죄악이 세상에 가득함과 그의 마음으로 생각하는 모든 계획이 항상 악할 뿐임을 보시고"라고 했다창 6:5. 로마서 기자는 "기록된 바 의인은 없나니 하나도 없으며 깨닫는 자도 없고 하나님을 찾는 자도 없고 다 치우쳐 함께 무익하게 되고 선을 행하는 자는 없나니 하나도 없도다"라고 했다롬 3:10~12.

아이들에게 죄를 가르쳐주지 않아도 아이들은 죄를 잘 짓는다. 지난 2012년 10월 10일에 자살하여 캐나다 전국을 발칵 뒤집히게 한 10학년 여고생 아만다Amanda Todd, 1996~2012 사건은 아이들조차 얼마나 악한지를 보여준다. 인근 포트 코퀴틀람Port Coquitlam에 사는 아만다는 페이스북을 통한 인터넷 괴롭힘cyber-bullying을 견디다 못해 자살했다.

인터넷은 인간이 자기를 감출 수 있을 때 얼마나 악해질 수 있는지를 적나라하게 보여주는 공간이다.

어떤 의미에서 인간의 죄성에 대한 하나님의 포기는 인간에게는 기쁜 소식이라고 할 수 있다. 결국, 인간은 죄로 인해 죽을 수밖에 없는 존재다. 하나님은 그런 인간이 스스로 의롭게 될 수 있을까 생각했지만, 노아 홍수를 통해 하나님은 인간이 스스로는 절대로 의로워질 수 없다는 결론을 내리셨다. 이것은 우리의 죄를 위해서는 예수 그리스도께서 대신 죽는 것 외에는 다른 방법이 없다는 것을 의미한다. 이는 실로 어찌할 수 없는 죄인된 인간에게는 더할 나위 없는 복음이다.

(3) 두려움에서 벗어나게 함 창 8:21c

셋째, 하나님은 이제 다시는 홍수를 통해 사람들과 모든 생물을 멸하지 않으시겠다고 말씀하신다. 이 말씀은 창세기 9장에서 좀 더 구체적인 언약으로 주어진다.

"내가 너희와 언약을 세우리니 다시는 모든 생물을 홍수로 멸하지 아니할 것이라 땅을 멸할 홍수가 다시 있지 아니하리라. 하나님이 이르시되 내가 나와 너희와 및 너희와 함께 하는 모든 생물 사이에 대대로 영원히 세우는 언약의 증거는 이것이니라. 내가 내 무지개를 구름 속에 두었나니 이것이 나와 세상 사이의 언약의 증거니라. 내가 구름으로 땅을 덮을 때에 무지개가 구름 속에 나타나면 내가 나와 너희와 및 육체를 가진 모든 생물 사이의 내 언약을 기억하리니 다시는 물이 모든 육체를 멸하는 홍수가 되지 아니할지라. 무지개가 구름 사이에 있으리니 내가 보고 나 하나님과 모든 육체를 가진 땅의 모든 생물 사이의 영원한 언약을 기억하리라"창 9:11~16.

자라 보고 놀란 가슴, 솥뚜껑 보고 놀란다는 우리 속담처럼 너무나 엄청난 홍수 심판을 경험했기에 노아와 그 가족은 일종의 정신적 트라우마trauma 상태였을 것이다. 구름이 조금 끼기만 해도 또 홍수가 오지는 않을까 전전긍긍했을 것이다. 하지만 제사를 드린 후 하나님은 이제 다시는 홍수로 심판하지 않으시겠다고 약속하셨고, 그 증표로 무지개까지 주셨으니 노아와 가족은 큰 두려움에서 벗어나게 되었다.

예배는 두려움을 쫓고, 내일을 향한 꿈과 소망, 나아가 새 하늘과 새 땅에 대한 소망을 갖게 한다. 우리는 주변에서 수시로 암에 걸렸다는 이야기를 접하면서 혹시나 나는 어떨까 하는 염려를 안고 살아간다. 수많은 사람이 실직하는 것을 보면서 혹 나도 실직하지 않을까 불안한 마음을 가진다. 학생들은 눈앞에 다가온 대학 진학의 문제, 나이가 찬 청년들은 좋은 배우자를 만날 수 있을까 하는 염려, 자녀를 둔 부모들은 자녀의 미래에 대한 두려움이 있다. 하지만 두려워하는 것은 믿음의 자세가 아니다.

3. 피조세계의 운행에 대한 약속 | 창 8:22

노아의 제사를 받으신 하나님은 창세기 9장에서 본격적인 인간에 대한 축복을 말씀하시기 전에 중요한 두 가지 사실을 말씀하신다.

첫째는 지구의 유한성에 관계된 것이었다. 창세기 8장 22절에서 "땅이 있을 동안에는"כֹּל־יְמֵי הָאָרֶץ 이란 말은 문자적으로 "땅의 모든 날들"all the days of the earth을 의미한다. 이 말은 주로 사람의 유한한 한 평생을 나타낼 때 사용하는 말이다. 예를 들면 창세기 3장 17절을 개역개정에서는 "네 평생에"כֹּל יְמֵי חַיֶּיךָ all the days of your life 라고 번역했다. 이것은 지구의 유한성을 암시하는 말이라고 할 수 있다.[14]

둘째는 피조세계의 운행에 관계된 것이었다. 인간의 타락으로 인해 땅을 함께 심판하지 않으시겠다고 말씀하신 하나님은 이제 인간이 아무리 타락해도 자연의 운행은 그대로 계속될 것이라고 말한다. 그러면 하나님은 어떻게 사시사철과 밤낮이 쉬지 않을 것이라고 말하는가?

사시사철, 즉 계절은 지구 자전축이 23.5도 기울어져 있기 때문에 생긴다. 많이 기울어질수록 계절의 변화는 더 뚜렷하게 나타난다. 즉 여름과 겨울의 기온 차, 즉 연교차가 더 심해진다는 의미다. 아마 홍수 전에는 지구자전축이 약간만 기울어져 있었고, 그로 인해 계절의 변화가 뚜렷하지 않았던 것으로 보인다.

홍수 전에는 계절의 변화가 뚜렷하지 않았다가 홍수 후에 뚜렷하게 되었다는 말은 노아 홍수가 일어난 원인과 관련해 중요한 한 가지 단서를 제공한다. 즉 노아 홍수는 눈에 보이는 모든 산이 덮인 것으로 미루어 단순한 폭우에 의해서만 일어난 홍수가 아니라 아마 거대한 지진해일쓰나미이 함께 일어났을 것으로 추정된다. 대규모 쓰나미가 일어났다면 그것은 페르시아만으로부터 밀어닥쳤을 것이므로 노아의 방주는 유프라테스 강을 거슬러 올라가 아라랏 산에 머물렀던 것을 자연스럽게 설명할 수 있다.

그렇다면 거대한 쓰나미를 일으킨 원인은 무엇이었을까? 여기에는 두 가지 가능성을 생각해 볼 수 있다. 하나는 대규모 화산폭발이고 다른 하나는 거대한 소행성이 바다에 떨어진 것이다. 어떤 경우라도 엄청난 지진과 지진해일이 동반되었을 것이다. 이러한 지진과 해일이 전 지구적으로 일어났다면 지구 자전축이 많이 변해서 희미하던 계절의 변화가 뚜렷하게 변할 가능성이 있다.

소행성 충돌이나 대규모 지진은 지구자전축을 변화시킨다. 대규모 지진과 지구자전축의 변화는 지금도 보고되고 있다. (1) 이탈리아 국립 지구물리학-화산학연구소INGV의 안토니오 피에르산티 수석 연구원은 2011년 3월 동일본을 강타한 규모 8.8의 대지진으로 지구 자전축이 10㎝가량 이동했다고 밝혔다. 또 미국 지질조사국USGS은 그 지진으로 일본 열도의 지반이 2.4m 정도 이동한 것으로 보인다고 했다. (2) NASA 제트추진연구소 지구물리학자 그로스Richard Gross는 2010년 2월 27일 발생한 규모 8.8도의 칠레지진으로 지구자전축이 8cm 이

동했고, 그 때문에 하루의 길이가 1.26μ초 줄었다고 발표했다. (3) 영국 지질조사학회 케리지David Kerridge는 2004년 남아시아를 강타한 해일 지진으로 지구자전축이 6.9cm 이동했으며, 하루 길이가 3마이크로초3×10^{-6}초 줄었다고 했다. 그렇다면 노아 홍수를 계기로 지구의 자전축이 많이 변했으리라는 추측은 충분히 가능하다.

Ⅳ. 결론과 권면

기독론적으로 보면 방주는 예수 그리스도를 상징하고, 교회를 상징한다. 홍수 물결은 죄악을 의미한다. 죄악의 물결 속에 빠져 죽을 수밖에 없었던 우리였지만 방주 되신 예수를 통해 구원받을 수 있었다.

하나님은 인간의 죄를 심판하시는 분이지만, 동시에 구원의 길을 여시는 분이기도 하다. 방주 안에서의 삶은 좁게는 교회에서 삶, 넓게는 구원받은 성도의 삶이라고 할 수 있다. 하나님은 방주 안에 영원히 살라고 우리를 구원하신 것이 아니다. 하나님은 구원받은 후에 세상으로 나가라고 또 한 번의 기회를 주시는 분이다.

혹 살아가면서 실패한 적이 있는가? 경제적으로, 사람들과의 관계에서, 직장생활에서, 결혼생활에서 실패한 적이 있는가? 주저앉지 말자. 하나님께 예배드리고 그분께 나아가 새 출발을 하자. 이것이 노아 홍수가 우리에게 주는 중요한 교훈이라고 할 수 있다.

언약과 축복

"하나님이 노아와 그 아들들에게 복을 주시며 그들에게 이르시되 생육하고 번성하여 땅에 충만하라. 땅의 모든 짐승과 공중의 모든 새와 땅에 기는 모든 것과 바다의 모든 물고기가 너희를 두려워하며 너희를 무서워하리니 이것들은 너희의 손에 붙였음이니라. 모든 산 동물은 너희의 먹을 것이 될지라 채소 같이 내가 이것을 다 너희에게 주노라. 그러나 고기를 그 생명 되는 피째 먹지 말 것이니라. 내가 반드시 너희의 피 곧 너희의 생명의 피를 찾으리니 짐승이면 그 짐승에게서, 사람이나 사람의 형제면 그에게서 그의 생명을 찾으리라. 다른 사람의 피를 흘리면 그 사람의 피도 흘릴 것이니 이는 하나님이 자기 형상대로 사람을 지으셨음이니라. 너희는 생육하고 번성하며 땅에 가득하여 그 중에서 번성하라 하셨더라. 하나님이 노아와 그와 함께 한 아들들에게 말씀하여 이르시되 내가 내 언약을 너희와 너희 후손과 너희와 함께 한 모든 생물 곧 너희와 함께 한 새와 가축과 땅의 모든 생물에게 세우리니 방주에서 나온 모든 것 곧 땅의 모든 짐승에게니라. 내가 너희와 언약을 세우리니 다시는 모든 생물을 홍수로 멸하지 아니할 것이라 땅을 멸할 홍수가 다시 있지 아니하리라. 하나님이 이르시되 내가 나와 너희와 및 너희와 함께 하는 모든 생물 사이에 대대로 영원히 세우는 언약의 증거는 이것이니라. 내가 내 무지개를 구름 속에 두었나니 이것이 나와 세상 사이의 언약의 증거니라. 내가 구름으로 땅을 덮을 때에 무지개가 구름 속에 나타나면 내가 나와 너희와 및 육체를 가진 모든 생물 사이의 내 언약을 기억하리니 다시는 물이 모든 육체를 멸하는 홍수가 되지 아니할지라. 무지개가 구름 사이에 있으리니 내가 보고 나 하나님과 모든 육체를 가진 땅의 모든 생물 사이의 영원한 언약을 기억하리라. 하나님이 노아에게 또 이르시되 내가 나와 땅에 있는 모든 생물 사이에 세운 언약의 증거가 이것이라 하셨더라."
– 창세기 9장 1~17절

　　구약성경을 보면 믿음의 사람들은 가는 곳곳마다 먼저 제사를 드린 것을 볼 수 있다. 아브라함과 이삭과 야곱은 가는 곳마다 먼저 제단을 쌓았다. 느헤미야와 스룹바벨도 바빌론에서 돌아와 성벽을 쌓을 때 가장 먼저 양의 문을 쌓았다. "그때에 대제사장 엘리아십이 그의 형제 제사장들과 함께 일어나 양문을 건축하여 성별하고 문짝을 달고 또 성벽을 건축하여 함메아 망대에서부터 하나넬 망대까지 성별하였고" 느 3:1. 여기서 양의 문이 무엇인가? 이는 제사에 드리는 양들의 출입문이다. 그러므로 양의 문을 먼저 완성했다는 것은 제사를 위한 시설을 먼저 완성했다는 말이다.

　　사무엘은 해마다 벧엘과 길갈과 미스바로 순회하면서 이스라엘을 다스리다가 항상 자기 집이 있는 라마로 돌아왔다. 고향으로 돌아오게 되면 사무엘은 이스라엘을 다스리는 것에 더하여 여호와께 제사를 드렸다. "라마로 돌아왔으니 이는 거기에 자기 집이 있음이니라 거기서도 이스라엘을 다스렸으며 또 거기에 여호와를 위하여 제단을 쌓았더라"^{삼상 7:17}. 이는 사무엘이 이스라엘을 다스리는 분주함 가운데서도 하나님을 예배하는 것이 그의 삶의 중심이었음을 보여주는 것이라고 할 수 있다.

예배가 중심이 된 나라와 민족, 개인을 하나님이 축복하시는 것은 오늘날에도 그대로 적용된다. 미국은 예배에 대한 꿈으로 시작된 나라다. 아메리카 대륙에 도착한 청교도들이 맨 먼저 예배당을 짓고 예배를 드리는 신앙 때문에 오늘의 미국이 탄생했다. 그래서 돈에도 "우리는 하나님을 믿는다"^{In God We Trust}고 적혀 있고, 미국의 대통령 취임식은 단순한 행사가 아니라 취임예배다. 그리고 취임예배의 가장 중요한 순서는 바로 대통령이 성경에 손을 얹고 서약하는 것이다.

육이오 전쟁으로 남하했던 북한 그리스도인들이 남한에 와서 가장 먼저 했던 일이 바로 교회를 만드는 일이었다. 영락교회, 충현교회를 비롯해 서울의 큰 교회 중에는 북한에서 내려온 사람들이 세운 교회가 많다. 그리고 북한에서 내려온 사람들, 특히 북한에서 내려온 그리스도인 중에 가정적으로나 경제적으로 큰 복을 받은 사람들이 많다.

본문은 엄청난 홍수를 경험하고 모든 것이 황폐해진 세상에 첫발을 내디딘 노아와 그의 가족이 처음으로 제사를 드리고 이를 통해 하나님의 축복과 언약을 받는 것을 기록하고 있다. 이처럼 하나님은 예배를 삶의 첫 자리에 둔 사람들을 축복하신다.

Ⅰ. 다시 번성하는 축복 | 창 9:1, 7

엄청난 홍수 심판을 겪고 난 노아와 그의 가족은 충격과 두려움으로 가득 찼을 것이다. 가까이 지내던 이웃과 익숙한 풍경이 송두리째 사라지고 적막하고 황폐해진 세계를 보면서 노아와 그의 가족은 슬픔과 더불어 막막한 감정으로 가득했을 것이다. 이때 하나님은 축복의 말씀으로 위로하셨다. 그리고 파괴된 세상을 노아의 가족을 통해 다시 회복하시겠다고 말씀하신다.

창세기 9장 1, 7절의 말씀은 창세기 1장의 말씀과 비슷하다. "하나님이 그들에게 복을 주시며 하나님이 그들에게 이르시되 생육하고 번성하여 땅에 충만하라…"창 1:28, cf. 창 5:2. 하나님은 사람이 "그의 마음으로 생각하는 모든 계획이 항상 악할 뿐임을 보시고"도창 6:5, "사람의 마음이 계획하는 바가 어려서부터 악함"을 아시고도창 8:21 다시 타락하기 전 아담과 하와에게 주셨던 축복을 약속하신다. 하나님은 타락한 인간을 세상에서 쓸어버리는 그 엄청난 심판을 하신 후에 다시 생육하고 번성하여 땅에 충만하라고 축복하신다. 이 말씀은 오늘 우리에게 어떤 의미가 있을까?

첫째, 인구 문제에 대한 우리의 패러다임을 바꾸어야 한다. 오늘날 많은 사람이 인구 증가를 모든 악의 근원인 듯 말한다. 가난과 환경오염, 전쟁과 범죄도 인구가 많아서 생긴 문제라고 생각한다. 그래서 사람들은 인구폭탄, 인구폭발이라는 말을 사용한다. 인구에 대한 사람들의 두려움을 보여주는 말이다. 일부 백인 중에는 전 세계 인구를 20억으로 줄여야 하는데 인구가 가장 많은 아시아 사람부터 줄여야 한다고 주장한다. 과연 인구 증가가 모든 악의 근원일까?

본문은 사람들에게 생육하고 번성하라고 말한다. 그래서 온 땅에 충만하라고 말한다. 과연 이 명령이 전 세계에 사람이라곤 두 명밖에 없었던 타락 이전의 아담과 하와에게, 혹은 여덟 명밖에 남지 않았던 노아의 가족에게만 주신 말씀일까? 성경은 어디에서도 이 문화명령이 한시적인 명령임을 시사하지 않는다. 하나님은 아브라함에게도 하늘의 별과 같이, 바다의 모래와 같이 번성할 것이라는 축복을 주셨다. 그렇다면 무조건 아이들을 많이 낳아야 할까?

인구문제와 관련해서 우리는 사람들의 숫자가 문제가 아니라 하나님의 형상이 드러나지 않는 것이 문제임을 염두에 두어야 한다. 하나님의 형상이 잘 개발된 사람이라면 그런 사람은 많을수록 공해는 줄어들고 황무지는 옥토로 변할 것이다. 자원은 더 풍성해질 것이고 가난과 범죄도 줄어들 것이다. 하나님의 형상이 발현되면 사람은 단순히 자원을 소비하는 존재가 아니라 새로운 자원을 창출하는 창의적, 생산적 존재가 된다. 그러므로 우리가 자녀들을 교육하는 가장 중요한 이유가 바로 하나님의 형상을 회복하는 것임을 기억해야 한다.[1]

둘째, 인간의 타락에도 하나님의 원래 창조명령은 변함이 없다. 하나님의 창조명령은 창조구조에 해당하는 것이다. 기독교 세계관에서는 인간이 타락했을지라도 하나님의 선한 창조구조는 변함이 없다고 본다. 일부 그리스도인은 이 세상에 대해 비관하면서 타락한 세상에서는 그리스도인이 아무것도 할 일이 없다고 생각한다. 이 세상은 오로지 심판을 위해서만 예비되었다고 말한다. 그래서 지구환경에 대해 관심을 두지 않으며, 사회정의에 대해서도 별 관심이 없고, 오로지 유형적인 교회를 세우는 것만이 그리스도인의 지상과제라고 생각한다.[2]

오늘 우리 한국교회의 가장 큰 문제가 바로 여기에 있다. 하나님은 타락한 우리를 축복하시고 이 세상에서 생육하고 번성하여 땅에 충만하고 하나님의 피조세계의 선한 청지기가 되라고 부르셨지만, 사람들은 하나님의 부름을 극히 좁은 영역에 국한해서 복음을 협소하게 만들고 왜곡하고 있다. 하나님의 주권이 종교적 냄새가 나는 극히 좁은 영역에 한정된다면 우리가 섬기는 하나님은 우주를 창조하신 하나님이 아니라 이방의 여러 신과 같은 잡신, 부족신에 불과하다. 복음을 전하는 것은 그리스도인의 지상적 과제이지만 그 복음을 종교적 냄새가 나는 극히 좁은 영역에만 국한해서는 안 된다. 이것이 바로 기독교세계관 운동이 지향하는 바이기도 하다.

II. 음식에 대한 규례 | 창 9:2~3

생육하고 번성하는 축복을 주신 데 이어 창세기 9장 2~3절에서 하나님은 두 가지 중요한 규례를 주셨다. 첫째는 사람과 동물들과의 관계, 그리고 이와 연관되는 사람들의 음식과 관련된 규례였다. 2절의 말씀은 사람과 짐승들의 관계가 변했음을 말해준다. 이제는 아담과 하와가 에덴동산에서 짐승들의 이름을 지어줄 때의 관계가 아니었다. 노아가 동물들을 방주에 태울 때 고분고분 말을 듣던 동물들이 아니었다.

2절에서 "땅의 모든 짐승과 공중의 모든 새와 땅에 기는 모든 것과 바다의 모든 물고기가 너희를 두려워하며 너희를 무서워하리니" 라는 말은 군사적인 말투다. 이것은 사람들과 동물들의 관계가 적대적인 관계로 변했음을 암시한다. 하지만 홍수가 사람과 동물의 관계를 적대적으로 만들었을까? 우리는 이미 창세기 3장 15절에서 사람과 다른 피조물의 관계가 훼손된 것을 고려해야 한다. 그렇다면 오히려 2절 하반절과 3절에서 "이것들은 너희의 손에 붙였음이니라. 모든 산 동물은 너희의 먹을 것이 될지라 채소 같이 내가 이것을 다 너희에게 주노라."고 한 데서 그 원인을 찾는 것이 바른 것으로 보인다. 홍수 후 세계에서 사람들은 육식을 할 수밖에 없었고, 이는 곧 동물들의 죽음을 의미하기 때문에 동물들이 사람을 두려워하며 무서워하게 되었다고 보는 것이다.[3]

사람들과의 관계가 변한 것은 사람들의 먹거리가 변한 것과도 관련이 있다. 하나님은 인간이 타락하기 전에는 "온 지면의 씨 맺는 모든 채소와 씨 가진 열매 맺는 모든 나무를" 먹거리로 주셨다창 1:29. 사람에게만 그리한 것이 아니라 땅의 모든 짐승과 하늘의 모든 새와 생명이 있어 땅에 기는 모든 것에게도 "푸른 풀"을 먹거리로 주셨다창 1:30. 타락한 후에도 하나님은 사람들에게 "밭의 채소"를 먹거리로 주셨다창 3:18. 하지만 이제 하나님은 사람들에게 육식하라고 하셨고, 따라서 동물들은 사람들을 두려워하게 되었다. 모든 산 동물은 사람의 먹거리가 될 것이라고 했다.[4]

사람들의 음식이 변했다는 것은 지구환경이 변했음을 시사한다. 비록 인간의 타락으로 에덴동산에서 쫓겨났지만, 홍수 전까지는 여전히 지구는 살기에 좋은, 다시 말해 채식만으로도 충분히 살 수 있는 그러한 환경이었다. 하지만 홍수를 전후하여 지구환경은 엄청나게 변했다. "심음과 거둠과 추위와 더위와 여름과 겨울과 낮과 밤이 쉬지 아니하리라"창 8:22는 말씀처럼 일교차는 물론 연교차가 커서 사철의 변화가 뚜렷하게 되었다. 이는 여름에는 너무 덥고 겨울에는 너무 추워서 사람들이 살기에 힘든 환경이 되었음을 의미한다. 사람들은 육식하지 않고는 체력을 유지할 수 없는 환경에 살게 된 것이다.[5]

오늘날도 채식이 건강에 좋고 환경을 보호하는 데도 도움이 된다고 한다. 하지만 육식에 대해 죄악시할 필요는 없다. 채식이 몸에는 좋지만, 채식주의는 일종의 이데올로기다. 근래 밴쿠버 지역에 있는 어느 한국 식품 체인에서 일하는 분의 얘기를 들었다. 어느 날 채식주의자라는 인도 사람이 와서 고기가 들어있지 않는 라면을 달라고 했다. 그래서 그는 라면 중에 고기가 들어있지 않은 라면을 찾아서 건네주었다. 그런데 인도 사람이 집에 가서 자세히 살펴본 후에 수프에 고기가 들어있다면서 이의를 제기했고, 그래서 라면을 판 그 사람이 아주 곤란한 처지가 되었다는 이야기를 들었다. 이데올로기화된 채식주의에 찌든 사람의 모습이라고 할 수 있다.

III. 피와 생명에 대한 규례 | 창 9:4~6

1. 피와 생명 | 창 9:4

하나님은 음식에 대한 규례에 이어 다음에는 피와 생명에 대한 규례를 주셨다. 4절은 "고기를 그 생명 되는 피째 먹지 말 것이니라"고 한다. 생명이 피에 있다는 것은 성경의 독특한 사상이다. 고대로부터 그리스인들은 생명이 머리에 있다고 생각했고, 중국인들은 가슴, 즉 심장에 있다고 생각했지만 그래서 한방에서는 진맥으로 진료를 시작한다 성경은 생명이 피에 있다고 말한다. 그러므로 피를 먹지 않는 것은 생명을 주신 분에 대한 경외가 내포되어 있다.[6] 생명이 피에 있다는 사상은 후에 레위기나 다른 성경에서도 반복되고 있다.

"이스라엘 집 사람이나 그들 중에 거류하는 거류민 중에 무슨 피든지 먹는 자가 있으면 내가 그 피를 먹는 그 사람에게는 내 얼굴을 대하여 그를 백성 중에서 끊으리니 육체의 생명은 피에 있음이라 내가 이 피를 너희에게 주어 제단에 뿌려 너희의 생명을 위하여 속죄하게 하였나니 생명이 피에 있으므로 피가 죄를 속하느니라. 그러므로 내가 이스라엘 자손에게 말하기를 너희 중에 아무도 피를 먹지 말며 너희 중에 거류하는 거류민이라도 피를 먹지 말라 하였나니 모든 이스라엘 자손이나 그들 중에 거류하는 거류민이 먹을 만한 짐승이나 새를 사냥하여 잡거든 그것의 피를 흘리고 흙으로 덮을지니라. 모든 생물은 그 피가 생명과 일체라 그러므로 내가 이스라엘 자손에게 이르기를 너희는 어떤 육체의 피든지 먹지 말라 하였나니 모든 육체의 생명은 그것의 피인즉 그 피를 먹는 모든 자는 끊어지리라"레 17:10~14.

때때로 피를 먹지 말라는 말씀을 보건·의학적 관점에서 해석하려는 사람들이 있다. 피는 동물들이 죽을 때 흘리게 되는데 의학적으로 동물이 죽을 때 흘리는 피는 자기 방어기제로 인해 독성을 갖게 되고, 따라서 건강에 좋지 않다는 것이다. 그래서 선지국도 먹어서는 안 된다고 말하는 사람이 있다. 물론 그런 의학 상식이 일리가 있을 수 있다. 하지만 본문의 문맥으로는 피를 먹지 말라고 한 것은 생명이 피에 있기 때문에, 다시 말해 피가 생명의 근원이기 때문에, 생명을 귀중히 여기라는 의미에서 피를 먹지 말라고 한 것이다.

피에 대한 규례를 구속론적으로 이해하자면 이는 신약에서 예수 그리스도의 보혈을 상징한다. 하나님은 아담과 하와가 범죄 했을 때 짐승을 죽이고 그 가죽으로 옷을 지어 입히심으로 피 흘림을 통해 인간의 죄를 사하시려는 계획을 처음 계시하셨다. 이어 이것은 구약의 모든 제사를 통해 분명히 드러났고, 신약 기자들도 피 흘림과 죄사함을 일관되게 연결했다. "율법을 따라 거의 모든 물건이 피로써 정결하게 되나니 피흘림이 없은즉 사함이 없느니라"히 9:22.

흥미롭게도 성경은 피에 대해 상반되는 듯이 보이는 두 가지 가르침을 제시하고 있다. 하나는 짐승의 피는 먹지 말라고 했지만, 예수 그리스도의 피는 마셔야 한다고 말하는 것이다요 6:53~56. 물론 후자는 실제로 피를 마시는 것이 아니라 상징적으로 그리스도의 생명에 참여하는 것을 의미한다. 오늘날 성찬식은 바로 그리스도의 보혈을 마시는 것을 상징한다. 그 보혈을 마심으로 우리는 그리스도의 생명, 즉 새로운 생명에 참여하는 것이다.

이처럼 피는 고귀한 것이기에 창세기 9장 5~6절에서는 피 흘림의 대가를 말하고 있다. "내가 반드시 너희의 피 곧 너희의 생명의 피를 찾으리니 짐승이면 그 짐승에게서, 사람이나 사람의 형제면 그에게서 그의 생명을 찾으리라. 다른 사람의 피를 흘리면 그 사람의 피도 흘릴 것이니 이는 하나님이 자기 형상대로 사람을 지으셨음이니라."

피는 생명을 의미하기에 피 흘림에 대한 대가는 다른 어떤 것으로도 대체할 수 없고 오직 피 흘림을 통해서만 대가를 지급할 수 있다. 짐승의 피를 흘렸으면 짐승의 피를 흘림으로서만, 사람의 피를 흘렸으면 사람의 피를 흘림으로서만 갚을 수 있다는 것이다. 이것은 두 가지 사실을 우리에게 말해주고 있다.

첫째, 인간은 오직 그리스도의 보혈로만 구속받을 수 있음을 말한다. 인간은 죄를 지음으로 죽음에 이르게 되었다. 그러므로 인간의 잃은 생명을 얻기 위해서는 죄 없는 자의 생명, 즉 죄 없는 예수 그리스도께서 피를 흘려야 한다. 히브리서에서 언급한 것처럼 "피흘림이 없은즉 사함이 없느니라"히 9:22는 말이 여기서 그대로 적용된다.

둘째, 사형제도 존치는 성경적임을 말한다. 전 세계적으로 사형제도 존치에 대한 논쟁이 격렬하다. 한국 사회와 교회에서도 사형제도를 두고 논쟁이 일어나고 있다. 그러나 본문은 남의 피를 흘린 자, 남의 생명을 빼앗은 자는 사형에 처해야 한다고 가르친다. 6절은 그 이유를 "하나님이 자기 형상대로" 사람을 지으셨기 때문이라고 말한다창 1:27. 하나님의 형상대로 지음 받은 사람의 생명을 해한 자는 자기 생명으로만 갚을 수 있다는 것이다. 그래서 성경은 살인한 자는 사형에 처해야 한다고 말한다.

5~6절은 "눈에는 눈, 이에는 이"라는 율법 정신을 보여준다. 이러

한 정신은 레위기에 반복적으로 등장한다. "네 눈이 긍휼히 여기지 말라 생명에는 생명으로, 눈에는 눈으로, 이에는 이로, 손에는 손으로, 발에는 발로이니라"신 19:21, "상처에는 상처로, 눈에는 눈으로, 이에는 이로 갚을지라. 남에게 상해를 입힌 그대로 그에게 그렇게 할 것이며"

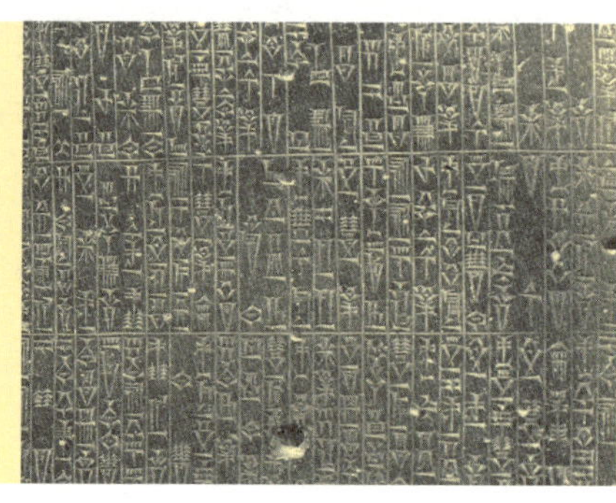

[그림 1] 함무라비 법전이 새겨진 비석과 비문8)

레 24:20. 이러한 법을 소위 동해보복법同害報復法 혹은 탈리오 법 Lex Talionis 이라고 한다.7)

동해보복법으로 가장 유명한 것은 바로 함무라비 법전The Code of Hammurabi이다. 고대 바벨론 왕국의 6대 왕이었던 함무라비Hammurabi, BC 1792~1750 재위는 BC 1772년에 법전을 공포했는데 이 법전에는 "눈에는 눈, 이에는 이. 어떤 사람이 다른 사람의 눈을 멀게 했다면 그 자신의 눈알을 뺄 것이다. 그가 다른 사람의 이빨을 부러뜨렸다면 그의 이도 부러뜨릴 것이다. 그가 다른 사람의 뼈를 부러뜨렸다면 그의 뼈도 부러뜨릴 것이다."라고 기록되어 있다.

비평학자들은 율법의 동해보복법은 함무라비 법전을 베낀 것이라고 주장하지만, 본문은 함무라비보다 500여 년 이상 전에 살았던성경 계보에 빠진 세대가 없었다고 가정할 때 노아 언약 속에 이미 등장하고 있다.9)

IV. 언약의 하나님 | 창 9: 8~17

지난 강에서 언급한 것처럼 방주에서 나온 노아와 가족은 가장 먼저 하나님께 제사를 드렸다. 정결한 짐승들을 제물로 삼아 제사를 드렸을 때 하나님은 그 제사를 기쁘게 받으시고 몇 가지 중요한 축복을 주셨다. 8장 끝 부분에서 약속하신 축복들에 이어 본문은 가장 중요한 축복, 즉 하나님이 인간과 언약을 맺으시는 것을 소개하고 있다.

언약은 양방 간의 일이지만 협상을 통해 서로가 적정선에 도달하는 것이 아니라 일방적으로 맺어지는 계약이다. 언약이란 히브리어 "베리트"ברית는 그 자체가 하나님의 헌신과 사랑을 의미한다. 부모가 자녀들을 위해 헌신하고 사랑하는 것처럼 기본적으로 하나님은 우리에게 헌신하시고 우리를 사랑하시는 분이다. 끊임없이 하나님을 반역하는 인간에게 천지의 창조주가 되시는 하나님이 인간과 눈높이를 맞추시고 자기를 제한하시고 낮추시는 것이 언약이다.

1. 언약의 대상 | 창 9:8~10, 15~17

흥미롭게도 홍수가 시작되기 전에 하나님은 오직 노아와만 언약을 맺으셨다. "그러나 너와는 내가 내 언약을 세우리니"라고 말씀하셨다창 6:18. 7장에서도 노아와 그의 가족 모두가 구원을 얻은 것은 오직 노아가 하나님 앞에서 의로웠기 때문이었다. "여호와께서 노아에게 이르시되 너와 네 온 집은 방주로 들어가라 이 세대에서 네가 내 앞에 의로움을 내가 보았음이니라"창 7:1.

하지만 홍수가 끝난 후에는 하나님의 언약의 대상은 노아만이 아니라 그의 가족과 후손, 그리고 모든 생물이었다. 창세기 9장 10, 15~17절에서 하나님은 자신의 언약의 대상에는 모든 생물이 포함된

[그림 2] 좌로부터 뉴올리언즈, 방콕, 다카(방글라데쉬)의 침수 10)

다는 점을 반복적으로 말씀하셨다. 하나님께서 노아를 가족이나 모든 생물의 대표자로 세워서 언약을 맺으신 것이 아니라 노아는 물론 노아의 가족과 후손, 그리고 모든 생물과 직접 언약을 맺으셨다. 이것은 하나님께서 자기의 형상을 따라 지음 받은 인간을 귀히 여기시지만, 다른 모든 생물도 귀히 여기심을 의미한다. 생명 경외 사상은 불교의 사상이기 이전에, 생태주의자들, 채식주의자들의 주장이기 이전에 성경의 사상이다.

2. 언약의 내용 | 창 9:11, 15

그러면 하나님이 노아와 그의 가족, 그의 후손, 모든 생물과 세운 언약의 구체적인 내용은 무엇인가? 그것은 다시는 이들을 홍수로 멸하지 않으시겠다는 것이었다. 흥미롭게도 창세기 9장 11절에서 하나님은 언약의 직접적인 대상이 되었던 노아와 그의 가족, 그의 후손, 모든 생물에 더하여 땅까지 멸망시키지 않겠다고 말씀하신다. 어떤 의미에서 언약의 대상이 되었던 노아와 그의 가족, 그의 후손, 모든 생물은 땅에 연결되어 있다. 땅이 망한다면 이들 중 누구도 살아남을 수 없기 때문이다. 노아 홍수는 하나님께서 다만 사람만이 아니라 그분이 만드신 피조세계에까지 관심을 갖고 계심을 보여준다.

또한, 다시는 홍수로 멸하지 않으시겠다는 언약은 노아 홍수가 유프라테스 강 하류에서 일어난 국부적인 홍수가 아님을 시사한다. 그런 정도의 홍수는 지금도 전 세계 곳곳에서 일어나고 있기 때문이다. 노아 홍수가 국부적인 홍수였다면 거의 해마다 거대한 홍수가 일어나고 있는 방글라데시나 2005년 허리케인 카트리나Hurricane Katrina로 인한 미국 뉴올리언스 홍수, 2011년 방콕 홍수 등은 충분히 이에 견줄만한 홍수라고 할 수 있을 것이다. 하지만 노아가 경험한 홍수는 인류 역사 이래 전무후무한 전 지구적인 홍수였다. 하나님은 다시는 그런 홍수로는 사람들을 멸하시지 않겠다고 언약하신 것이다.

그런데 하나님이 다시는 홍수로 심판하지 않으시겠다는 언약이 다시는 심판이 없을 것이라는 의미는 아니다. 신약에는 곳곳에서 최후의 심판이 있을 것임을 말하고 있다. 특히 베드로후서 3장에서는 마지막 심판이 불심판임을 말한다.

"그러나 주의 날이 도둑 같이 오리니 그 날에는 하늘이 큰 소리로 떠나가고 물질이 뜨거운 불에 풀어지고 땅과 그 중에 있는 모든 일이 드러나리로다"벧후 3:10.

이 불심판이 구체적으로 어떤 형태일지는 아무도 모르지만 한 가지 분명한 것은 이제 물로 전 지구를 심판하는 일은 없을 것이라는 사실이다.

3. 언약의 증표 | 창 9:12~14, 16~17

그러면 하나님은 어떤 증표로 언약을 맺으셨을까? 본문에 보면 하나님은 무지개를 통해 언약을 맺으셨다. 무지개는 비 온 후에 햇빛이 비춰면 공기 중에 떠 있는 작은 물방울들이 프리즘 역할을 하면서 햇빛을 굴절, 분산시키기 때문에 생기는 현상이다. 그러므로 비록 구름이 있더라도 무지개가 생기면 어딘가에 햇빛이 있다는 의미다. 과학적으로 얼마든지 설명할 수 있는 현상이지만 하나님은 무지개를 통해 하나님의 신비로운 언약의 증거 the sign of the covenant 를 삼으셨다.

증거를 의미하는 "오트" אוֹת 는 성경에서 다양하게 번역된다. 개역개정에서는 이적신 6:22; 사 7:11으로, 증거출 3:12, 표징출 31:13, 기호신 6:8 등으로 번역했다.[11] 그리고 언약의 증거로 사용된 것으로는 할례창 17:11, 안식일출 31:13~17 등이 있다. 이러한 증거들은 하나님의 임재와 하나님이 사람에게 주신 의무 등을 생각나게 하는 것들이었다. 그런데 오늘 본문에서 하나님은 놀랍게도 무지개를 언약의 증거로 주셨다.[12]

그러면 여기서 하나님이 언약의 증거로 삼으신 무지개는 무엇을 의미하는가? 무지개는 희망과 기대, 기쁨을 의미한다. 구름을 보고 우울해지는 사람들은 있지만, 무지개를 보고 기분 나빠하는 사람들은 없다. 이것은 우리의 인생에도 적용된다. 인생을 살다 보면 무지개보다 먹구름이 닥쳐오는 경우가 더 많다. 하지만 먹구름은 지나가고, 하나님은 구름 속에 무지개를 두셨다. 13절에서 "내가 내 무지개를 구름 속에 두었나니"라고 말한다. 인생을 살아가면서 구름이 있을 때도 있지만, 그 위에는 무지개가, 그 위에는 태양이 빛나고 있음을 알아야 한다. 구름을 주신 분도 하나님이시지만 무지개를 예비하시는 분도 하나님이시다. 그런 사람은 "나의 영혼아 잠잠히 하나님만 바라라 무릇 나의 소망이 그로부터 나오는도다"라고 노래할 수 있다시 62:5.

영국의 낭만주의 시인 워즈워스 William Wordsworth, 1770~1850 는 무지개를 이렇게 노래했다.

무지개

하늘에 무지개 바라보면
내 마음 뛰노나니,
나 어려서 그러하였고
어른 된 지금도 그러하거늘
나 늙어서도 그러할지어다.
아니면 내 목숨 거두소서.
어린이는 어른의 아버지
원願하노니 내 생애의 하루하루가
자연을 경외함으로 가득할진저!

이 아름다운, 가슴 설레게 하는 무지개를 두고 하나님은 노아와 언약을 맺으셨다. 하나님은 신실하신 분이지만, 무서운 홍수를 경험했던 노아와 그의 가족은 하늘에 작은 구름 조각 하나만 떠올라도 또다시 무서운 홍수가 밀려오지 않을까 두려워 떨었을 것이다. 이것을 아시고 하나님은 여러 차례 반복해서 노아와 그의 가족을 안심시키셨다. 또다시 구름이 땅을 덮을 때에 "무지개가 구름 속에 나타나면"14절 16절에서 하나님은 구름 사이에 있는 무지개를 보시고 하나님이 노아와 그의 가족, 그의 후손, 모든 동물과 맺은 언약을 기억하겠다고 하셨다.

창세기 9장 16~17절에는 흥미로운 의인화된 표현이 나타난다. 인간들이 계속 죄를 짓게 되면 하나님께서 "이놈들을 그냥…" 하시다가 무지개를 보면 "아차, 내가 무지개를 두고 언약을 맺었지!" 하면서 심판을 멈추신다는 것이다. 어디 하나님이 기억력이 부족해서 그러실까? 실은 무지개는 사람을 위한 것이었다. 하나님은 사람들이 홍수의 공포에서 벗어나도록 무지개를 보여주셨다.

V. 결론과 권면

본문에서 하나님은 무서운 홍수 심판에서 살아남은 노아와 그의 가족에게 다시 시작할 수 있다는 희망을 주신다. 이 세상에 사는 사람 중에 가장 불행한 사람은 희망이 없는 사람이다. 중세 이탈리아의 유명한 시인 단테 Durante degli Alighieri, c. 1265~1321 의 〈신곡〉 The Divine Comedy 중 지옥편에 보면 지옥문에 이런 글귀가 적혀 있다. "이곳에 들오는 자, 모든 희망을 버릴지어다."[13] 이 세상에 살면서 소망이 없는 사람들은 지옥에 사는 것이다. 결국, 지옥이란 아무런 희망이 없는 곳이다.

본문에서 하나님은 절망과 두려움 속에 사로잡힌 노아와 그의 가족이 새로운 언약 가운데 살아가도록 축복하신다. 하나님과의 언약은 항상 하나님이 주도권을 가지시며, 그 언약은 항상 일방적이다. 하나님은 무서운 홍수 심판을 겪은 노아를 축복하시며, 일방적으로 언약을 맺으셨다.

하나님은 노아와 무지개를 증표로 삼아 언약을 맺으셨다. 창세기 15장에서 하나님은 하늘의 별과 바다의 모래를 두고 아브라함에게 후손의 언약을 주셨다. 하나님은 다윗에게 영원한 왕권과 메시아 혈통의 언약을 맺으셨다. 어떤 의미에서 신약과 구약도 하나님이 인간과 맺은 언약이라고 할 수 있다. 예수는 최후의 만찬 때 제자들에게 포도주잔을 주시면서 "이것은 죄 사함을 얻게 하려고 많은 사람을 위하여 흘리는 바 나의 피 곧 언약의 피니라"라고 말씀하셨다 마 26:28. 이러한 하나님의 언약은 십자가에서 완성되었다.

그렇다면 하나님과 언약을 맺은 자의 가장 큰 축복은 무엇인가?

16절의 말씀처럼 구름 사이에 무지개가 있음을 아는 것이다. 하나님은 홍수를 다시 일으키지는 않으시겠지만, 그렇다고 구름을 없애지는 않으셨다. 그러므로 우리는 구름을 보면 기뻐해야 한다. 그리스도인은 구름만을 보지 않고 구름 속에 무지개가 있음을 알기 때문이다. 시련 속에 승리가 있고, 십자가 속에 영광이 있고, 이별의 쓰라림 속에 재회의 기쁨이 있는 것이다. 그래서 바울은 "우리가 사방으로 우겨쌈을 당하여도 싸이지 아니하며 답답한 일을 당하여도 낙심하지 아니하며 박해를 받아도 버린 바 되지 아니하며 거꾸러뜨림을 당하여도 망하지 아니하고"라고 했다고후 4:8~9.

본문은 인간의 죄가 하나님의 뜻을 늦어지게 할 수는 있겠지만, 좌절시키지 못함을 말하고 있다. 인간은 하나님의 창조를 무효화uncreation할 수 없다. 죄가 더한 곳에 은혜도 더욱 넘친다롬 5:20. 하나님은 노아에게 새로운 계명, 새로운 언약을 주시고 새로운 시작을 하게 하셨다. 노아를 통해 온 열국을 축복하신 하나님, 아브라함을 통해 땅의 모든 백성을 축복하신 하나님, 야곱을 통해 온 이스라엘을 축복하신 하나님, 실패한 갈릴리 어부들을 통해 온 세상을 축복하신 하나님. 간음한 여인에게 "나도 너를 정죄하지 아니하노니 가서 다시는 죄를 범하지 말라"요 8:11고 하신 그 하나님이 우리 모두에게, 특히 실패해서 낙망 가운데 있는 사람들, 앞길이 보이지 않는 캄캄한 상황에 있는 사람들에게 다시 한 번 기회를 주신다. 넘어지는 것이 문제가 아니라 다시 일어서지 않는 것이 문제다. 노아에게 다시 한 번 기회를 주신 하나님은 오늘 우리에게도 다시 기회를 주시는 분임을 받아들이자.

21

허물을 덮어주는 신앙

"방주에서 나온 노아의 아들들은 셈과 함과 야벳이며 함은 가나안의 아버지라.
노아의 이 세 아들로부터 사람들이 온 땅에 퍼지니라. 노아가 농사를 시작하여
포도나무를 심었더니 포도주를 마시고 취하여 그 장막 안에서 벌거벗은지라.
가나안의 아버지 함이 그의 아버지의 하체를 보고 밖으로 나가서 그의 두 형제
에게 알리매 셈과 야벳이 옷을 가져다가 자기들의 어깨에 메고 뒷걸음쳐 들어
가서 그들의 아버지의 하체를 덮었으며 그들이 얼굴을 돌이키고 그들의 아버
지의 하체를 보지 아니하였더라. 노아가 술이 깨어 그의 작은 아들이 자기에게
행한 일을 알고 이에 이르되 가나안은 저주를 받아 그의 형제의 종들의 종이 되
기를 원하노라 하고 또 이르되 셈의 하나님 여호와를 찬송하리로다 가나안은
셈의 종이 되고 하나님이 야벳을 창대하게 하사 셈의 장막에 거하게 하시고 가
나안은 그의 종이 되게 하시기를 원하노라 하였더라. 홍수 후에 노아가 삼백오
십 년을 살았고 그의 나이가 구백오십 세가 되어 죽었더라."
- 창세기 9장 18~29절

언젠가 큰 교회를 담임하는 분의 설교를 듣다가 재미있는 이야기를 들었다. 그 분은 처음 여러 해 동안 농촌에서 목회했는데 이때 교인들의 두 가지를 이해하지 못했다고 한다.[1]

첫째는 예배 시간에 교인들이 조는 것이었다. 농번기가 되면 장로님이건, 권사님이건 모두 조는 것을 보고 도대체 어떻게 거룩한 예배 시간에 교회 중직자들까지 이렇게 조는가 하고 이해를 못했다고 한다. 그런데 목회를 하다 보니 새벽부터 하루 종일 들에서 일을 하다가 교회에 오니 졸릴 수밖에 없음을 알게 되었다고 했다. 예배 시간에 조는 것은 믿음이 없어서가 아니라 워낙 피곤하기 때문에 그런 것을 알고 나중에는 농촌 교인들을 이해하게 되었다고 한다.

둘째는 예배 시간에 교인들이 방귀를 뀌는 것이었다. 남녀노소를 가리지 않고 거룩한 예배 시간에 여기저기서 연신 뿡뿡 하는데 소리도 문제지만 넓지도 않은 시골 예배당에서 냄새 때문에 힘들었다고 한다. 여자들은 참다가 뀌기 때문에 더 큰 소리를 냈다고 한다. 그런데 후에 교인들이 모두 보리밥을 많이 먹고 교회를 오기 때문에 그렇다는 것을 알고 이해하게 되었다고 한다. 도시에서 육체적인 노동을 별로 하지 않고 쌀밥만 먹던 사람은 이해하기 어려운 것을 농촌 목회를 통해 이해할 수 있게 되었다고 한다.

본문은 엄청난 홍수 심판을 겪고 난 후 방주에서 내려 농사를 짓고 살 만하게 되었을 때 노아의 가족 내에서 일어난 한 가지 비극적인 사건을 소개하고 있다. 노아가 포도주에 취해 벌거벗고 자고 있는 모습을 아들들이 본 것이다. 어떻게 보면 이 사건은 농촌교회에서 교인들이 예배 시간에 조는 것이나 방귀 뀌는 것처럼 허물을 덮어주고 이해하려고 노력했더라면 큰 문제가 되지 않고 넘어갈 수도 있었을 사건이었는데 그렇지 못함으로 한 가족 내에서, 나아가 인류 역사에서 엄청난 비극이 일어났음을 소개하고 있다.[2]

I. 노아의 후손 | 창 9:18~19

이제 홍수가 끝났고 노아의 가족은 방주 밖으로 나왔다. 앞에서 살펴본 것처럼 모두 하나님으로부터 같은 언약과 축복을 받았다. 그리고 그 축복대로 사람들은 온 땅에 널리 퍼져 번성하기 시작했다. 이 말씀은 창세기 9장 1절과 7절에서 생육하고 번성하라는 하나님의 약속이 이루어지고 있음을 보여주고 있다.[3]

18절은 "방주에서 나온 노아의 아들들은 셈과 함과 야벳이며 함은 가나안의 아버지라"고 소개하고 있다. 그런데 함을 소개할 때는 왜 가나안의 아버지라는 말이 붙어 있을까? "함은 가나안의 아버지"라는 말은 가나안을 통해 대대로 함의 후손에게 이어지는 노아의 저주와 관련된다.

그렇다면 오늘날 함의 후손은 누구인가? 혹자는 창세기 10장과 그 외 구약의 기록을 근거로 함의 후손을 추정한다. 이들은 함의 맏아들 구스는 에티오피아 혹은 수단이고, 미스라임은 애굽의 조상이며, 함의 3남 붓은 애굽의 서북 아프리카의 리비아의 옛 이름에 해당되며, 4남 가나안은 가나안 족의 선조라고 주장한다. 하윌라와 삽다와 삽드가는 아라비아에 속한 나라들이며, 삽다는 아라비아 사바타라는 고대 도시라고 주장한다. 또한 구스의 아들 라아마가 낳은 스바와 드단은 후일 아브라함의 첩 그두라의 자손 중에서 같은 이름이 발견된다대상 1:32. 창세기 10장 17절에 등장하는 가나안의 두 아들 헷Hittites과 신Sinites은 동양 민족의 조상이 되었을 것으로 추론하는데 특히 신족은 근대에까지 Sino족이라고 불리우던 중국인들의 조상이라고 한다Sinites → Sinim → China. 결국 함의 아들들은 페니키아, 이집트, 아라비아, 아프리카, 그리고 아시아 종족의 조상이 되었는데 그 중 구스의 막내 니므롯은 숙부인 가나안과 함께 티그리스와 유프라테스 강 유역을 따라 정착해 가나안 땅의 조상이 되었다고 한다.

이러한 주장의 상당한 부분은 성경에 기초하고 있지만, 문제는 성경에 등장하는 이러한 지명이나 국가, 민족이 오늘날 어느 나라, 민족을 지칭하는지 분명하지 않다는 사실이다. 어떤 사람들은 함의 후손은 아프리카 흑인이라고 주장하지만 여기에는 인종적, 민족주의적 편견이 깔려 있다. 이 주장에는 아프리카 흑인이 야벳의 후손이라는 백인에게 잡혀와 종노릇한 근대의 비극적인 역사가 전제되어 있다. 과연 아프리카 흑인이 함의 후손일까? 후에 한 번 더 언급하겠지만 성경의 기록과 역사의 흐름을 볼 때 오늘날 함의 후손이 어느 나라, 어느 민족인지는 불확실하다. 여러 정황으로 미루어본다면 함의 후손은 인류 역사 전면에서 사라진 것으로 보인다.

19절은 노아의 이 세 아들로부터 사람들이 온 땅에 퍼졌다고 말한다. 이 말씀은 창세기 10장과 11장에서 구체적으로 이루어진다. 여기서 "사람들이 온 땅에 퍼지니라"는 말씀은 창세기 10장 18절에서 "흩어져 나갔더라," 혹은 11장 8절에서 "그들을 온 지면에 흩으셨으므로," 그리고 11장 9절에서 "그들을 온 지면에 흩으셨더라" 등의 말씀을 통해 성취되는 것을 볼 수 있다. 흥미롭게도 창세기 9장 19절에서 퍼지다를 의미하는 "나파쯔"נפצ는 10장 18절과 11장 8절에서 흩어지다를 의미하는 "푸쯔"פוצ와 순서는 다르지만 같은 자음으로 이루어져 있으며 유사한 기원을 갖는다.[4]

II. 의인의 실수? | 창 9:20~21

창세기 9장 20~21절은 성경이 믿음의 사람들이라고 하는 사람들의 실수에 대해서도 솔직하게 기록하고 있음을 보여준다. 다시 말해 성경의 기록이 매우 사실적임을 보여준다.

방주에서 내린 노아의 가족은 농사를 시작했고 특히 포도나무를 심었다. 그때까지 조상들은 식량을 위한 기본 작물들만 길렀지만 노아는 처음으로 포도를 재배하기 시작했다. 홍수로 전 지구적인 "객토사업"客土事業이 이루어진 셈이기 때문에 홍수 후 땅은 비옥하기 그지없었고, 심은 포도나무에는 풍성한 포도가 주렁주렁 열렸다. 풍성한 포도를 수확하면서 노아는 무서운 홍수에 대한 기억을 떨쳐버릴 수 있었고, 풍성하고 질 좋은 포도 수확은 곧 최고급 포도주 생산으로 이어졌다.

하지만 좀 평안하다고 생각했을 때 노아는 큰 실수를 했다. 집에서 생산한 포도주를 마시다가 너무 많이 마셔서 인사불성이 된 것이었다. 술주정에는 폭력형, 수다형, 자는형, 누드형 등이 있다고 한다. 술

을 먹으면 횡설수설하거나 가재도구를 부수는 사람들이 있는데 노아
는 벌거벗고 잠을 잔 것으로 미루어 자는형과 누드형의 결합형이었던
것으로 보인다. 홍수 전에는 하나님이 의로운 자, 완전한 사람이라고
칭찬했던 노아였는데 창 6:9 홍수 후에는 고주망태가 되어 대낮인데도
벌거벗고 잠에 곯아떨어지는 실수를 했다!

19절에 보면 이 사건은 홍수 후 상당한 세월이 지난 후에 일어났음
을 볼 수 있다. 이 사건이 일어났을 때 노아의 나이가 얼마나 되었는지
성경은 밝히지 않지만 노아의 세 아들로부터 온 땅에 많은 사람들이
퍼진 후에 일어난 사건이었다. 그러므로 아마 이때는 이미 포도를 재
배하는 것도 널리 퍼졌고, 사람들은 포도주를 만들어서 마시고 있었
을 것이다. 하지만 그런 중에도 노아는 보통 사람들도 범치 않는 큰 실
수를 저질렀다.

어떻게 의로운 노아가 이런 실수를 했을까? 어떤 사람은 홍수 전
에는 노아의 영성이 좋았지만 홍수 후에는 그 영성이 없어졌다고 말
한다. 또 어떤 사람은 홍수 전에는 노아가 술을 마신 적이 없었기 때
문에 포도주를 마시면 취한다는 사실을 몰랐다고 말하기도 한다. 어
떤 사람은 홍수 이전에는 노아가 아예 포도나무를 기르지 않았을 것
이라고 말한다. 심지어 어떤 사람은 홍수 전에는 포도즙을 짜놓아도
발효가 되지 않았을 것이라고 말한다. 포도즙을 짜서 단지에 가득 채
워놓았는데 노아가 발효된 줄도 모르고 실컷 마셨다가 정신없이 취
했다는 것이다. 그러면서 노아는 역사상 처음으로 취했던 사람이라
고 주장한다.[5]

홍수 전에는 포도주가 없었다거나 포도나무를 재배하지 않았다고
주장하는 사람들은 노아가 홍수 이전에도 포도주를 마시고 형편없이
실패하는 일이 있었다면 하나님으로부터 "노아는 의인이요 당대에 완

전한 자라"창 6:9는 칭송 받지 못했을 것이라는 전제를 갖고 있다. 하지만 칼뱅은 그의 창세기 주석에서 홍수 이전에 포도주가 없었는지 확실하지 않으며, 홍수 이전 사람들이 포도를 잘 몰랐다는 것도 그럴 법하지 않다고 말한다.[6]

필자가 보기에 위의 주장들은 모두 그럴 법하지 않아 보인다. 노아의 실수는 인간의 연약함을 대변하는 것으로 보인다. 노아가 방심해서 실수했을 가능성은 있지만 홍수 전후 노아의 영성이 크게 변했다든지 홍수 전에는 포도나무나 포도주가 없었다는 것은 상식적으로 수긍하기 어렵다. 하나님이 노아를 당대에 완전한 자, 의인이라고 한 것은 앞에서 언급한 것처럼 그가 아무런 흠이 없어서가 아니라 하나님을 순전한 마음으로 섬기는 것을 가리켜 한 말이다. 순전한 마음으로 하나님을 섬기면서도 실수하는 게 인간이다.

한 가지 생각할 수 있는 것은 노아의 실수는 그가 긴장을 풀었기 때문에 생긴 사건이라는 점이다. 이런 모습은 노아 이외 믿음의 선조들에게서도 볼 수 있다. 모세는 이스라엘을 인도하는 동안, 다윗은 사울에게 쫓겨다니는 동안, 느헤미야는 성벽을 재건하는 동안, 바울은 선교 여행하는 동안, 초대교회는 혹독한 박해 가운데 있는 동안 실수하지 않았다. 노아 역시 방주를 짓고 있을 때나 홍수 중, 혹은 홍수 직후와 같이 긴장하고 있는 동안에는 크게 실수하지 않았다. 하지만 홍수가 끝나고 다시는 홍수로 사람들을 멸하지 않겠다는 하나님의 언약을 받은 후, 그리고도 상당한 시간이 경과했을 때 노아는 술에 취해 아들들에게 하체를 드러내는 큰 실수를 했다.

III. 허물을 드러내는 자와 감추는 자 | 창 9:22~23

노아는 술에 취해 벌거벗은 채 자기 장막에서 자고 있었다. 그런데 이러한 모습을 보고 노아의 세 아들들이 취한 행동이 결국 인류의 역사의 물꼬를 바꾸었다.

1. 허물을 드러내는 사람 | 창 9:22

둘째 아들 함은 아버지의 하체를 보고 나가서 두 형제에게 알렸고, 이 사건으로 함은 홍수의 저주로부터는 구원을 받았지만 아버지로부터는 저주를 받았다. 함은 아버지의 허물을 보고 그것을 마음 속에 담아두지 못하고 나가서 형들에게 일러바침으로 다른 사람의 허물을 드러내는 혀의 저주를 받았다. 유난히 효를 강조하는 성경의 정신을 생각한다면 "부모를 경홀히 여기는 자는 저주를 받을 것"은 당연한 것이었다_신 27:16_. 성경은 "자기 아버지나 어머니를 치는 자는 반드시 죽일지니라"_출 21:15_고 했고, "자기의 아버지나 어머니를 저주하는 자는 반드시 죽일지니라"_출 21:17_고 했다. 함은 세치 혀를 잘못 놀림으로 말미암아 자기만이 아니라 자자손손 저주를 받은 것이다.

사실 노아는 대낮에 길거리에서 술에 취해 벗고 자고 있었던 것이 아니다. 그는 자기 장막, 즉 자기 방안에서 자고 있었다. 장성해서 이미 결혼한 세 아들들은 각각 자기 장막이 있었다. 따라서 아버지의 장막에 들어오지 않았다면 아버지가 술에 취해 벗고 자는 것을 몰랐을 것이다. 함이 어쩌다가 아버지 장막에 들어와서 그런 아버지의 모습을 보았더라도 얼른 나가서 못 본 체 했더라면 이 사건이 성경에 기록되지도 않았고, 저주 받지도 않았을 것이다. 자기 옷으로 아버지의 허물을 덮어주었다면 셈과 야벳이 받았을 축복을 함이 받았을 것이고,

그 뒤 세상의 역사는 다르게 진행되었을 것이다. 하지만 함은 아버지의 허물을 보고 나가서 다른 형제들에게 일러바쳤다.

웬함은 현대 서구 신학자들 중에는 당시 고대 근동 문화에 익숙하지 않아서 이 부분을 잘못 해석한 사람들이 있음을 지적하고 있다. 어떤 사람은 함이 본문에서 말하는 표면적인 설명 이상으로 아버지에게 행한 바가 있었을 것이라고 말했다. 아버지와 동성애적 접촉을 했다고 해석하는 사람이 있는가 하면 심지어 배셋은 함이 아버지 노아의 아내와 간음을 했을 것이라고도 했다.[7] 그는 어떤 사람의 나체를 보는 것을 어떤 사람의 나체를 드러내는 것과 동일시 하는데, 후자의 경우는 성적인 접촉을 의미한다고 했다. 배셋은 아버지의 하체와 아버지의 아내의 하체를 동일시하는 신명기의 말씀을 근거로 아버지 노아의 하체를 범한 것은 곧 노아의 아내의 하체를 범한 것으로 보았다. "너는 네 아버지의 아내의 하체를 범하지 말라 이는 네 아버지의 하체니라"레 18:8. 하지만 이러한 베셋의 해석은 당시 근동 사회에서 부모에 대한 자식의 엄격한 예절과 법도를 잘 이해하지 못한 탓이라고 할 수 있다.[8]

다른 사람의 허물이나 실수, 불행을 가려주기는커녕 도리어 그것을 비웃고 이를 계기로 자기의 의를 드러낸 사람들의 예는 예수님 당시 바리새인과 서기관들이었다. 어느 날 이들은 음행하다가 현장에서 잡힌 여자를 예수님 앞에 끌고 와서 의기양양하게 처결할 것을 요구했다. "서기관들과 바리새인들이 음행 중에 잡힌 여자를 끌고 와서 가운데 세우고 예수께 말하되 선생이여 이 여자가 간음하다가 현장에서 잡혔나이다. 모세는 율법에 이러한 여자를 돌로 치라 명하였거니와 선생은 어떻게 말하겠나이까 … 예수께서 이르시되 나도 너를 정죄하지 아니하노니 가서 다시는 죄를 범하지 말라 하시니라"요 8:3~11. 바리새인과 서기관들은 가장 경건하고 종교적 열심이 있는 자들이었지만 그들은 예수님의 책망을 받았다. 아무리 거룩한 옷을 입어도 입으로 다른 사람의 허물을 들추어낸다면 그 자체가 저주를 받을 큰 죄이다.

우리는 고통 가운데 있는 자들, 화를 당한 자들의 불행을 죄값이라고 조롱하거나 정죄해서는 안 된다. 설사 그렇다 할지라도 그들을 판단하시는 분은 하나님이시다. 하나님은 그렇게 말씀하실 수 있지만 동일하게 죄와 허물로 죽은 우리는 그들을 조롱하고 비난하기보다 도리어 그들의 어려움을 동정해야 한다. 상대의 허물을 퍼뜨리고 폭로하는 자는 결국 자기 무덤을 판다. 근래 몇몇 교회 지도자가 자연재해로 고통당하는 자들의 마음에 비수를 꽂아서 사람들의 공분을 산 일이 있었다.

서울의 어느 큰 교회 목사는 2004년 12월 26일에 발생한 서남아시아 쓰나미로 많은 사람이 희생된 것에 대해 "서남아시아 지진과 해일로 수많은 사람이 목숨을 잃은 것은 우연이 아니라 하나님의 심판이라"고 주장했다. 그는 이어 "8만 5천 명이나 사망한 인도네시아 아체라는 곳은 2/3가 모슬렘교도이고 반란군에 의해 많은 그리스도인이 학살당한 곳"이라고 말한 데 이어 "3~4만 명이 죽은 인도의 첸나이라는 곳은 힌두교도들이 창궐한 곳이다"라고 설교했다. 그는 나아가 "태국의 푸켓이라는 곳은 많은 유럽 사람이 와서 향락하고, 음란하고, 마약하고, 죄 짓는 장소로 쓰인다"며 "푸켓에 유럽 사람이 많이 왔다가 죽었는데, 예수 제대로 믿는 사람은 하나도 안 간다"고 주장했다.

예수님은 다른 사람의 허물을 들추어내는 이런 사람들 역시 허물과 죄가 많은 자임을 지적하셨다. 실로암 망대가 무너져 죽은 사람들도 특별히 더 죄가 많아서가 아니며, 누구나 회개하지 않으면 그렇게 될 것이라고 경고하셨다. "또 실로암에서 망대가 무너져 치어 죽은 열여덟 사람이 예루살렘에 거한 다른 모든 사람보다 죄가 더 있는 줄 아느냐 너희에게 이르노니 아니라 너희도 만일 회개하지 아니하면 다 이와 같이 망하리라"눅 13:4~5.

잠언 기자는 자신의 입을 지키는 것은 생명을 보존하는 길이지만 입술을 크게 벌려 다른 사람을 비난하는 자에게는 멸망이 온다고 말한다. "입을 지키는 자는 자기의 생명을 보전하나 입술을 크게 벌리는 자에게는 멸망이 오느니라"잠 13:3. 비록 자신의 죄로 고통을 당하더라도 우리는 그들의 아픈 상처를 건드리기보다 그들의 상처를 덮어주는 것이 필요하다. 성경은 우리가 다른 사람들의 호소에 귀를 기울이지 않으면 우리가 부르짖을 때에도 아무도 귀를 기울이지 않는다고 말한다. "귀를 막고 가난한 자가 부르짖는 소리를 듣지 아니하면 자기가 부르짖을 때에도 들을 자가 없으리라"잠 21:13.

남의 허물을 드러내는 것은 자기와 자기 자손들을 저주하는 것인데 오늘날 너무나 많은 사람이 다른 사람의 허물을 드러내는 것을 대수롭지 않게 생각한다. 다른 사람의 허물을 드러냄으로 자신의 의로움이 드러난다고 착각하는 사람들도 있다.

2. 허물을 덮어주는 사람 | 창 9:23

아버지가 술에 취해 하체를 드러낸 채 잠들었다면 어떻게 해야 할까? 웬함에 의하면 구약에는 이런 경우 어떻게 하라는 구체적이 지시가 없지만, 이스라엘 사람이라면 누구나 우가릿 악트 시Ugaritic Poem of AQHT에서 말하는 대로 했을 것이라고 한다. 이 시에 의하면 아들은 아버지의 수치를 잘 덮어주어야 한다.9)

아버지의 허물을 드러낸 함과는 달리 셈과 야벳은 함의 이야기를 듣고 뒷걸음으로 들어와 아버지의 수치를 가렸다. 그들은 아버지의 수치를 보지 않으려고 뒷걸음질 치며 나아갔다. 이처럼 남의 허물을 덮어주는 자는 사랑을 구하는 자이다. "허물을 덮어주는 자는 사랑을 구하는 자요 그것을 거듭 말하는 자는 친한 벗을 이간하는 자니라"잠 17:9.

셈과 야벳이 아버지의 하체를 덮어준 것은 우리의 부끄러운 죄악을 가려주신 예수 그리스도의 보혈의 공로를 상징한다. 우리의 죄를 덮어주는 것은 그리스도의 보혈 뿐이다. 예수님이 십자가에 달리신 것을 그린 화가들은 하나 같이 하체를 가리고 그렸지만 실은 예수님은 완전한 나체로 십자가에 달리셨다. 복음서 기자들은 십자가에 달리신 예수님의 모습을 적나라하게 묘사하지 않았다. 마태는 "그들이 예수를 십자가에 못 박은 후에 그 옷을 제비 뽑아 나누고"마 27:35라고 기록하고 있는데 이 말은 예수님이 옷을 벌거벗긴 채 십자가에 달렸음을 의미한다.

예수님은 십자가에 달리신 후 겉옷과 속옷을 모두 빼앗겼다. 그리고 벌거벗겨져 하체를 드러낸 채 십자가에서 죽으셨다. 노아는 자기 방안에서 아들들에게 하체를 드러냈지만 예수님은 지나가는 모든 사람들이 보는 높은 십자가 위에서 하체를 벌거벗긴 채 수치를 당하셨다. 노아는 자신의 실수로 인해 수치를 당했지만 예수님은 우리들의 죄와 허물로 인해 수치를 당하셨다. 그분이 벗김을 당하고 수치를 당하심으로 우리는 나음을 입었고, 우리의 허물은 씻김을 받았다.

"그가 찔림은 우리의 허물을 인함이요 그가 상함은 우리의 죄악을 인함이라 그가 징계를 받음으로 우리가 평화를 누리고 그가 채찍에 맞음으로 우리가 나음을 입었도다"사 53:5.

노아의 이 실수는 다른 사람들이 어려움 당했을 때는 비난하기보다 부끄러움, 수치를 덮어주는 것이 마땅함을 말해준다. 사람들은 잘못을 지적 받는다고 잘못을 고치지는 않는다. 이것을 가장 리얼하게 그린 소설이 바로 프랑스 소설가이자 시인인 빅토르 위고Victor Marie Hugo, 1802~1885의 〈레미제라블〉Les Misérables, 1862이다.

청년 장발장은 한 조각의 빵을 훔친 죄로 19년 간의 감옥살이를 마치고 출옥한다. 그리고 아무도 돌보지 않는 그에게 하룻밤의 숙식을 제공해 준 밀리에르 신부의 집에서 은촛대를 훔쳤다. 다시 체포되어 끌려가게 되었을 때 신부는 그 은촛대는 자기가 장발장에게 준 것이라고 증언해 그를 구해 준다. 여기서 장발장은 비로소 사랑에 눈을 뜨게 되어 마들렌이라는 새 이름으로 사업을 해 재산을 모으고 시장까지 된다. 그러나 이러한 장발장의 잘못을 파헤치기 위해 끝까지 그를 추적, 기소하던 자베르 경감은 결국 자살하게 된다.

다른 사람의 약점과 허물에 대해 뒷걸음질 쳐서 나아가는 자가 복이 있다. 다른 사람의 약점을 까발려서 내가 너보다 낫다는 것을 나팔 불지 말고 알면서도 다른 사람의 허물에 대해 눈을 감는 사람을 하나님은 축복하신다.

이것은 부부 간에도 그대로 적용된다. 결혼 전에는 가능하면 좋은 사람을 만나기 위해 노력해야 하지만 결혼한 후에는 2% 부족한 것을 덮어주는 법을 배워야 한다. 요즘 결혼예비학교라는 것이 유행하고 있지만 여기서 가장 중요한 것은 서로의 허물을 덮어주는 훈련이다.

IV. 축복과 저주 | 창 9:24~27

그러면 다른 사람의 허물을 떠벌리는 것과 덮어주는 것이 어떤 결과를 가져올까? 이 일로 인해 잠에서 깬 노아는 대노했다. 그는 함에 대해서는 더 할 수 없는 말로 저주했고, 셈과 야벳은 축복했다. 이 세 아들이 받은 저주와 축복을 살펴보기 전에 먼저 자녀들에 대한 축복권을 가진 아버지의 권위를 생각해 보자.

1. 아버지의 권위

성경은 행복은 부모의 축복으로부터 온다고 말한다. 부모는 하나님으로부터 축복과 저주의 권위를 위임 받은 자이다. 그래서 성경은 곳곳에서 부모공경을 강조한다. 모세는 십계명의 제 5계명, 대인 계명의 첫 계명으로 "네 부모를 공경하라 그리하면 네 하나님 여호와가 네게 준 땅에서 네 생명이 길리라"출 20:12고 했고, 사도 바울도 "네 아버지와 어머니를 공경하라 이것은 약속이 있는 첫 계명이니"엡 6:2라고 했다. 칼뱅 역시 "부모는 하나님 다음으로 존경해야 한다"고 했고, "부모를 향한 효심은 모든 덕의 어머니"라고 했다.[10]

하지만 저출산의 시대를 맞아 중국에는 소황태자라는 말이 유행하고, 한국에서도 비슷한 현상을 볼 수 있다. 그래서 오늘날은 부모가 자녀에게 아첨하는 시대가 되었다. 이제는 "부모들아 자녀들에게 순종하라. 이것이 옳으니라"라고 말하는 시대가 되었다. 과거에는 부모가 자녀들을 제대로 돌보지 않아서 문제가 되는 경우가 많았지만, 요즘은 부모가 자녀들을 지나치게 돌보아서 문제가 되는 경우가 많다. 자녀를 돌보지 않는 것이나 과보호하는 것은 모두 자녀를 바르게 자라게 하지 못한다.

자녀를 바르게 키운다는 것은 결국 부모를 공경하는 자녀, 그래서 하나님의 복을 누리는 자녀로 키우는 것을 의미한다. 그래서 모세는 "너는 네 하나님 여호와께서 명령한 대로 네 부모를 공경하라 그리하면 네 하나님 여호와가 네게 준 땅에서 네 생명이 길고 복을 누리리라"신 5:16고 했고, 사도 바울도 "네 아버지와 어머니를 공경하라 이것은 약속이 있는 첫 계명이니 이로써 네가 잘되고 땅에서 장수하리라"

고 했다.

　본문은 부모가 자녀에 대한 축복과 저주의 권위를 갖는다는 사실을 리얼하게 보여준다. 달리 말하면 이것은 부모와 자녀의 관계가 자녀의 미래, 나아가 후손의 미래를 결정한다고 할 수 있다. 하나님께서 완전하고 의로운 자라고 칭찬했던 아버지를 기억하며 아버지를 공경하는 자녀와 아버지를 술주정꾼으로 기억하는 자녀의 미래는 달라질 수밖에 없다. 어느 부모도 자녀가 잘못 되기를 바라지 않겠지만 자녀에게 심겨진 잘못된 부모의 모습은 결국 자녀에게 저주가 될 수 있다. 노아의 세 아들은 이것을 보여주는 예가 된다.

　아버지의 허물을 보고 형제들에게 일러 바쳤던 함을 생각해 보자. 그는 아버지이자 제사장이었던 노아가 제사를 드릴 때마다, 요즘 말로 하자면 예배를 드릴 때마다 아버지의 추한 모습이 머리에 떠올랐을 것이다. 제사장으로서의 거룩한 아버지의 모습과 술에 취해 벌거벗고 누워 자던 아버지의 추한 모습이 오버랩 되면서 함은 제사의 감동을 누리지 못했을 것이다. 늘 드리는 제사지만 제사의 감동을 잃어버릴 때 이는 자손 대대로 저주를 받을 수밖에 없다. 후에 함의 4남 가나안의 후손들, 즉 가나안 일곱 족속들은 하나같이 우상을 섬기며 음란한 자들이 되어 지상에서 거의 멸종되는 저주를 받았다.

　반면, 함으로부터 아버지에 대한 이야기를 듣고도 아버지의 허물을 보지 않으려고 뒷걸음질 쳐 들어간 셈과 야벳은 복을 받았다. 그들은 아버지의 추한 모습을 일부러 보지 않았다. 그들은 아버지가 하나님으로부터 당대의 의인이요 완전한 자라고 칭찬 받은 분임을 자랑스럽게 기억하고 있었다. 그러니 아버지가 제사를 드릴 때마다 아버지의 그 거룩한 모습으로부터 제사의 은혜를 누렸을 것이다. 그런 셈의 후손으로부터는 메시아가 탄생하여 온 인류가 축복을 받았다.

충효전가忠孝傳家라는 말이 있듯 아버지에 대한 효도는 대를 이어 내려간다. 불효자의 집에 불효자가 나고 효자의 집에 효자가 난다. 효도하는 아버지의 모습을 본 셈과 야벳의 아들들은 부모에게 효도하고 부모의 하나님을 공경했고, 믿음의 가계가 되는 축복을 받았다. 부모를 공경하는 자녀 중에 잘못된 길로 가는 경우를 본 적이 없다. 혹 잠시 빗나가더라도 얼마 지나지 않아 다시 부모의 사랑을 기억하면서 돌아오게 된다. 시편 기자는 "내가 어려서부터 늙기까지 의인이 버림을 당하거나 그의 자손이 걸식함을 보지 못하였도다"시 37:25라고 했다.

다른 사람의 실수한 모습이나 소문을 듣게 되면 그것은 우리의 마음 속에 깊이 뿌리박히게 되고 그 사람에 대한 나쁜 선입견을 갖게 만든다. 그래서 잠언 기자는 "남의 말 하기를 좋아하는 자의 말은 별식과 같아서 뱃속 깊은 데로 내려가느니라"잠 18:8고 했다. 그러므로 스스로 다른 사람에 대해 험담하지 않도록 노력하고 또한 다른 사람의 험담을 듣지 않도록 노력하는 것이 필요하다. 의지적으로 노력하지 않게 되면 죄성을 지닌 우리는 쉽게 다른 사람에 대해 험담하게 된다.

2. 함과 그 후손의 저주 | 창 9:24-25

성경은 곳곳에서 혈통의 중요성을 강조하면서 아버지와 아들을 동일시하는 경우가 많다. 어떤 사람을 이야기할 때도 부모와 조부모와 심지어 증조부모, 고조부모까지 언급한다. 이것은 부모의 수치가 바로 자신의 수치요, 부모의 영광이 바로 자신의 영광임을 의미한다. 그래서 노아는 술에서 깬 후 함이 자기에게 행한 바를 듣고 대노했다.[11] 그는 아버지의 수치가 바로 자신의 수치인 줄을 몰랐던 것이다.

그런데 창세기 9장 25절을 보면 아버지 함이 잘못했는데 저주는 그의 아들 가나안이 받았다. 함의 자식이 여럿 있는데 노아는 왜 하필 그의 아들 중 한 사람인 가나안을 저주했을까? 그렇다고 가나안이 함의 장자도 아니다. 가나안은 함의 네 아들 중 막내다. 여기에 대해서는 확실한 증거는 없지만 아마 함이 아버지의 하체를 볼 때 가나안도 함께 있지 않았을까 생각된다. 그래서 노아는 함을 저주하면서 그의 아들인 가나안에 대해서는 "가나안은 저주를 받아 그의 형제의 종들의 종이 되기를 원하노라"는 저주를 했다. 단순히 형제들의 종이 되는 것이 아니라 종들 중에서도 가장 낮은 종the lowest of slaves이 되라고 저주한 것이다.

술에 취하고 추태를 부린 것은 노아였는데 저주는 그 추태를 일러바친 함이 받았다. 그러면 함에 대한 노아의 저주는 어떻게 이루어졌을까? 함에 대한 저주는 처음에는 별로 심각하지 않은 듯 했다. 하지만 함의 족보를 따라 내려가다 보면 그 저주가 어떻게 이루어지는지를 볼 수 있다.

노아의 세 아들들에 대한 족보를 기록하고 있는 창세기 10장에 의하면 "함의 아들은 구스와 미스라임과 붓과 가나안"이었다창 10:6. 이중 장자 구스는 당시 가장 용감한 용사였고 사냥꾼이었다. "구스가 또 니므롯을 낳았으니 그는 세상에 첫 용사라. 그가 여호와 앞에서 용감한 사냥꾼이 되었으므로 속담에 이르기를 아무는 여호와 앞에 니므롯 같이 용감한 사냥꾼이로다 하더라"창 10:8~9. 나아가 니므롯은 바벨과 니느웨와 같은 큰 성읍을 건설했다. "그의 나라는 시날 땅의 바벨과 에렉과 악갓과 갈레에서 시작되었으며 그가 그 땅에서 앗수르로 나아가 니느웨와 르호보딜과 갈라와 및 니느웨와 갈라 사이의 레센을 건설하였으니 이는 큰 성읍이라"창 10:10~12.

또한 차남 미스라임은 블레셋의 조상이 되었다. "미스라임은 루딤과 아나밈과 르하빔과 납두힘과 바드루심과 가슬루힘과 갑도림을 낳았더라 가슬루힘에게서 블레셋이 나왔더라"창 10:13~14. 당시 가장 강력한 나라를 만들었던 블레셋이 바로 함의 자손들이었다.

마지막으로 4남 가나안은 시돈과 헷을 낳고 가나안 7족속의 조상이 되었다. 함을 말할 때는 "가나안의 아비" 함이라고 부른다.

"가나안은 장자 시돈과 헷을 낳고 또 여부스 족속과 아모리 족속과 기르가스 족속과 히위 족속과 알가 족속과 신 족속과 아르왓 족속과 스말 족속과 하맛 족속을 낳았더니 이 후로 가나안 자손의 족속이 흩어져 나아갔더라"창 10:15~18. 가나안의 아들들은 모두 고대의 강력한 나라를 만들었다.

또한 가나안의 후손들은 가장 넓은 땅을 차지했다. "가나안의 경계는 시돈에서부터 그랄을 지나 가사까지와 소돔과 고모라와 아드마와 스보임을 지나 라사까지였더라"창 10:19. 함의 자손들이 살았던 땅은 기름지고 아름답고 넓고 평화롭고 조용한 곳이었다대상 4:40.

하지만 함의 후손들은 오래 번성하지 못했다. 가나안의 후손은 소돔과 고모라를 만들었는데창 10:19 이들은 후에 유황불 심판을 받아서 완전히 멸망했다창 19. 또한 함의 손자 니므롯은 엄청난 기술력으로 바벨탑을 쌓았지만창 11:1~9 결국 하나님의 심판을 받아 언어가 혼란하게 되고 온 지면에 흩어지는 저주를 받았다.

함의 후손 중 특히 가나안의 후손은 여호수아의 정복전쟁 때 대부분 죽거나 종이 되었고, 살아남은 사람들은 후에 솔로몬 시대에 대부분 죽거나 정복당해 셈족인 이스라엘 사람들의 종이 되었다. 그 외 함의 후손들은 고대 이집트, 바벨론과 같은 거대한 제국을 만들었지만 포로기 이후 1세기가 지나지 않아서 바벨론은 셈의 후손이 세운 페르시아 제국에게 완전히 망하게 된다. 그리고 이어 일어난 야벳의 후손인 그리스와 로마 제국에 의해 함의 후손은 두고두고 종노릇 하게 된다. 그 후 함의 자손은 역사에서 거의 사라지고 하나님의 구속사는 셈의 후손을 중심으로 진행되는 것을 볼 수 있다.

앞에서 언급한 것처럼 지금은 뚜렷하게 함의 후손이라고 할 수 있는 민족의 자취를 찾기가 어렵다. 함의 후손을 아프리카 사람이라고 주장하는 사람도 있지만 이 주장의 유일한 근거는 함의 아들 중에 구스가 있고 구스는 가나안과 형제라는 점이다. "함의 아들은 구스와 미스라임과 붓과 가나안이요"_{창 10:6} 흔히 구스를 현재의 에티오피아라고, 미스라임을 애굽이라고 말하지만 이것은 하나의 견해일 뿐 확실하지 않다. 현재의 아프리카 흑인을 함의 후손이라고 보는 데는 다분히 인종차별적인 선입견이 게재되어 있다.

2. 셈과 야벳과 그 후손들의 축복 | 창 9:26~27

함은 저주를 받은 반면에 셈과 야벳은 큰 축복을 받았다. 노아는 함을 저주하기 전에 "셈의 하나님 여호와를 찬송하리로다"라고 축복했다. 또한 노아는 하나님이 "야벳을 창대"하게 하시기를 원한다고 축복했다. 이러한 축복의 예언은 셈의 후손인 예수님에게 그대로 나타났다.

셈의 후손은 오늘날 아시아 사람들, 야벳의 후손은 오늘날 유럽인이라고 말한다. 하지만 함의 후손이 불분명한 것처럼 셈과 야벳의 후손도 정확하게 어느 민족인지 잘 모른다. 사람들이 셈과 야벳의 후손을 아시아인과 유럽인이라고 말하는 것은 현재의 모습으로부터 대략적인 유추를 한 것이다. 아시아에서 세계의 주요 종교가 탄생했고, 유럽에서 현대과학 문명이 꽃을 피웠기 때문이다.

셈과 야벳의 축복이 보여주는 바는 허물을 덮는 자가 축복을 받는다는 사실이다. 은혜의 전승자가 되고, 허물을 드러내는 자가 되지 말라는 것이다. 상처를 낫게 하는 자가 되고 덧나게 하는 자가 되지 말라

셈과 야벳을 축복하고 함을 저주하는 노아[12]

는 것이다. 은혜와 긍휼이 없는 정의는 상처만 키우는 칼날과 같다. 사도 바울의 지적과 같이 사랑이 없이 참된 것만을 말하는 자는 영적으로 자랄 수 없다. "오직 사랑 안에서 참된 것을 하여 범사에 그에게까지 자랄지라. 그는 머리니 곧 그리스도라."엡 4:15. 그리스도와 같이 성숙하기를 원하는 자들은 사랑 안에서 참된 것을 말해야 한다. 이 말은 사랑이 없으면 참된 것을 말하지 말라고도 표현할 수 있다.

하루야마 시게오春山茂雄가 쓴 〈내뇌혁명〉腦內革命은 우리의 생각이 건강에 미치는 영향을 자세히 소개한다. 한국계 외조부를 둔 시게오에 의하면 우리가 어떤 생각을 하는 것도 에너지가 필요하다. 사랑하거나 미워하는 생각 자체만으로도 에너지가 소모된다. 단백질을 분해해서 에너지가 만들어질 때 긍정적인 생각을 하는 사람은 부신피질 호르몬이 생성되고 또한 엔돌핀이 생성된다. 부신피질 호르몬은 육체의 스트레스를 치유하는 데 탁월하고, 엔돌핀은 마음의 스트레스를 해소하는 데 탁월하다. 긍정적인 생각은 그 자체만으로도 몸과 마음을 치유한다.[13]

하지만 생각이 부정적이면 똑같이 에너지가 필요한데 단백질이 분해되면서 노르 아드레날린과 아드레날린을 생성하는데 이들은 독성이 아주 강하다. 그리고 이들은 후에 활성산소라는 더 강한 독성물질로 변화되어 몸과 마음을 파괴한다. 우리는 흔히 좋은 음식을 먹으면 건강하게 되리라고 생각하지만 사실 좋은 음식을 먹어도 생각을 어떻게 하는가에 따라 그 음식이 독성물질을 만들어낼 수가 있다. 좋은 음식이 아니더라도 긍정적인 생각을 하게 되면 건강해질 수 있다. 그러므로 우리는 늘 자신에 대해서나 다른 사람들에 대해서, 환경에 대해서 긍정적인 생각을 하기 위해 노력하는 것이 필요하다.

긍정적인 생각, 용서하는 마음이 어떤 결과를 가져오는지를 보여주는 대표적인 인물은 만델라Nelson Rolihlahla Mandela, 1918~2013다. 그는 남아프리카 공화국에서 평등 선거 실시 후 뽑힌 최초의 흑인 대통령이다. 대통령으로 당선되기 전에 그는 아프리카 민족회의ANC의 지도자로서 반 아파르트헤이트 운동 즉, 남아공 옛 백인정권의 인종차별에 항의하는 투쟁을 이끌었으며, 이로 인해 반역죄로 체포되어 종신형을 선고 받았다. 그는 수감 26년 만인 1990년에 출소했고, 1994년에 실시된 선거에서 ANC는 62%를 득표해 남아공 최초의 흑인 대통령으로 취임했다.

대통령 취임 후 그는 "진실과 화해 위원회"TRC를 결성하여 용서와 화해를 강조하는 과거사 청산을 했다. 수많은 과거사 관련 자료들을 수집, 조사했다. 인종차별 시절 흑인들의 인종차별 반대투쟁을 화형, 총살 등의 잔악한 방법으로 탄압한 국가폭력 가해자가 진심으로 죄를 고백하고 뉘우친다면 사면했으며, 나중에는 경제적인 보상까지 했다. 또한 피해자 가족의 요청에 따라 피해자 무덤에 비석을 세워줌으로써, 아파르트헤이트 시절의 국가폭력 피해자들이 잊혀지는 일이 없도록 했다.[14] 만델라의 대통령 당선으로 대대적인 피의 보복이 이루어질 것이라는 세간의 우려와는 달리 그는 자기를 박해했던 사람들을 모두 용서하고 진정으로 하나 되는 나라를 이루었다.

만델라는 억울하게 기소를 당하고, 26년을 감옥에서 보냈지만 자기를 그렇게 만든 사람들을 증오하지 않았다. 아마 처음에는 증오했을지 모르지만 시간이 지나면서 그는 신앙의 힘으로 그 증오를 이겼고 나아가 그들을 사랑하고 품을 수 있게 되었다. 만델라가 그렇게 나쁜 환경 속에서 그렇게 오랫동안 투옥생활을 하고도 출옥 후에 대통령이 되고 보통 사람들의 평균 수명보다 훨씬 더 오래 살았던 것은 원수를 용서하고 사랑하는 마음, 긍정적인 마음 때문이라 생각된다.

V. 노아의 수명 | 창 9:28~29

창세기 6장에서 시작된 노아의 사적에 대한 기록은 이제 창세기 9장 28~29절에서 그의 향년에 대한 간단한 요약으로 끝난다. 홍수는 노아가 600세 되던 해 2월에 시작되어 그 다음해 2월에 끝났다. 그리고 노아는 350년을 더 살고 950세에 죽었다. 어떤 사람들은 노아가 950세까지 살았다는 것을 믿지 않는다. 하지만 10장에서 노아의 후손들이 역사적 인물들과 연속적으로 연결되고, 노아의 후손들의 나이도 점진적으로 줄어드는 것을 보면 노아가 950세까지 장수했다는 것은 분명했던 것으로 보인다.

창조과학에서는 노아 홍수를 전후해서 엄청난 생태계 변화가 일어났고, 이로 인해 사람들의 수명이 짧아졌다고 하는데 이 주장도 일리가 있다. 하지만 현재로서는 홍수 이전의 생태계에 대한 정확한 정보가 없으며, 홍수 전 세계가 지금보다 훨씬 더 살기 좋았을 것이라는 것은 하나의 가설로서만 받아들이는 것이 바람직하다.

홍수 후 노아의 사적에 대해서는 9장에 나오는 포도 농사에 이어 술에 취해 실수한 것 외에는 소개되지 않고 있다. 뚜렷한 업적을 남기지 않았다고 볼 수 있다. 어거스틴 Augustine of Hippo, 354~430은 "무엇을 쌓을 것인가가 아니라 무엇을 남길 것인가를 생각할 때 비로소 성인이 된다"고 했는데 노아는 홍수 후 남은 인생을 성인이 아니라 평범한 사람으로 인생을 산 것으로 보인다. 그래서 성경은 노아의 인생의 후반 1/3의 긴 시간을 단 몇 줄로 기록하지 않았을까?

어쩌면 노아가 술에 취한 것도 이때가 처음이 아니었을지 모른다. 함에게 추태를 보인 것은 처음이었을지 모르나 노아가 술에 취한 것은 이전에도 가끔 있었던 일이 아닐까? 결국 반복되던 행위가 꼬리가 길어서 밟히게 된 것이 아닐까? 또한 함에게 자신의 추태를 보인 것도 문제지만 그 후 아들 함을 저주하는 것을 보면 홍수를 전후하여 그가 보여준 의로운 영웅의 모습과는 달리 평범한 인생을 살다가 죽었지 않았을까 생각된다.

VI. 결론과 권면

미국 교육학자이자 심리학자인 어반 Hal Urban 은 2006년, 〈긍정적인 말의 힘〉이라는 책에서 "천사와 마귀의 차이는 모습이 아니라 그가 하는 말이다"라고 했다.[15] 그렇다면 마귀는 뭐하는 자인가? 사도 요한은 마귀를 가리켜 "형제들을 참소하던 자 곧 우리 하나님 앞에서 밤낮 참소하던 자"계 12:10 라고 했다. 우리도 만일 다른 사람을 헐뜯고 비난하고 허물과 약점을 들추어낸다면 우리는 곧 마귀가 하는 일을 하는 것이다. 물론 고의적인 죄에 대해서 침묵하라는 말은 아니다.

예수님은 다른 사람을 비난하고 허물을 드러내며 자신의 의로움을 자랑하는 바리새인과 서기관을 향해 마귀의 자식들이라고 했다. "너희는 너희 아비 마귀에게서 났으니 너희 아비의 욕심대로 너희도 행하고자 하느니라. 그는 처음부터 살인한 자요 진리가 그 속에 없으므로 진리에 서지 못하고 거짓을 말할 때마다 제 것으로 말하나니 이는 그가 거짓말쟁이요 거짓의 아비가 되었음이라"요 8:44. 이들은 겸손한 척 하면서 사람을 죽이는 교만한 자들이다. 근래 손봉호 교수는 교만한 한국 교회 지도자들을 향해 "겸손한 사람은 자신의 교만을 걱정하고 교만한 사람은 자신의 겸손을 과시하고 우쭐댄다"고 책망했다.[16]

예수님이 세상에 오신 것은 우리의 죄, 벌거벗은 우리의 죄와 허물을 가려주시기 위해 오셨다. 율법은 우리의 죄를 드러내지만 십자가의 보혈은 우리의 수치를 가려주고 덮어준다. 예수님은 현장에서 간음하다가 잡혀온 여인을 용서하시고, 자기를 부인한 베드로를 용서하시고, 사마리아 여인을 용서하시고, 보지 않고는 믿지 않겠다는 도마를 용서하셨다.

시편 기자는 "허물의 사함을 받고 자신의 죄가 가려진 자는 복이 있도다"시 32:1 라고 했고, 잠언 기자는 "미움은 다툼을 일으켜도 사랑은 모든 허물을 가리느니라"잠 10:12고 했다. 우리의 허물을 덮기 위해 십자가에서 수치를 당하시고 죽으신 예수님의 본을 따라 베드로는 "무엇보다도 뜨겁게 서로 사랑할지니 사랑은 허다한 죄를 덮느니라"벧전 4:8고 했다. 우리도 셈과 야벳처럼 다른 사람의 허물을 가려주기 위해 옷을 들고 뒷걸음질 하는 그리스도인이 되자!

Aalders, Gerhard Charles, 〈Genesis〉 Volume 1 (Zondervan, 1981) – 한국
　　어판: 〈화란주석 창세기 Ⅰ〉 (서울: 기독지혜사, 1986)

Abe, Yutaka, "Thermal and Chemical Evolution of the Terrestrial Magma
　　Ocean," 〈Physical and Chemical Evolution of the Earth〉 Volume
　　100, Issues 1-4, pp.27~39 (March 1997).

Alford, Henry, 〈The Book of Genesis and Part of the Book of Exodus〉
　　(Minneapolis, MN: Klock & Knock Christian Publishers, 1872)

Austin, Steve A., J. R. Baumgardner, D. R. Humphreys, A. A. Snelling, L.
　　Vardiman and K. P. Wise, "Catastrophic plate tectonics: a global
　　Flood model of earth history," in R.E. Walsh, ed., 〈Proceedings
　　of the Third International Conference on Creationism〉 (Creation
　　Science Fellowship, Pittsburgh, Pennsylvania, 1994)

Bassett, F.W., "Noah's Nakedness and the Curse of Canaan: A Case for
　　Incest?" 〈Vetus Testamentum〉 21 (1971): 232~237

Bavinck, Herman, 〈개혁교의학 개요〉 (크리스천 다이제스트, 2004)

Bowler, Peter J., 〈Evolution, the history of an idea〉, revised edition
　　(Berkeley and Los Angeles, CA: University of California Press,
　　1989)

Brueggemann, W. 〈Genesis Interpretation〉 (Westminster: John Knox,
　　1982) – 강성열 역, 〈창세기〉 현대성서 주석 (서울: 한국장로교 출판사,
　　2000)

Buckland, William, 〈Geological and mineralogical considerations with
　　reference to natural theology〉 (1836), I: 22~25

Calvin, John, 〈Commentary on Genesis〉 (Carlisle, PA: The Banner of
　　Truth Trust, 1965, 1975) – 한국어판: 〈창세기 I〉 존 칼뱅 원저 구약성경
　　주석 제1권 (서울: 신교출판사, 1978)

Cassuto, U., 〈A Commentary on the Book of Genesis 1~11〉 tr. I.
　　Abrahams (Jerusalem: Magnes, 1961, 1964)

Chalmers, Thomas "Remarks on Cuvier's Theory of the Earth," 〈The Christian Instructors〉 (1814), reprinted in 〈The works of Thomas Chalmers〉 (Glasgow: W. Collins, 1836~42), XII: 347~372.

Christians, Michelle, 〈성서의 상징 50〉 장익 역, (분도출판사, 2001, 2003)

Collins, Francis Sellers, 〈The Language of God: A Scientist Presents Evidence for Belief〉 (New York: Free Press, 2006)

Corner, E.J.H., "Evolution in contemporary botanical thought," in Anna M. MacLeod and Leslie S. Cobley, editors, 〈Contemporary botanical thought〉 (Chicago: Quadrangle Books, 1961)

Darwin, Charles, 〈The Descent of Man, and Selection in Relation to Sex〉 (London: John Murray, 1871)

Darwin, Francis, editor, "Charles Darwin to W. Graham," 〈The Life and Letters of Charles Darwin〉 (1897; repr., Boston: Elibron, 2005)

Davis, John James, 〈Paradise to Prison: Stories in Genesis〉 (Sheffield Publishing Company, 1998)

Driver, S.R., 〈The Book of Genesis〉 3rd ed. (Kessinger, 2006)

Erickson, Millard J. 〈조직신학 개론〉 (기독교문서선교회, 2001)

George, T. Neville, "Fossils in evolutionary perspective," 〈Science Progress〉 48: 1~3 (1960.1)

Gispen, Willem Hendrik, 〈Genesis I~III〉 (Kampen: Kok, 1974)

Gonzalez, Guillermo and Jay Richards, 〈The Privileged Planet: How Our Place in the Cosmos is Designed for Discovery〉 (Washington DC: Regnery Publishing, 2004)

Gould, Stephen J., "Evolution's erratic pace," 〈Natural History〉 86(5): 12~16 (1977)

Gunkel, Hermann, 〈Genesis: Translated and Explained〉, Translated by Mark E. Biddle (3rd ed.) (Macon, GA: Mercer University Press, 1997)

Gunkel, Hermann, 〈The Legends of Genesis〉 (Cosimo, 2007)

Guthrie, D., J.A. Motyer, A.M. Stibbs and D.J. Wiseman, editors, 〈The New Bible Commentary〉 Revised (Leicester, UK: Inter-Varsity Press, 1970) p.74.

Halley, Henry Hampton, 〈최신 성서핸드북〉 박양조 역 (기독교문사, 1972)

Hamilton, Victor P., 〈The Book of Genesis Chapters 1~17〉, volume 1, NICOT. (Grand Rapids, MI: Eerdmans, 1990, 1995).

Hanna, William, 〈Memoirs of the life and writings of Thomas Chalmers〉 (New York: Harper, 1857, 1849~1852), volume I

Hasel, G.F., "The Polamic Nature of the Genesis of the Genesis Cosmology," 〈Evangelical Quarterly〉 46: 81~102 (1974)

Hasel, G.F., "The Signficance of the Cosmology in Gen 1 in Relation to Ancient Near Eastern Parallels," 〈Andrew University Seminary Studies〉 10: 12~15 (1972)

Hastings, James, editor, 〈The Great Texts of the Bible: Genesis to Numbers〉 (New York: Charles Scribner's Sons, 1911)

Helfmeyer, F.J., 〈Theological Dictionary of the Old Testament〉 ed. G.J. Botterweck and H. Ringgren 1:167~188

Humphreys, D. Russell, <Starlight and Time> (Green River, AR: Master Books, 1994)

Kang, C.H. and Ethel R. Nelson, 〈The Discovery of Genesis: How the Truths of Genesis Were Found Hidden in the Chinese Language〉 (St. Louis, MO: Concordia Publishing House, 1979) – 한국어판: 河炫一 편, 〈창세기와 중국문자〉 (인쇄계출판국, 1984)

Keil, C.F. and F. Delitzsch, 〈Genesis〉 (Commentary on the Old Testament in Ten Volumes) – 한국어판: 고영민 역, 〈창세기〉 (기독교문서출판사, 1979, 1983)

Keil, C.F., 〈The Pentateuch 1〉 Biblical Commentary. Tr. J. Martin, reproduced (Grand Rapides, MI: Eerdmans)

Keller, Werner, 〈The Bible as History〉 (New York: William Morrow and Company, 1956)

Kidner, D., 〈Genesis: An Introduction and Commentary〉 Tyndale OT Commentary (London: Tyndale, 1967) – 한국어판: 한정건 역, 〈창세기〉 (CLC, 2007)

Leupold, Herbert Carl, 〈Exposition of Genesis: Volumes 1 and 2〉 (The Wartburg Press, 1942)

Lorey, Frank, "The Flood of Noah and the Flood of Gilgamesh," 〈Impact〉 ICR No. 285 (March 1997)

Matsui, Takafumi & Yutaka Abe, "Evolution of an impact-induced atmosphere and magma ocean on the accreting Earth," 〈Nature〉 319 : 303~305 (23 January 1986)

Matthews, Kenneth A., 〈Genesis 1~11 : 26〉 (The New American Comentary" Volume 1A) (Broadman & Holman Publishers, 1996)

McPhee, John, 〈Annals of the Former World〉 (New York : Farrar, Straus and Giroux, 1998)

Mears, Henrietta Cornelia, 〈성경의 파노라마〉 (생명의 말씀사, 1973)

Mendel, Gregor Johann, 〈Experiments in plant-hybridisation〉 (Cambridge, MA : Harvard University Press, 1965)

Miller, Darrow and Bob Moffitt, 〈Kingdom of God〉 (Temple, AZ : Harvest) - 한국어판: 김희숙, 박수환 역, 〈하나님 나라 가치〉 (리더 가이드) (성남: 도서출판 NCD, 2002)

Miller, Darrow, 〈Kingdom of God〉 (2000) - 한국어판: 박노철, 정진우 역, 〈하나님 나라 가치〉 (성남: NCD, 2002)

Miller, Darrow, 〈Worldview and Development : The Power of Truth to Transform Poverty〉 - 한국어판: 김희숙 역, "제9과 변화시키는 이야기," 〈모래에서 펜티엄까지〉 (IDI, 1999)

Morris, Henry M., 〈Biblical Cosmology and Modern Science〉 (P&R Press, 1970)

Morris, Henry M., 〈Science and the Bible〉 (Chicago : Moody Press, 1986)

Morris, Henry M., 〈The Genesis Record-A Scientific & Devotional Commentary on the Book of Beginnings〉 (Grand Rapids, MI : Baker, 1976)

Morton, Jean Sloat, 〈Science in the Bible〉 - 한국어판: 양승훈 역, 〈성경과학백과: 성경에 나타난 신기하고 놀라운 과학적 사실들〉 (서울: 나침반社, 1984)

Nelson, Byron C., 〈After its kind〉, 2nd edition (Grand Rapids, MI : Baker Book House, 1967)

Nelson, Ethel R. and Richard E. Broadberry, 〈Genesis and the Mystery Confucius Couldn't Solve〉 Revised (St. Louis, MO : Concordia Publishing House, 1994) - 한국어판: 전광호, 우제태 역, 〈고대한자 속에 감추어진 창세기 이야기〉 (인천: 예향, 1996)

Nelson, Thomas, 〈넬슨 성경개관〉 (죠이선교회 출판부, 2003)

O'Brien, J. Randall, "Flood Stories of the Ancient Near East," 〈Biblical Illustrator〉, 13(1): 62 (Fall 1986)

Ohtani, Eiji, "The Primodial Terrestrial Magma Ocean and Its Implication for Stratification of the Mantle," 〈Physical and Chemical Evolution of the Earth〉 Volume 38, Issue 1, pp.70~80 (March 1985)

Ostling, Richard, "역사 속 아담을 찾아서," 〈Christianity Today〉 (한국판) 15~21면 (2011.8.)

Payne, D.F., 〈Genesis 1 Reconsidered〉 (London: Tyndale, 1964)

Pritchard, J.B., editor. 〈Ancient Near Eastern Texts〉, 150

Ryken, Leland, 〈Work and Leisure in Christian Perspective〉 (Portland, 1987) - 한국어판: 유충선 역, 〈일과 여가〉 (생명의말씀사, 1993)

Ridley, Mark, 〈The problem of evolution〉 (New York: Oxford University Press, 1985), 11

Ross, Hugh, 〈A Matter of Days〉 (Colorado Springs, CO: NavPress, 2004)

Ross, Hugh, 〈Creation and Time〉 (Colorado Springs, CO: NavPress, 1994)

Ross, Hugh, 〈The Creator and the Cosmos〉 (Colorado Springs, CO: NavPress, 1993)

Schmidt, Werner H., 〈Die Schöpfungsgeschichte der Priesterschrift. Zur Überlieferungsgeschichte von Genesis 1,1~2,4a und 2,4b~3,24〉(1973)

Schrader, Eberhard and Owen Charles Whitehouse, 〈Cunciform Inscriptions and the Old Testament〉 (London, Edinburgh, Williams & Norgate, 1885) ii. 299 et seq.).

Scofield, Cyrus I., 〈The Scofield Reference Bible〉 (London: Oxford University Press, 1909)

Skinner, John A., 〈A Critical and Exegetical Commentary on Genesis〉 (International Critical Commentary) (Edinburgh: Clark, 1930), (T.&T. Clark Publisher, 2000)

Speiser, Ephraim Avigdor, 〈Genesis: Introduction, Translation and Notes〉 (The Anchor Bible) (New York: Doubleday, 1964)

Speiser, Ephraim Avigdor, 〈Genesis〉 (The Anchor Bible) (New York:

426

Doubleday, 1962, 1969)

Strong, James, 〈Strong's Exhaustive Concordance to the Bible〉 (Hendrickson Publishers, 2009)

Sumner, John Bird, 〈A treatise on the records of the Creation, and on the moral attributes of the Creator : with particular reference to the Jewish history〉 (London : Printed for J. Hatchard, 1816), II : 356.

Sunderland, Luther D., 〈Darwin's enigma : ebbing the tide of naturalism〉 (Green Forest : Master Books, 1988)

Von Rad, Gerhard, 〈Genesis〉 tr. J.H. Marks and J. Bowden (London : SCM, 1972)

Vos, Howard F., 〈Genesis〉 (Everyman's Bible Commentary) (Chicago : Moody Press, 1982)

Waltke, Bruce K., and Cathi J. Fredricks. 〈Genesis〉 (Zondervan, 2001)

Walton, John H., 〈Ancient Near Eastern Thought and the Old Testament〉 (Baker : 2006)

Walton, John H., 〈The Lost World of Genesis One : Ancient Cosmology and the Origins Debate〉 (IVP, 2009)

Walton, John H., Victor H. Matthews, Mark W. Chavalas, Craig S. Keener, 〈The IVP Bible Background Commentary〉 (Downers Grove, IL : IVP, 1993 NT, 2000 OT) – 한국어판: 정옥배, 전성민 외 역, 〈IVP 성경배경주석〉 (KIVP, 2010).

Ward, Peter Douglas and Donald Eugene Brownlee, 〈Rare Earth : Why Complex Life is Uncommon in the Universe〉 (Copernicus Books Springer Verlag, 2000)

Wenham, Gordon J., 〈Genesis 1~15〉, World Bible Commentary Volume 1 (Nashville, TN : Thomas Nelson/Paternoster, 1987) – 한국어판: 박영호 역, 〈창세기(상) WBC 성경주석시리즈 01〉 (솔로몬, 2001)

Westermann, Clause, 〈Genesis 1~11 : A Continental Commentary〉 Tr. J.J. Scullion (London : SPCK, 1984, 1986) (Fortress, 1994)

Whitcomb, Jr., John C., and Henry M. Morris, 〈The Genesis Flood〉 (1961) – 한국어판: 이기섭 역, 〈창세기 대홍수〉 (성광문화사)

White, Jr., Lynn Townsend, "The Historical Roots of Our Ecological Crisis," 〈Science〉 155 (3767) : 1203~1207 (10 March 1967)

Whitelaw, Thomas, 〈Genesis〉(The Pulpit Bible Commentary)(C. Kegan Paul & Co ; 5th edition, 1881) - 한국어판: 송종섭 역, 〈풀핏성경주석. 1, 창세기(상)〉(대구: 보문출판사, 1980, 1982)

Wolters, Albert M. and Michael W. Goheen, 〈Creation Regained〉 2nd ed. (Eerdmans, 2005) - 한국어판: 양성만, 홍병룡 역, 〈창조-타락-구속〉 (KIVP, 2007)

Young, Edward J., 〈Studies in Genesis One〉(P & R Publishing, 1999) - 한국어판: 이정남 역, 〈창세기 제1장 연구〉. 3판 (성광문화사, 1982)

기동연, 〈창조부터 바벨까지: 창세기 1~11장 주석〉(서울: 생명의 양식, 2009).

김정우, "삼위일체 교리에 대한 구약성경의 증거", 〈구약해석학논문집 I〉(총신대학교, 1995) pp. 275~314.

박윤선, 〈성경주석 창세기.출애굽기〉(영음사, 1968)

송병현, 〈엑스포지멘터리 창세기〉(서울: 국제제자훈련원, 2010).

手塚儀一朗, 外 編輯〈舊約聖書註解 第一卷〉- 한국어판: 박만제, 고영민 역, 〈구약성경주해 제1권〉(서울: 기독교문사, 1974)

양승훈, "성경의 영웅족보와 창조론 연구," 〈창조론오픈포럼〉 2(1): 19~28(2008)

양승훈, "'역사적 아담'의 진실," 〈Christianity Today〉(한국판) 22~23면 (2011.8.)

양승훈, "성경은 과학교과서인가? - 시카고 선언에 비춰본 성경 무오," 〈창조론오픈포럼〉 2(2): 9~17 (2008.8.)

양승훈, 〈고난, 신부단장의 묘약〉(경산: 에젤, 2013)

양승훈, 〈다중격변 창조론〉(서울: SFC, 2011)

양승훈, 〈창조와 격변: 생명의 기원과 지구의 역사에 대한 창조론적 해석〉 개정 2쇄 (예영, 2013)

양승훈, 〈창조와 진화: 진화론 비판과 창조 모델로 살펴본 생물의 기원〉(SFC, 2012)

유재원, 〈창세기 강해 제1장〉(대영사, 1986)

이윤호, 〈가계에 흐르는 저주를 이렇게 끊어라〉(서울: 베다니출판사, 1999)

이윤호, 〈다시 쓰는 가계에 흐르는 저주를 이렇게 끊어라〉(베다니출판사, 2006)

조덕영, 〈과학과 신학의 새로운 논쟁〉(예영, 2006)

홍일남, 〈원어설교(창세기)〉(목회자료사, 1984)

주

서문: 말씀의 바다에 빠져

1. Edward J. Young, 〈Studies in Genesis One〉 (P & R Publishing, 1999) ‒ 한국어판: 이정남 역, 〈창세기 제1장 연구〉. 3판 (성광문화사, 1982).
2. Herbert Carl Leupold, 〈Exposition of Genesis: Volumes 1 and 2〉 (The Wartburg Press, 1942).
3. 유재원, 〈창세기 강해 제1장〉 (대영사, 1986).
4. 박윤선, 〈성경주석 창세기.출애굽기〉 (영음사, 1968).
5. Gordon J. Wenham, 〈Genesis 1~15〉 (World Bible Commentary Volume 1) (Nashville, TN: Thomas Nelson/Paternoster, 1987).
6. John Walton, 〈The Lost World of Genesis One: Ancient Cosmology and the Origins Debate〉 (IVP, 2009).
7. John H. Walton, Victor H. Matthews, Mark W. Chavalas, Craig S. Keener, 〈The IVP Bible Background Commentary〉 (Downers Grove, IL: IVP, 1993 NT, 2000 OT) ‒ 한국어판: 정옥배, 전성민 외 역, 〈IVP 성경배경주석〉 (KIVP, 2010).
8. James Strong, 〈Strong's Exhaustive Concordance to the Bible〉 (Hendrickson Publishers, 2009).
9. 양승훈, "성경은 과학교과서인가? ‒ 시카고 선언에 비춰본 성경 무오," 〈창조론오픈포럼〉 2(2): 9~17 (2008.8.).

PART 1 | 천지창조

01. 창세기 서론

1. 양승훈, 〈기독교적 세계관〉 (CUP, 1999), 2장.
2. D. Guthrie, J.A. Motyer, A.M. Stibbs and D.J. Wiseman, editors, 〈The

New Bible Commentary〉 Revised (Leicester, UK: Inter-Varsity Press, 1970), p.74.

3. 여기에서 연대는 구약의 계보에 기초한 것이며, 빠진 계보가 없다고 가정한 어셔(James Ussher, 1581~1656))의 연대를 인용한 〈넬슨 성경개관〉 (죠이선교회 출판부, 2003), 17면에서 재인용했다.

4. 미어즈, 〈성경의 파노라마〉, 17면.

5. W.F. Albright, 〈미국동양연구소〉 60호(1935년 12월).

6. 아므라벨과 함무라비를 처음 동일 인물이라고 주장한 사람은 슈래드와 화이트하우스였다: Eberhard Schrader and Owen Charles Whitehouse, 〈Cunciform Inscriptions and the Old Testament〉 (London, Edinburgh, Williams & Norgate, 1885) ii. 299 et seq.). 할레이도 〈최신 성서핸드북〉, 58면에서 함무라비가 아므라벨이라고 했다. 하지만 근래의 연구는 이를 부정한다. 웬함은 그의 주석에서 "아므라벨과 함무라비와 동일시하는 것은 어원학적으로나 역사적으로나 가능성이 없을 것으로 보인다."고 했다: Gordon J. Wenham, 〈WBC 창세기 1~15〉 박영호 역 (서울: 솔로몬, 2001), 538). 알더스 역시 "한 동안은 일반적으로 아므라벨이 바벨론의 그 유명한 왕인 함무라비와 동일 인물인 것으로 여겨졌던 적이 있었다. … 그러나 최근에 와서는 아므라벨과 함무라비를 동일 인물로 여기는 것에 대하여, 진지하게 반대하는 주장이 나타났다. 아므라벨이라는 이름에 나타나는 철자 'l'이 바벨론의 이름에서는 나타나지 않는다는 것이다. … 우리는 이 왕과 그가 다스린 영토에 관하여 정확히 판명한 길이 없다."고 했다: Gerhard Charles Aalders, 〈화란주석 창세기 Ⅰ〉 기독지혜사 편집부 역 (서울: 기독지혜사, 1986), 331면. 해밀톤 역시 아므라벨이라는 이름의 처음과 마지막 자음이 다르므로 아므라벨과 함무라비를 같은 인물이라고 볼 수 없다고 했다: Victor P. Hamilton, 〈The Book of Genesis Chapters 1~17〉 (Grand Rapids, MI: Eerdmans, 1990), p.400.

7. "Code of Hammurabi" in Wikipedia.

8. 할레이, 〈최신 성서핸드북〉, 58면.

9. 할레이, 〈최신 성서핸드북〉, 59면.

10. 할레이, 〈최신 성서핸드북〉, 59면.

11. 미어즈, 〈성경의 파노라마〉, 17면.

12. "Rosetta Stone" in Wikipedia.

13. 할레이, 〈최신 성서핸드북〉, 60면.

14. Kenneth A. Mathews, 〈Genesis 1~11:26〉(The New American Comentary" Volume 1A)(Broadman & Holman Publishers, 1996), p.22.

15. John Neufeld 목사의 2002년 9월 창세기 강해 설교에서 인용.

16. http://bcove.me/qr3d4wp3 (2013.5.15.). 이 사건에 대한 좀 더 자세한 내용은 밴쿠버기독교세계관대학원 홈페이지에 있는 필자의 블로그를 참고하기 바란다: http://view.edu/_chboard/bbs/board.php?bo_table=m1_5.

02. 창조주 하나님

1. Wenham, 〈Genesis 1~15〉, pp.13~14.

2. Herbert Carl Leupold, 〈Exposition of Genesis〉 Volume 1 (Baker Book House, 1976) p.39.

3. G. Ch. Aalders, 〈Genesis〉 Volume 1 (Zondervan, 1981), p.66.

4. 유재원, 〈창세기 강해 제1장〉, 14~16면.

5. Wenham, 〈Genesis 1~15〉, p.15.

6. 유재원, 〈창세기 강해 제1장〉, 11~12면.

7. 김정우, "삼위일체 교리에 대한 구약성경의 증거", 〈구약해석학논문집 I〉(총신대학교, 1995), pp.275~314.

8. 양태론에서는 하나님은 한 분이시지만 시대와 정황에 따라 어떤 때는 성부로, 어떤 때는 아들로, 어떤 때는 성령으로 나타나시는 등 여러 양태형태로 나타나신다고 본다. 마치 한 남자가 자녀들에게는 아버지, 할머니에게는 아들, 아내에게는 남편이 되는 것과 같다. 양태론에서는 성부가 인간의 몸을 입고 세상에 오셔서 성자가 되셨으며, 친히 십자가에 달려 고통을 받으셨다고 주장하기 때문에 터툴리안은 이를 '성부수난설'Patripassianismus이라고 불렀다. 양태론을 체계적으로 집대성한 사벨리우스Sabellius, fl. c. 215는 하나님의 세 가지 양태를 한 사람의 영, 혼, 육에 비유하기도 하고, 태양, 열, 빛에 비유하기도 했다. 그러나 양태론은 삼위의 구분을 거부했기 때문에 261년에 교회 회의를 통해서 이단으로 정죄되었다. 양태론이 말하듯이 하나님께서 아들 예수의 가면을 쓰고 인간이 되셨다면 복음서에서 예수가 성부가 계신 것처럼 대화한 것이나, 자신을 대신해 보혜사 성령을 보내시겠다고 말씀하신 것, 또한 십자가의 잔을 할 수만 있다면 비켜가게 해달라고 간절하게 기도하신 것이나, 왜 자신을 버리시

느냐고 울부짖은 것은 모두 거짓된 행위가 된다. 양태론에서는 하나님은 한 분이시며, 다르게 나타날 뿐이라고 말하기 때문에 본질적으로 단일신론單—神論이며, 따라서 양태론적 단일신론이라 불리기도 한다.

9. 가장 오래된 the Trinity 그림(350), Andrei Rublev이 그린 러시아인들의 Trinity(1408~25), Luca Rossetti da Orta가 그린 Holy Trinity(1738~9). From "Trinity" in Wikipedia

10. Wenham, 〈Genesis 1~15〉, p.14.

11. John J. Davis, 〈Paradise to Prison : Stories in Genesis〉 (Sheffield Pub Co, 1998), p.40.

12. Wenham, 〈Genesis 1~15〉, p.14.

13. "바라"로 표현된 "무로부터의 창조"creatio ex nihilo는 창세기 1장 1절뿐 아니라 시 33:6,9; 암 4:13; 롬 4:17; 히 11:3에도 나타나 있다.

14. Albert M. Wolters, 〈Creation Regained : Biblical Basics for a Reformational Worldview〉 (Grand Rapods, MI : Eerdmans, 1985) - 한국어판: 양성만 역, 〈창조-타락-구속〉 (서울: IVP, 1992), 32~36면.

15. Werner H. Schmidt, 〈Die Schöpfungsgeschichte der Priesterschrift. Zur Überlieferungsgeschichte von Genesis 1,1~2,4a und 2,4b~3,24〉(1973)의 내용을 Wenham, 〈Genesis 1~15〉, p.14에서 재인용했다.

16. 모리스(Henry Madison Morris, 1918~2006): 미국 창조과학연구소Institute for Creation Research를 창립했으며 El Cajon의 Christian Heritage College현 San Diego Christian College의 창설자의 한 사람이다. 1980년 CCC가 주관한 "80세계 복음화 대성회" 기간 중 그의 동료들과 함께 한국을 방문하여 집회를 했으며 이로 인해 한국창조과학회가 탄생했다.

17. Henry Madison Morris, 〈The Genesis Record-A Scientific & Devotional Commentary on the Book of Beginnings〉 (Grand Rapids, MI : Baker, 1976), pp.40~42.

18. "General relativity" and "Soacetime" in Wikipedia

19. 복수를 표기하는 것이 어색한 한글 번역이나 일부 영어 번역에서는 여전히 천heaven을 단수로 번역하고 있지만 히브리 원어는 복수명사이다. 예를 들면 〈The Great Texts of the Bible : Genesis to Numbers〉 James Hastings, editor, (New York : Charles Scribner's Sons, 1911), p.5.

20. 고도의 천체 관측장비가 개발되고, 천문학에 대한 많은 연구가 이루어진 최

근에 와서 일부 과학자 중에는 140억 광년에 이르는 현재의 우주 외에 또 다른 우주가 있을지도 모른다는 추측을 하고 있기도 하다. 물론 아직 그런 추측을 지지할만한 증거는 없다. 하물며 수천 년 전 사람들이 그런 생각을 했으리라는 것을 전혀 상상할 수 없다.

21. 하지만 6절에서 "물과 물로 나뉘게 하시고"라고 할 때 물은 "마임"מַיִם의 복수형이 사용되는데 물을 복수형으로 표기했다고 해서 고대 이스라엘 사람들이 물이 여러 층으로 되어있다거나 현재와 같은 오대양으로 되어 있었음을 알았다고 말하기는 어렵다.

22. 미국 위튼대학 구약학 교수인 왈튼John H. Walton 박사는 2013년 3월, TWU에서 행한 강연에서 하나님이 고대 이스라엘 사람들의 천문학이나 지리학 등을 사용하여 메시지를 전달한 것은 성경의 무오성을 해치지 않는다고 주장했다.

23. NASA Website에서 인용: http://www.nasa.gov/images/content/713525main_hs-2012-48a-orig_full.jpg.

03. 혼돈과 공허의 주관자

1. 유재원, 〈창세기 강해 제1장〉, 18~19면.

2. Rashi(1040~1105): 유대인 학자이자 본명은 RAbbi SHlomo Itzhaki. 이름의 첫 자들을 따서 Rashi라고 부른다.

3. Rabbi Abraham Ben Meir Ibn Ezra(1089~1164): 스페인 태생의 유대인 학자

4. 연계설의 문제점에 대해서는 유재원, 〈창세기 강해 제1장〉, 17~18면에서 좀 더 자세히 논의하고 있다.

5. William Hanna, 〈Memoirs of the life and writings of Thomas Chalmers〉 (New York: Harper, 1857, 1849~1852), vol. I: 80~81, Thomas Chalmers, "Remarks on Cuvier's Theory of the Earth," 〈The Christian Instructors〉 (1814), reprinted in 〈The works of Thomas Chalmers〉 (Glasgow: W. Collins, 1836~42), XII: 347~372.

6. John Bird Sumner, 〈A treatise on the records of the Creation, and on the moral attributes of the Creator: with particular reference to the Jewish history〉 (London: Printed for J. Hatchard, 1816), II: 356.

7. William Buckland, 〈Geological and mineralogical considerations with

reference to natural theology〉(1836), I: 22~25에서 Pusey에 대한 각주
를 보라.

8. Cyrus I. Scofield, 〈The Scofield Reference Bible〉(London: Oxford
University Press, 1909), 3. - footnote 2, "The first creative act refers to
the dateless past, and gives scope for all the geologic ages." 이 책은
1909년에 초판이 출판된 후 1917년에 저자에 의해 개정판이 출판되었다.

9. Scofield, 〈The Scofield Reference Bible〉, 3 - footnote 3, "Jer. 4.23~26,
Isa. 24.1 and 45.18, clearly indicate that the earth had undergone a
cataclysmic change as the result of a divine judgement. The face of the
earth bears everywhere the marks of such a catastrophe."

10. 창세기 1장 1~2절 사이의 접속사가 한글개역이나 개역개정 성경에는 생략
되었지만, 영어 흠정역KJV에서는 "and"를, NIV에서는 "now"를 넣어 원래
의 의미를 살아나게 했다.

11. 유재원, 〈창세기 강해 제1장〉, 20면.

12. "빛이 있으라"의 영어 표현 "Let there be light"에서 한걸음 더 나아가 "Let
there be gauge invariance"게이지 불변이 있으라 라고 해석하는 물리학자들도 있다.

13. James Hastings, 〈The Great Texts of the Bible: Genesis to Numbers〉
(New York: Charles Scribner's Sons, 1911), p.39.

14. Herbert Carl Leupold, 〈Exposition of Genesis: Volumes 1 and 2〉(The
Wartburg Press, 1942), p.47.

15. James Hastings, 〈The Great Texts of the Bible: Genesis to Numbers〉
(New York: Charles Scribner's Sons, 1911), p.36.

16. 유재원, 〈창세기 강해 제1장〉, 22면.

17. 〈에누마 엘리쉬〉라는 말은 "높은 곳에서"라는 뜻인데 이 책을 시작하는 어구
이다. 이 제목은 이야기가 시작되는 첫 머리말을 책의 제목으로 정하는 현대
적 관례에 따라 붙여진 것이다. 앗수르바니팔의 도서관에서 발견된 판본은
일곱 개의 토판으로 구성되었고, 그 연대는 대략 기원전 7세기경으로 추정
된다. 그러나 학자들은 그 판본에 담긴 이야기 자체는 그보다 훨씬 더 오래
된 기원을 가진다고 본다. 언어학과 역사학의 통합적 연구를 통해 학자들은
그 이야기의 연대를 대략 기원전 2000년에서 1000년 사이로 추정한다. 어
떤 사람은 에누마 엘리쉬의 주인공 신인 마르둑Marduk이 바벨론의 국가 신으
로 승격되었을 때가 기원전 1700년대이기 때문에 이 이야기의 생성 연대를
그때로 추정하기도 한다. 학자에 따라서는 에누마 엘리쉬의 연대를 좀 더 늦

은 기원전 1300~1100년 사이라고 주장하는 사람도 있다.

18. Hermann Gunkel, 〈Genesis: Translated and Explained〉, Translated by Mark E. Biddle (3rd ed.)(Macon, GA: Mercer University Press, 1997).

19. John James Davis, 〈Paradise to Prison〉(Sheffield Publishing Company, 1998), p.45.

20. Gerhard von Rad, 〈Genesis: A Commentary〉(Old Testament Library), Ephraim Avigdor Speiser, 〈Genesis: Introduction, Translation and Notes〉(The Anchor Bible)(New York: Doubleday, 1964), Claus Westermann, 〈Genesis 1~11: A Continental Commentary〉(Fortress, 1994).

21. John Skinner, 〈Genesis〉(International Critical Commentary)(T.&T. Clark Publisher, 2000), p.18.

22. Leupold, 〈Exposition of Genesis〉, p.49, Derek Kiner, 〈Genesis〉 Tyndale Old Testament Commentaries Book 1(IVP, 2008), Willem Hendrik Gispen, 〈Genesis〉(Kok, 1974), Gunkel, 〈Genesis〉(1997).

23. James Hastings, 〈The Great Texts of the Bible: Genesis to Numbers〉 (New York: Charles Scribner's Sons, 1911), p.29.

24. 지구에 살고 있는 인간을 두고 위튼대학 구약학 교수인 John Walton은 하나님의 "Honorable Guest"라고 표현했다: 〈The Lost World of Genesis One: Ancient Cosmology and the Origins Debate〉(IVP, 2009).

25. 양승훈, 〈다중격변 창조론〉(서울: SFC, 2011), 지구의 형성 과정에 대해서는 학술적 자료는 물론 주류 과학자 공동체의 연구 결과를 일반인들이 이해할 수 있도록 제작한 DVD 영상물들이 많이 있다. 한국어로 번역된 자료 중 예를 들면 다음과 같다, (1) 디스커버리 채널Discovery Channel에서 제작하고 다우리 엔터테인먼트에서 수입, 제작, 배급한 "신비한 우주 탐험"(2004) 시리즈 제1편 "경이로운 지구"(2004), (2) NHK에서 제작하고 KBS에서 번역, 방영한(2007.4.10. 방영) 〈Miracle Planet〉 시리즈 중 "제1편 지구 역사의 비밀"(The Violent Planet: Secrets of Our Past)(LittleBig 미디어, 2007), (3) 라이브러리 엔터테인먼트에서 제작하여 Cine-on에서 방영한 (2008.1.2.) 〈만물의 탄생, 그 신비로운 기원〉 시리즈 중 "지구의 탄생"(라이브러리 엔터테인먼트, 2008) 등.

26. 천문학자들은 직경 6km 정도의 혜성에는 약 25만 톤 정도의 물이 포함되어 있다고 본다. 수천 개의 혜성들이 지구에 부딪쳤다고 본다면 현재 바닷물의

50%는 혜성에 의해 운반된 것이라고 할 수 있다.

27. "Plate tectonics" in Wikipedia.

04. 빛을 창조하신 하나님

1. Wenham, 〈Genesis 1~15〉, p.19.

2. Wenham, 〈Genesis 1~15〉, p.19.

3. 유재원, 〈창세기 강해 제 1장〉에서도 이 입장을 취하고 있다.

4. 암흑에너지 Dark energy 는 모든 공간에 스며들어 있고 우주의 팽창을 가속하는 것으로 생각되는 가상적인 에너지이다. 암흑에너지는 우주가 점점 더 빠른 속도로 가속된다는 최근 관측과 실험결과를 설명하기 위해 제안된 개념이다. 표준우주모델에서 암흑에너지는 우주의 총 질량-에너지 밀도의 73%를 차지한다고 본다. 암흑물질 Dark matter 은 눈에 보이는 물질이나 배경복사에 대한 중력적 상호작용으로부터 유추된 개념이며, 그 자체가 방출하거나 산란시킨 전자기 복사로는 검출할 수 없는 물질이다. 표준우주모델에서 암흑물질은 관측 가능한 우주의 질량-에너지 밀도의 23%를 차지한다. 이들에 비해 우리가 경험하는 원자물질(ordinary matter 혹은 atomic matter)는 관측 가능한 우주의 질량-에너지 밀도의 4%만을 설명할 수 있을 뿐이다.

5. Hugh Ross, 〈The Creator and the Cosmos〉 (Colorado Springs, CO: NavPress, 1993), 〈Creation and Time〉 (NavPress, 1994), 〈A Matter of Days〉 (NavPress, 2004) 등을 통해 로스는 천문학적 자료들을 통해 오랜 우주, 오랜 지구 입장을 제시하고 있다.

6. Thomas Whitelaw, 〈The Pulpit Commentary - Genesis〉 (C. Kegan Paul & Co; 5th edition, 1881) - 한국어판: 송종섭 역, 〈풀핏성경주석. 1, 창세기(상)〉 (보문출판사, 1982), 158면.

7. Wenham, 〈Genesis 1~15〉, p.18.

8. G. Ch. Aalders, 〈Genesis 1〉 Volume 1, p.57.

9. 〈풀핏성경주석. 1, 창세기(상)〉, 159면.

10. John Calvin, 〈Commentary on Genesis〉 (Banner of Truth Trust, 1975), p.55.

11. Wenham, 〈Genesis 1~15〉, pp.18~19.

12. 독일의 물리학자 루돌프 클라우지우스가 1850년대 초에 도입한 엔트로피 entropy 는 열역학적으로는 시스템의 유용하지 않는 일로 변환할 수 없는 에너지를 나

타내는 척도이며, 통계역학적으로는 무질서의 정도를 나타내는 척도이다.
엔트로피는 일반적으로 보존되지 않고, 열역학 제2법칙에 따라 시간에 따라
증가한다.

13. 김인수, 〈창조론오픈포럼〉 8권 2호(2014.7.12.) 게재 예정.

14. 신약에서 욤은 그리스어 헤메라ἡμέρα로 번역되었다.

15. 성경 관주에서 창조주간의 날을 논의한 기록의 예로는 C.I. Scofield, editor,
〈The Scofield Reference Bible〉 (London: Oxford University Press,
1909), p.4. 난하 각주를 보라.

16. Hugh Ross, 〈Creation and Time: A Biblical and Scientific Perspective
on the Creation-Date Controversy〉 (Colorado Springs, CO: NavPress,
1994), Ch.5.

17. Wenham, 〈Genesis 1~15〉, p.19.

05. 질서의 창조와 생명의 준비

1. 이재철 목사는 자신의 창세기 강해에서 혼돈하고 공허한 창조 상태를 건축 현
장에 잘 비유했다.

2. 예를 들면 다음 논문을 보라: Eiji Ohtani, "The Primodial Terrestrial
Magma Ocean and Its Implication for Stratification of the Mantle,"
〈Physical and Chemical Evolution of the Earth〉 Volume 38, Issue 1,
pp.70~80 (March 1985), Takafumi Matsui & Yutaka Abe, "Evolution
of an impact-induced atmosphere and magma ocean on the accreting
Earth," 〈Nature〉 319: 303~305 (23 January 1986), Yutaka Abe,
"Thermal and Chemical Evolution of the Terrestrial Magma Ocean,"
〈Physical and Chemical Evolution of the Earth〉 Volume 100, Issues
1~4, pp.27~39 (March 1997).

3. 태초의 지구가 어떤 상태였는지에 대해서는 지질학의 중요한 관심사이다. 여
기서 묘사하고 있는 태초의 지구의 모습은 현대 지질학에서 말하고 있는 바를
다소 각색한 것이다. 지구가 마그마 바다에서 시작했다는 것이나 그에 이어
전 지구가 물로 덮여 있었다는 것은 많은 증거가 있다.

4. Wenham, 〈Genesis 1~15〉, p.19.

5. Wenham, 〈Genesis 1~15〉, p.20.

6. D. Russell Humphreys, "Creation Cosmologies Solve Spacecraft

Mystery," in http://www.icr.org/article/3472/. (2014.3.16.)

7. Water Cycle by U.S. Geological Survey on Wikimedia under creative commons 2.0. 한국어판 위키에서 "물의 순환"에 번역되어 있다.

8. John Walton, 〈The Lost World of Genesis One: Ancient Cosmology and the Origins Debate〉 (IVP, 2009), 〈Ancient Near Eastern Thought and the Old Testament〉 (Baker: 2006).

9. http://sirius-bridge.blogspot.com/2010/11/forgotten-heritage-of-man-part-i.html.

10. http://www.answersingenesis.org/articles/2009/09/25/feedback-collapse-canopy-model.

11. D. Russell Humphreys, 〈Starlight and Time〉 (Green River, AR: Master Books, 1994), pp.35, 59; 비슷한 얘기를 미국 창조과학연구소ICR Brian Thomas 같은 사람도 주장하고 있다: Brian Thomas, "Water Near Edge of Universe Bolsters Creation Cosmology," in http://www.icr.org/article/6247/.

12. Steve A. Austin, J. R. Baumgardner, D. R. Humphreys, A. A. Snelling, L. Vardiman and K. P. Wise, "Catastrophic plate tectonics: a global Flood model of earth history," in R.E. Walsh, ed., 〈Proceedings of the Third International Conference on Creationism〉 (Creation Science Fellowship, Pittsburgh, Pennsylvania, 1994), pp. 609~621.

13. John McPhee, 〈Annals of the Former World〉 (New York: Farrar, Straus and Giroux, 1998). McPhee의 주장은 http://www.talkorigins.org/indexcc/CD/CD750.html에서 잘 요약하고 있다.

14. "Catastrophic plate tectonics" in Wikipedia (2013.11.18.).

15. 예를 들면 오래 전에 필자가 번역했던 〈성경과학백과〉는 이런 점들을 모아놓은 책이다. Jean Sloat Morton, 〈Science in the Bible〉 - 한국어판: 양승훈 역, 〈성경과학백과: 성경에 나타난 신기하고 놀라운 과학적 사실들〉 (서울: 나침반社, 1984).

16. 적응의 문제에 대해서는 조덕영, 〈과학과 신학의 새로운 논쟁〉 (예영, 2006)을 참고하라.

06 식물도 그 종류대로

1. Wenham, 〈Genesis 1~15〉, p.21.

2. 칼 폰 린네(Carl von Linné, 1707~1778): 스웨덴의 식물학자로서 생물 분류학의 기초를 놓았으며, 현대 '식물학의 시조'로 불린다. 목사의 집안에서 태어난 린네는 의학을 공부했으나 식물분류로 연구 방향을 바꾸어 〈자연의 체계〉, 〈식물의 종種〉을 저술하고, 약 4,000종의 동물, 5,000종의 식물을 분류했다. 속명과 종명을 붙여서 두 말로 된 학명을 만드는 이명법을 확립했다.

3. Wenham, 〈Genesis 1~15〉, p.21.

4. Wenham, 〈Genesis 1~15〉, p.21.

5. Stephen J. Gould, "Evolution's erratic pace," 〈Natural History〉 86(5): 12~16(1977).

6. Mark Ridley, 〈The problem of evolution〉 (New York: Oxford University Press, 1985), p.11.

7. T. Neville George, "Fossils in evolutionary perspective," 〈Science Progress〉 48: 1~3(1960.1).

8. Luther D. Sunderland, 〈Darwin's enigma: ebbing the tide of naturalism〉 (Green Forest: Master Books, 1988), p.108.

9. E.J.H. Corner, "Evolution in contemporary botanical thought," in Anna M. MacLeod and Leslie S. Cobley, editors, 〈Contemporary botanical thought〉 (Chicago: Quadrangle Books, 1961), p.97.

10. Byron C. Nelson, 〈After its kind〉, 2nd edition (Grand Rapids, MI: Baker Book House, 1967), 52~54에서 재인용했다.

11. 멘델(Gregor Johann Mendel, 1822~1884): 오스트리아(현 체코 공화국) 브르노 수도원 원장이자 유전법칙의 발견자.

12. 영어로 번역된 멘델의 논문은 Gregor Johann Mendel, 〈Experiments in plant-hybridisation〉 (Cambridge, MA: Harvard University Press, 1965).

13. 1900년에 멘델의 유전법칙을 재발견한 세 사람 – 드 프리스(Hugo Marie de Vries, 1848~1935): 네덜란드 식물학자로서 멘델의 유전법칙을 재발견했으며, 처음으로 돌연변이突然變異, mutation 란 말을 만들었다, 코렌스(Carl Erich Correns, 1864~1933): 독일 식물학자이자 유전학자, 체르막(Erich von Tschermak-Seysenegg, 1871~1962): 오스트리아 농업경제학자agronomist.

어떤 학자들은 체르막은 멘델의 법칙을 재발견한 인물로 인정하지 않는다. 심지어 어떤 사람은 드프리스의 역할조차 의심한다. 이를 위해 Peter J. Bowler, 〈Evolution, the history of an idea〉, revised edition (Berkeley and Los Angeles, CA : University of California Press, 1989), p.275와 거기에 실린 참고문헌들을 보라.

14. 흔히 19세기 생물학 혁명의 3대 업적이라고 한다면 세포설, 진화론, 유전법칙을 든다.

15. Bowler, 〈Evolution, the History of an Idea〉, p.27, 베이트슨(William Bateson, 1861~1926) : 영국 생물학자. 1905년, 멘델의 법칙을 영국에 소개할 때 처음으로 유전학遺傳學, genetics이라는 말을 도입했다.

07. 일월성신의 창조

1. G.F. Hasel, "The Signficance of the Cosmology in Gen 1 in Relation to Ancient Near Eastern Parallels," 〈Andrew University Seminary Studies〉 10 : 12~15 (1972), G.F. Hasel, "The Polamic Nature of the Genesis of the Genesis Cosmology," 〈Evangelical Quarterly〉 46 : 81~102 (1974).

2. Wenham, 〈Genesis 1~15〉, p.21.

3. Wenham, 〈Genesis 1~15〉, p.23.

4. "Albedo" in Wikipedia.

5. "알베도," 〈학원세계대백과사전〉, 13권, (학원출판공사: 1983), 153면.

6. John Neufeld 목사의 2002년 9월 15일 창세기 강해 설교를 참고하라.

7. John Walton, 〈The Lost World of Genesis One : Ancient Cosmology and the Origins Debate〉 (IVP, 2009).

8. "믿는이유선교회"Reasons to Believe 총재이자 천문학자인 휴 로스Hugh Ross도 하나님께서 넷째 날 일월성신을 만드신 것이 아니라 넷째 날 대기가 맑아지면서 해와 달의 빛이 땅에 비치게 되었다고 해석한다.

9. John Calvin, 〈Genesis〉 (Carlisle, PA : The Banner of Truth Trust, 1965), p.83.

10. Guillermo Gonzalez and Jay Richards, 〈The Privileged Planet : How Our Place in the Cosmos is Designed for Discovery〉 (Washington DC : Regnery Publishing, 2004).

11. Peter Douglas Ward and Donald Eugene Brownlee, 〈Rare Earth : Why

Complex Life is Uncommon in the Universe〉 (Copernicus Books Springer Verlag), 2000).

08. 해양동물과 육지동물의 창조

1. 물론 다르게 구분하는 사람도 있다. Wenham은 〈Genesis 1~15〉, p.17에서 일곱 단계로 제시하고 있다: (1) 선포: "하나님이 가라사대", (2) 명령: "있으라";, (3) 성취: "그대로 되니라", (4) 실행: "비춰라", (5) 승인: "보시기에 좋았더라", (6) 이어지는 말: "하나님이 …을 …이라 부르시고", (7) 날짜: "…째 날이니라" 등이다.
2. C.F. Keil and F. Delitzsch, 〈Genesis〉 (Commentary on the Old Testament in Ten Volumes) – 한국어판: 고영민 역, 〈창세기〉 (기독교문서출판사, 1979), 65면.
3. Henry M. Morris, 〈The Genesis Record〉, p.42.
4. Howard F. Vos, 〈Genesis〉 (Everyman's Bible Commentary) (Chicago: Moody Press, 1982), p.16.
5. 히브리어에서 가축을 의미하는 behema는 일반적으로 domestic animal이나 길들일 수 있는 짐승을 말한다. cf. E.A. Speiser, 〈Genesis〉 (New York: Doubleday, 1962), p.7.
6. Vos, 〈Genesis〉, p.17.
7. Wenham, 〈Genesis 1~15〉, p.25.
8. Henry M. Morris, 〈The Genesis Record〉, p.71.
9. 양승훈, 〈창조와 진화: 진화론 비판과 창조 모델로 살펴본 생물의 기원〉 (SFC, 2012), 332~334면.
10. "Platypus," "Whale," "Giraffe," "Coelacanth" in Wikipedia.
11. 양승훈, 〈창조와 진화〉, 288-291면.

09. 사람, 하나님의 형상

1. Hermann Gunkel, 〈The Legends of Genesis〉 (Cosimo, 2007). It was originally translated and published in 1901.
2. 〈Bereshith Rabba〉 בראשית רבה volume VIII, pp.3~7.
3. 이러한 견해에 동의하는 사람으로는 J.A. Skinner, 〈A Critical and

Exegetical Commentary on Genesis〉ICC. end ed. (Edinburgh: Clark, 1930); Gerhard von Rad, 〈Genesis〉 tr. J.H. Marks and J. Bowden (London: SCM, 1972), W.H. Gispen, 〈Genesis I~III〉 (Kampen: Kok, 1974~1983), C. Westermann, 〈Genesis 1~11〉 (London: SPCK, 1984, 1986) 등이 있다.

4. S.R. Driver, 〈The Book of Genesis〉 3rd ed. (Kessinger, 2006), p.14. It was originally published Methuen(London) in 1904.

5. 김정우, 〈구약해석학논문집 I〉, pp.275~314.

6. 김정우, 〈구약해석학논문집 I〉, pp.275~314.

7. D.F. Payne, 〈Genesis 1 Reconsidered〉 (London: Tyndale, 1964), p.23. Wenham, 〈Genesis 1~15〉, pp.27~28과 김정우, 〈구약해석학논문집 I〉, 275~314면에서는 창세기 1장 26절에서의 복수형에 대한 몇몇 사람들의 견해를 잘 요약, 소개하고 있다.

8. John H. Walton, Victor H. Matthews, Mark W. Chavalas, Craig S. Keener, 〈The IVP Bible Background Commentary〉 (Downers Grove, IL: IVP, 1993(NT), 2000 (OT) - 한국어판: 〈IVP 성경배경주석〉 (KIVP, 2010), 41면.

9. Wenham, 〈Genesis 1~15〉, pp.29~30.

10. Wenham, 〈Genesis 1~15〉, pp.29~32에서는 "형상"과 "모양"에 대한 다양한 해석들을 소개하고 있다.

11. 유재원, 〈창세기 강해 제1장〉, 110~111면; Wenham, 〈Genesis 1~15〉, pp.31~32.

12. Charles Darwin, 〈The Descent of Man, and Selection in Relation to Sex〉 (London: John Murray, 1871). 이 책은 지금까지 여러 언어로 출간되고 있다: 〈The Descent of Man〉 (Penguin Classics, 2004).

13. Charles Darwin to W. Graham, 〈The Life and Letters of Charles Darwin〉, ed. Francis Darwin (1897; repr., Boston: Elibron, 2005), 1:285.

14. "다윈", 〈위키피디아〉에서 인용.

15. 〈코란〉 2:228.

16. 〈코란〉 4:34.

17. Darrow Miller, 〈Kingdom of God〉 (2000) - 한국어판: 박노철, 정진우, 〈하나님 나라 가치〉 (성남: NCD, 2002), 25면.

18. Miller, 〈하나님 나라 가치〉, 60면, Darrow Miller and Bob Moffitt, 〈Kingdom of God〉 (Temple, AZ: Harvest) – 한국어판, 김희숙, 박수환 역, 〈하나님 나라 가치〉 (리더 가이드) (성남: 도서출판 NCD, 2002), 17면.

19. Wenham, 〈Genesis 1~15〉, p.33.

20. 유재원, 〈창세기 강해 제1장〉, 115면.

21. Wenham, 〈Genesis 1~15〉, p.33; James Strong, 〈Strong's Exhaustive Concordance to the Bible〉 (Hendrickson Publishers, 2009).

22. Lynn Townsend White, Jr., "The Historical Roots of Our Ecological Crisis," 〈Science〉 155 (3767): 1203~1207 (10 March 1967).

23. cf. 양승훈, 〈다중격변 창조론〉 (SFC, 2011). 제2강의 내용을 참고하라.

24. 〈Atra-Hasis Epic〉 1.339. 아트라하시스는 메소포타미아의 창조 신화와 홍수 전설을 포함하는 토판이다.

25. C. Westermann, 〈Genesis 1~11〉 Tr. J.J. Scullion (London: SPCK, 1984, 1986), 1:163~164.

10. 안식과 축복

1. 〈IVP 성경배경주석〉, 43면.

2. http://scriptures.lds.org/ko/biblemaps/12.

3. 밀라드 J. 에릭슨, 〈조직신학 개론〉 (기독교문서선교회, 2001), 219~231면.

4. 헤르만 바빙크, 〈개혁교의학 개요〉 (크리스천 다이제스트, 2004), 211, 217면.

5. 일과 안식에 대한 라이컨의 견해는 Leland Ryken, 〈Work and Leisure in Christian Perspective〉 (Portland, 1987)를 참고하기 바란다.

6. Justin Martyr가 로마 황제 안토니우스 피우스Antonius Pius에게 보낸 〈제 1 변증서〉(The First Apology) (c.140년).

7. "다니엘 & 에스더 이스라엘 편지" (2013.11.6.).

PART 2 | 노아의 홍수

11. 창조 후부터 홍수 전까지

1. Francis Sellers Collins, 〈The Language of God: A Scientist Presents Evidence for Belief〉 (New York: Free Press, 2006).

2. "역사적 예수"는 1세기 팔레스타인에서 살았던 "실제" 예수를 찾자는 자유
   주의 신학운동으로서 함부르크 대학의 동양언어 교수였던 라이마루스Herman
   Samuel Reimarus, 1694~1768에 의해 시작되었다. 17~18세기 유럽의 합리주의와
   계몽주의의 영향으로 시작된 이 연구에서는 여러 신경信經, Creed 또는 복음서
   기자들의 신학으로 해석된 "교리적 그리스도"는 1세기 팔레스타인에서 역사
   적 인물로 실재했던 예수와는 다르다고 본다. 그래서 역사 속에서 살아 숨 쉬
   던 "실제" 인물로서 예수가 누구인지를 밝혀내려고 한다. 예수에 대한 이러한
   재구성은 예수의 생애에 대한 1차 사료인 복음서 본문에 대한 성경 비평적 분
   석과 예수가 살던 당시의 역사적, 문화적인 연구에 기초하고 있다.
3. 〈Christianity Today〉(한국판)는 이 문제를 특집기사로 다루었다: 리처드 오
   슬링, "역사 속 아담을 찾아서," 〈Christianity Today〉(한국판), 15~21면
   (2011.8.).
4. "Francis Collins" in Wikipedia.
5. 양승훈, "'역사적 아담'의 진실," 〈Christianity Today〉(한국판), 22~23면
   (2011.8.).
6. John Walton 외, 〈IVP 성경배경주석〉, 47~48면.
7. "Babylonian Calendars" in 〈Encyclopaedia Britannica〉(온라인)를 보라
   (2014.1.10.).
8. 양승훈, 〈창조와 격변〉(예영, 2006) 355~357면; John C. Whitcomb, Jr.
   and Henry M. Morris, 〈The Genesis Flood〉(1961) – (한국어판: 이기섭
   역, 〈창세기 대홍수〉(성광문화사, 1992), 453~460면.
9. 양승훈, "성경의 영웅족보와 창조론 연구," 〈창조론오픈포럼〉 2(1):
   19~28(2008).

12. 죄와 벌

1. 본 강의 내용은 Vancouver 인근 Willingdon 교회 John Neufeld 목사의 창
   세기 6장 1~8절 강해 설교(2012.11.24.)로부터 부분적인 도움을 받았다
   (www.willingdon.org).
2. Henry M. Morris, 〈Biblical Cosmology and Modern Science〉(P&R
   Press, 1970).
3. 박윤선, 〈성경주성 창세기.출애굽기〉(영음사, 1968), 131~132면.
4. 양승훈, 〈창조와 격변: 생명의 기원과 지구의 역사에 대한 창조론적 해석〉(예

영, 2006), 285~298면.

5. "Neanderthal" and "CroMagnon" in Wikipedia.

6. 부모에게는 없으나 조상에게 있었던 형질이 세대를 건너뛰어 손자 세대 이후에 나타나는 유전을 격세유전隔世遺傳, atavism이라 한다.

7. John Walton 외, 〈IVP 성경배경주석〉, 51면.

8. John Walton 외, 〈IVP 성경배경주석〉, 51면.

9. "Atra-Hasis" and "Gilgamesh" in Wikipedia.

10. 이런 주장을 하는 사람으로는 C.F. Keil, 〈The Pentateuch 1〉 Biblical Commentary. Tr. J. Martin, reproduced (Grand Rapides, MI: Eerdmans), D. Kidner, 〈Genesis: An Introduction and Commentary〉 Tyndale OT Commentary (London: Tyndale, 1967) 등을 들 수 있다.

11. Wenham, 〈Genesis 1~15〉, p.117.

13. 의인과 악인, 그리고 심판

1. cf. Mount St. Helens in Wikipedia.

2. http://cascade.uoregon.edu/spring2010/photos/AshCoveredCar.jpg.

3. www.artmuse.com/product_images/l/879/bryan-natinsky-mt-st-helens-3-AMU0022-artmuse__46497_zoom.jpg.

4. 윌링돈교회 John Neufeld 목사의 2002년 11월 24일 창세기 강해 설교를 참고하라(www.willingdon.org).

5. Wenham, 〈Genesis 1~15〉, p.170.

6. Wenham, 〈Genesis 1~15〉, p.171.

7. Wenham, 〈Genesis 1~15〉, p.171.

14. 한 사람의 순종을 통한 구원

1. Wenham, 〈Genesis 1~15〉, p.172.

2. Walton 외, 〈IVP 성경배경주석〉, 51면.

3. http://cafe.daum.net/claypotjung (2014.1.13.).

4. 양승훈, 〈창조와 격변〉, 13, 14장.

5. 양승훈, 〈창조와 격변〉, 370~373면.

6. 〈Nuremberg Chronicle〉 (1493)에 실린 방주건설 현장. "Noah's Ark" in

Wikipedia.

7. "USS Oregon" in Wikipedia.

8. 양승훈, 〈창조와 격변〉, 373~375면.

9. Hartmann Schedel가 〈Nuremberg Chronicle〉에 그린 그림(1493). Lucas van Leyden이 그린 "Lot and his Daughters"(1520). "Sodom and Gomorrah" in Wikipedia.

10. John Martin이 그린 "The Destruction of Sodom and Gomorrah"(1852). "Sodom and Gomorrah" in Wikipedia.

15. 순종과 심판

1. Kenneth A. Mathews, 〈Genesis 1~11:26〉 The New American Commentary volume 1A (Broadman & Holman Publishers, 1996), p.371.

2. Mathews, 〈Genesis 1~11:26〉, p.371.

3. Edward Hicks가 그린 "Noah's Ark"(1846). "Noah's Ark" in Wikipedia.

4. 홍일남, 〈원어설교(창세기)〉 (목회자료사, 1984), 201~202면.

5. Walton, 〈IVP 성경배경주석〉, 52면.

6. 심층생태주의: 모든 생물의 본질적 가치를 인정하고 인간과 자연을 분리하지 않는 생태중시주의. 1973년 노르웨이의 철학자 Arne Naess가 쓴 〈The Shallow and the Deep, Long-Range Ecology Movements ; A Summary(1973)〉라는 기사에서 처음 사용된 조어造語로 환경운동의 한 부류이다. 이미 현대의 환경문제는 기술적 대응을 초월한 것이라는 전제하에서 정치·경제·문화적 제도와 개인의 세계관·가치관 등 깊이 있는 수준의 자각과 변혁이 불가피하다는 인식이다. 또한, 세계는 서로 분리된 사물의 집적이 아니라 상호의존적이며 밀접하게 연결된 동역학적 관계를 가진 평등한 연결망으로, 생태적 규범을 따르는 것이야말로 인간이 지구와 더불어 공생할 수 있는 궁극적인 방법으로 보고 있다. 이와 비교되는 대조적 개념으로는 인간을 자연의 바깥 또는 우위에 놓인 존재이자 모든 가치의 근원으로 간주하는 인간중심의 표층생태학shallow ecology이 있는데, 여기서는 자연을 그저 이용가치가 있는 존재로 취급한다. – "심층생태주의," 위키피디아.

7. 이윤호, 〈가계에 흐르는 저주를 이렇게 끊어라〉 (서울: 베다니출판사, 1999); 이윤호는 이 책에 대한 속편으로 〈다시 쓰는 가계에 흐르는 저주를 이렇게 끊

어라〉(베다니출판사, 2006)를 출간했다. 이 책의 문제점에 대해서는 신약학
자 김철홍 목사가 쓴 "이윤호 목사의 〈가계에 흐르는 저주를 이렇게 끊어라〉
에 대한 비판"을 참고하라.
- http://blog.daum.net/kkgodgod/11793555 (2013.5.7.).

8. Wenham, 〈Genesis 1~15〉, p.177.

9. 헨리에타 미어즈, 〈성경의 파노라마〉 (생명의 말씀사, 1973), 21면.

16. 심판의 시작

1. Gustave Doré가 그린 "The Deluge"(1865). "Genesis flood narrative" in Wikipedia.

2. Wenham, 〈Genesis 1~15〉, p.179.

3. 하늘의 창이라는 말은 여기 외에도 열왕기하 7장 2, 19절에서 하나님이 비가 오게 하기 위해 기적적으로 관여하시는 것을 묘사하기 위해, 그리고 말라기 3장 10절에서 하나님이 자기 백성들을 풍성하게 축복하시기 위해 기적적으로 관여하심을 묘사하기 위해 사용되었다.

4. http://www.answersingenesis.org/home/area/tools/flood-waters. asp#16. 어떤 사람들은 "하늘의 하늘도 그를 찬양하며 하늘 위에 있는 물들도 그를 찬양할지어다"(시 148:4)라는 구절이 수증기 덮개 이론이 틀렸음을 말한다고 한다. 이 구절은 분명히 홍수 이후의 모습을 기록한 것인데 창세기 1장에서 말하는 "궁창 위의 물"이 여전히 존재함을 시사한다는 것이다. 그러므로 노아 홍수는 궁창 위의 수증기 덮개가 쏟아져 시작되었다는 기존 창조과학자들의 주장은 틀렸다는 것이다. Calvin, Leupold, Keil, and Delitzsch 등의 학자들은 모두 궁창 위의 물은 단순한 구름이라고 해석한다.

5. http://www.answersingenesis.org/home/area/tools/flood-waters.asp.

6. Steve A. Austin, J.R. Baumgardner, D.R. Humphreys, A.A. Snelling, L. Vardiman, and K.P. Wise, "Catastrophic Plate Tectonics: A Global Flood Model of Earth History," Proc. Third ICC, 1994, pp. 609-621.

7. 미셸 크리스티안스, 〈성서의 상징 50〉 장익 역, (분도출판사, 2001).

8. Wenham, 〈Genesis 1~15〉, p.181.

9. J. Skinner, 〈A Critical and Exegetical Commentary on Genesis〉 ICC., 2nd ed. (Edinburgh: Clark, 1930), p.154.

10. E.A. Speiser, 〈Genesis〉 (New York: Doubleday, 1969), p.53.

11. Wenham, 〈Genesis 1~15〉, p.181.

12. U. Cassuto, 〈A Commentary on the Book of Genesis 1-11〉 tr. I. Abrahams (Jerusalem : Magnes, 1961, 1964), p.93.

13. Wenham, 〈Genesis 1~15〉, p.182.

14. 물론 이것이 창조과학자들이 말하는 것과 같은 사실이라는 의미는 아니다. 노아 홍수에 대한 창조과학자들의 해석은 하나의 해석일 뿐이다.

15. 헨리에타 미어즈, 〈성경의 파노라마〉, 21면.

16. http://blog.daum.net/_blog/BlogTypeView.do?blogid=0Blds&articleno=10515810&categoryId=0®dt=20070201230019.

17. 심판의 진행

1. 한자에 나타난 창조의 흔적에 대해서는 다음 문헌을 참고하라: C.H. Kang and Ethel R. Nelson, 〈The Discovery of Genesis: How the Truths of Genesis Were Found Hidden in the Chinese Language〉 (St. Louis, MO : Concordia Publishing House, 1979) - 한국어판: 河炫一 편, 〈창세기와 중국문자〉 (인쇄계출판국, 1984), Ethel R. Nelson and Richard E. Broadberry, 〈Genesis and the Mystery Confucius Couldn't Solve〉 Revised (St. Louis, MO : Concordia Publishing House, 1994) - 한국어판: 전광호, 우제태 역, 〈고대한자 속에 감추어진 창세기 이야기〉 (인천: 예향, 1996), 양승훈, 〈창조와 격변〉 (예영: 2010), 333~342면.

2. John Martin이 그린 "The Deluge"(1834). "Genesis flood narrative" in Wikipedia.

3. 바다의 평균 깊이를 보면 지중해 1,429m, 북극해 1,205m, 인도양 3,963m, 대서양 3,926m, 태평양 4,282m이며, 수심이 가장 깊은 곳은 11,034m이다. 이런 바다의 면적은 3억 6천1백만km², 평균 수심은 약 3,800m, 지구 표면의 약 71%를 차지한다. 육지의 평균 고도는 약 840m이기 때문에 만일 바다와 육지를 평평하게 만든다면 지구는 평균 수심 2,400m의 물로 덮인다.

4. 궁창 위의 물에 관해서는 제5강 II절의 내용을 참고하라.

5. "Spirit of British Columbia"와 "Spirit of Vancouver Island" in Wikipedia.

6. http://en.wikipedia.org/wiki/BC_Ferries#Current_Vessels.

7. 양승훈, 〈창조와 격변〉 개정 1쇄 (예영, 2010), 367면.

8. 동물이나 식물의 이동속도와 관련해서는 다음 문헌들을 참고하기 바란다: 양
   승훈, 〈창조와 격변〉, 363~365면; John C. Whitcomb, Jr. and Henry M.
   Morris, 〈The Genesis Flood〉(1961) - (한국어판: 이기섭 역, 〈창세기 대홍
   수〉(성광문화사, 1992), 91~99면.

9. Walton 등은 현재로서는 노아 홍수를 직접 증거하는 설득력 있는 지질학적
   증거는 없다고 말한다: Walton 외, 〈IVP, 성경배경주석〉, 52면.

10. 지구라트 Ziggurat 는 수메르인, 바빌로니아인, 엘람인 Elamites, 아카디아
    인 Akkadians, 앗시리아인들이 자기들의 부족신을 위한 신전의 일부로 건축했
    다. 현재까지 남아 있는 중요한 지구라트로는 이라크 나시리야 Nasiriyah 인근
    에 있는 우르의 대지구라트 Great Ziggurat of Ur, 바그다드 인근에 있는 아카르 쿠
    프 지구라트 Ziggurat of Aqar Quf, 이란 쿠즈네스탄 Khūzestān 인근에 있는 초가 잔
    빌 Chogha Zanbil, 이란 카샨 Kashan 인근에 있는 시알크 Sialk 등이 있다.

11. "Ziggurat" in Wikipedia.

12. Wenham, 〈Genesis 1~15〉, p.183.

18. 홍수의 마침

1. 이 말은 한글 성경마다 다소 다르게 번역하고 있다. 개역한글에서는 "권념하
   사", 공동번역에서는 "생각이 나셔서", 새번역에서는 "생각을 하시고", 현대
   인의 성경에서는 "기억하셔서"라고 번역했다.

2. Wenham, 〈Genesis 1~15〉, p.184.

3. 양승훈, 〈창조와 홍수〉, 353면.

4. Wenham, 〈Genesis 1~15〉, p.184.

5. Wenham, 〈Genesis 1~15〉, pp.184-5.

6. "Mount Ararat" in Wikipedia.

7. "Those that remember God shall certainly be remembered by him,
   how desolate and disconsolate soever their condition may be." -
   Matthew Henry, 〈Matthew Henry Commentary on the Whole Bible〉 -
   cf. http://www.biblestudytools.com/commentaries/matthew-henry-
   complete/genesis/8.html.

8. Wenham, 〈Genesis 1~15〉, p.187.

9. 창세기 30장 22절을 개역개정에서는 "생각하신지라"고 번역했고, 사무엘상 1
   장 19절을 개역한글에서는 "생각하신지라"고 번역했다.

10. cf. 양승훈, 〈고난, 신부단장의 묘약〉 (경산: 에젤, 2013).

19. 새로운 출발

1. "Gilgamesh flood myth" in Wikipedia.
2. "Epic of Gilgamesh" in Wikipedia.
3. Werner Keller, 〈The Bible as History〉 (New York: William Morrow and Company, 1956), p.33.
4. Frank Lorey, "노아 홍수와 길가메쉬 홍수"(The Flood of Noah and the Flood of Gilgamesh), 〈Impact〉 (ICR) No. 285 (March 1997) 내용을 정리 – cf. http://www.kacr.or.kr/library/itemview.asp?no=3725.
5. J. Randall O'Brien, "Flood Stories of the Ancient Near East," 〈Biblical Illustrator〉, 13(1): 62 (Fall 1986).
6. O'Brien, "Flood Stories of the Ancient Near East," 〈Biblical Illustrator〉, p.64.
7. O'Brien, "Flood Stories of the Ancient Near East," 〈Biblical Illustrator〉, p.64.
8. Henry M. Morris, 〈Science and the Bible〉 (Chicago: Moody Press, 1986), p.92.
9. Morris, 〈Science and the Bible〉, p.85.
10. Joseph Anton Koch이 그린 노아 가족들의 감사 제사 (c. 1803). "Genesis flood narrative" in Wikipedia.
11. 〈Gilgamesh Epic〉 11.160.
12. Wenham, 〈Genesis 1~15〉, p.189.
13. J. Skinner, 〈A Critical and Exegetical Commentary on Genesis〉 ICC, 2nd edition (Edinburgh, 1930), p.157.
14. Wenham, 〈Genesis 1~15〉, p.191.

20. 언약과 축복

1. 이와 관련해서는 Darrow Miller 목사의 책과 강의를 참고하기 바란다. Darrow Miller, 〈Worldview and Development: The Power of Truth to Transform Poverty〉 – 한국어판: 김희숙 역, "제9과 변화시키는 이야

기," 〈모래에서 펜티엄까지〉 (IDI, 1999); Darrow Miller and Bob Moffitt, 〈Kingdom of God〉 (Temple, AZ: Harvest) - 한국어판, 김희숙, 박수환 역, 〈하나님 나라 가치 - 리더 가이드〉 (성남: 도서출판 NCD, 2002).

2. Albert M. Wolters and Michael W. Goheen, 〈Creation Regained〉 2nd ed. (Eerdmans, 2005) - 한국어판: 양성만, 홍병룡 역, 〈창조-타락-구속〉 (KIVP, 2007).

3. Wenham, 〈Genesis 1~15〉, p.192.

4. 양승훈, 〈창조와 격변〉, 356~357면.

5. 홍수 전의 환경에 대해서는 양승훈, 〈창조와 격변〉, 354~361면; Whitcomb and Morris, 〈창세기 대홍수〉, 269~290면을 참고하라.

6. Wenham, 〈Genesis 1~15〉, p.193.

7. "Eye for an eye" in Wikipedia.

8. "Code of Hammurabi" in Wikipedia.

9. 만일 성경 계보에 빠진 세대가 있다면 노아는 함무라비보다 훨씬 더 오래 전에 살았던 사람이다. 빠진 세대에 대해서는 필자의 다음 문헌을 참고하기 바란다. cf. 양승훈, "성경의 영웅족보와 창조론 연구," 〈창조론오픈포럼〉 2(1): 19~28(2008).

10. "Hurricane Katrina," "2011 Thailand floods," "Floods in Bangladesh" in Wikipedia.

11. "오트"에 대해서는 F.J. Helfmeyer, 〈Theological Dictionary of the Old Testament〉 ed. G.J. Botterweck and H. Ringgren 1:167~188를 참고하라.

12. Wenham, 〈Genesis 1~15〉, p.195.

13. "Abandon hope, all ye who enter here."(Omnes relinquite spes, o vos intrantes), Dante Alighieri, 〈The Divine Comedy〉.

21. 허물을 덮어주는 신앙

1. 김삼환, "옷을 덮어준 사람들," (창 9:20~27) 명성교회 2011년 3월 13일 설교 (C3TV 설교).

2. 조동천, "정죄의 파괴력," (창 9:18~29) 신촌교회 2010년 6월 30일 설교 (C3TV 설교).

3. John Calvin, 〈Genesis〉 (Edinburgh, UK: The Banner of Truth Trust,

1992, 본서는 1554년에 라틴어판 발간, 1578년 영어판 발간) p.300.

4. Wenham, 〈Genesis 1~15〉, p.198.

5. 조용기, "덮어주는 사람들,"(창 9:18~27) 여의도순복음교회 2011년 4월 10일 설교 (C3TV 설교).

6. John Calvin, 〈Genesis〉, p.300.

7. F.W. Bassett, "Noah's Nakedness and the Curse of Canaan: A Case for Incest?" 〈Vetus Testamentum〉 21 (1971): 232~237.

8. Wenham, 〈Genesis 1~15〉, p.200.

9. 〈Atrahasis Epic〉 1.32~33; 〈Ancient Near Eastern Texts〉, ed. J.B. Pritchard, 150. Wenham, 〈Genesis 1~15〉, p.200에서 재인용했다.

10. John Calvin, 〈Genesis〉, p.302.

11. NIV 성경에서는 24절의 "그의 작은 아들"을 "his youngest son"이라고 번역했는데 노아의 가장 젊은 아들은 야벳이지 함이 아니다. 이 구절은 성경마다 차이가 있는데 한글 성경에서는 "작은 아들"(개역개정, 개역한글침례, 표준새번역) 혹은 "함"(현대인의성경)이라고 번역했는가 하면, 영어 성경에서는 "his younger son"(KJV, KJVS, NKJV, Webster, Douay, 독 LXX, SCH, LUT, ELB)이라고 번역한 곳도 있고, "his youngest son"(NIV, ASV, NASB, RSV, NRSV, NLT, DBY, BBE, WEB), 혹은 "his young son"(YLT)이라고 번역한 곳도 있다. 하지만 문맥으로 봐서는 his younger son, 즉 작은 아들 혹은 둘째 아들이라고 번역하는 것이 자연스럽다. "작은"을 의미하는 히브리어 카탄קָטָן qatan은 "작은," "어린," "젊은" 등의 의미이다.

12. 18세기 러시아 그림. "Sons of Noah" in Wikipedia.

13. 하루야마 시게오, 〈내뇌혁명〉 (사람과책, 1996).

14. "넬슨 만델라," 〈위키피디아〉.

15. 할 어반, 〈어떤 사람도 마음을 열게 하는 긍정적인 말의 힘〉(Positive Words, Powerful Results: Simple Ways to Honor, Affirm, and Celebrate Life) 박정길 역, (웅진윙스, 2006); 할 어반 http://www.halurban.com/bio.htm.

16. 손봉호, "전병욱 사건에서 목회자들이 배워야 할 네 가지," 〈뉴스앤조이〉 (2012.11.12.)

본 강해 설교 중 창조론 연구와 관련된 부분은 창조회의 이름으로 모인 다음 몇몇 교회 및 기관들(괄호 속은 후원 당시 담임 목회자)의 연구비 후원으로 이루어진 것입니다.

• • •

대전 영음교회(권재천 목사)
여주 월송교회(김경배 목사)
안양 반석감리교회(김상종 목사)
천안 반석장로교회(민경진 목사)
대천 제일감리교회(박인호 목사)
춘천 남부제일감리교회(백낙영 목사)
대전 대신고등학교(서정식 목사)
서초 감리교회(송상면 목사)
유성 감리교회(유광조 목사)-회장
대전 갑동교회(윤후 목사)-총무
안산 부곡중앙교회(이명근 목사)
홍성 홍주제일교회(임종만 목사)
부천 중동제일감리교회(조영성 목사)
대전 예수로침례교회(조영진 목사)
김해 장로교회(조의환 목사)
용인 한마음감리교회(최호권 목사)
수원 에바다선교교회(한규석 목사)
이천 양정감리교회(황동수 목사)
함안 중앙감리교회(황병원 목사)

사단법인 기독교세계관학술동역회

●

21세기는 바른 성경적 가치관 위에 실천적 삶을 살아가는
그리스도의 제자를 필요로 합니다!

80년대부터 기독교 세계관적인 삶과 학문을 위한 사역의 주축이 되어 왔던 두 단체인 DEW(사.기독학술교육동역회)와 기학연(기독교학문연구소)이 2009년 5월 통합하였습니다. 통합과 함께 기존의 명칭을 "사단법인 기독교세계관학술동역회"(이하 세계관동역회)로 변경하였습니다. 세계관동역회는 통합으로 인한 시너지 효과를 가지고 두 단체의 기존의 사역을 심화 확장시키고 있습니다.

● 세계관 운동

삶과 학문의 모든 영역에서 예수 그리스도가 주인이심을 고백하고, 하나님의 말씀대로 생각하고 적용하며 살도록 돕기 위한 많은 연구 자료와 다양한 방식의 강의 패키지들을 준비하고 있습니다. 특히 삶의 각 영역에서 만날 수 있는 문제들에 대한 대안을 찾을 수 있도록 세계관 기초 훈련, 집중 훈련 및 다양한 강좌들을 비롯하여 기독미디어아카데미, 〈소명 캠프〉, 〈돈 걱정 없는 인생 살기〉 등 캠프와 세미나가 준비되어 있습니다.

기독미디어아카데미_ 지성과 영성을 겸비한 기독언론인 양성을 위한 전문인 양성
과정

● 기독교학문연구회

학술대회_ 두 단체의 통합으로 명실공히 기독교의 대표적인 학회로서 기독교적
이념에 입각한 학문 연구를 심화, 활성화 시키는 것을 목표로, 매년
1~2회 학술대회를 개최합니다.

학 술 지_ 〈신앙과 학문〉: 학술진흥재단 등재지로서 연구 성과를 인정받을 수
있습니다.

〈통합연구〉: 주제별 특집으로, 시대의 이슈에 대한 기독교적인 조망을
합니다.

● VIEW 밴쿠버기독교세계관대학원

VIEW는 1998년 11월 캐나다 밴쿠버의 Trinity Western 대학의 신학대학원
인 캐나다연합신학대학원(ACTS)과 공동으로 기독교세계관대학원 프로그램을
개설하기로 합의하고 1999년 7월부터 정식 강의를 시작했습니다. 기독교 세
계관 석사(MACS) 과정과 기독교 세계관 준석사(Diploma) 과정을 운영하고 있
으며, 2006년부터는 VIEW국제센터에서 다양한 연수 프로그램(교사 창조론, 지
도자세계관 학교, 청소년 캠프 등)을 개최하고 있습니다.

● 도서출판 CUP

'물이 바다를 덮음 같이 여호와의 영광을 인정하는 것이 세상에 가득'한 그날
을 꿈꾸며, 예수님이 주인 되시는 삶과 문화를 비전으로 출판하고 있습니다.

■ 소식지 및 웹진_ 월간으로 사회의 이슈 및 삶의 적용, 동역회 소식, 모임 안내 등 다양한
  읽을거리를 제공하는 소식지 〈월드뷰〉를 발간하고 있으며, 보다 긴밀한 소식을 위해 웹진
  을 보내드리고 있습니다. 웹진은 신청하시면 누구나 보내 드립니다.

■ 동역회에 가입하시면 삶과 학문의 전 분야에서 하나님의 주권과 그 영광을 확인하고 회복하
  는 일에 동참하실 수 있습니다. 후원회원이 되시면 연 4회 출판되는 학술지 〈신앙과 학문〉,
  매월 발행되는 소식지 〈월드뷰〉, 연1회 CUP의 신간을 받아 보실 수 있으며 홈페이지에
  서는 다양한 강좌와 자료들을 통해 기독교 세계관적 관점을 정립하실 수 있습니다.

■ 동역회 사역에 대한 더 자세한 정보를 원하시면
  (140-909) 서울특별시 용산구 이촌로 2가길 5, A동 102호(이촌동, 한강르네상스빌)
  사무국(☎. 02-754-8004)으로 연락 주시면 친절히 안내해 드립니다.
  E-mail_ info@worldview.or.kr
  Homepage_ www.worldview.or.kr

  ■ CUP 연락처_ ☎. 02)745-7231 cupmanse@gmail.com
    (140-909) 서울특별시 용산구 이촌로 2가길 5, A동 103호(이촌동, 한강르네상스빌)

From the Creation to the Flood